Les causes du suicide

Le Lien social

Collection dirigée
par Serge Paugam

MAURICE HALBWACHS

Les causes du suicide

Préface de Serge Paugam

Avant-propos de Marcel Mauss

Ouvrage publié avec le concours
du Centre national du livre

PRESSES UNIVERSITAIRES DE FRANCE

ISBN 2 13 052090 1

Dépôt légal — 1re édition : 2002, novembre

Sommaire

Préface

Le suicide *revisité*

En quoi Halbwachs s'oppose à Durkheim

Le suicide de Durkheim est resté un livre méconnu pendant près d'un demi-siècle après sa parution en 1897[1]. Il ne fut réédité qu'en 1912, puis en 1930 à l'occasion justement de la parution du livre d'Halbwachs alors que les autres ouvrages de Durkheim connurent de nombreuses rééditions, notamment *Les règles de la méthode sociologique* et la *Division du travail.* Ce n'est qu'à partir de 1960, au moment où les PUF décidèrent d'assurer une réédition de tous les ouvrages de Durkheim que *Le suicide* devint vraiment une référence incontournable pour tout sociologue soucieux de trouver un exemple concret d'application des fameuses *Règles*[2]. *Le suicide* s'installa en effet en deuxième place des ventes derrière les *Règles* et fit l'objet de nombreuses rééditions.

Tel n'a pas été le destin des *Causes du suicide* puisque l'ouvrage d'Halbwachs n'a connu aucune réédition depuis 1930. Un rapide sondage auprès de sociologues ayant réfléchi et même écrit sur le suicide m'a permis de constater que plusieurs d'entre eux n'ont pas lu une seule ligne du texte d'Halbwachs. Il faut reconnaître que seules quelques bibliothèques universitaires disposent d'un exemplaire de cet ouvrage et qu'il est aujourd'hui pratiquement introuvable, ce qui rend sa lecture impossible par la plupart des étudiants et des enseignants. En réalité, le livre d'Halbwachs est devenu au fil des années un livre

1. Cf. Philippe Besnard, « La destinée du *Suicide*. Réception, diffusion et postérité », *in* Massimo Borlandi et Mohamed Cherkaoui (éd.), *Le suicide, un siècle après Durkheim*, Paris, PUF, coll. « Sociologies », 2000, p. 185-218.
2. Ces ouvrages sont aujourd'hui disponibles dans la collection « Quadrige » aux PUF qui a conservé la pagination initiale que nous reprendrons donc ci-dessous.

presque exclusivement cité par les historiens de la sociologie et recherché par les collectionneurs avertis.

Pourtant Marcel Mauss disait clairement dans son avant-propos que l'on ne pouvait pas lire Durkheim sans lire aussi Halbwachs et, plus récemment, Christian Baudelot et Roger Establet indiquaient également dans leur petit livre d'introduction au *Suicide* de Durkheim[1] que, pour en savoir plus sur le sujet, la lecture des *Causes du suicide* d'Halbwachs s'imposait. Publier à nouveau cet ouvrage, plus de soixante-dix ans après sa première édition, permet par conséquent de combler une lacune de l'édition sociologique en France et d'offrir au lecteur le moyen d'accéder enfin à un texte injustement tombé dans l'oubli.

Sans prétendre éclaircir toutes les raisons pour lesquelles cet ouvrage n'a connu jusqu'ici aucune postérité, on peut en avancer au moins deux. La première tient à l'ouvrage lui-même qui a pu paraître à certains égards plus précis et plus rigoureux dans l'analyse des statistiques disponibles que l'ouvrage de Durkheim, mais également plus prudent et moins convainquant dans les conclusions. La présentation de Marcel Mauss qui insiste sur la confirmation globale de la thèse de Durkheim a sans doute un peu desservi Halbwachs. À quoi bon, pourrait-on dire en effet, étudier un livre de plus si l'essentiel a déjà été dit et n'est pas démenti ? Il n'est pas entièrement absurde de laisser les spécialistes débattre entre eux si l'objet de leur discussion porte sur des points de détails et des précautions méthodologiques. En classant l'ouvrage d'Halbwachs dans la catégorie des textes de confirmation, on ne lui donne aucun avenir si ce n'est de renforcer empiriquement – et donc temporairement – la théorie de base qui peut donc ainsi s'établir encore davantage comme référence définitive. Nous verrons cependant qu'Halbwachs s'écarte beaucoup plus que ne le prétend Mauss des analyses de Durkheim et qu'il n'y a aucune raison de penser que les *Causes du suicide* ne serait qu'un appendice négligeable du *Suicide*.

La deuxième raison du succès limité de cet ouvrage tient à la personnalité de son auteur. Halbwachs était un grand savant, doué d'une étonnante curiosité, d'une grande capacité de travail et possédé par une véritable passion intellectuelle, mais il n'a jamais été décrit pas ses collègues comme un leader charismatique ou un débatteur sensible à la polémique. Tout au contraire, il était jugé timide par ses proches de

1. Cf. Christian Baudelot et Roger Establet, *Le suicide de Durkheim*, Paris, PUF, coll. « Philosophies », 1984.

l'Université de Strasbourg où il enseigna pendant quinze ans[1]. En désaccord sur de nombreux points avec Durkheim, il est resté néanmoins son fidèle disciple et ne chercha pas à apparaître comme son rival. Dans les *Causes du suicide*, il montre les failles et les limites du *Suicide* de Durkheim. Il reprend, nuance, corrige le maître et parvient à des conclusions différentes des siennes, mais n'emploie jamais un style polémique pour s'en démarquer. Ses critiques sont même le plus souvent avancées sur un ton feutré, d'un académisme de bon aloi, si bien que le lecteur pressé peut peiner à y voir un apport novateur. Halbwachs ne pouvait peut-être pas faire autrement à un moment où la sociologie voyait sa légitimité contestée par les disciplines voisines et tardait à être pleinement reconnue dans les universités françaises, mais son souci de défendre sa discipline et l'héritage durkheimien l'a sans doute conduit à ménager son maître dans ses écrits et à adopter une position relativement effacée par rapport à lui, ce qui en définitive ne pouvait favoriser la diffusion de son ouvrage.

Cet ouvrage mérite d'être lu aujourd'hui non seulement parce qu'il prolonge le *Suicide* de Durkheim – ce qui est déjà une raison suffisante –, mais aussi parce qu'il suscite des interprétations nouvelles, contribue à dépasser l'opposition classique, mais à la longue stérile, entre individu et société et conduit à l'analyse de la conscience sociale des sociétés, ce qui relève de la psychologie collective. Pour comprendre la portée de cet ouvrage, il est nécessaire tout d'abord de le replacer dans l'itinéraire intellectuel de son auteur, ainsi que dans le débat de son époque, en particulier au sein des universités françaises.

L'APPORT D'HALBWACHS À « L'ÉCOLE SOCIOLOGIQUE FRANÇAISE »

Maurice Halbwachs est né en 1877, soit dix-neuf ans après Durkheim. Il joua en effet un rôle déterminant pour poursuivre l'œuvre de Durkheim et maintenir l'école sociologique française pendant l'entre-

1. Cf. John E. Craig, « Maurice Halbwachs à Strasbourg », *Revue française de sociologie*, XX, 1, 1979, p. 273-292.

deux-guerres. En dépit de ses nombreuses publications, Halbwachs est resté méconnu, tout comme plusieurs intellectuels qui se sont investis dans le champ des sciences humaines au cours de cette période. Il n'est pas considéré comme un « père fondateur » de la sociologie et n'a pas non plus à proprement parler fait école, mais, paradoxalement, son œuvre qui s'est réalisée pour l'essentiel après la première guerre mondiale n'a pas connu le même rejet que les travaux de Durkheim à cette époque, alors même qu'elle s'inscrivait dans cette tradition. Beaucoup reconnurent en Halbwachs une forte ingéniosité, une pensée souple et vivante et une plus grande ouverture d'esprit que son maître. Marc Bloch et Lucien Febvre, par exemple, étaient sensibles à la collaboration d'Halbwachs aux *Annales* – en tant qu'auteur d'articles et de comptes rendus, mais aussi en tant que membre du comité de rédaction de 1929 à la guerre – et y voyaient le signe de la volonté de certains durkheimiens de pondérer le dogmatisme de leur maître.

Par ailleurs, Halbwachs n'a cessé d'innover par ses méthodes et ses domaines d'investigation. Il a été par exemple le premier parmi les sociologues français à s'intéresser à la stratification sociale en tant qu'objet de la théorie sociologique et à fonder ses analyses sur des faits observés issus d'enquêtes non livresques. Victor Karady rappelle aussi que Halbwachs a consacré une grande partie de son œuvre à des comptes rendus de livres consacrés de près ou de loin aux sciences sociales, qu'il a collaboré à plusieurs revues et qu'il a introduit en France de nombreux sociologues étrangers, parmi lesquels Weber, Pareto, Veblen et des économistes comme Schumpeter et Keynes[1]. Ainsi, son apport à l'école sociologique française peut être jugé considérable. Son œuvre connaît depuis quelques années un rayonnement croissant. Les *Causes du suicide* est un livre à partir duquel il est possible d'apprécier cet apport. Mais revenons un instant sur l'itinéraire intellectuel de son auteur.

D'origine alsacienne, né à Reims dans un milieu intellectuel (son père fut nommé professeur d'allemand à Paris dès 1879), Halbwachs fit ses études au lycée Henri IV et devint normalien, agrégé de philosophie en 1901, docteur en droit (1909) et en Lettres (1912). Une carrière presque tracée d'avance : après des études brillantes, il est nommé professeur dans le secondaire comme son père, puis dans le supérieur. Dans sa jeunesse, il reçut tout d'abord l'influence de Bergson qui était

1. Cf. Victor Karady, « Biographie de Halbwachs », *in* Maurice Halbwachs, *Classes sociales et morphologie*, Paris, Éditions de Minuit, 1972, p. 9-22.

son professeur de philosophie au lycée Henri IV et se passionna pour la psychologie à travers son enseignement. Il désirait même, paraît-il, devenir psychologue. Il est allé écouter Bergson au Collège de France pendant plusieurs années et, s'il s'en éloigna ensuite, il ne cessa de dialoguer avec lui et les psychologues de son époque, ce qui apparaît d'ailleurs, on le verra, dans les *Causes du suicide.*

Il rencontra au début du siècle François Simiand, tête pensante des universitaires socialistes, dont il partageait les convictions politiques et admirait la rigueur de ses analyses sociologiques[1]. Celui-ci l'influença dans sa décision de prendre des distances avec la métaphysique. C'est sans doute en Allemagne, lors de son séjour à l'Université de Göttingen, où il obtint en 1903 un poste de lecteur, que s'opéra réellement sa conversion intellectuelle. Il en profita pour écrire un petit livre sur Leibniz, mais aussi pour s'initier à l'économie politique allemande. À son retour, Simiand lui proposa de collaborer à *L'Année sociologique*, ce qu'il fit à partir de 1905. Il devint à partir de cette date un fidèle représentant de « l'école sociologique française ». Sa collaboration à *L'Année* ira croissante de livraison en livraison, si bien qu'à la veille de la guerre, il fera partie des huit principaux collaborateurs de cette revue. Il n'existait pas au sein de celle-ci d'unité intellectuelle réellement affirmée. Même si Durkheim, Mauss et Hubert restent les maîtres d'œuvre, on peut parler d'une pluralité des filières de recrutement. D'après Philippe Besnard, « l'équipe des collaborateurs de *L'Année* ne constitue pas un groupe d'interconnaissance, les relations n'étant étroites qu'à l'intérieur de fractions de cet ensemble »[2]. Dans un sociogramme de ce groupe, il identifie en effet, en fonction des relations d'amitié, de collaboration et d'enseignement entre certains membres, plusieurs « cliques sociométriques » relativement autonomes, dont l'une réunit notamment Simiand, Halbwachs et Hubert Bourgin. Ces trois collaborateurs à *L'Année* ont en commun d'être passés par l'École normale supérieure dans les années 1890. Simiand est de la promotion 1893, Bourgin de 1895 et Halbwachs de 1898. Le plus âgé des trois, Simiand, a quinze ans de moins que Durkheim. Cette clique sociométrique de la même génération se caractérise aussi par son

1. Voir la présentation élogieuse de l'œuvre de Simiand que Halbwachs publia en 1936 dans la *Revue philosophique* : « La méthodologie de François Simiand. Un empirisme rationaliste », *in* Maurice Halbwachs, *Classes sociales et morphologie, op. cit.*, p. 349-389.
2. Cf. Philippe Besnard, « La formation de l'équipe de *L'Année sociologique* », *Revue française de sociologie*, vol. XX, 1, 1979, p. 20.

engagement au sein du réseau du « socialisme normalien ». Si Halbwachs, tout jeune normalien, est resté relativement en retrait au moment de la constitution de celui-ci en 1898, il prit une part active dans le Groupe d'études socialistes qui en émane en 1908, dans la mouvance du courant d'Albert Thomas au Parti socialiste. C'est à partir de cette date qu'il écrivit régulièrement dans la presse socialiste, et notamment dans *L'Humanité*. Dès lors, ses analyses sociologiques furent étroitement liées à la question sociale ou, plus exactement, à la question ouvrière[1].

Comme Simiand et Bourgin, Halbwachs s'engagea dans un combat difficile pour faire reconnaître la sociologie à l'Université de Paris. En suivant l'exemple de ses collègues, il tenta d'implanter sa discipline dans les facultés de droit, en particulier la « sociologie économique ». Il prépara dans cet esprit sa première thèse de droit qu'il soutint en 1909 sous le titre *Les expropriations et le prix des terrains à Paris (1860-1900)*. Cette thèse fut d'ailleurs publiée, comme celles de Simiand et de Bourgin, en marge des éditeurs habituels de ce type d'ouvrages savants, par la Société nouvelle de librairie et d'édition, petite maison dirigée par le réseau du socialisme normalien. Dans cette thèse, il s'efforça de démontrer que les expropriations et les ouvertures de voies nouvelles dans le Paris d'Haussmann résultaient des besoins de circulation nés des mouvements de population. Ces besoins sont d'ordre morphologique et trouvent leur expression dans les représentations collectives. Si les quartiers pauvres que visite régulièrement Halbwachs sont délaissés par les spéculateurs, c'est avant tout parce que les ouvriers n'expriment pas le besoin de logements de meilleure qualité. D'après lui, le terrain est essentiellement une valeur d'opinion. Les articles qu'il publie à cette époque dans la presse socialiste portent notamment sur la hausse des loyers à Paris et les difficultés des ouvriers à y faire face et font, par conséquent, écho à cette réflexion. Cette thèse qui dénonçait le caractère tautologique de la loi de l'offre et de la demande ne fut guère appréciée par les économistes, ce qui obligea Halbwachs à renoncer à son projet d'implantation dans les facultés de droit. Il se tourna donc vers la faculté de lettres et rédigea deux nouvelles thèses soutenues

1. On lira sur ce point l'article de Christian Topalov, « Maurice Halbwachs, photographe des taudis parisiens (1908) », *Genèses*, 28, 1997, p. 128-145, ainsi que sa contribution au premier numéro de la *Revue d'histoire des sciences humaines* entièrement consacré à Halbwachs, « "Expériences sociologiques" : les faits et les preuves dans les thèses de Maurice Halbwachs (1909-1913) », *Revue d'histoire des sciences humaines*, 1, 1999, p. 11-46.

en 1912, la principale intitulée : *La classe ouvrière et les niveaux de vie. Recherches sur la hiérarchie des besoins dans les sociétés industrielles contemporaines*, et la complémentaire : *La théorie de l'homme moyen. Essai sur Quételet et la statistique morale.*

On peut voir dans la *Classe ouvrière*, le prolongement et l'affirmation de la pensée d'Halbwachs. Si le thème des besoins ouvriers était déjà abordé dans les *Expropriations*, il fait l'objet désormais d'une analyse beaucoup plus approfondie où apparaît notamment le concept de « niveau de vie » que l'on retrouvera d'ailleurs mobilisé dans les *Causes du suicide* sous le terme plus maîtrisé de « genre de vie ». Pour expliquer les tendances de consommation des ouvriers, Halbwachs ne se contente pas de la variable revenu, « ce qui est déterminant, pour lui, c'est le "niveau de vie" propre à chaque classe sociale, c'est-à-dire sa représentation collective du niveau social où elle se trouve » par rapport « aux biens regardés comme les plus importants » dans la société et « son estimation du degré où il est permis aux membres de la classe de satisfaire les besoins qui s'y rapportent »[1]. La participation réduite des ouvriers à la vie sociale est, d'après lui, prévue par la société et résulte de représentations collectives de ce qui est commun à la classe ouvrière à savoir son rapport à la matière dans le travail d'usine. La faible sociabilité des travailleurs manuels qui ressort de l'analyse détaillée de leurs dépenses doit être interprétée à partir de leur rapport au travail. En faisant corps avec sa machine, l'ouvrier d'usine se transforme en force de travail, se déshumanise et s'éloigne progressivement de la société, laquelle n'est pas étrangère à ce processus. Par ces analyses, Halbwachs introduit dans la sociologie française le thème de la stratification sociale et de la variabilité des genres de vie. D'une façon plus générale, il faut déjà retenir un point essentiel de sa démonstration, à savoir l'effet des représentations collectives sur les expériences individuelles : la conscience individuelle est en quelque sorte alimenté par la conscience collective. On ne saurait donc dans cette perspective opposer l'individu à la société, approche qui constituera quelques années plus tard, la trame interprétative des *Causes du suicide* et l'objet de sa principale opposition à Durkheim.

En 1919, lorsque Halbwachs fut nommé, dès sa création, à l'Université de Strasbourg, qui connut un rayonnement exceptionnel, sa carrière et son itinéraire intellectuel prirent un tournant décisif. Il y

1. Je reprends ici la définition synthétique recomposée par Christian Topalov, *ibid.*, p. 19-20.

trouva tout d'abord l'assurance de pouvoir continuer pleinement son œuvre en enseignant dans la nouvelle chaire de pédagogie et de sociologie de la Faculté de Lettres. Il y disposa de moyens importants : locaux spacieux, bibliothèque de grande qualité, crédits substantiels... Il y trouva surtout un climat intellectuel favorable au dialogue entre les membres des différentes facultés et propice à la recherche interdisciplinaire. C'est dans cet esprit de synthèse, au cours de réunions avec ses collègues philosophes, historiens, psychologues, juristes, qu'Halbwachs prend conscience d'appartenir à une véritable équipe. C'est au cours de cette période, qui dura jusqu'en 1935, qu'Halbwachs écrivit quelques-uns de ses ouvrages les plus importants, notamment *Les causes du suicide*, mais aussi *Les cadres sociaux de la mémoire* (1925) et *L'évolution des besoins dans les classes ouvrières* (1933).

Alors que l'objectif de Durkheim était de fonder la sociologie en France et de lui assurer une légitimité dans les milieux académiques en définissant clairement sa méthode spécifique, mais aussi en cherchant à prouver sa supériorité par rapport aux autres disciplines, position qui évidemment apparaissait à l'époque à la fois arrogante et dogmatique, Halbwachs était, à la fois par son tempérament et par les contacts qu'il pouvait nouer avec ses collègues de Strasbourg, plus favorable au dialogue avec notamment les psychologues, les économistes, mais aussi les historiens et les géographes. Curieux, il se nourrissait de l'apport des autres disciplines et apparaissait par son immense culture plus ouvert et moins dogmatique que les durkheimiens de la première génération[1].

Enseigner à Strasbourg rapproche également encore davantage Halbwachs des penseurs allemands. Alors que Durkheim était resté relativement réservé à l'égard de Weber qu'il voyait d'ailleurs à l'époque plutôt comme un économiste, ce qui suffisait à lui témoigner peu d'intérêt, Halbwachs, au contraire, contribua fortement à la diffusion du sociologue allemand en France dans les années 1920[2]. Il admirait chez lui ses analyses sur les origines du capitalisme, mais aussi sur le charisme et la bureaucratie. Il tenait Weber pour un intellectuel rigoureux dans ses méthodes et ses démonstrations – il accueillit, par

1. En ce qui concerne l'état d'esprit qui règne dans les universités françaises dans l'entre-deux-guerres et les difficultés que rencontrent les durkheimiens, on peut se reporter à l'article de Johan Heilbron, « Les métamorphoses du durkheimisme, 1920-1940 », *Revue française de sociologie*, XXVI, 2, p. 203-237.

2. Cf. Philippe Steiner, « *L'Année sociologique* et la réception de l'œuvre de Max Weber », *Archives européennes de sociologie*, XXXIII, 1992, p. 329-349.

exemple, très favorablement la théorie des idéals types – et pour un chercheur audacieux, non dogmatique, ouvert à la recherche interdisciplinaire, traits qui caractérisent aussi Halbwachs comme le souligne justement John E. Craig[1].

Halbwachs a 43 ans lorsqu'il publie les *Causes du suicide*. C'est alors un chercheur accompli et reconnu qui compte non seulement dans le paysage de la sociologie, mais plus généralement dans celui des sciences sociales. Il a déjà publié plusieurs ouvrages et sa pensée, si elle n'est pas encore totalement aboutie, a acquis dans cet ouvrage une incontestable maturité. Halbwachs y avance l'idée, qu'il développera dans son dernier ouvrage *Morphologie sociale* (1938), selon laquelle la société, tel un corps organique, se perpétue en se fixant dans des formes matérielles qu'elle impose aux membres dont elle est faite. Si ces derniers passent et meurent, la société reste et conserve une autonomie, une existence propre qui s'impose aux esprits de génération en génération[2].

La contribution d'Halbwachs à « l'école sociologique française » est aussi importante qu'originale, puisqu'elle témoigne à la fois d'une grande fidélité au projet primitif de Durkheim et d'une ouverture tant à des objets inédits comme les classes sociales et les genres de vie, à des approches nouvelles ou peu développées en sociologie comme la morphologie sociale et la psychologie collective, qu'aux représentants des disciplines voisines de la sociologie avec lesquelles il ne cessa de débattre.

Élu professeur au Collège de France en 1939 dans la chaire de psychologie collective[3], il ne put malheureusement y enseigner puisqu'il fut arraché à son travail et connut, on le sait, une mort tragique en déportation, en laissant une œuvre inachevée, mais pourtant extraordinairement riche.

1. Cf. John E. Craig, « Maurice Halbwachs à Strasbourg », art. cité, p. 285.
2. Je souscris ici à l'interprétation de Jean-Christophe Marcel selon laquelle la théorie du suicide d'Halbwachs trouve son aboutissement dans ses écrits ultérieurs, en particulier dans *Morphologie sociale*. Cf. Jean-Christophe Marcel, « Halbwachs et le suicide : de la critique de Durkheim à la fondation d'une psychologie collective », *in* Massimo Borlandi et Mohamed Cherkaoui (éd.), *Le suicide, un siècle après Durkheim*, *op. cit.*, p. 147-184.
3. On lira sur ce point son propre récit de sa campagne, cf. Maurice Halbwachs, « Ma campagne au Collège de France », *Revue d'histoire et de sciences humaines*, 1, 1999, p. 189-228.

Du *Suicide* aux *Causes du suicide*

« Il n'y a pas d'œuvre scientifique que de nouvelles expériences n'obligent à réviser et compléter », affirme Halbwachs dans l'introduction pour justifier son entreprise de soumettre le suicide en général et l'ouvrage de Durkheim en particulier à un nouvel examen approfondi. Il avance plusieurs raisons : 1 / Durkheim s'appuyait sur des séries statistiques limitées qui ne remontent qu'exceptionnellement en deçà de 1840 et qui ne vont jamais au-delà de 1890-1891 ; 2 / plusieurs pays ont des séries très récentes, c'est le cas notamment de l'Empire allemand dont les statistiques sont disponibles à partir de 1881 seulement ; 3 / même si les valeurs des données sont inégales, les relevés se sont perfectionnés et complétés de décade en décade ; 4 / enfin, les méthodes d'élaboration statistique ont progressé, « on ne se contente plus, dit-il, de calculer des moyennes, des proportions ou des pourcentages », il convient désormais de calculer notamment des écarts, des indices de corrélation et de dispersion. À l'aide de calculs relativement simples, Halbwachs indique qu'il lui a été possible, par exemple, de déterminer avec quelle rapidité et dans quelle mesure exacte les taux de suicide, dans les principaux pays d'Europe, et à l'intérieur d'un même pays, dans les différentes régions ou provinces, dans les grandes, moyennes ou petites villes se rapprochent ou non.

Or, « envisagée de ce point de vue, la théorie propre du suicide se présente sous une forme assez nouvelle », ce qui conduit Halbwachs à préciser dès les premières pages quel a pu être son apport véritable par rapport aux études antérieures : « Ni Morselli, ni Durkheim n'ont placé au premier plan l'influence de la ville ou de la campagne sur le nombre et la distribution des morts volontaires, peut-être parce qu'il leur n'était pas facile de l'étudier. Si le lecteur se reporte à la première partie, la plus étendue de notre étude, il verra que les variations des suicides s'expliquent le plus clairement par les transformations du genre de vie ainsi défini. Les sentiments familiaux et les pratiques religieuses, dont nous sommes loin de méconnaître ou sous-estimer l'importance, sont solidaires d'un ensemble de coutumes et de tout un type d'organisation sociale d'où elles tirent en partie leur force, et dont il est impossible de les séparer. C'est là ce que nous appelons un genre de vie, et nous ne nous distinguons de Durkheim qu'en ce que nous replaçons la famille et le groupe professionnel dans des milieux sociaux plus compréhensifs dont elles ne sont qu'un des aspects. »[1]

Il suffit de se pencher un instant sur la table des matières des *Causes* pour se rendre compte de certaines innovations importantes par rapport au *Suicide* de Durkheim. Premièrement, Halbwachs ne s'embarrasse pas de l'étude des facteurs extra-sociaux qui constitue le thème du livre premier du *Suicide*. Il tient pour acquise l'analyse des causes sociales du suicide et aborde successivement les différents facteurs explicatifs qui lui semblent les plus importants. Quinze chapitres composent l'ouvrage, lesquels ne sont pas regroupés en différentes parties. Halbwachs ne reprend pas directement la discussion sur les quatre types de suicide définis par Durkheim – le *suicide égoïste*, le *suicide altruiste*, le *suicide anomique* et le *suicide fataliste* – sans doute parce qu'il devait les juger difficilement vérifiables empiriquement et, comme on le verra un peu plus avant, relativement secondaires dans sa propre démonstration. Il préfère adopter une présentation analytique plus proche des données statistiques, ce qui lui permet, après trois exposés liminaires et novateurs par rapport au texte du Durkheim, sur les limites des sources (chap. I), sur l'étude des modes de suicide (chap. II) et sur les tentatives de suicide (chap. III), d'aborder successivement des thèmes qui étaient traités dans le *Suicide* en fonction des différents types de suicide et abordés par conséquent de façon plus éclatée. Les chapitres IV, V et VI étudient à l'aide de techniques statistiques plus élaborées que celles de Durkheim la répartition des suicides successivement en Europe, en France et en Allemagne, en Italie et en Angleterre. À partir du chapitre VII, consacré à la répartition des suicides entre les villes et la campagne, Halbwachs passe en revue les différents facteurs explicatifs qu'il discute de façon approfondie en examinant à chaque fois avec minutie les séries disponibles : la famille (chap. VIII), la religion (chap. IX), l'homicide (chap. X), les guerres et les crises politiques (chap. XI), les crises économiques (chap. XII). Le chapitre XIII sur les maladies mentales et l'alcoolisme le conduit à discuter la thèse psychiatrique dans le chapitre XIV. L'ouvrage se termine par le chapitre XV qui est à la fois une discussion sur le thème du sacrifice et une conclusion sur les causes sociales du suicide. Au total, l'édition de 1930 compte plus de 500 pages, ce qui fait non pas un simple complément au livre de Durk-

1. Cf. *Les causes*, p. 7, selon la pagination de la présente édition que nous reprendrons systématiquement pour chaque citation ultérieure du texte d'Halbwachs.

heim, mais bien une nouvelle recherche à part entière, abordée en fonction d'une problématique personnelle, et qui se plie à toutes les exigences de la démonstration scientifique.

Ce n'est pas par hasard qu'Halbwachs consacre son premier chapitre à l'analyse de la qualité des sources statistiques disponibles et s'interroge sur la pertinence des comparaisons, alors que Durkheim était resté discret sur le sujet. Simiand avait déjà fait une critique sévère de Durkheim dans son compte rendu du *Suicide* pour *L'Année sociologique* sur l'absence de questionnement sur la fiabilité des sources statistiques utilisées. Les règles académiques de la démonstration statistique sont aujourd'hui plus rigoureuses et plus exigeantes qu'en 1897. Il faut reconnaître que l'exercice auquel se plie Halbwachs en commençant son livre nous semble élémentaire et l'absence de réflexion sur ce sujet – pourtant très sensible d'un point de vue méthodologique – apparaît effectivement pour le moins problématique dans le texte de Durkheim.

Halbwachs commence par dire que si les statistiques du suicide sont très discutées, c'est avec raison : « Ces matériaux, dit-il, sont recueillis par des agents et élaborés par des administrateurs qui ne se rendent pas compte de la difficulté de leur tâche. Il ne vaudrait pas la peine de consacrer beaucoup ou même un peu de temps à étudier ces chiffres, si nous ne savions d'où ils viennent, ce qu'ont pu apprendre, entendre, voir et constater ceux qui les ont écrits les premiers, et, comment, sous quelle forme ils ont été transmis au bureau statistique dont nous lisons les publications. »[1] Autrement dit, Halbwachs, contrairement à Durkheim, n'accorde pas sa confiance à toutes les séries de chiffres qu'il publie sans en faire préalablement la critique rigoureuse. Le premier problème qu'il soulève est l'absence d'homogénéité dans les modes nationaux d'enregistrement des suicides. Dans certains pays, l'enregistrement relève de l'agent de l'état civil, lequel peut demander quelle est la cause de la mort quand celle-ci n'est pas renseignée, dans d'autres, la connaissance du suicide est possible à partir des procès-verbaux à caractère à la fois médical et de police, dans d'autres encore seuls les agents ou commissaires de police sont habilités à renseigner sur ce point le Bureau national de statistique, enfin il existe des pays où les suicides peuvent être constatés et enregistrés par l'administration judiciaire. Pour Halbwachs, cette diversité ne remet pas en question l'inté-

1. *Ibid.*, p. 15.

rêt de l'utilisation de ces sources, mais nécessite une certaine prudence dans les analyses et les interprétations, en particulier lorsque les écarts entre pays restent assez faibles. De même, souligne-t-il, il faut se méfier de tirer des conclusions trop rapides sur les évolutions que l'on peut observer dans un pays, ces dernières pouvant tout simplement résulter d'un changement dans le mode d'enregistrement, ce qui est le cas notamment de la Prusse où un cinquième de l'évolution entre 1882 et 1883 peut s'expliquer par une réforme nationale conduisant à rapprocher de façon plus rigoureuse les fiches de la police des cartes de mort établies par les fonctionnaires de l'état civil. Cette vigilance que s'impose Halbwachs est tout simplement un gage de scientificité.

Un autre problème, également très discuté par les spécialistes du suicide, est celui de la dissimulation[1]. Halbwachs ne nie pas cette difficulté lorsqu'il indique que, s'il n'est pas toujours facile de dissimuler un suicide, les proches du suicidé, ses parents, soucieux d'éviter un scandale et de sauver leur honneur social, peuvent user de tous les moyens pour y parvenir. Il évoque les sentiments familiaux, mais aussi les sentiments religieux qui peuvent être à l'origine de cette dissimulation, en particulier la crainte pour les catholiques de ne pas pouvoir enterrer l'un des leurs religieusement. Il ne fait donc aucun doute pour lui que ces raisons diverses peuvent aboutir à des erreurs dans l'enregistrement des suicides et il ne cherche pas à les minimiser.

Mais Halbwachs, comme d'autres avant lui, reste frappé par la constance des taux qu'il observe sur de nombreuses années. Il remarque notamment dans le chapitre II que les modes de suicide restent invariables sur longue période. Durkheim disait avant lui que chaque société a son genre de mort préféré, mais il n'y prêtait guère attention, tant le choix de l'instrument lui semblait relever de causes indépendantes de celles qui déterminent le suicide. « Pourtant, souligne Halbwachs, si l'exécution et le choix des moyens ne représentent qu'un aspect extérieur et superficiel des morts volontaires, ce sont des faits objectifs, c'est même ce qu'il y a de plus objectif, de plus matériellement saisissable dans le suicide. Alors qu'il y a lieu de se défier, quand on nous présente

1. Cette mise en doute de la fiabilité des statistiques du suicide, réelle au moment où écrivait Halbwachs, a été ensuite systématisée dans l'ouvrage de Jack Douglas, *The Social Meanings of Suicide*, New Jersey, Princeton University Press, 1967 et, en France, dans celui de Jean Baechler, *Les suicides*, Paris, Calmann-Lévy, 1975. Une critique appuyée de ces deux ouvrages a été publiée par Philippe Besnard « Anti- ou anté-durkheimisme ? Contribution au débat sur les statistiques officielles du suicide », *Revue française de sociologie*, vol. XVIII, 2, 1976, p. 313-341.

le tableau des motifs, parce que nous nous trouvons en présence d'interprétations des observateurs ou témoins, la statistique des modes d'exécution ne peut soulever le moindre doute. Du moins, on n'a pas pu se tromper sur le moyen que le suicidé a choisi pour se donner la mort. »[1] La régularité étonnante des modes de suicide d'une année à l'autre dans les différents pays le conduit, d'une part, à écarter l'hypothèse que les statistiques sont faussées par des erreurs systématiques et, d'autre part, à admettre que le choix des moyens par celui qui s'apprête à se donner la mort est guidé par des forces sociales qui ne dépendent pas de lui, et qui relèvent tout autant des conditions nationales, des traditions et des coutumes de zones géographiques différentes et de l'évolution de la civilisation.

LE CONCEPT DE *GENRE DE VIE*

Si la rigueur méthodologique dont fait preuve Halbwachs dans l'interprétation des statistiques est déjà en soi une preuve de la qualité de sa recherche, il ne faudrait pas y voir l'essentiel de son apport par rapport au *Suicide* de Durkheim. La découverte essentielle qu'il fait, grâce à l'usage de procédés plus élaborés de démonstration statistique, notamment les coefficients de dispersion, tient dans la loi selon laquelle l'accroissement du taux de suicide est liée à l'accroissement de la population. Halbwachs vérifie que, dans les onze pays européens qu'il étudie, le taux de suicide augmente beaucoup moins vite dans les régions à fort taux de suicide qui se peuplent, que dans les régions à bas taux de suicide qui se peuplent moins, voire se dépeuplent. Il vérifie aussi que si dans la plupart des pays la proportion de morts volontaires a augmenté sur la période de quatre-vingts ans (1834-1845 à 1911-1913) qu'il prend en compte, elle semble atteindre un maximum en fin de période, ce qui le conduit à l'hypothèse de l'existence d'une limite variable d'un pays à l'autre à l'accroissement du suicide.

Ainsi, si les taux de suicide convergent en Europe, c'est parce qu'il s'y diffuse progressivement un même genre de vie urbain. Il en conclut

1. *Les causes*, p. 31-32.

que le suicide dépend en partie de l'importance de la population urbaine, mais surtout de l'évolution des sociétés rurales vers la civilisation urbaine. Or, cette évolution est le plus souvent contrainte, « l'assimilation d'une petite unité sociale à une ou plusieurs unités sociales plus grandes a pour résultat d'attirer une ville restreinte, une petite localité à demi campagnarde, dans un courant de vie urbaine où elle est prise et entraînée. Elle ne choisit pas ce qu'elle reproduit, car tout se tient dans l'ensemble d'institutions, de coutumes et de croyances qui l'enveloppe. Elle n'est pas libre de s'y engager à demi. Elle n'emprunte pas, car ce qu'on emprunte, on le rend d'une certaine manière, en y ajoutant du sien. C'est la petite unité sociale qui est obligée de se donner tout entière, non pas à une unité de même nature, et différente d'elle seulement en degré, mais à un ensemble dont l'une et l'autre ne sont que des parties. C'est un genre de vie qui se substitue à un autre, sur toute l'étendue d'une vaste région, ou qui tend vers l'uniformité »[1]. En réalité, si Halbwachs constatait à son époque, notamment en France, que l'augmentation des suicides s'accélérait dans les régions rurales qui se dépeuplaient et où la proportion de morts volontaires était traditionnellement faible, il mettait le doigt sur ce qui allait devenir une véritable évolution séculaire : on sait en effet aujourd'hui que le taux de suicide est, quels que soient l'âge et le sexe, nettement plus élevé dans les communes rurales que dans les communes de taille plus grande, ce qui est parfaitement opposé à ce que constatait Durkheim un siècle auparavant[2].

Mais cette découverte, qui semble *a priori* relever d'un simple constat statistique, le conduit à revenir sur plusieurs points de l'analyse de Durkheim. Il montre en effet que ce qui est déterminant, ce n'est pas un facteur particulier, mais un ensemble de plusieurs facteurs qui évoluent simultanément et qui contribuent à la transformation de ce qu'il appelle un genre de vie. Il faut attendre toutefois la conclusion de son ouvrage pour avoir une définition précise de ce concept : « Un ensemble de coutumes, de croyances et de manières d'être, qui résulte des occupations habituelles des hommes et de leur mode d'établissement. » Il complète ensuite en affirmant que « deux genres de vie ou deux types de civilisation, quelque différence qu'il y ait entre eux, se ressemblent en ce qu'ils comportent un nombre plus ou moins grand

1. *Ibid.*, p. 147.
2. On lira sur ce point le dernier chapitre intitulé « Le suicide aujourd'hui » de l'ouvrage de Christian Baudelot et de Roger Establet, *Durkheim et le suicide*, *op. cit.*

d'occasions d'entrer en rapport les uns avec les autres, rapports amicaux, rapports indifférents ou rapports d'hostilité »[1].

Il oppose ainsi le genre de vie rural au genre de vie urbain et voit dans le passage de l'un à l'autre une recomposition nécessaire, mais lente et difficile, des rapports entre les hommes. D'après lui, le genre de vie de la civilisation rurale constituait, en particulier avant le mouvement d'urbanisation et d'industrialisation du XIXe siècle, un équilibre et une stabilité pour les relations entre les individus : « On vivait sur place, adaptés les uns aux autres, se connaissant trop pour être exposés fréquemment à ces heurts qui se produisent lorsqu'on passe d'un lieu, d'une situation, d'une profession, d'un monde à un autre. Le commerce, plus restreint et plus facile, comportait moins de risques. Les ambitions étaient moins éveillées, les humiliations plus rares. On pensait et on sentait en commun. Les chagrins et les ennuis, au lieu de se concentrer dans les limites d'une conscience individuelle, se dispersaient et s'amortissaient au sein du groupe. La division des fonctions et des activités n'était pas poussée assez loin pour laisser chaque homme isolé, en face de son plaisir ou en face de sa tâche. »[2] Et il en conclut que « le passage d'un genre de vie à l'autre, et le progrès qui en résulte, consiste surtout en ce qu'un plus grand nombre d'actes et de démarches, une plus grande diversité des situations plus ou moins durables, se concentrent dans un même temps, comme si le réseau de l'existence sociale était plus serré, parce que les fils s'y croisent à intervalles plus rapprochés. Il est donc naturel que, dans une société où les contacts entre les hommes se multiplient, les occasions de suicide soient plus fréquentes »[3].

Dans les deux chapitres qu'il consacre à la relation entre le suicide et la famille et à la relation entre le suicide et la religion, Halbwachs tire profit de son approche conceptuelle du genre de vie pour approfondir et parfois remettre en question l'interprétation de Durkheim.

En ce qui concerne l'effet de la famille sur le suicide, Halbwachs reconnaît que le facteur essentiel de l'immunité des gens mariés est le groupe complet formé par les parents et les enfants et confirme l'ensemble des propositions de Durkheim qu'il juge même impressionnantes. Il approfondit toutefois une intuition de son maître à propos de l'effet du nombre d'enfants. En confrontant dans les départements fran-

1. *Les causes*, p. 376.
2. *Ibid.*, p. 378.
3. *Ibid.*, p. 379.

çais l'effectif moyen des ménages et le taux de suicide, Durkheim avait remarqué que « la préservation (contre le suicide) est d'autant plus complète que la famille est plus dense, c'est-à-dire qu'elle comprend un plus grand nombre d'éléments »[1]. Son analyse restait toutefois limitée car la proportion de suicide restait calculée par rapport à la population totale (y compris les enfants de moins de 15 ans dont le taux de suicide enregistré est faible). Il n'était donc pas impossible d'attribuer aux deux cartes superposées le même facteur explicatif à savoir la forte proportion d'enfants de moins de 15 ans dans les départements à forte densité familiale et à faible taux de suicide et de réfuter ainsi le rapport de causalité que cherchait à établir Durkheim. Halbwachs souligne que, pour trancher sur ce point, il est nécessaire de disposer de statistiques où l'on indiquerait le taux de suicide dans les groupes de mariés distingués d'après le nombre d'enfants. Il met alors la main notamment sur des statistiques hongroises en 1923-1925 qui permettent de distinguer les suicidés (non célibataires) en quatre catégories : hommes mariés, hommes veufs, femmes mariées, femmes veuves. Le tableau qu'il établit[2] permet de vérifier que les femmes se tuent d'autant moins qu'elles ont plus d'enfants. Halbwachs peut aussi affirmer que la présence d'enfants exerce une influence sur les hommes mariés qui se disposent à se suicider. À ce stade de la démonstration, la thèse de l'intégration familiale est vérifiée : « En résumé, dit-il, ces dernières statistiques nous apprennent que l'homme et la femme mariés, mais surtout la femme, sont d'autant plus protégés contre le suicide qu'ils ont plus d'enfants. »[3]

Cela dit, Halbwachs s'interroge sur la portée et la signification de ces résultats à la fin de son chapitre sur le suicide et la famille. Si la vertu préservatrice de la famille tient principalement au nombre d'enfants, il est logique de conclure qu'elle n'a pu s'affaiblir d'une période à l'autre que parce que le nombre moyen des enfants a diminué. Or, Halbwachs constate que le nombre moyen des enfants vivants par ménage est passé de 3 à 2,2 environ en France de 1830 à 1900, ce qui paraît bien faible au regard de l'augmentation des suicides (de 100 à 420) : « Là une diminution de 27 %, ici une augmentation de 320 %. Le premier fait, conclut-il, ne peut donc entrer dans l'explication du second que pour une part extrêmement réduite. »[4] Il faut donc rechercher d'autres fac-

1. *Le suicide*, p. 208.
2. *Les causes*, p. 170.
3. *Ibid.*, p. 178.
4. *Ibid.*, p. 179.

teurs explicatifs et replacer la famille dans son environnement urbain ou rural et dans son milieu social, lesquels ont au moins autant évolué qu'elle : « Dès qu'on envisage non plus la composition de la famille, mais son esprit, ses habitudes, on ne peut plus détacher le groupe domestique d'un milieu social plus vaste, où il est compris, et dans l'évolution duquel il est entraîné. Si le lien qui rattachait la famille "à la maison familiale, au champ des aïeux" se détend, si "les jeunes gens quittent leur famille natale avant qu'ils ne soient en état d'en fonder une", est-ce dans le groupe domestique, n'est-ce pas plutôt dans un changement des conditions économiques qu'il en faut chercher la raison ? (...) Si l'on veut aller plus loin, si l'on veut atteindre dans toute sa richesse la vie affective et morale du groupe domestique, ses fonctions, ses habitudes, et suivre son évolution, on est bien obligé de la replacer dans la société urbaine ou rurale qui l'enveloppe. Mais dans cet ensemble de coutumes, il n'est plus possible de distinguer ce qui est spécifiquement familial, et le reste. »[1]

S'il est difficile d'isoler l'effet de la famille des autres facteurs qui lui sont associés, il en est de même pour l'effet de la religion. La critique d'Halbwachs sur les analyses de Durkheim devient ici plus tranchée. Durkheim expliquait que la moindre immunité au suicide des protestants par rapport aux catholiques résultait d'un effet propre du système religieux. « Or, constatait-il, la seule différence essentielle qu'il y ait entre catholicisme et protestantisme, c'est que le second admet le libre examen dans une bien plus large proportion que le premier. (...) Le catholique reçoit sa foi toute faite sans examen. Il ne peut même pas la soumettre à un contrôle historique, puisque les textes originaux sur lesquels on l'appuie lui sont interdits. Tout un système hiérarchique d'autorités est organisé, et avec un art merveilleux, pour rendre la tradition invariable. Tout ce qui est *variation* est en horreur à la pensée catholique. Le protestant est davantage l'auteur de sa croyance. La Bible est mise entre ses mains et nulle interprétation ne lui est imposée. La structure même du culte réformé rend sensible cet individualisme religieux. »[2] Halbwachs n'était pas convaincu par cette interprétation. Pour lui, la plus forte propension au suicide des protestants ne résulte pas forcément d'un effet propre de la religion. Il oppose en effet à la théorie de Durkheim plusieurs observations statistiques issues notamment des données prussiennes. Premièrement, si les protestants se tuent

1. *Ibid.*, p. 180.
2. *Le suicide*, p. 156-157.

toujours plus que les catholiques, le rapport entre les taux des deux confessions a fortement diminué entre 1849-1855 et 1901-1907 (de l'ordre de 22,5 %). Deuxièmement, il constate que les taux de suicide sont plus dispersés dans l'ensemble des catholiques que dans l'ensemble des protestants dès le début de la période considérée. Cette dispersion augmente toutefois en cinquante ans plus vite pour les protestants que pour les catholiques. Halbwachs en tire la conclusion que certains groupes catholiques subissent l'influence des protestants, et inversement, si bien que le comportement face au suicide tend à s'uniformiser à l'échelle nationale. Troisièmement, la tendance au suicide varie non seulement de confession à confession, mais aussi de province à province. En partant de l'intuition du père Krose selon laquelle il faut tenir compte non seulement du nombre de catholiques et de protestants par province, mais aussi de la façon dont ils sont groupés, Halbwachs tente de vérifier que plus les catholiques sont mêlés à des croyants de religions différentes, plus leur force de résistance au suicide diminue. Pour en faire la démonstration, il calcule la proportion de mariages mixtes aux mariages catholiques qui est un bon indicateur du degré de consistance de ce groupe confessionnel. Il parvient ainsi à un résultat remarquable, à savoir une correspondance très nette entre la proportion des mariages mixtes aux mariages catholiques et le taux de suicide des catholiques et il précise ne pas trouver d'indice de dépendance plus approché au cours de toute son étude[1]. Le nombre des mariages mixtes lui paraît « un des meilleurs indices du degré d'intégration ou de désintégration des groupes catholiques éparpillés ou concentrés dans les diverses provinces prussiennes ». Et il en conclut que les catholiques sont préservés contre le suicide que dans la mesure où ils vivent étroitement rapprochés, où ils ont peu de contacts et où ils réduisent au minimum les relations et les échanges de substance avec les groupes des autres confessions[2].

Du coup, c'est la relation entre le suicide et la religion qui paraît discutable. Pour Durkheim, le détail des dogmes et des rites est secondaire. Si les catholiques se suicident moins, c'est selon lui, parce qu'ils constituent une société plus « intégrée » que les autres groupes confessionnels. Halbwachs s'interroge sur le terme « intégré » et met en doute la distinction entre les habitudes religieuses et les autres coutumes. « Les coutumes sont religieuses en effet, dit-il, mais ce sont avant tout des

1. *Les causes*, p. 189.
2. *Ibid.*, p. 191.

coutumes. Or, un groupe peut être dit “intégré” dans la mesure où l’on y rencontre des habitudes traditionnelles fortement enracinées. Il se pourrait alors que les populations catholiques se distinguent de toutes les autres, non par la nature particulière de leurs croyances religieuses, mais simplement parce qu’elles sont plus conservatrices, plus traditionnelles. Les coutumes religieuses ne seraient qu’une partie de ces traditions, et on n’y serait attaché que parce qu’elles sont anciennes. » Halbwachs souligne par ailleurs que les populations catholiques sont plus implantées en zone rurale et se confondent souvent avec les milieux paysans, alors que les protestants vivent nettement plus fréquemment, et souvent depuis plusieurs générations, dans les villes. Il en arrive alors à nouveau à sa distinction fondamentale entre les zones urbaines et la campagne et réaffirme ainsi la nécessité de tenir compte du genre du vie.

« Si le groupe religieux se confond en partie avec d’autres formations sociales, villageoises, catégories professionnelles, masses d’hommes unis par le sentiment d’une communauté ethnique ou nationale, alors il n’y a pas lieu et il n’est d’ailleurs pas possible de détacher les pratiques religieuses d’un ensemble d’habitudes collectives dont elles sont solidaires, et qui n’ont pas un caractère religieux. Elles ne définissent pas un groupe professionnel, mais ce que nous pouvons appeler un genre de vie ou un type de civilisation. »[1] Sa conclusion est logique : « L’influence du milieu, urbain ou rural, apparaît donc prépondérante. Ce n’est pas parce qu’ils sont catholiques, mais parce qu’ils vivent dans les milieux traditionnels que les catholiques de la campagne se tuent si peu : il suffit de les transporter dans les milieux urbains pour qu’ils se rapprochent singulièrement des protestants. Mais ceux que nous appelons protestants sont portés au suicide non parce que protestants, mais parce qu’ils vivent dans des milieux urbains, ou qu’ils subissent l’influence de ces milieux : il se peut, comme les protestants allemands, qu’ils se tuent moins lorsqu’ils sont à la campagne : influences urbaines et rurales se balancent dans leur groupe. Mais il arrive aussi que, comme les protestants français, même à la campagne, ils ne soient accessibles qu’aux influences urbaines. »[2]

Si nous avons insisté sur les deux chapitres sur la famille et la religion, c’est parce que la démarche analytique et l’interprétation d’Halbwachs y sont comparables et aboutissent à un résultat similaire

1. *Ibid.*, p. 196.
2. *Ibid.*, p. 211-212.

qui affaiblit incontestablement, voire invalide, les conclusions de Durkheim. Il n'est pas sûr toutefois, à ce stade de la démonstration, que celles d'Halbwachs conduisent à un réel enrichissement de la théorie du suicide. Si le suicide relève de plusieurs facteurs interdépendants, il reste à expliquer pourquoi la complexité du genre de vie dans les grandes villes et l'intensité de la vie sociale qui en résulte peuvent être à l'origine de la moindre immunité au suicide. La solution que propose Halbwachs est originale. Elle passe par un réexamen minutieux des motifs individuels de suicide car ces derniers, loin d'être un obstacle, comme le pensait Durkheim, à l'analyse des causes sociales, doivent être compris comme l'expression et l'effet du genre de vie du groupe. C'est à partir du moment où Halbwachs cherche à relier les circonstances individuelles du suicide aux courants collectifs qu'il innove le plus par rapport à Durkheim et contribue ainsi à dépasser l'opposition classique entre individu et société.

SUICIDE ET DISQUALIFICATION SOCIALE : UNE ÉTUDE DE PSYCHOLOGIE COLLECTIVE

Durkheim rejetait farouchement l'analyse des motifs individuels de suicide non seulement en raison de leur caractère presque infini – ce qui les rendait, d'après lui, difficilement identifiables du dehors autrement que par de grossières approximations –, mais surtout parce que l'intention elle-même se dérobe le plus souvent à l'observation intérieure. « Que de fois, disait-il, dès l'introduction du suicide, nous nous méprenons sur les raisons véritables qui nous font agir. »[1] De façon plus explicite encore dans le chapitre premier du livre III, il affirmait que les conditions individuelles du suicide ne sont pas les causes déterminantes de l'acte qu'elles précèdent : « Le rôle important qu'elles jouent parfois dans la délibération n'est pas une preuve de leur efficacité. On sait, en effet, que les délibérations humaines, telles que les atteint la conscience réfléchie, ne sont souvent que de pure forme et n'ont d'autre objet que de corroborer une résolution déjà prise pour des raisons que la cons-

1. *Le suicide*, p. 4.

cience ne connaît pas. »[1] Cette approche le conduit donc à accorder une grande importance aux mécanismes inconscients qui fascinaient, comme le rappellent justement Laurent Mucchielli et Marc Renneville, de nombreux chercheurs en sciences humaines à la fin du XIXe siècle[2]. Comme d'autres à son époque, Durkheim est sensible à la littérature sur les phénomènes subconscients et en retire des arguments pour défendre sa thèse selon laquelle la sociologie doit avoir pour objet ultime, non pas l'explication des actions individuelles, mais l'explication des courants collectifs qui traversent la société et s'imposent aux individus sans qu'ils en soient conscients. Si la société exerce une contrainte mentale sur les individus, les courants suicidogènes pénètrent aussi les consciences individuelles et seul l'inconscient social est susceptible d'après lui d'expliquer ce processus. « Puisque nous sommes son œuvre, elle (la société) ne peut avoir le sentiment de sa déchéance sans éprouver que, désormais, cette œuvre ne sert plus à rien. Ainsi se forment les courants de dépression et de désenchantement qui n'émanent d'aucun individu en particulier, mais qui expriment l'état de désagrégation où se trouve la société. Ce qu'ils traduisent, c'est le relâchement des liens sociaux, c'est une sorte d'asthénie collective, de malaise social comme la tristesse individuelle, quand elle est chronique, traduit à sa façon le mauvais état organique de l'individu. »[3]

Halbwachs conteste fermement cette distinction entre les motifs individuels qui seraient forcément trompeurs et illusoires et les causes véritables à rechercher exclusivement dans la société. Dès les premières pages de son introduction, il insiste sur la grande stabilité des motifs de suicide, au moins à moyen terme, et n'y voit aucune preuve de leur inexactitude, bien au contraire. D'après lui, ces motifs sont reliés aux genres de vie rural ou urbain et ne sont pas à écarter de l'analyse sociologique. Il suggère au contraire de tenter de les interpréter en les confrontant au sens social des événements qui se produisent dans la vie collective.

« La thèse de Durkheim serait vraisemblable s'il n'existait aucun rapport entre l'action de tels motifs et celle qui résulte de l'ébranlement des sentiments collectifs. Mais il n'en est rien. Lorsqu'on passe en revue

1. *Ibid.*, p. 334.
2. Cf. Laurent Mucchielli et Marc Renneville, « Les causes du suicide : pathologie individuelle ou sociale ? Durkheim, Halbwachs et les psychiatres de leur temps (1830-1930), *Déviance et société*, 1998, 22, 1, p. 3-36.
3. *Le suicide*, p. 229.

les divers motifs particuliers du suicide, on s'aperçoit que, si les hommes se tuent, c'est toujours à la suite d'un événement ou sous l'influence d'un état survenu soit au-dehors, soit au-dedans (dans leur corps ou dans leur esprit), qui les détache ou les exclut du milieu social, et leur impose le sentiment insupportable de leur solitude. Mais tel est aussi l'effet qu'on éprouve lorsque, comme disait Durkheim, on cesse d'être "intégré" dans l'un des groupes qui constituent l'armature de la société. Il n'y a donc pas de différence essentielle entre ce qu'il appelle les motifs et les causes. Lorsqu'au dénuement affectif d'un célibataire vient se joindre le déclassement ou le déshonneur de l'homme ruiné, l'isolement moral du malade ou du désespéré, ce sont deux états de même nature qui se superposent, ce sont des forces du même genre qui combinent leur action. Il n'y a donc aucune raison, dans une explication du suicide, d'exclure les unes et de retenir les autres. »[1]

Lorsqu'il étudie l'effet de la conjoncture économique, il démontre que si l'accroissement des suicides pendant les phases de forte prospérité sont des faits rares et de courte durée, les périodes de dépression qui suivent la crise ont des effets systématiques et de plus longue durée. On peut voir dans son interprétation de ces faits qu'il établit avec rigueur, sa détermination à articuler les causes sociales et les motifs individuels : « Les dispositions d'esprit des commerçants et des industriels, leurs espoirs, leurs craintes, leurs enthousiasmes et leurs paniques modifient l'atmosphère morale du pays tout entier, comme des nuages et des éclaircies. Ce n'est pas que la misère des ouvriers qui chôment, les banqueroutes, les faillites et les ruines, soient la cause immédiate de beaucoup de suicides. Mais un sentiment obscur d'oppression pèse sur toutes les âmes, parce qu'il y a moins d'activité générale, que les hommes participent moins à une vie économique qui les dépasse, et que leur attention n'étant plus tournée vers le dehors se porte davantage non seulement sur leur détresse ou leur médiocrité matérielle, mais sur tous les motifs individuels qu'ils peuvent avoir de désirer la mort. »[2]

Halbwachs soutient que le suicide intervient le plus souvent à la suite d'un événement qui a eu pour effet d'isoler l'homme de son milieu social et souligne en même temps que les causes du suicide doivent être recherchées avant tout dans les obstacles de l'intégration de

1. *Les causes*, p. 11.
2. *Ibid.*, p. 284. Pour une étude récente des effets de la crise sur le suicide, on pourra se reporter à l'article de Louis Chauvel, « L'uniformisation du taux de suicide masculin selon l'âge : effet de génération ou recomposition du cycle de vie ? », *Revue française de sociologie*, XXXVIII, 4, 1997, p. 681-734.

l'individu dans la société. S'il n'emploie pas le concept de *disqualification sociale* qui n'existait pas encore de façon courante dans la littérature sociologique de l'époque, il élabore un cadre interprétatif du suicide qui s'en rapproche. Il suffit de lire le passage suivant, extrait de son chapitre XIV consacré à l'examen de la thèse psychiatrique, pour s'en convaincre :

> « Un homme coupable et responsable de quelque acte qui porte atteinte à son honneur se sent diminué aux yeux des membres de son groupe, et retranché de celui-ci. L'honneur repose sans doute sur des considérations différentes selon les sociétés. Frazer raconte quelque part qu'un jeune sauvage va, volontairement, se faire enterrer vivant, parce qu'il est trop maigre et chétif et qu'on le tourne en dérision dans sa tribu. Ici c'est le point d'honneur professionnel, là c'est le point d'honneur aristocratique, c'est l'honneur du commerçant, qui intervient. Un homme qui a été insulté, une fille mère abandonnée, un joueur qui ne peut pas payer une dette de jeu, perdent la considération de ceux qui les entourent, et à l'opinion desquels ils attachent le plus de prix : ils sont violemment rejetés hors du milieu social loin duquel ils ne peuvent vivre. Mais il en est de même du commerçant qui se ruine, de l'homme riche qui perd sa fortune, du père de famille dont les ressources sont brusquement réduites. Tous voient s'abaisser leur niveau social. Ils sont dans une certaine mesure des déclassés. Or, qu'est-ce que se déclasser ? C'est passer d'un groupe qu'on connaît, qui vous estime, dans un autre qu'on ignore et à l'appréciation duquel on n'a aucune raison de tenir. On sent alors se creuser autour de soi un vide. Ceux qui vous entouraient, autrefois, avec qui vous aviez tant d'idées communes, tant de préjugés en commun, dont tant d'affinités vous rapprochaient parce que vous vous retrouviez en eux comme eux en vous, s'éloignent soudain. Vous disparaissez de leurs préoccupations et de leur mémoire. Ceux au milieu desquels vous vous retrouvez ne comprennent ni votre dépaysement, ni votre nostalgie et vos regrets. Détaché d'un groupe par un ébranlement soudain, vous êtes incapable, ou, du moins, vous vous croyez incapable de retrouver jamais dans un autre quelque appui, ni rien qui remplace ce que vous avez perdu. Mais lorsqu'on meurt ainsi à la société, on perd le plus souvent la principale raison qu'on a de vivre. »[1]

Cette approche rend finalement artificielle la distinction entre les quatre types de suicide établie par Durkheim. Sans doute un peu embarrassé par le cadre analytique proposé par son maître, Halbwachs préfère éluder la discussion. Sans le dire explicitement, il ne retient finalement qu'un type de suicide. Il est vrai aussi que plusieurs critiques ont été formulées au sujet de la typologie de Durkheim. On peut en retenir deux[2]. Premièrement, deux types de suicide, le *suicide altruiste* (opposé au *suicide*

1. *Ibid.*, p. 314-315.
2. On lira sur ce point L. Mucchielli et M. Renneville, « Les causes du suicide : pathologie individuelle ou sociale ? », art. cité.

égoïste) et le *suicide fataliste* (opposé au *suicide anomique*) ont une base empirique faible et difficilement vérifiable. Durkheim ne consacre d'ailleurs qu'une note de bas de page au suicide fataliste qui résulte d'un accès de réglementation, et s'il a écrit une trentaine de pages pour définir le suicide altruiste, son argumentation empirique apparaît peu en rapport avec les données dont il dispose. Deuxièmement, la distinction entre les deux grands types de suicide que sont le suicide égoïste et le suicide anomique est toute relative, puisque Durkheim lui-même indique qu'ils ont l'un pour l'autre une « affinité spéciale » et qu'ils sont généralement que « deux aspects différents d'un même état social ». Il faut reconnaître avec lui que ces deux types de suicide viennent de ce que la société n'est pas suffisamment présente aux individus. Pour justifier cette distinction, il indique que « ce n'est pas dans les mêmes milieux sociaux que ces deux sortes de suicide recrutent leur principale clientèle ; l'un (le suicide égoïste) a pour terrain d'élection les carrières intellectuelles, le monde où l'on pense, l'autre (le suicide anomique), le monde industriel et commercial ». On notera cependant que le seul tableau du suicide par profession auquel Durkheim se réfère[1] pour justifier cette distinction ne renseigne en aucun cas sur les motifs du suicide.

En réalité, s'il n'existe pour Halbwachs qu'un seul type de suicide, c'est celui de l'homme disqualifié, c'est-à-dire le suicide de l'homme peu ou mal intégré qui a intériorisé le sentiment qui lui vient de la société en général et de ses groupes d'appartenance en particulier, de ne plus être à la hauteur de son rôle social réel ou virtuel, c'est-à-dire du rôle social à partir duquel il était défini et se définissait lui-même ou de celui auquel il aspirait. Le déclassement ou le classement dans une position jugée inacceptable est une épreuve humiliante qui bouleverse les relations avec autrui et incite au repli sur soi. Même les relations au sein de la famille peuvent en être affectées, tant il est difficile d'admettre de ne plus pouvoir correspondre aux attentes de son entourage et de se sentir inutile aux autres[2]. L'homme disqualifié est toujours désespéré puisque son existence sociale lui semble remise en question. Ce désespoir est à la fois source de solitude et de détresse psychologique. La perte de confiance en soi, le sentiment d'être « mal dans sa peau », les troubles psychosomatiques tels que l'anxiété, l'angoisse et l'insomnie, et

1. Cf. *Le suicide*, tableau XXIV, p. 286.
2. Cf. Serge Paugam, *La disqualification sociale. Essai sur la nouvelle pauvreté*, Paris, PUF, 1991, coll. « Quadrige », 2000, et plus récemment, *Le salarié de la précarité, Les nouvelles formes de l'intégration professionnelle*, Paris, PUF, coll. « Le lien social », 2000.

l'incapacité à affronter les difficultés de la vie quotidienne en sont les expressions les plus courantes. Ce désespoir résulte par conséquent de la relation perturbée de l'homme disqualifié avec son entourage, mais aussi de l'analyse que celui-ci en fait.

Ce dernier réfléchit avant de se donner la mort. Halbwachs rappelle que l'homme désespéré n'est pas en dehors de la société, au sens où il continue de se représenter le rapport dans lequel il se trouve avec son entourage. Sa situation objective au sein de celui-ci est devenue pour lui si insupportable qu'il juge que plus rien ne peut le rattacher à la vie. Au moment où il s'apprête à franchir le pas, la société parle au fond de lui-même. C'est elle qui agit à travers lui. « Pour sentir son isolement, il faut être resté capable de réfléchir, c'est-à-dire de se représenter dans quel rapport on se trouve avec le reste du monde. En effet, le désespéré réfléchit, il interroge silencieusement les êtres et les choses qui l'entourent, il reçoit des réponses négatives et décourageantes qui ne sont que l'écho de sa tristesse, et il les interprète comme un encouragement à quitter la vie. Alors seulement il se tue. C'est que la société a ses côtés d'ombre aussi bien que de lumière, et qu'à un homme désespéré, elle ne montre que les images les plus sombres d'elle-même. »[1]

Par ailleurs, pour Halbwachs, si le désespoir et la solitude se manifestent chez tous ceux qui décident de se donner la mort, il n'y a aucune raison d'exclure, comme le faisait Durkheim, le cas des psychopathes du schéma d'analyse sociologique[2] : « Mais n'est-ce pas pour une raison analogue que les déprimants et les déprimés se tuent ? Certes, à la différence de beaucoup de malades, les psychopathes en période de dépression ne font pas appel à la sympathie compréhensive des autres. Ils cachent plutôt leur maladie et leur souffrance, comme s'ils en éprouvaient quelque honte. Il semble que, comme des patients désespérés, ils se sentent d'emblée retranchés du reste du monde. Ce sont bien des isolés. En ce sens, et bien que les états psychopathiques paraissent n'avoir que peu de rapports avec les autres causes examinées jusqu'à présent qui conduisent les hommes au suicide, ils ne représenteraient qu'un cas particulier d'un phénomène général. Les psychopathes, eux aussi, se tueraient parce qu'ils sont en marge de la société et qu'ils ne peuvent plus trouver ailleurs qu'en eux-mêmes un point

1. *Ibid.*, p. 353.
2. On sait que Durkheim a consacré son chapitre premier du livre premier aux états psychopathiques, lesquels correspondaient d'après lui à des facteurs extra-sociaux.

d'appui. »[1] Et Halbwachs en conclut : « Ainsi les états psychopathiques produisent le même effet que les autres motifs du suicide. Il n'y a rien qu'une pensée formée par la société soit moins capable de regarder en face que le vide social. C'est cet état d'angoisse et de terreur qui importe seul, et en deçà duquel il n'y a pas lieu de remonter, quand on veut expliquer le suicide. Entre le déprimé psychasthénique, l'homme ruiné, exposé au déshonneur, gravement atteint dans son amour propre, privé d'un être qu'il aime, il y a sans doute bien des différences, pour qui examine le genre spécial de trouble qui s'est emparé de chacun d'eux. Il y a cependant un trait qui leur est commun. Tous n'aperçoivent plus de la société que ses aspects hostiles, sur bords les plus escarpés : maladie mentale, perte d'argent, deuil, peines d'amour, puisque ce sont autant de formes particulières différentes sous lesquelles se cache un même état. Mais cet état lui-même, c'est-à-dire le sentiment d'une solitude définitive et sans recours est la cause unique du suicide. »[2]

En définitive, Halbwachs a élaboré dans ce livre une sociologie compréhensive du suicide. En suivant Durkheim, il a examiné les causes sociales du suicide sans écarter pour autant les motifs individuels. Sensible à la démarche de la psychologie collective, il a cherché à relier ces derniers, en dépit de leur hétérogénéité, à des forces sociales de nature semblable. Puisqu'il n'a pu envisager ces relations qu'à partir d'un nombre limité de cas pour lesquels il pouvait disposer d'un ensemble assez complet d'informations, son explication ne pouvait être que complémentaire, mais relativement disjointe, de l'analyse statistique. Son texte contient de multiples exemples qui mis bout à bout constituent toutefois un ensemble démonstratif convainquant. Le lecteur ne pourra être que frappé par l'abondance des données à la fois quantitatives et qualitatives qu'Halbwachs a mobilisé dans cet ouvrage.

En rééditant ce livre, on entend aussi souligner l'apport d'Halbwachs à la sociologie des liens sociaux. Dans *Les causes du suicide*, c'est en effet l'ensemble des ruptures des liens fondamentaux qui rattachent l'individu à la société qui sont analysées. Ces liens renvoient aux mécanismes de la socialisation, c'est-à-dire aux mécanismes par lesquels

1. *Les causes*, p. 318. Pour approfondir le chapitre qu'Halbwachs consacre à l'examen de la thèse psychiatrique, on pourra se référer à Laurent Mucchielli, « Pour une psychologie collective : l'héritage durkheimien d'Halbwachs et sa rivalité avec Blondel durant l'entre-deux-guerres », *Revue d'histoire des sciences humaines*, 1999, 1, p. 103-141.

2. *Ibid.*, p. 321.

l'individu apprend à se définir lui-même en fonction des normes de la vie sociale et des attentes de ceux avec qui il se trouve en relation. À la suite de Durkheim, Halbwachs a contribué dans cet ouvrage à approfondir trois grands types de liens en référence auxquels il est possible de définir des types précis de ruptures : le *lien de filiation* qui s'impose à l'individu dès sa naissance et contribue à son équilibre affectif puisqu'il lui assure à la fois stabilité et protection ; le *lien d'intégration* qui relève de la socialisation secondaire au cours de laquelle l'individu entre en contact avec d'autres individus et apprend à respecter les normes et les règles des groupes et des institutions qui lui préexistaient ; le *lien de citoyenneté* qui repose sur le principe de l'appartenance à une nation à partir duquel l'individu se voit reconnaître des droits et des devoirs. Ces trois types de liens sont interdépendants et peuvent être de ce fait réunis dans ce qu'Halbwachs appelle un « genre de vie ». C'est à partir du moment où le genre de vie se transforme, à l'occasion des mutations de la société rurale et du développement des villes ou encore au moment des grandes crises économiques, que ces liens fondamentaux qui rattachent l'homme à la société peuvent devenir plus fragiles, jusqu'à se rompre, en laissant ainsi l'individu en proie à la détresse, confronté au sentiment d'être inutile.

Serge PAUGAM.

Avant-propos

M. Halbwachs a bien voulu, dans la collection que Durkheim a fondée, reprendre la question que celui-ci avait abordée et, nous osons le dire, génialement traitée, il y a déjà trente-trois ans. Cet ouvrage, *Les causes du suicide,* fait suite au livre de Durkheim sur *Le suicide.*

Notre première pensée commune avait été de mettre simplement à jour le travail de Durkheim ; d'indiquer, dans un chapitre supplémentaire ou dans une Introduction, sur quels points les données nouvelles publiées depuis un tiers de siècle, confirment ou ne confirment pas ses conclusions. M. Halbwachs s'est peu à peu senti forcé d'entreprendre de nouvelles recherches, de poser de nouveaux problèmes, de présenter les faits sous un autre aspect.

Un livre tout nouveau était en effet nécessaire. En sociologie, pas plus qu'en aucune science, le travail d'analyse n'est jamais achevé. D'abord, parce que, comme a dit Durkheim, l'un des moyens essentiels de l'expérimentation sociologique c'est l'observation historique, et qu'il fallait tenir compte des faits nouveaux et considérables qui se sont passés depuis 1896. M. Halbwachs a donc montré ici, que, pendant toute cette longue période, les ébranlements profonds et même d'immenses renouvellements des sociétés européennes, n'ont pas fait apparaître d'événements très différents de ceux que Durkheim faisait prévoir. La plus grande partie des faits nouveaux de suicide reste du genre que Durkheim avait décrit et soumise pour l'essentiel à l'interprétation qu'il proposait.

Ensuite, les méthodes statistiques et généralement les procédés d'analyse quantitative ont fait des progrès. Des travaux récents ont élargi et précisé les observations. Ici aussi, il fallait voir si celles de

Durkheim gardaient encore leur valeur, M. Halbwachs a montré en quelle mesure elles restaient vraies.

Mais ces vérifications ne suffisaient pas. M. Halbwachs a examiné lui-même les choses de plus près. Il a donc étendu le champ d'observation à d'autres sociétés, à d'autres époques, à d'autres détails. Il a analysé de nouveau les faits anciens considérés par Durkheim, mais de façon plus approfondie. Il a introduit en même temps les théories récentes et les faits nouveaux dans le champ de son expérimentation. Ainsi, il a pu déterminer dans quelle mesure il faut compléter, modifier, ou même abandonner telle ou telle thèse de Durkheim. Il a proposé ses propres théories là où il fallait. Il a fait œuvre positive et neuve.

Cette œuvre suppose connue celle de Durkheim qui à son tour l'appelle invinciblement. Elle en est la suite nécessaire, le complément, le correctif indispensable. Il serait imprudent, peu scientifique, absurde, quand on se sert du *Suicide* de Durkheim de ne pas se reporter constamment aux *Causes du suicide* de M. Halbwachs.

La réédition du livre de Durkheim, se fait en même temps que paraît celui-ci, qui atteint les limites actuelles de la science. Les deux volumes sont deux moments d'une même recherche, conduite dans le même esprit.

Marcel MAUSS.

Introduction

On se tue beaucoup dans les pièces de Shakespeare, et dans tout le théâtre romantique. Le spectateur ou le lecteur n'y trouve rien à redire, sans doute parce que c'est là un genre de dénouement commode, auquel les auteurs nous ont depuis longtemps habitués. Cependant, bien que les journaux nous apprennent que les suicides sont assez fréquents, qu'il n'y ait guère d'événements plus banals, ni sur lesquels nous devions être plus blasés, chaque fois que l'un d'entre eux s'impose à notre attention, nous sommes prêts à nous étonner de nouveau. C'est qu'il y a, dans cette façon de prendre congé de ses semblables, un mélange apparent de libre choix et de fatalité, de résolution et de passivité, de lucidité et d'égarement, qui nous déconcerte.

Aussi a-t-on, de tout temps, beaucoup écrit sur ce sujet. Dans une bibliographie récente, et qui n'est pas complète, on ne mentionne pas moins de 3 771 ouvrages dans lesquels il est traité du suicide. Il a sa place dans la morale, dans l'histoire, dans la littérature, dans l'art. Les médecins, les juristes, les théologiens s'en sont occupés. Il n'a pas cessé de solliciter la curiosité, d'éveiller des sentiments de pitié et de terreur, d'offrir enfin une riche matière à discussions et à paradoxes. Existe-t-il beaucoup de faits qui présentent un plus profond intérêt humain, et auxquels les sciences qui s'occupent de l'homme aient plus de raisons de s'appliquer ?

Pourtant, si le suicide est ancien, aussi ancien sans doute que l'humanité, on ne peut dire que l'étude en ait été très avancée avant le milieu du XIXe siècle. Il s'est produit, à ce moment, ce qui se passe, par exemple, en astronomie, quand l'invention d'instruments d'optique perfectionnés découvre aux observateurs tout un ordre de faits aussi vieux au moins que les hommes, mais dont jusqu'alors ils ne soupçonnaient pas l'existence. De même, il a fallu l'invention et la mise au point de ces instruments de mesure modernes que sont les statistiques, pour que le suicide, comme phénomène de masse, prenne en quelque sorte naissance sous nos yeux, de même qu'à un grossissement suffisant une partie du ciel qui paraissait vide se remplit soudain d'une multitude d'étoiles.

Guerry, dès 1835, Etoc-Demazy en 1844, Lisle en 1856, quelques autres encore, purent les premiers voir et décrire ce phénomène qui venait d'entrer dans le champ de nos instruments d'observation. Wagner en 1864, et surtout Morselli en 1879, en apercevaient déjà les diverses parties et en déterminaient les phases avec beaucoup plus de précision. Le mérite de ces précurseurs est très grand. Bien que Morselli, par exemple, ne disposât que de données très incomplètes, qui, pour le plus grand nombre des pays, ne remontaient pas en deçà de 1841-1845, il reconnut ou entrevit tout au moins le genre d'influence qu'exerce sur le suicide non seulement le sexe et l'âge, mais encore la religion, l'état civil, la profession, la densité de la population, la différence entre la ville et la campagne, les crises économiques, etc.

Mais bien plus importante et d'une portée plus décisive fut l'œuvre de Durkheim qui, en 1897, interpréta le premier ces faits d'une manière systématique, on sait en quel sens[1]. « Il nous semble difficile, écrivait-il, que, de chaque page de ce livre, pour ainsi dire, ne se dégage pas l'impression que l'individu est dominé par une réalité morale qui le dépasse : c'est la réalité collective. Quand on verra que chaque peuple a un taux de suicide qui lui est personnel, que ce taux est plus constant que celui de la mortalité générale, que, s'il évolue, c'est suivant un coefficient d'accélération qui est propre à chaque société, que les variations par lesquelles il passe aux différents moments du jour, du mois, de l'année, ne font que reproduire le rythme de la vie sociale, quand on constatera que le mariage, le divorce, la famille, la société religieuse, l'armée, etc., l'affectent d'après des lois définies dont quelques-unes peuvent même être exprimées sous forme numérique », on comprendra que ces états et ces institutions collectives « sont des forces réelles, vivantes et agissantes, qui, par la manière dont elles déterminent l'individu, témoignent assez qu'elles ne dépendent pas de lui, des réalités aussi définies, et aussi résistantes que celles dont traitent le psychologue ou le biologiste ».

1. E. Durkheim, *Le suicide, étude de sociologie*, Paris, 1897.

En fermant cet ouvrage, plus d'un lecteur, surtout plus d'un lecteur philosophe, a sans doute eu le sentiment que le problème du suicide ne se posait plus, et qu'on en connaissait désormais la solution. Est-ce la dialectique, sont-ce les statistiques qui emportaient la conviction ? L'un et l'autre sans qu'on sût bien toujours distinguer ce qui était l'un et ce qui était l'autre. Quelquefois la dialectique plus que les faits, non par la faute de Durkheim, d'ailleurs. Mais cela présentait plus d'un inconvénient. On ne s'apercevait pas que l'édifice reposait sur des fondements qui n'étaient point partout aussi solides. Comment en eût-il été autrement ? Il n'y a pas d'œuvre scientifique que de nouvelles expériences n'obligent à réviser et compléter.

Il n'était donc pas inutile de reprendre cette étude au point où Durkheim l'avait laissée, d'abord en vue de comparer ses résultats avec les statistiques qui ont été publiées depuis. Durkheim s'appuyait sur des chiffres qui ne remontent qu'exceptionnellement en deçà de 1840, et qui ne vont jamais au-delà de 1890-1891. Ces données sont de valeur très inégale. Dans un des pays les plus importants à cet égard, en Prusse, la statistique du suicide n'est à peu près complète que depuis 1883. En Angleterre elle commence en 1856, en Italie en 1864 seulement. Pour l'Empire allemand tout entier, on n'a de chiffres qu'à partir de 1881. Dans nombre de pays, il y a des raisons de supposer que, durant les dernières périodes, les relevés se sont perfectionnés et complétés de décade en décade. Il n'est pas exagéré de dire que, par leur valeur et par leur nombre, les données dont nous disposons sur le suicide depuis 1890 sont au moins aussi importantes que les chiffres sur lesquels Durkheim a travaillé. Nous pouvions donc vérifier les expériences qu'il a étudiées, et les préciser en nous appuyant sur des statistiques plus détaillées. On se rendra compte de ce que nous apprennent à cet égard les données de ces trente ou quarante dernières années, en se reportant aux chapitres VIII à X de notre livre. Nous y étudions, dans les cadres choisis par Morselli et Durkheim, les problèmes qu'ils avaient abordés, et, si nous en avançons peut-être la solution, c'est que nous avons l'avantage de venir après eux et de disposer d'un champ d'observation plus étendu à la fois dans le temps et dans l'espace.

Mais, surtout, depuis quelque temps les méthodes d'élaboration statistique ont progressé. On ne se contente plus de calculer des moyennes, des proportions ou des pourcentages. Un sociologue américain, M. John Rice Miner, s'étonnait récemment de ce qu'on n'eût pas encore appliqué à l'étude des suicides les procédés statistiques modernes, calcul des écarts, des indices de corrélation, de dispersion, etc.

Nous nous sommes engagés dans cette voie. Nous avons usé de procédés suffisamment empiriques pour qu'on ne puisse pas nous reprocher de traiter ces données statistiques imparfaites comme des observations physiques rigoureuses, mais qui s'inspirent assez des méthodes mathématiques pour rendre à peu près les mêmes services qu'elles.

C'est ainsi que nous avons été conduits aussitôt à fixer notre attention sur un aspect du suicide négligé jusqu'à présent, et qui nous paraît cependant bien important. Jusqu'ici, on s'en tenait le plus souvent à relever l'augmentation ou la diminution du nombre ou de la proportion des suicides, comme on suit les variations de la température chez un sujet fiévreux. Le suicide augmente-t-il ? Peut-on prévoir qu'il augmentera encore ? Déjà sur ce point, on verra que des observations poursuivies sur une durée plus grande nous ont permis de rectifier notablement les conclusions et prévisions de Durkheim. Mais ce n'est point là le tout de la recherche. Ce n'en est même peut-être pas l'essentiel. Le nombre des suicides dans une région, c'est là une donnée toute relative, qui ne s'éclaire et ne prend toute sa signification que quand on compare l'une à l'autre plusieurs régions plus ou moins voisines. Les taux de suicide, dans les principaux pays de l'Europe, et, à l'intérieur d'un même pays, dans les différentes régions ou provinces, dans les grandes, moyennes et petites villes, se rapprochent-ils ? Avec quelle rapidité et dans quelle mesure exacte ? Voilà ce que nous avons pu établir, au moyen de calculs relativement simples.

L'intérêt d'une telle recherche résulte d'abord de ce que le nombre des suicides peut être considéré comme une sorte d'indication thermométrique qui nous renseigne sur l'état des mœurs, sur la température morale d'un groupe. Il ne suffit pas de peindre les coutumes, les croyances, les manières d'être et d'agir, telles qu'on peut les observer dans une région. Une description de ce genre qui ne s'accompagne pas de données quantitatives demeure imprécise, et ne conduit qu'à des conclusions incertaines. Si, au contraire, il apparaît que la répartition des suicides est, ou tend à devenir plus homogène dans un pays ou, à l'intérieur d'un pays, dans un groupe de provinces que dans un autre, on a le droit de supposer que, dans tel ou tel cadre, province, pays ou continent, un certain conformisme des mœurs est en train de se réaliser. Mais, d'autre part, envisagée de ce point de vue, la théorie propre du suicide se présente sous une forme assez nouvelle. Les milieux que constituent les régions sont complexes. On y relève cependant des caractères assez simples, et qui se prêtent eux aussi à la mesure, tels que la densité et le mode de groupement de la population, la prédominance du genre de vie urbain ou rural. Lorsqu'on étudie les suicides dans le cadre de la région, c'est avec ce genre de facteurs qu'on les met en rapport. Ni Morselli, ni Durkheim, n'ont placé au premier plan l'influence de la ville ou de la campagne sur le nombre et la distribution des morts volontaires, peut-être parce qu'il ne leur était pas facile de l'étudier. Si le lecteur se reporte à la première partie, la plus étendue, de notre étude, il verra que les variations des suicides s'expliquent le plus clairement par les transformations du genre de vie ainsi défini. Les sentiments familiaux et les pratiques religieuses, dont nous sommes loin de méconnaître ou sous-estimer l'importance, sont solidaires d'un ensemble de coutumes et de tout un type d'organisation sociale d'où elles tirent en partie leur force, et dont il est impossible de les séparer. C'est là ce que nous appelons un genre de vie, et nous ne nous distinguons de Durkheim qu'en ce que nous replaçons la famille et le groupe confessionnel dans des milieux sociaux plus compréhensifs dont elles ne sont qu'un des aspects.

Mais, de cette différence de méthode, il résulte que, sur plusieurs points importants, nous avons été conduits à des résultats autres que les siens.

Durkheim résumait son explication du suicide sous cette forme : « Le suicide varie en raison inverse du degré d'intégration de la société religieuse, de la société domestique ou de la famille, et de la société politique ou de la nation. »

De fait, Morselli avait déjà indiqué, mais Durkheim démontra le premier qu'incontestablement les gens mariés se tuent moins que les célibataires : la famille, surtout lorsqu'elle comprend des enfants, protège contre le suicide. Il ajoutait que l'accroissement continu des suicides au cours du XIXe siècle s'explique par l'affaiblissement des liens de toute nature qui tiennent unis les membres d'un groupe familial. Pourtant, il n'a pas établi que la famille, à composition égale, protège moins aujourd'hui qu'autrefois, et, sans doute, ne le pouvait-il pas : car, en même temps que la famille, le milieu social dont elle faisait partie s'est transformé, en sorte qu'on ne peut étudier isolément l'action qu'exerce la famille, et le milieu, sur le suicide. Le fait que Durkheim a mis hors de doute n'en est pas moins essentiel, et nous avons montré qu'il peut être actuellement confirmé par d'autres statistiques, qui portent notamment sur le nombre des enfants des suicidés. Mais il n'a pas, jusqu'à présent, toute la portée qu'il lui attribuait.

Les premières recherches des statisticiens ont attiré l'attention sur le nombre relativement faible des suicides qui sont accomplis dans les groupes catholiques. Les catholiques se tuent beaucoup moins que les protestants. C'est un fait sur lequel Durkheim a beaucoup insisté. On sait comment il en rendait compte : « Le penchant du protestantisme pour le suicide est en rapport avec l'esprit de libre examen. » Mais le libre examen résulte de l'ébranlement des croyances traditionnelles. « Plus un groupe confessionnel abandonne au jugement des particuliers, plus il est absent, de leur vie, moins il a de cohésion et de vitalité... La supériorité [ou, plutôt, l'infériorité] du protestantisme sous ce rapport vient de ce qu'il est une église moins fortement intégrée que l'église catholique. » L'auteur qui, depuis Durkheim a publié la meilleure étude sur le suicide, le père Krose SJ croit que, si le catholicisme détourne de se tuer, c'est parce qu'il inspire la crainte des peines d'outre-tombe. Lui aussi attribue à la religion catholique comme telle une puissante vertu préservatrice. Pour notre part, nous ne contestons pas que, dans beaucoup de cas, les croyances et pratiques religieuses ne détournent des catholiques de commettre le péché mortel d'homicide de soi-même. Mais que nous apprennent là-dessus les statistiques ? En réalité, bien peu de chose. D'une comparaison entre deux pays, l'Italie et l'Allemagne, on ne peut rien tirer, car ils diffèrent sous bien d'autres rapports que la religion. Il y d'autre part fort peu d'États qui indiquent la confession religieuse de leurs suicidés. La Prusse, avec la Suisse, est à peu près le seul. Or, en Prusse, il y a le plus souvent entre les catholiques et les protestants une différence d'origine nationale, les protestants étant prussiens, et les catholiques polonais, ou une différence de genre de vie, les catholiques étant plus nombreux à la campagne, et les protestants dans les villes ou dans les régions les plus soumises aux influences urbaines. Est-ce parce que polonais ou paysans, ou est-ce parce que non protestants, que les catholiques, en Prusse, se suicident peu ? On verra que l'analyse de statistiques suisses plus détaillées nous conduit à la même conclusion. Il n'est pas possible, jusqu'à présent, d'isoler le facteur religieux et de mesurer son action. C'est un problème qui demeure posé, et l'on n'entrevoit même pas comment on pourrait le résoudre.

Quant aux sentiments nationaux, il y a lieu de supposer qu'ils deviennent plus forts aux moments où le pays est en danger. L'expérience de la dernière guerre confirme les observations faites jusqu'à présent, puisque dans la plupart des pays, et dans la population civile des deux sexes et de tous âges, comme parmi les mobilisés, le suicide a fait, durant cette période, beaucoup moins de victimes qu'en temps de paix. Il en est de même des révolutions et des crises politiques : nous avons pu établir qu'en France, de 1872 à 1913, tous les événements qui mettent aux prises les partis se reflètent dans la courbe des suicides. Nous avons étudié de ce point de vue, mois par mois, la période 1899-1904 en particulier, parce qu'il n'y en a pas peut-être en France, durant tout le siècle, où se révèle plus nettement ce genre d'action. Est-il vrai, cependant, que, comme le dit Durkheim, « ces faits ne comportent qu'une explication, c'est que les grandes commotions sociales, comme les grandes guerres populaires, avivent les sentiments collectifs, stimulent l'esprit de parti comme le patriotisme, la foi politique comme la foi nationale, et, concentrant toutes les activités vers un même but, déterminent, au moins pour un temps, une intégration plus forte de la société » ? Mais une guerre ne surexcite pas seulement les passions nationales. Elle transforme profondément la société, ralentit ou paralyse quelques-unes de ses fonctions, en crée ou en développe d'autres. Surtout, elle simplifie la structure du corps social, elle réduit extrêmement, comme dirait Spencer, la différenciation de ses parties. Si les suicides sont moins nombreux, n'est-ce pas, pour une part au moins, parce que, dans un train de vie plus uni, dans un milieu social plus uniforme, il y a moins de heurts et de frottements entre individus, c'est-à-dire moins d'occasions de mécontentement et de désespoir ? Mais il en est de même des révolutions, et peut-être même de ces périodes d'agitation politique où, extérieurement, rien n'est changé dans la structure du corps social. Sans doute, les fonctions y sont les mêmes, et elles continuent de s'y exercer. Les marchands, les ouvriers, les fonctionnaires, les paysans restent à leur place. Mais leur pensée est ailleurs. Leur vie familiale, professionnelle et de relations se poursuit, mais avec beaucoup plus d'automatisme, et leur personne y est bien moins engagée. Toute cette activité qui n'a pas un caractère politique se trouve donc réduite également. Concluons que si les suicides diminuent durant de telles périodes, on peut l'expliquer de plusieurs façons, puisqu'en même temps que les passions nationales ou de parti sont plus vives et plus étendues, la vie de la société se simplifie, et qu'elle présente moins d'occasions de conflits et de déséquilibre.

Durkheim a bien vu que le suicide résultait de causes sociales. N'est-il pas vrai que chacun des groupes entre lesquels se répartissent les hommes tend à produire annuellement le même nombre ou la même proportion de morts volontaires ? Mais, dans la société, il ne considérait que les grands ressorts de la vie collective. Lorsqu'ils fléchissent, disait-il, l'homme perd toutes les raisons qu'il avait de vivre. Si l'individu se décourage et s'abandonne, ou bien s'il s'exaspère et tourne sa fureur contre lui-même, c'est qu'il n'a pas une femme et des enfants auxquels l'unit le double lien de l'affection et du devoir ; c'est qu'il ne trouve ni un appui, ni une règle, dans un groupe d'hommes qui acceptent les mêmes dogmes et pratiquent la même religion ; ou, enfin, c'est qu'il n'est pas distrait de ses préoccupations égoïstes, et soulevé au-dessus de lui-même par de grands intérêts politiques ou nationaux. Théorie paradoxale à première et même à seconde vue, car on cherche d'ordinaire dans une tout autre direction les causes du suicide. « Suicides dus au désir d'expier, d'éviter l'infamie du supplice, de fuir la maladie, la souffrance, la vieillesse, de ne pas survivre à un être cher : mari, femme, enfant, ami, chef ; de prévenir ou de laver un outrage, d'éviter l'infamie, de ne pas tomber aux mains de l'ennemi, suicides dus au dégoût de la vie, suicides accomplis par ordre » ; ajoutons : « Envie d'étonner, désir de faire parler de soi, accès de folie, idiotie. »[1] Les deux listes de motifs d'où nous tirons ceux-ci sont bien vieilles, puisqu'elles se rapportent à l'époque romaine, et cependant on énumérerait maintenant encore à peu près de la même manière les raisons du suicide.

D'après Durkheim, ces motifs particuliers et individuels sont des prétextes ou des occasions, mais non des causes. L'individu que rien ne rattache plus à la vie trouvera, de toute manière, une raison d'en finir : mais ce n'est pas cette raison qui explique son suicide. De même, lorsqu'on sort d'une maison qui a plusieurs issues, la porte par où l'on passe n'est pas la cause de notre sortie. Il fallait d'abord que nous ayons le désir au moins obscur de sortir. Une porte s'est ouverte devant nous, mais, si elle eût été fermée, nous pouvions toujours en ouvrir une autre.

Dirons-nous donc que les malheureux qui se suicident sont poussés vers la mort par des forces dont ils ne comprennent pas la nature, et que les motifs qu'ils se donnent à eux-mêmes pour expliquer leur geste n'entrent pour rien dans leur décision ? Si Durkheim paraît bien être allé jusque-là, c'est qu'il y avait, à ses yeux, un abîme entre les grandes forces collectives et les motifs ou circonstances. Aux facteurs sociaux seulement il attribuait un pouvoir causal. Sans doute, pour que ce pouvoir passe à l'acte, il faut bien qu'il descende dans le monde des démarches individuelles, et il n'y peut pénétrer qu'à l'occasion d'un ennui, d'une souffrance, d'un découragement. Mais, de même, pour se tuer, il

1. Albert Bayet, *Le suicide et la morale*, Paris, 1922, p. 275 et 278.

faut bien se servir d'un instrument. Les causes qui expliquent le choix d'un instrument ne se confondent pas avec les causes du suicide. De même, d'après Durkheim, les causes qui expliquent le nombre et la répartition des motifs ne se confondent pas avec les causes véritables du suicide : il y entre beaucoup plus de hasard et de caprice.

À cette distinction si tranchée entre les motifs et les causes nous opposerions deux arguments. La thèse de Durkheim serait vraisemblable s'il n'existait aucun rapport entre l'action de tels motifs et celle qui résulte de l'ébranlement des sentiments collectifs. Mais il n'en est rien. Lorsqu'on passe en revue les divers motifs particuliers du suicide, on s'aperçoit que, si les hommes se tuent, c'est toujours à la suite d'un événement ou sous l'influence d'un état survenu soit au-dehors, soit au-dedans (dans leur corps ou dans leur esprit), qui les détache ou les exclut du milieu social, et leur impose le sentiment insupportable de leur solitude. Mais tel est aussi l'effet qu'on éprouve lorsque, comme disait Durkheim, on cesse d'être « intégré » dans l'un des groupes qui constituent l'armature de la société. Il n'y a donc pas de différence essentielle entre ce qu'il appelle les motifs et les causes. Lorsqu'au dénuement affectif d'un célibataire vient se joindre le déclassement ou le déshonneur de l'homme ruiné, l'isolement moral du malade ou du désespéré, ce sont deux états de même nature qui se superposent, ce sont des forces du même genre qui combinent leur action. Il n'y a donc aucune raison, dans une explication du suicide, d'exclure les unes et de retenir les autres.

Mais, d'autre part, Durkheim croyait que ces circonstances qu'on invoque comme motifs du suicide sont individuelles, non pas seulement en ce que chacune d'elles affecte un individu, mais parce que leur nombre et leur distribution ne dépendent point de la structure particulière du groupe à l'intérieur duquel elles se produisent. Certes, si elles ne résultaient que de la diversité des tempéraments, comme la nature humaine, envisagée dans ses traits organiques, est à peu près la même ici et là, et que dans les divers groupes elle présente à peu près les mêmes variétés, on comprendrait alors qu'elles soient partout les mêmes, et il n'y aurait pas lieu d'en tenir compte, lorsqu'il s'agit d'expliquer les variations du nombre des suicides. Mais, quand bien même les divers types organiques humains se distribueraient en même proportion dans tous les groupes, ce qui est déjà bien contestable, les circonstances et les motifs sont certainement en rapport avec l'organisation de la société. *A priori* on peut admettre que des événements tels que les revers de fortune, les ennuis et déceptions de carrière, et même ces états qu'on groupe sous la rubrique : ennui ou dégoût de l'existence, se produisent plus fréquemment dans une société plus complexe, où les situations individuelles changent plus souvent et plus vite, où le rythme de la vie est plus rapide, où il y a plus de risques pour les individus de se trouver désadaptés par rapport à leur milieu. Sans doute, on ne s'en aperçoit pas d'abord, lorsqu'on considère isolément chaque cas particulier. Mais, pris d'ensemble, ces faits qu'on appelle les occasions ou les motifs des suicides ne sont qu'un aspect et qu'un effet de la structure et du genre de vie du groupe.

Ainsi, les suicides s'expliquent toujours par des causes sociales. Mais celles-ci se présentent tantôt comme des forces collectives proprement dites, telles que les coutumes familiales et religieuses ou les grands courants politiques et nationaux, et tantôt sous la forme de motifs individuels, plus ou moins nombreux et répartis de façon différente suivant que la société est elle-même plus ou moins complexe. Il ne dépend pas de nous, d'ailleurs, d'isoler les habitudes familiales ou religieuses des autres manières d'être du groupe envisagé, avec lesquelles elles se croisent en un réseau plus ou moins serré. Que serait la chaîne sans la trame, et comment distinguer dans la résistance du tissu ce qui revient à l'une et à l'autre ? Mais nous ne pouvons pas non plus observer séparément l'ensemble de ces circonstances et motifs particuliers du suicide, qui sont comme autant d'embûches placées sur le chemin des vivants : car ils se dissimulent. Quelle est donc la raison de cette surprenante augmentation des suicides, qui s'est poursuivie depuis plus d'un demi-siècle ? Est-ce l'ébranlement des groupes traditionnels ? Est-ce, dans une société plus complexe, la multiplication nécessaire des chances de malheur et de souffrance individuelle ? À chacune de ces deux sortes de causes nous ne savons quelle part il faut faire. Durkheim s'en tient à considérer l'affaiblissement des liens traditionnels qui en même temps, autrefois, enchaînaient et soutenaient les hommes. Telle serait la cause unique de l'accroissement des suicides, où nous reconnaîtrions alors non seulement un mal, mais un mal absolu. Car si ces traditions disparaissent, rien ne les remplace : la société ne gagne rien en échange. Les suicides ne sont pas la rançon de quelque avantage. C'est pourquoi il faut pousser un cri d'alarme. Mais si les suicides, au contraire, augmentent surtout parce que la vie sociale se complique, et que les événements singuliers qui exposent au désespoir s'y multiplient, ils sont toujours un mal, mais peut-être un mal relatif. Il y a en effet une complication nécessaire qui est la condition d'une vie sociale plus riche et plus intense.

Durkheim a eu le mérite d'embrasser le phénomène du suicide dans toute son ampleur, et d'en proposer une explication qui pourra être complétée et rectifiée, mais dont le principe paraît bien inattaquable. Il est tout naturel que, disposant de nouvelles sources, nous ayons pu pousser plus avant dans les voies qu'il avait marquées, et, peut-être, en ouvrir de nouvelles. Mais il importait d'indiquer, dès le début de notre étude, sur quels points essentiels nous n'étions pas d'accord avec lui. Nous voudrions, en terminant, attirer encore l'attention sur deux problèmes qu'il abordait à un moment où l'on ne disposait pas d'informations suffisantes pour les résoudre, et qui sont étudiés dans nos deux derniers chapitres.

Durkheim croyait que les crises économiques exercent une action sur la marche des suicides, précisément parce qu'elles sont des crises. Il distinguait même des crises de prospérité et des crises de dépression, et il lui semblait que les unes et les autres déterminaient une augmentation des morts volontaires, parce qu'elles troublent le cours normal de la vie économique. Nous avons pu comparer le mouvement des prix et le mouvement des suicides en Allemagne de 1880 à 1914, c'est-à-dire dans un pays et durant une période où l'activité industrielle et commerciale passait au premier plan, et nous avons constaté que les suicides diminuaient durant la phase de prospérité, et augmentaient non pas seulement au moment de la crise, mais pendant toute la phase de dépression. Sur une seule expérience, même faite dans les conditions les plus favorables, on ne peut construire une théorie. Nous avons cependant indiqué, dans notre conclusion, en quel sens on pourrait interpréter ce rapport.

L'idée que tout suicide résulte d'un trouble mental est encore très répandue. On a pu reprocher à Durkheim de trancher un peu vite cette question, en s'appuyant sur des données trop anciennes et incomplètes. En particulier il paraît avoir ignoré l'existence de cette maladie mentale qu'on appelle la cyclothymie, caractérisée par des phases alternées d'excitation et de dépression, qui, d'après certains médecins, serait une des causes les plus fréquentes du suicide. Les observations cliniques analysées par le Dr Charles Blondel, dans son livre sur *La conscience morbide,* nous ont permis de comprendre un peu mieux la nature de ces troubles. C'est pourquoi nous avons examiné de nouveau la thèse psychiatrique. Tel est l'objet de notre dernier chapitre. Nous l'avons placé après toute l'étude statistique, et non avant, comme Durkheim, parce qu'il importait d'établir l'influence des facteurs sociaux avant de répondre à ceux qui la contestent.

Nous n'avons pas proposé dès le début une définition du suicide : dans une étude qui repose principalement sur des données statistiques officielles, nous étions bien obligés d'accepter les groupements de faits tels qu'ils nous étaient présentés. Il ne nous semble pas d'ailleurs que, malgré des recherches récentes et curieuses que nous avons signalées, il y ait lieu d'élargir cette définition de façon à y comprendre les tentatives. En revanche, il fallait examiner d'un peu près la valeur de ces chiffres. Notre chapitre sur les sources est court, trop court à notre gré. Tel quel, il apporte cependant un ensemble d'informations indispensables, et peut-être suffisantes pour qu'on nous suive avec sécurité.

On trouvera en annexe une bibliographie, où nous n'avons signalé que les ouvrages sur le suicide parus depuis le livre de Durkheim, dont nous nous sommes servis, non compris les publications officielles dont il est fait mention au cours de notre étude. Le livre de M. Bayet, *Le suicide et la morale,* est à peu près le seul ouvrage français qui y soit mentionné. C'est un travail remarquable, très fortement documenté, et, bien que l'auteur y ait étudié uniquement, d'après le droit, la littérature, la presse, etc., comment a varié l'opinion sur le suicide dans les milieux populaires et cultivés, en France, depuis l'époque gallo-romaine, nous avons eu souvent l'occasion de nous y reporter.

Nous devons exprimer notre gratitude à tous ceux qui nous ont communiqué diverses publications statistiques récentes sur le suicide, en particulier à M. Niceforo, professeur à l'Université de Naples ; à M. Corrado Gini, directeur de l'Institut central de statistique du royaume d'Italie ; à M. le Dr Zdenèk Ullrich, de l'Université de Prague ; à M. J. R. Cowell, H. M. Stationery Office, à Londres ; à M. Gernet, professeur à l'Université nationale de Moscou ; à M. Marcel Mauss, directeur à l'École des hautes études, à Paris ; à M. Georges Dumas, professeur à la Sorbonne ; et à M. Becker, chef de l'Office de statistique d'Alsace-Lorraine.

I

Les méthodes appliquées pour le relevé des suicides dans les pays européens

Les statistiques du suicide sont très discutées, et avec raison. Ces matériaux sont recueillis par des agents et élaborés par des administrateurs qui ne se rendent pas compte, bien souvent, des difficultés de leur tâche. Il ne vaudrait pas la peine de consacrer beaucoup ou même peu de temps à étudier ces chiffres, si nous ne savions d'où ils viennent, ce qu'ont pu apprendre, entendre, voir et constater ceux qui les ont écrits les premiers, et comment, sous quelle forme ils ont été transmis au bureau statistique dont nous lisons les publications.

Ici, plus qu'en d'autres domaines des recherches quantitatives, il ne faut pas craindre de s'attarder un peu à un tel examen.

Il faut noter d'abord que les différents pays n'enregistrent pas les suicides de la même manière[1]. Pour nous orienter, avant d'examiner les méthodes suivies par les pays européens les plus importants, nous distinguerons quatre procédés qu'on peut employer à cet effet, soit isolément, soit en les combinant.

1. On peut prendre connaissance du suicide dans le Bureau de l'état civil, au moment ou à l'occasion de l'inscription du décès sur le registre des morts. Quelquefois la cause de mort, et par conséquent le suicidé, est mentionnée sur le registre même. Souvent aussi il n'en est rien, et c'est le cas, par exemple, en Allemagne. Mais, alors, il arrive que l'agent de l'état civil doit, après les autres renseignements à inscrire sur le registre, demander quelle est la cause de la mort, pour raison d'information statistique, et l'indiquer sur des cartes *(Zählkarten)* qui

1. Voir : von Mayr, *Moralstatistik mit Einschluss der Kriminalstatistik*, p. 263 sq., et Krose, *Der Selbstmord im 19 Jahrhundert*, etc., p. 7 sq.

sont transmises à l'Office statistique central. C'est, nous le verrons, ce qui est prescrit en Prusse.

2. On peut indiquer que le suicide a été la cause de la mort, dans des pièces, procès-verbaux, etc., qui ont un caractère à la fois médical et de police : telles sont les déclarations des médecins qui visitent les morts, ou des médecins qui les ont traités (certificat de visite de mort, ou certificat de mort, par exemple en Bavière). En Suisse, on combine les deux méthodes : la carte statistique établie par l'agent de l'état civil est transmise au médecin, qui y indique la cause de la mort. Quelquefois le médecin peut alors, et même est obligé (comme en Schleswig-Holstein) de faire l'autopsie du cadavre.

3. On peut connaître les suicides simplement par les rapports ou procès-verbaux des agents ou commissaires de police. Dans ce cas, il arrive que l'agent doit se conformer non seulement aux prescriptions proprement policières et d'ordre public, mais à des instructions qui font de lui un véritable agent statistique. C'est le cas en Prusse, où on leur demande de remplir des fiches qui contiennent un assez grand nombre de questions, et qui sont transmises au Bureau de la statistique prussienne.

4. Enfin les suicides peuvent être constatés et enregistrés par l'administration judiciaire : soit par les tribunaux (comme en Espagne, en Angleterre et en Suède) quand le suicide entraîne des sanctions pénales, soit (comme en France) par le ministère public, sans doute parce qu'il est considéré, de toute manière, comme contraire à l'ordre public.

Nous allons maintenant indiquer comment sont relevés les suicides dans divers pays, en commençant par ceux où ils sont les plus nombreux.

Voici d'abord un tableau qui permettra de reconnaître quelle est la part de chaque pays dans le nombre total des suicides actuellement enregistrés. Dans la période 1901-1905 on a relevé un nombre annuel moyen de 57 621 suicides, dans 23 pays, dont 20 européens qui comprennent à eux seuls 75 % de l'ensemble. Le quart restant se répartit entre les États-Unis (7,9 %) ; le Japon (16,3 %) ; et l'Australie (0,8 %)[1]. Voici comment se distribuent les 42 231 suicides européens.

Ainsi l'Allemagne et la France comprennent à elles seules la moitié de tous les suicides européens.

1. Il y faudrait joindre la Russie, où l'on a relevé 6 303 suicides en 1925, 6 388 en 1926 et 6 552 en 1927, soit 44,5 pour 1 million d'habitants, cette dernière année. Morselli n'en compte que 1 711 en 1875 et Krose, 2 574 en moyenne, de 1881 à 1890, soit 26 pour 1 million d'habitants ; mais nous n'avons sur le suicide en Russie jusqu'à présent que des données bien fragmentaires.

Tableau I – *Les suicides en Europe (1901-1905)*

	Nombre des suicides par an	*% du total pour l'Europe*
Allemagne	12 437	29
France	8 926	20,6
Pays-Bas, Belgique, Suisse	2 003	4,6
Italie	2 095	4,8
Autriche-Hongrie (1)	8 117	18,7
Angleterre, Écosse, Irlande	3 803	8,8
Suède, Norvège, Danemark, Finlande	3 896	9
Espagne	1 200	2,8
Roumanie, Serbie, Bosnie, Bulgarie	754	1,7
Total	42 231	100

(1) Dont 58 % environ pour l'Autriche, 42 % pour la Hongrie (y compris la Croatie et la Slavonie).

Commençons par l'Allemagne, et indiquons comment les principaux états du Reich ont établi et établissent actuellement leurs statistiques des suicides.

La Prusse comprenait à elle seule, en 1896-1900, 59 % de tous les suicides en Allemagne. La statistique prussienne des suicides est une des plus anciennes. Elle commence en 1816. Jusqu'en 1868 on s'appuyait sur les registres des morts et des enterrements qui étaient tenus, pour les catholiques et les protestants, par les prêtres et les pasteurs, pour les juifs et les dissidents, par l'administration d'État : d'où certaines divergences[1]. Depuis 1868 (1er octobre), les fonctionnaires de la police des villes et des districts doivent remplir, à l'occasion de chaque suicide, une fiche qui comporte 15 questions. Ces fiches sont transmises aussitôt au Bureau de statistique, qui est ainsi mis en mesure de les faire compléter, s'il en est besoin, par ces fonctionnaires, et d'obtenir d'eux tous les éclaircisse-

1. Morselli remarquait déjà qu'en Prusse les chiffres officiels étaient inférieurs aux chiffres établis par les fonctionnaires ecclésiastiques :

	1869	*1870*	*1871*	*1872*
D'après le Bureau de statistique	3 186	2 962	2 723	2 950
D'après les fonctionnaires ecclésiastiques	3 544	3 270	3 135	3 439

Morselli, traduction allemande, p. 338.

ments utiles. Cette réforme a dû, sans doute, être préparée plus tôt, car, de 1866 à 1867, il y a une augmentation bien brusque non seulement du nombre absolu, mais de la proportion des morts volontaires[1].

Il y eut une nouvelle réforme en 1883. À partir de cette date, le Bureau de statistique rapproche les fiches de la police, des « cartes de mort » établies par les fonctionnaires de l'état civil, et, s'il y a lieu, fait une enquête[2]. Or voici les chiffres obtenus :

1882	d'après l'ancienne méthode	5 072
1883	d'après l'ancienne méthode	4 984
1883	d'après la nouvelle méthode	6 171

Soit une augmentation de plus d'un cinquième qui s'explique par la seule réforme des relevés. Sans doute il en résulte que la statistique des suicides en Prusse est, depuis cette date, bien plus exacte. Mais il n'est pas facile de comparer les chiffres nouveaux avec les données antérieures à 1883. – Notons que le tableau essentiel reproduit par Durkheim, *op cit.*, p. 151, sur la répartition des suicides par confession religieuse dans les provinces de Prusse, est établi à l'aide des chiffres de 1883 à 1890, c'est-à-dire après la réforme en question.

Le royaume de Saxe a été considéré longtemps comme le pays record du suicide. En 1890-1900, il est distancé par le Schleswig-Holstein, et ne dépasse que de très peu le Brandebourg. On n'y compte d'ailleurs qu'un nombre absolu de suicides égal, en 1896-1900, à 11,2 % de l'ensemble des morts volontaires en Allemagne. C'est à partir

1. Il faut observer qu'en 1866, par suite de l'annexion du Hanovre et d'autres provinces par la Prusse, le nombre absolu des suicides a augmenté, dans ce pays, de 2 485 en 1866 à 3 625 en 1867. Le nombre proportionnel des suicides (pour 1 million d'habitants) a varié comme il suit :

1862	112	1865	122	1868	152
1863	125	1866	128	1869	131
1864	114	1867	150	1870	122

La forte augmentation de la proportion des suicides en 1867 est inexplicable. Le père Krose explique la diminution de 1869 par la réforme (de la fin de 1868), et la difficulté qu'on aurait éprouvée tout d'abord à appliquer la méthode nouvelle. Ce serait bien étonnant. Il sera prudent de ne point s'appuyer sur les données de ces années (1867-1868), qui ont été relevées dans des conditions assez obscures.

2. Ce que nous ne savons pas, c'est dans quelles conditions les agents de l'état civil établissent ces cartes ou fiches statistiques. S'en tiennent-ils aux déclarations qui leur sont faites ? Ces déclarations sont-elles contrôlées par des médecins ? D'autre part, les agents de police et ceux de l'état civil opèrent-ils séparément ou en liaison ?

de 1830 qu'on y a relevé ce genre de morts. Voici comment on procède. Les suicides sont mentionnés d'une part sur les registres de l'église (sous une rubrique spéciale : on ne distingue que le sexe et l'âge), d'autre part sur des listes dressées par les fonctionnaires de la police, qui contiennent plus de détails : profession, état civil, mode de mort, etc. Les données primitives sont les certificats mortuaires *(Leichenscheine)* qui doivent être remis aux médecins de district. Dès qu'il y a un doute sur la cause de la mort, les fonctionnaires sont tenus *(streng verpflichtet)* de procéder à une enquête. Jusqu'à 1902 ces médecins de district dépouillaient eux-mêmes les certificats et rapports. Depuis 1902, les fiches sont centralisées au Bureau régional de statistique saxon. On compare (comme en Prusse) les fiches établies par l'état civil et par la police, on fait les corrections nécessaires et on arrête les chiffres définitifs[1].

La statistique des suicides en Bavière date de 1884. On y comptait dès cette époque beaucoup moins de morts volontaires qu'en Saxe, moins du tiers. Ainsi s'explique peut-être qu'on se soit préoccupé seulement plus tard de les enregistrer. Ce pays ne comprend, en 1896-1900, que 7,4 % de tous ceux qui se produisent en Allemagne. En Bavière, à la différence de ce qui se passe en Prusse, c'est le médecin de district qui, jusqu'à 1923, dressait la liste des causes de mort dans son district, d'après les certificats mortuaires obligatoires. Au Bureau statistique du royaume, on centralisait ces listes ou rapports, qui ne concernaient d'ailleurs que la population civile. Le ministère de la Guerre communiquait au même Bureau les rapports établis par l'armée sur les suicides des militaires. Comme particularité curieuse, notons que si le suicidé ne mourait pas dans les trois jours, mais plus tard, on estimait qu'il n'y avait pas eu suicide. Nous ne savons si cette règle est maintenue. En tout cas, depuis 1923, le suicide est relevé en Bavière comme les autres causes de mort, c'est-à-dire que la fiche individuelle que doit remplir le médecin de district pour chaque cas de mort porte, outre les autres questions, celles qui concernent directement le suicide : mode de suicide, motif, etc. Les suicides des militaires sont maintenant relevés de la même manière. Si le médecin de district n'établit plus de liste spéciale des suicidés, il en résulte que les fiches sont dépouillées au Bureau de statistique, c'est-à-dire que la statistique des suicides est maintenant centralisée.

1. Dans le royaume de Saxe, d'après Kurten, on a réformé en 1876 la statistique des suicides, si bien que, de 723 à 745 en 1873-1875, on passe brusquement à 981 en 1876 et à 1 114 en 1877, chiffre au-dessus duquel on ne s'élèvera guère jusqu'en 1892.

Le Wurtemberg depuis 1846, Bade depuis 1830, et Oldenbourg depuis 1854, enregistrent de façon continue un nombre de suicides qui, en 1896-1900, était égal à 7,4 % du contingent allemand (c'est-à-dire autant qu'en Bavière). Rappelons que, bien que le grand-duché d'Oldenbourg fût un très petit État où il ne se produisait pas en moyenne 100 suicides par an, c'était le seul qui eût publié, pour 1871-1885, une statistique des suicides par âge et par état civil, d'où il résultait que les célibataires et les veufs des deux sexes se tuaient plus que les époux. Durkheim a vérifié et précisé ces résultats sur les données françaises.

Ce n'est qu'à partir de 1880 que tous les États allemands sans exception ont une statistique des suicides, et qu'il a été possible de publier des chiffres d'ensemble pour tout le Reich. L'Office impérial allemand de statistique, puissamment organisé, et qui dispose d'un nombreux personnel de techniciens, centralise les données recueillies par les divers États. On peut admettre qu'il a réussi à introduire dans les diverses parties de l'Empire des méthodes uniformes et élaborées de dépouillement et de contrôle. La statistique allemande des suicides semble bien être une des meilleures sources dont nous disposions.

En France la statistique des suicides est établie par l'administration de la justice criminelle (depuis 1827)[1]. Au cas de mort violente, l'enterrement ne peut avoir lieu qu'après qu'un procès-verbal a été dressé par un fonctionnaire de police assisté d'un expert médical. Ces procès-verbaux sont transmis au procureur de la République, qui peut faire procéder à un nouvel examen ou ordonner une enquête judiciaire. Des états, avec indication du sexe, de l'âge, de l'état civil, de la nationalité et de la profession des suicidés, ainsi que du mode de suicide et des motifs, sont adressés par les parquets au service de statistique du ministère de la Justice, qui les centralise, et publie chaque année des tableaux résumant tous ces résultats, dans les *Comtes généraux de l'administration de la justice criminelle en France*. D'après le père Krose, « la statistique officielle française des suicides a été, dès le début, relativement très complète et très sûre ». Nous verrons plus loin qu'il n'y a aucune raison de croire qu'un nombre important de suicides soient dissimulés en France. Il paraît sans doute un peu anormal que le soin d'établir des relevés de

1. On avait proposé (an X), au moment de la rédaction du Code Napoléon, que, dans le cas de mort violente, les procès-verbaux de l'officier de police et du greffier criminel fussent envoyés à l'officier de l'état civil pour tenir lieu d'acte de décès. Mais la section du Conseil d'État se prononça contre cette procédure « qui flétrirait sans utilité la mémoire du décédé ». Les actes de l'état civil ne mentionnent pas le genre de mort du défunt (A. Bayet, *op cit.*, p. 785).

ce genre soit confié à des magistrats, et à des fonctionnaires du ministère de la Justice, qui, pas plus que les médecins, n'y sont préparés par des études et un apprentissage spécial[1]. Mais, après tout, comme en Prusse, c'est sur le témoignage de médecins, c'est au moyen d'enquêtes de police que le fait brut du suicide est constaté.

La statistique française des suicides existe depuis cent ans, sans qu'on y ait introduit de réforme importante. Signalons, cependant, qu'avant 1892 les parquets envoyaient au ministère de la Justice autant de fiches individuelles qu'il y avait de suicidés. Depuis cette date, le ministère ne reçoit que des tableaux. Ainsi, la statistique des suicides s'est décentralisée dans une certaine mesure. Il faudrait le regretter si l'organe central, au lieu de se réduire à un bureau de ministère, consistait en un Office de statistique proprement dit, qui disposerait d'un personnel technique préparé à sa tâche. C'est bien dans ce sens qu'on peut désirer qu'évolue l'organisation française. Cependant, à force de manier un instrument, même imparfait, on apprend peut-être à s'en servir mieux. Il s'établit une certaine continuité et conformité de traditions, en sorte qu'on peut admettre que, d'une région à l'autre, à l'intérieur du territoire national, et d'une période à l'autre, les données françaises sont de même valeur et peuvent être comparées entre elles[2].

Ajoutons qu'on trouve dans l'*Annuaire statistique de la Ville de Paris,* qui commence en 1880, des indications détaillées sur les suicides à Paris (et dans le département de la Seine), par arrondissements et par mois.

Sur l'organisation de la statistique des suicides en Autriche et en Hongrie nous sommes mal informés. Les données sont tirées des regis-

1. Cela n'est pas sans inconvénients. Nous avons pu nous en rendre compte tout récemment. Dans le rapport sur l'administration de la justice criminelle en France pour 1923, publié au *Journal officiel,* on indiquait, comme chiffre (provisoire) des suicides pour cette année : 12 079, soit une augmentation de 50 % à peu près par rapport à 1922 et 1921. Nous nous sommes rendus au Bureau de statistique du ministère de la Justice, à Paris, où l'on nous a donné communication des tableaux (non encore publiés) qui se rapportaient à cette année. Il nous est apparu que cette augmentation était imputable, uniquement, aux vieillards de plus de 80 ans et aux suicidés d'âge inconnu... Le chef du Bureau de la statistique a bien voulu, sur notre demande, faire procéder à une révision des états fournis par les Parquets, ce qui permis de ramener l'évaluation des suicides en France en 1923 au chiffre parfaitement normal de 8 458 (8 512 en 1922, 8 892 en 1924).
2. Le ministère de l'Intérieur, direction de l'Assistance et de l'Hygiène publique, publie depuis peu de temps une *Statistique sanitaire de la France,* où l'on trouve des tableaux rétrospectifs des suicides. Nous n'avons consulté que le 1er volume (année 1912, publié en 1915). On y distingue les communes de 5 000 habitants et au-dessus, et de moins de 5 000. Mais, pour toutes ces années (de 1906 à 1912), ces chiffres sont notablement inférieurs (de plus de 1 millier) à ceux de la justice criminelle. Ils paraissent reposer sur les rapports des médecins de l'état civil.

tres des décès (où l'on indique la cause de la mort). Le père Krose dit que les chiffres qui se rapportent aux pays de la couronne hongroise sont très incomplets[1]. – La statistique autrichienne des suicides est très ancienne. Elle existe depuis 1819. Mais au début (et jusqu'à une date que nous ignorons) les registres des décès étaient tenus par les prêtres. Or le père Krose écrit : « Jusqu'à 1872, le nombre des suicides augmente (en Autriche), mais d'un mouvement lent : il n'y a pas de hausse brusque et inattendue. Cette même année on commence à publier les relevés sanitaires prescrits par le Conseil supérieur d'hygiène, qui permettent de compléter les données tirées des registres que tenaient les prêtres. Or le nombre des suicides augmente de 1 677 en 1872 à 2 463 l'année suivante, soit de près de 50 %. Sans doute le "Krach de Vienne", en 1873, peut expliquer, pour une petite part, cette augmentation. Mais elle résulte principalement de ce que les relevés sont plus exacts, puisqu'elle continue les années suivantes. » *Der Selbstmord,* etc., p. 102. On peut admettre qu'à partir de 1872 la statistique des suicides en Autriche est plus exacte[2].

En Angleterre, de même qu'en Espagne, le suicide entraîne des conséquences pénales : les tentatives de suicide sont considérées comme un délit. C'est pourquoi l'administration judiciaire, comme en France, publie, dans les *Judicial statistics,* aussi bien le nombre des tentatives que le nombre des suicides. Des fonctionnaires spéciaux, les *Coroners,* examinent les cadavres des suicidés. C'est d'après leurs rapports que sont établis ces relevés. Ils n'ont pas dû être très exacts, au début. C'est pourquoi la publication de ces chiffres, commencée en 1838, fut interrompue en 1841. On l'a reprise à partir de 1866. D'autre part, la statistique des causes de mort, publiée dans l'*Annual report of the Registrar general of births, deaths and marriages,* indique, avec plus de détails, le nombre des suicides et leurs particularités[3]. Il doit donc y avoir liaison ou collaboration entre l'administration judiciaire et l'état civil. Mais on ne nous dit pas dans quelles conditions elle est établie[4].

1. Notons cependant que, ces dernières années, *La Revue hongroise de statistique* a publié d'intéressantes études sur le suicide dans ce pays.
2. Depuis la paix la Tchécoslovaquie publie une statistique annuelle des suicides.
3. Les deux principales sources d'information quant aux suicides sont : *The Registrar General's Statistical Review of England and Wales,* et : *The Annual Return of Criminal Statistics* (relating to Criminal proceedings, Police, Coroners, Prisoners and Criminal Lunatics).
4. Le père Krose écrivait en 1906 : « Aujourd'hui encore, en dépit de quelques progrès, la statistique du suicide en Angleterre ne supporte pas la comparaison avec les statistiques occidentales. » Cette opinion a été quelquefois exprimée. Mais nous ne savons pas sur quoi elle se fonde. Nous verrons qu'au contraire il n'y a aucune raison décisive d'écarter ces données anglaises.

En Italie, jusqu'en 1864, on ne disposait de renseignements sur les suicides que pour la partie septentrionale de ce pays : Lombardie, Piémont, et Ligurie. Depuis 1864 les suicides sont relevés par l'état civil, d'après les certificats des médecins chargés d'examiner les corps des défunts. Un statisticien connu, L. Bodio, a dirigé et surveillé l'élaboration de ces données, publiées d'abord dans le *Movimento dello stato civile* (avec des *Confronti internazionali*) et, depuis 1881, dans la *Statistica delle cause di morte*. Les Annuaires publiés par les villes italiennes sont également une source appréciable. Il faut remarquer que, depuis Morselli, les Italiens n'ont pas cessé d'étudier le suicide, en particulier sur les données de leur statistique, et qu'ils sont mieux placés que nous pour juger les méthodes appliquées chez eux.

En Suisse, pour quelques cantons, la statistique des suicides est ancienne. Mais on ne dispose de chiffres pour tout ce pays que depuis 1876. Ils sont compris dans la statistique des causes de mort, c'est-à-dire que les suicides sont relevés par l'état civil – nous ne savons pas exactement dans quelles conditions. – En Belgique, on enregistre les causes de décès depuis 1850, mais ce n'est qu'à partir de 1866 que les médecins doivent les constater. À chaque décès, un bulletin doit être rempli par l'homme de l'art, ou à défaut par toute autre personne[1]. Il n'y a que 6 ou 7 % des décès qui ne peuvent être classés.

En Suède, la statistique du suicide remonte jusqu'au milieu du XVIIIe siècle. Mais les anciennes données ne sont tirées que des registres de mortalité tenus par les pasteurs. Plus tard, on publia deux autres séries de tableaux : les uns sont établis d'après les actes judiciaires, les autres, d'après les certificats d'autopsie *(Gesundheitscollegium)*. Il y a des divergences importantes entre ces trois ensembles de données.

En Norvège, nous ne savons comment sont obtenus les nombres contenus dans la statistique des causes de mort : vraisemblablement, par l'état civil.

Au Danemark, le père Krose nous dit que, depuis 1836, les relevés des suicides ont été faits avec grand soin, sous la direction d'excellents statisticiens. Il semble qu'on s'appuie (nous ne savons depuis quelle époque) sur les rapports de la « police médicale »[2].

1. En Belgique, la déclaration de la cause du décès par le médecin traitant ou vérificateur est obligatoire. On doit s'en tenir dans bien des cas à la déclaration de la famille du décédé (Jacquart, *Essais de statistique morale. Le suicide*, p. 13).
2. *Handwörterbuch der Staatswissenschaft*, 4e Auflage, p. 438.

En Espagne, d'après le père Krose, « contrairement à ce qu'on suppose souvent à tort, l'administration s'efforce sérieusement d'établir une statistique exacte des suicides ». C'est la justice criminelle qui, à l'occasion de chaque cas de mort suspect, ordonne une enquête, et aussi au cas de tentative de suicide. Le fonctionnaire chargé de l'enquête doit remplir une fiche individuelle qui porte un assez grand nombre de questions. Mais le même père Krose ajoute qu'étant donné précisément que le suicide comporte des sanctions pénales, on doit en Espagne plus qu'ailleurs tenter de le dissimuler, et que l'administration elle-même est plus complaisante à cet égard[1].

Aux États-Unis, le père Krose écrivait en 1907 que la statistique officielle s'en tenait, à l'occasion du recensement, à indiquer le nombre des suicides dans l'année qui précédait immédiatement ledit recensement. C'est ainsi qu'on trouvait en 1859 (recensement de 1860) 31,8 pour 1 million ; en 1890, 33 ; en 1900, 45. Ces statistiques établies à de tels intervalles sont évidemment peu instructives. Plus complètes et plus sûres paraissent, d'après Krose, les données obtenues par quelques États où, depuis assez longtemps, une administration statistique bien organisée relève les suicides. En particulier le Massachusetts (proportion moyenne pour 1 million : de 1859 à 1863 : 71,4 ; de 1866 à 1870 : 60,5 ; de 1880 à 1893 : 91) ; dans le Rhode Island, la proportion,

1. Les chiffres reproduits pour l'Espagne, par le père Krose, de 1880 à 1900, sont tirés de la *Estadistica de la Administración de la Justicia en lo Criminal*. Ils sont très bas (en 1900, 21,5 pour 1 million d'habitants). Nous trouvons, d'autre part, chez von Mayr (p. 266), un chiffre de suicides beaucoup plus élevé que chez Krose, pour la période 1896-1900 : 1 808 suicides par an, soit 92 pour 1 million d'habitants, au lieu de 360 par an, soit 21 pour 1 million. Mais von Mayr a dû faire une erreur, car 1 808 est à peu près la somme (et non la moyenne) des suicides de ces cinq années : il a oublié de diviser cette somme par 5. On pourrait cependant demeurer perplexe, quand on considère le nombre des suicides en Espagne tels qu'ils sont relevés par Enrico Ferri. Jusqu'à 1905, il nous dit que ce sont les chiffres de la statistique criminelle, et pourtant, six de ces nombres seulement pour la période 1883-1900 s'accordent avec ceux de Krose. À partir de 1905, Ferri indique le nombre des suicides en Espagne d'après la statistique des causes de mort. Or ils sont de 3 à 4 fois plus élevés. On passe brusquement de 367 à 1 250 (ce dernier chiffre correspondant à 67,5 suicides par million d'habitants). Or von Mayr indique 1 200 suicides pour la période 1901-1905 (Krose s'arrête en 1900). Mais nous ne sommes pas au bout de nos peines. Pour 1911-1913, Ferri indique trois chiffres dont la moyenne est 1 194 (statistique des causes de mort). Or, dans le *Handwörterbuch der Staatswissensch*, l'on indique, pour 1911-1913, en Espagne, 979 suicides (d'après la statistique des causes de mort), et 1 924 (d'après la statistique judiciaire, soit 66 pour 1 million). Le *Handwörterbuch* a-t-il indiqué inexactement ses sources, et le second chiffre est-il tiré comme le chiffre de Ferri, de la statistique des causes de mort ? Enfin, à la page suivante du *Handwörterbuch*, on indique pour 1913 un taux de suicide de 89 pour 1 million d'habitants, d'après la statistique judiciaire (au lieu de 66 pour 1911-1913), *mais en y comprenant les tentatives*. On voit dans quelle confusion inextricable se présentent les données espagnoles, et à quel point il importe de n'en user qu'avec précaution.

de 1880 à 1893, était de 84. Plusieurs autres États de l'Union ont publié quelques chiffres[1]. Dans l'ensemble, les proportions indiquées par les États sont bien supérieures à ce que les résultats des recensements laisseraient prévoir. Von Mayr reproduit le nombre moyen et la proportion annuelle des suicides en Amérique, pour la période 1901-1905 : 4 548 suicides, soit 140 pour 1 million d'habitants. Mais l'enquête ne porte que sur la *Registration Area,* qui n'a pas été la même durant ces cinq années. En 1906 et 1907, elle comprenait à peine la moitié de la population de l'Union.

En Australie, on dispose de données continues sur les suicides dans les sept provinces unies depuis 1871, pour Victoria et l'Australie du Sud depuis 1868 : dans Victoria, la proportion des morts volontaires a passé de 104 en 1868-1870 à 117 en 1871-1876, et 95 en 1896-1900. Pour l'Australie tout entière, elle s'élevait à 124 en 1896-1900, à 125 en 1901-1905.

Au Japon, la statistique des suicides remonte un peu plus haut que 1885. Krose relève les proportions suivantes : en 1886-1890, 159 ; en 1891-1895, 179 ; en 1896-1900, 179. Mais von Mayr donne, pour 1896-1900, une proportion de 185 ; et, pour 1901-1905, de 201. Cela correspond, pour 1901-1905, à un total de 9 355 suicides, à peu près autant qu'en France.

En 1907, d'après Krose, tous les États européens publiaient des statistiques des suicides, sauf le Portugal, la Turquie, la Bulgarie et la Grèce[2]. Parmi les États non européens, on ne possédait que des données très incomplètes et discontinues, sauf pour l'Australie, le Japon, et, depuis quelques années, les États-Unis[3]. Nous n'avons

1. Depuis une vingtaine d'années la statistique américaine publie régulièrement chaque année le nombre des suicides dans les villes de plus de 100 000 habitants. Voir ci-dessous, p. 301.

2. Cette lacune a été en partie comblée, quant à la Turquie, par M. Bonnafous (Max) qui, s'appuyant sur les rapports de police, a établi un relevé des suicides à Constantinople, de 1916 à 1926. Le nombre des suicides paraît avoir augmenté très vite, de 27 en 1916 à 122 en 1921 et à 176 en 1926, ce qui correspond à peu près aux proportions pour 1 million d'habitants (la population de Constantinople n'a guère dépassé ce chiffre en 1926). Il y a deux reculs, en 1922 et 1925. La plus forte augmentation (100 %) a lieu de 1918 à 1919.

3. M. René Maunier a publié dans *Metron,* le 1er décembre 1926, d'intéressantes *Notes statistiques sur le suicide en Égypte* (1887-1918). Les bulletins hebdomadaires des décès, recueillis et publiés au *Journal officiel,* donnent depuis 1886 (avec une interruption, de 1901 à 1916), le nombre des décès par suicides (par ville, sexe, âge, etc.). La proportion de morts volontaires pour 1 million d'habitants, était en 1917 de 5 pour la population indigène. L'Égypte serait donc le pays où l'on se tue le moins, parmi tous ceux qui publient des statistiques des suicides. Cependant, de 1913 à 1917, on relève une proportion de tentatives égale à 130 pour Le Caire, 112 pour Alexandrie, 9 pour les provinces du Delta et 4 pour celles de Saïd.

aucune indication sur les méthodes de relevé des suicides dans ces trois pays. Au reste, dans ce qui suit, nous ne ferons guère état de leurs statistiques.

Cette revue, très courte et très incomplète, des méthodes adoptées dans un certain nombre de pays nous apprend du moins que partout la grosse difficulté doit être de s'assurer que les médecins, les fonctionnaires de la police, les fonctionnaires de l'état civil ont bien recherché, découvert, déclaré, enregistré tous les suicides. C'est de cette opération initiale que dépend l'exactitude des relevés statistiques, qu'ils soient transmis au ministère de la Justice comme en France, ou à un bureau statistique central comme en Allemagne. Les difficultés, à cet égard, doivent être à peu près du même ordre ici et là, et c'est pourquoi nous nous en tiendrons aux procédés adoptés en France.

Nous lisons, dans le *Dictionnaire encyclopédique des sciences médicales* (Dechambre et Lereboullet, 1889, p. 585-587) : « Une circulaire du 24 décembre 1866 rend obligatoire la vérification [de la déclaration de décès] par un docteur en médecine ou un officier de santé assermenté... Malgré ces prescriptions, la vérification des décès ne se fait guère que dans les grandes villes. Elle existe à peine dans les communes rurales. » Dans les grandes villes, des médecins de l'état civil se rendent au domicile des défunts. Ailleurs on se contente de la déclaration du médecin qui a soigné le défunt pendant sa maladie, ou du médecin de la famille, et quelquefois de la déclaration de la famille. Quand il s'agit de quelqu'un qui est mort sur la voie publique, dans les villes c'est le commissaire de police, à la campagne c'est la gendarmerie qui vérifie le décès.

Dans ces quelques lignes tient à peu près tout ce que nous savons sur la vérification des décès en France. Ajoutons cependant que, dans la *Statistique du mouvement de la population en France* (publiée par la *Statistique générale de la France* depuis 1925), on trouve, pour 1926, les chiffres suivants :

Nombre de décès			
Total	*Constatés par un médecin*	*Non constatés*	*Sans indication*
707 806	511 667	123 093	73 056

C'est-à-dire que 72,5 % des décès ont été constatés par un médecin, 17 % n'ont pas été constatés, et que, pour 10,5 %, on ne sait s'ils l'ont été ou non. On peut admettre qu'un quart au plus des décès ont échappé à tout contrôle.

C'est beaucoup, mais est-il certain ou même probable que ce dernier quart contienne un nombre considérable de morts volontaires ? Si nous avions à défendre la thèse qu'il est bien difficile de cacher un suicide, voici ce que nous pourrions dire : « Dans les villes, ou à la campagne, le suicide a lieu au dehors ou à la maison[1]. S'il se produit au-dehors, même dans les environs immédiats de la maison, il y a un bien grand nombre de chances pour que des étrangers ou des voisins en soient avertis. Pourquoi se tairaient-ils ? Supposons qu'il se produise dans la maison, là où ne pénètrent pas les étrangers, où les membres de la famille ont le temps et quelquefois la faculté de simuler un accident, une mort subite, une courte maladie, etc. Qui les en empêchera ? Il faut songer, cependant, que le suicide provoque dans la famille une réaction tout autre qu'une simple mort, même qu'une mort brusque. C'est tout autre chose qu'un événement domestique, et il est difficile d'empêcher que l'ébranlement qu'il détermine dans le groupe familial, ou chez tel ou tel de ses membres, ne se propage au-dehors et au-delà. C'est une sorte de choc brutal et douloureux, qui paralyse les facultés, empêche de raisonner, déchaîne une véritable terreur sociale et superstitieuse. On n'est pas préparé, on se trouve dans un état entièrement nouveau, auquel n'est liée aucune réaction habituelle. Comment faire preuve, en un tel moment, de sang-froid, de décision, de maîtrise de soi ? Comment ne point faire des gestes désordonnés, ne pas crier, ne pas appeler, ne pas chercher du secours, ne point partager avec les autres une émotion qu'on se sent trop faible pour supporter seul ? Pour imaginer une mise en scène, et pour la réaliser, il faut certains préparatifs. Mais cela suppose que les proches ont été prévenus, que le suicide a été arrêté d'accord avec eux, c'est-à-dire que des conditions ont été

1. La Prusse est, à notre connaissance, le seul pays dont les statistiques indiquent l'endroit où a eu lieu le suicide. En 1869-1872, sur 100 suicides dont on connaissait l'emplacement, 53,6, s'étaient produits hors de la maison (7,5 dans des établissements ou lieux publics, casernes, maisons de correction, prisons, auberges, etc.), 46,3 dans des maisons privées. Mais 21 % des suicides n'avaient pu être localisés. En 1907, tous l'ont été (sauf 1 %). On en trouve alors un nombre égal hors de la maison, et dans une maison privée. Si l'on écartait les suicides de noyés, la proportion des premiers serait bien plus élevée pour les hommes que pour les femmes. Ajoutons qu'en 1873-1878, sur 100 suicides dans des maisons privées, on en compte 66,6 qui ont été consommés dans des locaux habités, 35,4 dans des locaux inhabités. (Nombres calculés par nous d'après les tableaux reproduits par Morselli et le père Krose.)

remplies qui ne peuvent précisément pas l'être. C'est à ses parents, à ses amis, que celui qui veut se tuer cache le mieux ses intentions, parce qu'il craint qu'ils ne l'en détournent par leurs prières, ou qu'ils ne lui fassent obstacle matériellement[1]. Il est donc bien obligé de les surprendre. On ne se tue pas en famille, mais plutôt on s'excuse intérieurement, ou par une lettre qu'ils liront plus tard, auprès des siens, non seulement du chagrin qu'on leur cause, mais aussi du scandale auquel on sait bien qu'on ne peut pas ne pas les exposer. Au reste, celui qui s'apprête à quitter volontairement la vie est, le plus souvent, déjà détaché plus qu'à moitié de son groupe, et mort à la société. Il n'a pas trop de toutes ses forces pour fixer son attention sur l'acte qu'il va accomplir et pour l'accomplir en effet. L'aspect social de la mort disparaît à ses yeux, dès qu'il a décidé de ne chercher qu'en lui les motifs de sa suprême démarche. Ajoutons encore que, quand bien même les parents d'un homme qui vient de se tuer auraient eu le temps de se reprendre, de réfléchir, de délibérer et de s'entendre s'ils sont plusieurs, peut-être jugeront-ils qu'il est prudent de faire constater un fait qui risque toujours, plus tard, d'être découvert, et qu'ils ne réussiront même pas, peut-être, à cacher provisoirement. Même s'ils sont sûrs de la complaisance du médecin, savent-ils si le maire ne fera pas une enquête, si les voisins, les amis, ne s'étonneront pas d'une disparition si soudaine et mystérieuse, si quelque accident imprévu ne rendra pas vaines toutes leurs précautions ? Quand même on se placerait dans les conditions les plus favorables, s'il y a eu un empoisonnement dont aucune trace visible n'apparaît extérieurement, n'est-ce pas alors qu'ils s'exposent au plus grand risque ? Et s'il y a des traces visibles, jusqu'à quel point le médecin ami sera-t-il complice et consentira-t-il à fermer les yeux ? »[2]

Voilà, en effet, quelques-uns des arguments que nous pourrions développer. Mais nous savons bien aussi ce qu'on nous répondrait : « Toutes les fois que les hommes ont un intérêt certain, et de premier ordre, à dissimuler un acte commis par un des leurs, il faut s'attendre à

1. Lorsque Werther demande à Albert, par un billet : « Faites-moi le plaisir de me prêter vos pistolets pour un voyage que je projette », on ne peut voir là qu'un artifice de romancier. C'est pour que Werther puisse écrire : « Et toi, Lotte, tu me fournis l'instrument de ma mort, et c'était de tes mains que je voulais la recevoir. Oh ! J'ai interrogé mon domestique, tu as tremblé en les lui présentant... » Il n'y a rien qui soit moins vraisemblable.
2. En Prusse, de 1871 à 1875, sur 100 suicidés par ce que nous appelons armes blanches (armes piquantes et tranchantes), 77 se sont tranché la gorge *(Halsabschneiden)*, 9,5 se sont poignardés, 13,5 se sont ouvert les veines. Les proportions sont les mêmes pour les deux sexes. D'après les nombres annuels reproduits par Morselli.

ce qu'ils usent de tous les moyens pour y parvenir. Aucun motif, dans certains cas, ne sera assez fort pour les en détourner. Il faut s'y attendre d'autant plus que les représentants de la société, qui contrôlent, n'obéissent pas à des sentiments aussi intenses, et que, d'ailleurs, le contrôle lui-même est souvent difficile. Sans doute, lorsqu'un homme se tue au-dehors, il faut compter avec la curiosité et l'indiscrétion des étrangers, avec la malignité ou la malveillance des voisins. Mail les premiers peuvent être indifférents, et les seconds peuvent obéir à un sentiment de solidarité, qui rapproche quelquefois, contre la loi, les habitants d'un même quartier ou d'un même village. On a dit que pendant longtemps, en Angleterre, la plupart des noyés étaient considérés comme victimes d'accident, probablement parce que les agents de police acceptaient les déclarations fausses des voisins et des amis du suicidé, afin de ne pas mettre en marche la procédure du *felo de se*. Quand la justice ne poursuit pas, il reste la sanction de l'opinion, qu'on essaie à tout prix d'éviter. Quand le suicide se produit à la maison, la solidarité familiale joue avec beaucoup plus de force. Ainsi s'explique peut-être que les célibataires et même les veufs paraissent se tuer plus que les gens mariés, les gens mariés sans enfants plus que les gens mariés qui ont des enfants. C'est qu'ils appartiennent davantage au public, et que la famille ne les abrite pas comme un écran. Il s'agit d'éviter une sorte de déshonneur qui atteint tous les parents. Comment ceux-ci ne feraient-ils pas bloc ? On objecte que, dans un même pays, dans une même province, la proportion des suicides reste inchangée pendant une longue série d'années. N'est-ce point parce que la force de ces sentiments qui naissent et s'entretiennent dans des groupes qui gardent la même constitution ne change pas non plus, et qu'elle s'exerce d'une année à l'autre avec la même intensité ? La constance des suicides résulterait de la constance des forces qui portent à dissimuler les suicides. Quand aux sentiments de famille s'ajoutent les sentiments religieux, ces forces augmentent. Si l'on relève moins de suicides parmi les catholiques que dans les autres confessions, n'est-ce point parce que la crainte qu'un des leurs ne soit pas enterré en Terre sainte détermine les parents, peut-être avec la complicité indulgente de l'Église, à transfigurer son acte, à faire un pieux mensonge et à sauver la face, puisque après tout, on ne sait jamais si le coupable ne s'est pas repenti au dernier moment ? Il est vrai qu'on ne peut pas toujours cacher un suicide. Mais il ne manque pas de circonstances favorables. Même lorsque le médecin de l'état civil passe, comme il est de règle dans les grandes villes, c'est souvent un homme un peu surmené, qui est préoccupé surtout de remplir simplement une fonction administrative. Il jette un regard sur le défunt, dont il n'aperçoit d'ordinaire que le visage, et demande de quelle maladie il est mort, pour savoir ce qu'il doit inscrire sur son questionnaire. Quel motif pressant l'engagerait à insister davantage ? Mais bien souvent, et surtout autrefois, on se contentait et on se contente de la déclaration d'un médecin quelconque, et des parents eux-mêmes. Quelle garantie peut-elle présenter ? Ceux-ci seront-ils retenus par la crainte d'un risque ? Les plus timides et les plus circonspects, sans doute. Mais la préoccupation d'éviter le scandale est bien forte. Et puis, que risque-t-on ? Si l'on est découvert, on a une excuse toute prête. On a obéi à des sentiments que tout le monde comprend, et qui, en eux-mêmes, sont respectables. Le médecin peut en invoquer de semblables, quand il ne se retranche pas derrière une interprétation un peu étroite du secret professionnel. Que beaucoup de suicides puissent être dissimulés c'est trop évident, puisqu'un grand nombre l'ont été. N'est-il pas vrai que chaque réforme des procédés statistiques conduit à en relever un plus grand nombre ? Et qui pourrait dire qu'on a enfin trouvé le moyen de les découvrir tous ? »

Ainsi, nous demeurons dans l'incertitude. Il ne sert de rien de dire qu'après tout, si une partie des suicides nous échappe, nous en connaissons de beaucoup le plus grand nombre. Car l'étude de ce phénomène porte sur des variations et des différences qui sont quelquefois minimes. Ce ne serait pas la première fois qu'on formulerait des lois apparentes parce qu'une erreur systématique, reproduite toujours dans les mêmes circonstances, fausserait régulièrement nos observations.

II

Un moyen de recoupement : l'étude des modes de suicide

Il y a cependant, peut-être, un moyen de reconnaître non pas que les statistiques du suicide sont exactes, à tous égards mais que, s'il s'y introduit des erreurs accidentelles, elles ne sont pas faussées par une certaine sorte de dissimulation systématique, c'est-à-dire par celle qui porterait sur tel ou tel mode de suicide.

Guerry est un des premiers auteurs qui aient signalé que la proportion des divers moyens dont on use pour se suicider présente, d'une année à l'autre, une constance tout à fait remarquable. Tous les statisticiens qui ont étudié après lui cet aspect du suicide ont confirmé son observation. Durkheim écrivait à ce sujet : « La fréquence relative des différents modes de suicide reste pendant très longtemps invariable pour une même société... Chaque peuple a son genre de mort préféré, et l'ordre de ces préférences ne change que très difficilement. Il est même plus constant que le chiffre total des suicides. » Mais il n'envisageait ce problème qu'en passant. Le choix de l'instrument de mort lui paraissait dépendre de causes sociales, mais de causes indépendantes de celles qui déterminent le suicide. L'étude des modes de mort ne pourrait donc rien nous apprendre sur le suicide lui-même. Dès 1881, Legoyt, dans son livre *Le suicide ancien et moderne,* exprimait la même opinion.

Pourtant, si l'exécution et le choix des moyens ne représente qu'un aspect extérieur et superficiel des morts volontaires, ce sont des faits objectifs, c'est même ce qu'il y a de plus objectif, de plus matériellement saisissable dans le suicide. Alors qu'il y atout lieu de se défier, quand on nous présente le tableau des motifs, parce que nous nous trouvons en présence d'interprétations des observateurs ou témoins, la statistique des modes d'exécution ne peut soulever le moindre doute. On n'a peut-être pas relevé tous les suicides. Du moins on n'a pas pu se tromper sur le moyen que le suicidé a choisi pour se donner la mort.

« Le suicide, a dit Goethe, est un acte si peu naturel, c'est-à-dire si contraire à la nature humaine, que l'homme qui veut l'accomplir, une fois qu'il est décidé, s'en remet pour l'exécution principalement à la nature des choses. » C'est la pesanteur de son corps qui le fera tomber d'un lieu élevé, qui le suspendra au bout d'une corde, qui quelquefois le précipitera sur une arme pointue. C'est la résistance de la corde qui l'étranglera, c'est l'impénétrabilité de l'eau qui empêchera l'air d'arriver jusqu'à ses voies respiratoires. C'est la force vive de la balle, c'est le tranchant de l'acier, c'est l'action chimique du poison, c'est la toxicité des gaz qui mutilera, ravagera et détruira son organisme. Ici n'interviennent que les diverses propriétés de la matière[1]. Or elles tombent sous les sens, elles sont directement observables, à la différence des pensées et des sentiments de l'homme. Ce sont des choses. Mais la première règle de l'observation sociologique, ainsi que l'a montré Durkheim, c'est de traiter d'abord les faits sociaux comme des choses, c'est-à-dire de les saisir sous leur forme matérielle. C'est le seul moyen de partir de données dont la réalité et dont la nature même échappe à toute discussion. Dira-t-on que ce qu'on atteindra ainsi, c'est ce qu'il y a de plus superficiel et de moins intéressant. Mais qu'en sait-on ? En tout cas, c'est un point de départ. Chaque pas qu'on fera sur ce terrain sera sûr. Toutes les parties de la réalité se tiennent, mais toutes nous échapperont, si nous ne réussissons pas d'abord à prendre possession, une possession qu'on ne puisse plus nous disputer, de l'une d'elles.

Mais l'instrument, le mode d'exécution est-il vraiment une partie du suicide ? Il semble que Durkheim en ait douté. Il reproche aux statisticiens de réserver en général un chapitre à l'étude des moyens, comme si entre le moyen et l'acte il n'y avait aucun rapport. Mais c'est précisément ce qu'on ignore, et la question ne peut être tranchée qu'après examen. Certes, c'est une idée assez répandue que l'acte du suicide se décompose en deux phases : la décision et l'exécution, mais qu'il n'y a que la première qui compte. Une fois décidé à mourir,

1. « Elle ne quittait pas des yeux les roues du second wagon qui s'avançait, et quand le milieu fut juste en face d'elle, elle jeta son sac rouge, enfonça sa tête entre ses épaules et s'élança sous la roue. Puis d'un léger mouvement, comme si elle eût voulu se relever aussitôt, elle tomba à genoux. Terrifiée de ce qu'elle venait de faire, elle pensa : "Où suis-je ? Qu'ai-je fait ! Pourquoi ?" Elle voulut se relever, s'échapper, mais une masse énorme et impitoyable lui frappa la tête et la traîna sur le dos » (*Anna Karénine*, fin de la 7e partie).

l'homme serait allégé d'un fardeau comme si tout était fini. Le choix du moyen vient ensuite, mais comme il s'effectuera de toute façon, l'acte n'en sera pas modifié. Il restera ce qu'il était dès le début : la volonté de se donner la mort. Mais il est très possible qu'au contraire, peut-être dans le plus grand nombre des cas, le choix des moyens soit un élément de la décision. Au reste, nous le verrons dès le prochain chapitre, on est certain que la décision a été ferme quand l'acte a été accompli, c'est-à-dire quand le moyen a été choisi. Et bien des suicides n'ont pas lieu, ne sont pas consommés, simplement parce que le moyen a été mal choisi. Puisque tout suicide résulte de la rencontre de la décision et du moyen, a-t-on le droit de négliger celui-ci ?

Dans un tableau reproduit par Morselli, Farr indiquait le nombre des suicides exécutés en Angleterre de 1858 à 1876, année par année, en les distinguant d'après le mode d'exécution. Pour une proportion de morts volontaires à peu près constante (de 65 à 70 pour 1 million), 16 années sur 19, on compte 3 suicides par armes à feu, 18 années sur 19, de 6 à 7 suicides par empoisonnement, 18 années sur 19, de 25 à 30 suicides par pendaison, etc.[1].

Nous allons donner une idée de la constance de la répartition des modes de suicide sur quelques exemples. Nous pourrions multiplier les tableaux. Nous calculerons plutôt, pour chaque mode de suicide, la moyenne des nombres correspondant à une série d'années, les écarts entre les chiffres de chacune de ces années et cette moyenne, et la moyenne de ces écarts (c'est-à-dire leur somme arithmétique divisée par leur nombre). Nous allons prendre d'abord un exemple simple. Soit les proportions moyennes des divers modes de suicides par an pour 100 suicides, et pour quatre périodes successives, en Prusse[2] (voir tableau page suivante).

De la première à la dernière période le nombre des suicides a augmenté de 56 %, mais la proportion des divers moyens employés pour se donner la mort, on le voit tout de suite, n'a guère changé. Sur 100 suicidés, 61 en moyenne se sont pendus, dans les quatre périodes. La

1. En Prusse, de 1871, à 1875, sur 100 suicidés (hommes), voici, pour chaque année, la proportion de ceux qui se sont tranché la gorge : 3,6 ; 3 ; 3,1 ; 2,7 ; 2,8. Et, pour les femmes : 2,8 ; 3,6 ; 3,3 ; 2,7 ; 2,2. D'après Morselli il s'agit de très petits nombres, dont la constance approchée est bien remarquable.
2. D'après Krose, *op cit.*, p. 79.

	Pour 100 suicides				*Pour un million d'habitants*
	Pendaison	*Armes à feu*	*Armes blanches*	*Noyés*	*Proportion des suicides*
1869-1872	60,8	10,2	4,2	19,7	128
1873-1876	60,3	11,1	3,7	18,6	143
1877-1882	61,4	10,7	2,9	18,4	184
1883-1890	60,3	11,1	2,8	19	201

somme des écarts entre le chiffre de chaque période et la moyenne est égale à 2, soit 0,5 en moyenne pour chaque période. 0,5 est à 61 comme 0,8 est à 100. C'est un degré de variation extrêmement faible. Il serait à peine plus élevé si, au lieu de périodes, nous avions comparé des années successives. Le même calcul pour les armes à feu donne un écart moyen de 1,3 soit un degré de variation de 3 %, et, pour les noyés, de 2,25 %. Il n'en est plus de même pour les armes blanches (degré de variation : 16,2 %). Mais les nombres, ici, sont beaucoup plus petits, et, d'ailleurs, de la première à la dernière période ils décroissent d'un mouvement continu. Nous verrons, en effet, que si l'on prend des périodes étendues, les chiffres qui correspondent aux modes de suicides, bien qu'ils restent très voisins d'une année à l'autre, changent toutefois sensiblement dans un même sens.

Examinons maintenant divers modes de suicides, dans plusieurs pays, année par année[1]. Les variations seront plus grandes, naturellement, en raison de causes accidentelles. Mais, sauf quand il s'agira d'un petit nombre de cas, nous verrons qu'elles restent comprises entre des limites assez étroites.

Voici d'abord l'Angleterre où, d'après une opinion depuis longtemps accréditée, le relevé des suicides en laisse échapper un grand nombre. C'est un des pays européens où l'on se pend le moins. La pendaison est considérée comme un acte peu *gentlemanlike.* C'est le mode de suicide le moins aristocratique. Peut-être est-il en médiocre estime, parce que ce genre de supplice a été longtemps infligé aux voleurs et aux bandits de grands chemins. Cependant, de 1867 à 1874,

1. Les chiffres qui suivent sont calculés par nous, d'après les tableaux de Morselli, de Krose et de von Mayr, qui reproduisent simplement les proportions des moyens de suicides, pour 100 suicides.

un peu plus du tiers des suicidés anglais se sont pendus : 371 sur 1 000. Les écarts des chiffres annuels par rapport à cette moyenne sont faibles : 5,6 en moyenne, soit 1,5 %. Les empoisonnements, bien moins nombreux, ont donné durant la même période une proportion de 90 à 100 ‰ suicides.

En France, de 1866 à 1875, on s'est pendu un peu plus : 449 pendus sur un millier de suicidés en moyenne. On relève un maximum en 1870, un minimum en 1872. Les huit autres années, ces chiffres sont compris entre 430 et 460 ‰, 43 et 46 %. Soit un écart moyen de 2,8 % pour les dix années, et, pour les huit, de 1,5 seulement, comme en Angleterre. Le nombre des noyés, qui est plus faible (un peu plus du quart des suicides) varie un peu plus, de 3,1 % en moyenne : c'est toujours un écart assez réduit.

En Angleterre, comme en France, les modes de suicide plus rares comportent, naturellement, de plus fortes variations : 12,9 % en Angleterre, s'il s'agit des suicides par armes à feu (moins du vingtième du total des suicides), 15,2 %, en France, s'il s'agit des suicides par étouffement ou asphyxie (un peu plus du vingtième de l'ensemble). Mais si l'on ne retient, ici et là, que la moitié des années, celles où ces proportions sont le plus voisines de la moyenne, ces écarts tombent à 7,3 et 3,9.

Ce dernier écart est égal à celui qu'on trouve en Prusse, pour une période de trente-cinq années, de 1874 à 1908, quand on calcule la proportion moyenne des hommes qui se pendent : soit un écart relatif de 3,9 %. Il s'agit de 2 500 suicides d'hommes par pendaison chaque année. Les hommes se pendent, en Allemagne, plus qu'en France et qu'en Angleterre (près des deux tiers de l'ensemble des suicides). Seulement, au cours de ces trente-cinq années, la proportion des pendaisons a diminué. Si nous divisons cette série d'années, qui est trop longue, en trois périodes de douze, douze et onze ans, nous constatons que la proportion des suicidés qui se pendent en Allemagne passe de 65 % à 64, puis 58, soit trois écarts relatifs de 1,26, de 1,87, et le dernier seulement (alors que la proportion baisse le plus), de 3,2 %. Ainsi les variations paraissent très faibles d'une année à l'autre.

En Prusse également, durant la même période, relevons la proportion des femmes qui se suicident chaque année en se noyant. Les femmes prussiennes se pendent moins que les hommes, mais elles se noient beaucoup plus qu'eux. Il en est d'ailleurs ainsi dans tous les pays européens. Le nombre de ces noyées est inférieur à 500 chaque année, bien qu'elles comprennent 37 % des suicidées. C'est que les femmes, on le sait, se tuent bien moins que les hommes. Étant donné ce nombre, qui n'est que le cinquième du précédent, on peut s'attendre à ce que les variations annuelles soient plus fortes. En effet elles s'élèvent à 7 % en moyenne. Mais, ici comme précédemment, trente-cinq années sont une période trop longue, au cours de laquelle cette proportion a nettement baissé : de 40,5 dans les dix premières années à 34 dans les dix dernières. Ce mouvement de baisse se dessine dès 1885. Dans les dix premières années, l'écart ne représente qu'une variation de 4,1 %, variation faible si l'on tient compte du nombre plus petit des cas. La proportion oscille entre 39 et 43 %.

Mais voici des nombres plus petits encore. En Saxe, pendant huit années, de 1881 à 1890, la proportion des suicides par pendaison a été, en moyenne, de 62,8 %, à peu près comme en Prusse. Mais il s'agit d'un nombre de cas bien moins élevé qu'en Prusse. L'écart moyen indique cependant une variation moyenne de 3,2 %, qui n'est pas très forte. En Italie, dans la même période, sur 100 suicidés par an, 15,8 seulement se sont pendus. Les Italiens, à la corde, préfèrent, nous le verrons, le poison ou le revolver. Cela donne un nombre de suicidés par pendaison très inférieur à ce qu'il est en Saxe même, environ de 200 cas par an. Sur ce petit nombre de cas, la variation moyenne est de 5,7 %. Mais, ici encore, bien qu'il ne s'agisse que de huit années, cette proportion augmente, des trois premières années aux sept suivantes, de 14,6 à 16,2 %. Si l'on calcule séparément l'écart moyen pour les trois premières et les sept dernières, on trouve deux variations égales à 1,14 % et 4,4 % : la proportion oscille entre 14,4 et 14,7, puis entre 16 et 17. Mais l'exemple le plus remarquable, nous le trouvons encore en Prusse. Les hommes s'y empoisonnent très rarement. De 1875 à 1894, c'est-à-dire durant vingt années, les empoisonnements représentent 2,6 % en moyenne de tous les suicides d'hommes, une centaine par an. Or les écarts, par rapport à la moyenne, pour chacune de ces années, sont si faibles, qu'on ne trouve qu'une variation moyenne de 0,8 % (en appelant 100 : 2,6).

Ainsi la constance avec laquelle se reproduisent d'une année à l'autre, dans un même pays, les mêmes modes de suicide, est tout à fait surprenante. Il serait facile de montrer, par le calcul des probabilités, que si, pour 2 500 suicides par an, la variation moyenne ne dépasse guère 1,5 %, des variations un peu plus élevées, de 4,5 et 6 % et plus, lorsqu'il s'agit d'un nombre de cas très inférieur, sont tout à fait du même ordre, et ne peuvent s'expliquer que par des circonstances accidentelles. Les influences de ces accidents sont plus marquées, lorsqu'il s'agit de petits nombres, parce qu'elles ne se compensent qu'imparfaitement. Ils n'en restent pas moins des accidents.

Cette constance, si remarquable paraisse-t-elle, n'est cependant pas absolue. Il se produit parfois des changements, et des changements continus, qui ont pour effet de réduire à la longue, ou d'augmenter l'importance de l'un ou l'autre des moyens auxquels on recourt pour atteindre la mort. Or il se pourrait que ces changements résultent eux-mêmes de ce que les suicides accomplis par ces moyens sont relevés plus exactement, ou moins exactement, c'est-à-dire de ce qu'on réussit à en dissimuler un plus ou moins grand nombre. Si le choix du mode de suicide ne présentait aucune régularité, nous ne pourrions naturellement pas remarquer de tels changements. C'est pourquoi il importait d'établir d'abord qu'en général, et dans le plus grand nombre des cas, tout se passe comme si chacun des différents moyens de se tuer ne pouvait être employé à l'intérieur d'un même pays qu'un nombre de fois limité, le même (proportionnellement) d'une année à l'autre. Il fallait être assuré que la règle existe, pour être en mesure de remarquer les exceptions.

Nous disons que, lorsqu'il y a des changements ou des exceptions à cette règle, on est conduit à se demander si tous les suicides ont bien été enregistrés, plus exactement, si l'on a bien relevé la catégorie de suicides (par empoisonnement, ou par immersion, etc.) qui varie. Mais de ce qu'il n'y a pas d'exception, de ce que les modes de suicide se répartissent toujours de même dans un même pays, on n'a cependant pas le droit de conclure que tous les suicides ont été relevés exactement. Cela limite, évidemment, la portée de notre recoupement. Supposons en effet qu'une catégorie de suicides, commis dans telle région, ou par les membres d'une même confession religieuse, ou les hommes d'une même classe sociale, soient plus mal enregistrés que les autres, parce qu'on réussit à en dissimuler un grand nombre. Il n'y a aucune raison pour que, dans le groupe des suicides dont on réussit à dissimuler un grand nombre, les modes de mort se distribuent autrement que dans l'ensemble des suicides. Supposons que le groupe des catholiques, dans un pays où les confessions sont mélangées, paraisse produire moins de suicides que le pays en moyenne, mais qu'en réalité cette différence s'explique par le fait que les catholiques dissimulent un grand nombre de leurs suicides. Rien n'indique que le choix des catholiques ne se portera pas en moyenne sur les mêmes modes de mort que le choix des protestants. La suppression d'une partie des suicides catholiques n'altérera donc en rien la répartition proportionnelle des modes de mort, qui restera la même pour ceux qui restent que s'ils n'avaient pas été supprimés[1].

Si, donc, nous trouvons des irrégularités, des variations d'une année à l'autre, dans la répartition des modes de mort, à l'intérieur d'un pays donné, nous ne pouvons en conclure que tel groupe, plutôt que tel autre, réussit à dissimuler un nombre plus ou moins grand de ses suicides. Mais nous devons nous demander alors si les suicides accomplis avec tel instrument, ou par tel moyen, ont été relevés exactement pour l'ensemble des groupes, si la dissimulation n'a pas porté systématiquement sur tel mode de mort.

Le père Krose a recherché, en effet, si, parmi les divers modes de suicide, il en est qui, mieux que les autres, pourraient être dissimulés. Comment les déterminer ? Il range uniquement dans cette catégorie les suicides des noyés, ainsi que des asphyxiés, parce que, dit-il, on peut les faire passer pour des accidents. C'est ainsi qu'en Angleterre, pendant longtemps, la police aurait admis le plus souvent que les noyés ne s'étaient pas suicidés. C'est cela qui expliquerait que, dans ce pays, la proportion des suicides par immersion ait passé de 16,3 % en 1858-1864, à 22,7 % en 1889-1893. Ce dernier chiffre correspond assez exactement à la proportion moyenne des suicidés qui se noient, soit 21,6 %, pour 16 États en 1887-1893 (voir ci-dessous). Il est vrai qu'on se noie toujours hors de chez soi, en plein air, sinon en public, tandis que la moitié des gens qui se pendent se pendent dans leur maison. Mais, lorsqu'on retire de l'eau le corps d'un noyé qu'on n'a pas pu observer au moment où il s'y est jeté, rien n'empêche de supposer qu'il y est tombé par accident, parce qu'il était ivre, ou qu'il a fait un faux pas, ou qu'il y a été jeté par quelqu'un. Tout dépend ici sans doute de la facilité avec laquelle la police ou la gendarmerie acceptera les explications des parents, les dires des voisins et des amis. En somme, si les suicides par immersion peuvent être plus aisément cachés, ce n'est pas qu'on puisse dissimuler l'immersion elle-même, mais qu'en ce cas il y a

1. Ce raisonnement suppose que les catholiques d'un pays ont exactement autant de raisons que les autres habitants du même pays de choisir tels ou tels modes de mort. Mais il n'en est peut-être rien. En Allemagne, par exemple, les catholiques sont proportionnellement plus nombreux dans les milieux ruraux que dans les centres urbains. Or les paysans n'emploient pas en moyenne les mêmes moyens de suicide que les habitants des villes. Dès lors, pour que la dissimulation systématique d'un grand nombre de suicides de catholiques n'altère pas la moyenne, il faudrait qu'elle s'exerce *au même degré* toutes les années. De la constance des modes de suicide telle qu'elle ressort des statistiques, on pourrait donc conclure seulement que les catholiques ne dissimulent pas plus de suicides une année que l'autre.

plusieurs explications possibles et que la police ne voit pas d'inconvénient à accepter celle qui, aux yeux de l'opinion, est la plus honorable pour le noyé. Il n'en est plus de même des autres modes de suicide, pour lesquels il n'y a pas d'alternative : si l'hypothèse d'un crime est peu vraisemblable on n'hésitera pas à conclure qu'un homme dont le corps porte les traces d'une balle de revolver, ou qui a été trouvé pendu à un arbre, ou qui a absorbé un poison, s'est donné lui-même la mort. C'est donc, cette fois, le mode de mort lui-même qu'il faut cacher, ce qui n'est pas aisé, mais ce qui peut l'être plus ou moins. Nous sommes assez étonnés, par exemple, de rencontrer dans les statistiques anglaises un nombre exceptionnellement élevé de suicides par armes pointues ou tranchantes : 18,2 %, au lieu de 5,7 % en moyenne pour 14 pays, l'Angleterre comprise. Il n'y a que l'Écosse qui en ait presque autant. L'Espagne, qui vient ensuite, ne dépasse pas 7,3 %, le Japon même, le pays du hara-kiri, reste à la moyenne, avec la Suisse et la Suède. Or, en Angleterre également, les suicides accomplis avec des armes à feu sont en petit nombre : on en compte 9,3 %, au lieu de 14,4 % en moyenne dans 16 pays. L'Écosse en compte encore moins, ainsi que la Norvège, le Danemark et la Saxe. Mais la plupart des autres États dépassent très nettement la moyenne[1]. Dirons-nous que le revolver laisse des traces extérieures moins visibles que le rasoir, qui coupe la gorge, le poignard ou le couteau ? Et, relevant en Angleterre un nombre exceptionnellement élevé d'empoisonnements, 12,7 % au lieu de 5,8 en moyenne pour 15 pays (il n'y a que la Suède qui dépasse à cet égard l'Angleterre, que l'Écosse et l'Espagne qui s'en approchent) en conclurons-nous que, pour des raisons assez naturelles, on hésite le plus souvent à dissimuler un suicide par empoisonnement ? Ainsi l'Angleterre nous présenterait assez bien le tableau d'un pays où l'on cache, ou bien où l'on a caché longtemps tous les genres de suicides qui s'y prêtent, les suicides de noyés d'abord, puis ceux qui laissent le moins de traces extérieures, si bien que les morts volontaires qu'il est le plus difficile ou qu'on hésite le plus à dissimuler y occuperaient une plus grande place apparente.

Mais on peut faire au père Krose l'objection suivante. Si tel mode de suicide est rare dans un pays donné, cela peut tenir non pas à ce qu'il

1. Il faut remarquer, toutefois, que la proportion des femmes qui se tuent est plus élevée qu'ailleurs en Angleterre, et que les suicides de militaires y sont plus rares. Or les femmes emploient rarement, et les militaires emploient très souvent les armes à feu pour se suicider. Ces deux raisons peuvent expliquer en partie que les suicides de ce genre y soient peu nombreux.

est plus facile de lui donner figure d'accident, ou de le dérober aux représentants de la loi, mais, plus simplement, aux habitudes, préférences et répulsions traditionnelles sur tel territoire, à l'intérieur de tel groupe national. Goethe écrit, à propos des divers moyens auxquels recourent ceux qui se donnent la mort : « L'idée de se pendre n'est guère attirante, parce que c'est là une mort sans noblesse. En Angleterre on l'accueille plus volontiers, parce que dans ce pays, dès la jeunesse, on voit pendre plus d'une personne, sans que cette punition soit précisément déshonorante. »[1] Il veut dire sans doute qu'on n'y réserve pas spécialement la pendaison aux coupables des crimes les plus bas, en sorte que l'abjection de la faute s'attacherait au supplice qui le châtie. Cependant, dans l'Angleterre de 1846-1850, 35 à 37 % des suicidés se pendaient, moins qu'en France, plus qu'en Italie. Mais à partir de 1874 cette proportion diminue. Elle n'est plus que de 27,7 % en 1889-1893 (de 27,5 % en Écosse), au lieu de 47 % en moyenne pour 16 pays, y compris ces deux-là. Faut-il croire que cette diminution du nombre des suicidés qui se pendent est apparente, étant donné que, dans le même temps, le nombre des suicidés qui se noient a augmenté, peut-être parce qu'on les a enregistrés avec plus d'exactitude ? Mais la proportion des suicidés qui se pendent a passé de 37,4 en 1867-1874 à 27,7 en 1889-1893, c'est-à-dire qu'elle a diminué de 9,7 unités, bien plus que la proportion des suicidés qui se noient n'a augmenté, puisqu'elle n'a gagné que 3,1 unités. Elle sont donc loin de se compenser[2]. La proportion des suicides par empoisonnement a augmenté, dans le même intervalle, de 2,3 unités ; et la proportion des suicides par armes à feu, de 4,7 unités. Même si l'augmentation du nombre des suicides de noyés tient en partie à ce qu'on les enregistre avec plus d'exactitude, on ne peut guère contester qu'on ne se pende moins, qu'on ne s'empoisonne et qu'on ne recoure aux armes à feu plus souvent. Il est impossible de distinguer, dans ces changements, ce qui s'expliquerait par le fait qu'on dissimule moins, ou que les habitudes et préférences des Anglais quant au mode de suicide, se transforment lentement.

1. *Aus meinem Leben. Dichtung und Wahrheit*, livre XIII. Sur l'aversion particulière qu'inspireraient les suicides de pendus (et, aussi, de noyés), voir Bayet, *Le suicide et la morale*, 1922, p. 99 et 295. « Le suicide par pendaison est une mort impure parce qu'il a été à l'origine une mort sacrée. »
2. Nous mesurons ces augmentations et diminutions en nombre d'unités, et non en pourcentages, parce que nous voulons savoir combien de fractions égales (de centièmes) de 100 suicides ont passé d'une catégorie à l'autre et comment les pertes des unes sont compensées par les gains des autres.

Sans doute on ne comprend pas très bien, à première vue, pourquoi les Anglais, contrairement à ce que Goethe croyait observer, manifestent de plus en plus de répugnance à se pendre. Mais reportons-nous à un des rares tableaux où l'on indique la répartition des modes de suicide par profession. Il a été établi par E. Lisle, d'après les données françaises, pour la période 1836-1852, et reproduit par Morselli et par Krose. Bien qu'il soit un peu ancien, il demeure assez instructif. Il en résulte que les cultivateurs et travailleurs de la campagne (qui comprennent à eux seuls plus du tiers de tous les suicides) se pendent plus que les suicidés groupés dans 26 autres catégories, sauf les pâtres et forestiers *(Waldarbeiter)* qui viennent en tête sous ce rapport et qui, vivant dans des régions couvertes d'arbres, n'ont pas à faire un grand effort d'imagination pour trouver à côté d'eux un moyen de se tuer. Sur 100 paysans qui se suicident, 42,3 se pendent. Les travailleurs de l'industrie textile les suivent de près, sans doute parce qu'ils sont plongés encore à demi dans la classe agricole. Mais les travailleurs des métaux ne choisissent ce genre de mort, lorsqu'ils se suicident, que 27 fois sur 100, les tailleurs 20 fois, les marchands 27 fois, les employés de bureau 18 fois, etc. D'autre part, les paysans recourent plus rarement que les autres aux armes à feu et au poison, beaucoup moins, en particulier, que les ouvriers des métaux, qui se tuent au moyen d'armes à feu 18 fois pour 100, avec du poison plus de 4 fois et demi pour 100. On peut confirmer ces résultats, en observant la différence entre les modes de mort dans les villes et à la campagne. Morselli a reproduit, pour le Danemark, les chiffres suivants : en 1845-1856, sur 100 suicidés, la proportion de ceux qui se pendaient était de 56 à Copenhague, de 69 dans les autres villes, de 79 à la campagne, et, en 1863-1873, de 77 à Copenhague, de 78 dans les autres villes, de 84 à la campagne. En Italie, pendant l'année 1877, on compte, sur 100 suicidés, 8 pendus seulement dans les villes, et 27 à la campagne. D'après un tableau reproduit par von Mayr, en Bavière, pendant les années 1904, 1905 et 1906, la proportion des suicides de ce genre a été de 32 % dans les villes, de 54 % dans les campagnes.

Or l'Angleterre s'est urbanisée et industrialisée de plus en plus. La population rurale, en 1850, comprenait encore 50 % de la population tout entière ; cette proportion est tombée en 1871 à 35 %, en 1911 à 22 %.

Il est donc naturel d'admettre que si la proportion des suicidés qui se pendent a augmenté en Angleterre, cela s'explique par ces conditions, et non par le fait qu'on y relèverait avec plus d'exactitude le nombre des désespérés qui se noient[1]. Dans les autres pays européens, presque partout la proportion des noyés a fortement diminué au cours du XIXe siècle (au contraire de ce qui se passe en Angleterre), et, cependant, un peu plus tôt ou un peu plus tard, la proportion des pendus s'est aussi réduite : au Danemark, à partir de 1871 ; en Norvège, depuis 1876 ; en Suède, depuis 1878 ; en Belgique, depuis 1870 ; en France, depuis 1866-1870 ; en Italie, depuis 1871 ; en Prusse, depuis 1877-1882 ; en Bavière, depuis 1857-1871 ; en Saxe, depuis 1857-1866 ; en Wurtemberg, depuis 1870-1879 ; en Suisse et en Autriche depuis une époque que nous ne pouvons déterminer. Tous ces pays sont entrés dans la vie industrielle, dans l'ère des grandes villes, plus tard que l'Angleterre. Mais ils ont été entraînés enfin dans la même évolution. En même temps, la proportion des suicides par pendaison a baissé. Il n'y a pas là un trompe-l'œil, mais une réalité.

Il n'en est pas moins vrai que l'augmentation continue (d'ailleurs de plus en plus lente) des morts volontaires par submersion, en Angleterre, est un phénomène unique et étrange. C'est le seul pays européen où il se soit produit[2]. En Prusse, sans doute, de 1869 à 1900, la proportion de ce genre de suicides ne change guère. Mais la France forme, à cet égard, le plus parfait contraste avec l'Angleterre. Ici, en trente ans, la proportion des noyés a augmenté de 100 à 140, là elle a diminué de 100 à 87 dans le même intervalle[3]. Il reste possible que ce fait s'explique, en partie, par l'exactitude croissante des relevés en Angleterre. Mais la diminution, beaucoup plus rapide que dans les autres

1. Il est curieux que ni von Mayr, ni Krose, qui connaissaient bien ces deux faits, d'une part, la fréquence plus grande des suicides par pendaison à la campagne, d'autre part, la diminution continue de ce genre de mort volontaire en Angleterre, n'aient songé à les rapprocher.
2. La Norvège et le Danemark sont les seuls de tous les pays européens où il y ait diminution à la fois de la proportion des suicidés noyés et du nombre total des suicides. Faut-il en conclure qu'ils dissimulent un plus grand nombre de noyés volontaires qu'au début ? Mais en Norvège, où la première diminution est faible, les mesures prises contre l'alcoolisme ont pu déterminer la seconde. Par contre, en Danemark, la première diminution est plus forte que partout ailleurs, de 24 noyés pour 100 suicidés en 1835-1839 à 13 % en 1896-1900. Krose croit qu'on y dissimule maintenant un grand nombre de ces suicides. Mais en Suède (où les suicides ont augmenté), la proportion des noyés n'est guère plus élevée (15,4 %) et a diminué presque aussi vite.
3. À Londres, la proportion des désespérés qui se noient a passé de 14,3 % en 1846-1850 à 20,8 % en 1872-1876, soit une augmentation de 46 % (en vingt-cinq ans). À Paris, au contraire de 1817-1825 à 1834-1843, elle a diminué : de 36,7 % à 21,4 %, soit une diminution de 44 % (en vingt ans), égale à l'augmentation relevée en Angleterre (mais les dates ne sont pas les mêmes). À Milan, de 1821-1832 à 1877, la proportion des suicides de ce genre diminue, en près de cinquante ans, de 48 ou 49 %, donc bien plus lentement qu'à Paris. À Paris et à Milan, aux environs de 1820, on se noyait énormément : ces chiffres dépassaient de beaucoup ceux qui ont été relevés depuis dans toutes les grandes villes (d'après un tableau reproduit par Morselli).

États, des suicides par pendaison dans ce pays suffirait à en rendre compte[1].

Nous nous appuierons, dans plusieurs des chapitres suivants, sur les statistiques du suicide en Angleterre. C'est pourquoi nous avons examiné un peu longuement la thèse d'après laquelle on y dissimulerait peut-être moins aujourd'hui, mais on aurait toujours réussi à tenir dans l'ombre une partie importante des morts volontaires, en particulier les suicides par immersion, qu'il serait possible de faire passer pour des accidents. Mais rien absolument n'indique, nous semble-t-il, que cette thèse soit fondée. Jusqu'à preuve qu'elle l'est, la statistique des suicides anglais mérite donc autant de crédit que toute autre.

Nous pourrions abandonner maintenant l'étude de ces circonstances extérieures, que les Allemands appellent la technique du suicide. Les histoires de noyés, de pendus, d'asphyxiés relèvent, en effet, des faits divers. Elles ont leur place dans les recueils d'anecdotes terrifiantes et curieuses. Le peintre des mœurs, l'érudit en quête de cas tératologiques, le médecin légiste et le psychiatre y trouveront peut-être leur pâture. Dans une *Bibliographie du suicide,* publiée récemment par Rost, l'auteur ne mentionne pas moins de 2 300 livres, articles, brochures consacrés aux moyens variés de se donner la mort. Nous aurions hâte, pour notre part, d'oublier qu'il s'agit de pendus, de noyés, d'asphyxiés, parce que toutes ces particularités distrairaient notre attention des rapports qui existent entre le fait social du suicide et ses causes. Ce fait consiste en la disparition volontaire d'un certain nombre de membres du groupe. Ce qui nous intéresse, c'est cette volonté de disparaître, et les raisons qui l'expliquent, et non les formes extérieures et plus ou moins pittoresques dont se revêt cette disparition.

Il est nécessaire, cependant, que nous prenions encore une idée d'ensemble des instruments et moyens qui servent au suicide dans les différents pays d'Europe. Jusqu'à présent, notre attention s'est fixée sur l'Angleterre, parce que la proportion des suicides de noyés y a beaucoup augmenté au cours d'une période de trente ans. On pouvait se demander si cette augmentation n'était pas toute apparente, et ne résultait pas de ce qu'on a relevé avec de plus en plus d'exactitude ce genre de morts volontaires. Mais la même question peut être posée pour d'autres pays.

1. Rappelons qu'en Angleterre ce genre de mort volontaire ne comprend, en 1889-1893, que 27,7 % de tous les suicides, au lieu de 47, moyenne pour 16 États (y compris l'Anglèterre).

Si, dans un même pays, la proportion des morts volontaires ne change guère d'une année à l'autre, c'est un fait non moins bien établi et non moins remarquable qu'elle varie quand on passe d'un pays à l'autre. Cela peut s'expliquer par des préférences et aversions locales traditionnelles. Mais, là où le genre de suicides qu'il paraît le plus facile de cacher ou de déguiser, là où les suicides de noyés sont le moins nombreux, pourquoi cela ne s'expliquerait-il point par une dissimulation systématique ? Si nous pouvions établir d'une part, que la proportion des morts volontaires par immersion varie très peu, et même varie moins que la proportion des autres modes de suicide, et, d'autre part que, quand elle varie, cela parait résulter de coutumes et dispositions nationales ou locales, cette cause d'erreur tout au moins, qui risque d'ailleurs d'être une des plus graves, serait écartée.

Nous allons donc étudier de ce point de vue, en tenant compte de leur position géographique, de leur proximité dans l'espace, divers des pays qui diffèrent ou se ressemblent par leur langue, leurs traditions, leur degré de culture. Si nous trouvons que, dans les pays les plus semblables et les plus proches, les modes de suicide se répartissent suivant des proportions analogues, ce sera une raison d'admettre que cette répartition résulte de circonstances et manières d'être nationales.

Nous avons extrait (voir p. 45) d'un tableau reproduit par le père Krose (*Die Ursachen,* etc., p. 73) les données suivantes, qui se rapportent à neuf pays[1] ; elles se succèdent du haut en bas comme ces pays se disposent du nord au sud. Nous avons calculé également la proportion moyenne de ces modes de suicide pour 16 pays (dernière ligne) qui sont les suivants, et, en outre, la Bavière, le Wurtemberg, l'Autriche, l'Angleterre, l'Écosse et le Japon.

On remarquera tout de suite qu'à mesure qu'on va du nord au sud la proportion des suicides par pendaison diminue très régulièrement, tandis que, sauf une ou deux exceptions, les suicides par armes à feu augmentent. Mais le fait qui nous intéresse surtout, c'est que, de tous les modes de mort volontaire, c'est la proportion des suicides de noyés qui varie le moins. Calculons, en effet, l'écart relatif (somme arithmétique des écarts pour rapport à la moyenne, multipliée par 100, et divisée par le nombre des suicides de chaque espèce) pour ces différentes catégories. On trouve, pour les suicides par pendaison : 34,5 ;

1. Moyennes des années suivantes : Norvège, 1888-1889 ; Danemark, 1890-1894 ; Prusse, Suisse, Italie, Saxe, Belgique, 1889-1893 ; France, 1887-1891 ; Espagne (y compris les tentatives), 1881-1884.

pour les suicides par armes à feu : 43,5 ; pour les empoisonnements : 40 ; et, pour les noyés : 17,6 seulement[1]. Certes, à mesure qu'on passe du Nord au Midi, dans l'ensemble, et malgré quelques exceptions, la proportion des noyés tend à diminuer. Nous verrons si on peut expliquer cette diversité par des conditions locales. En tout cas, de tous les modes de suicide, celui-là, de beaucoup, est sujet aux fluctuations les moins amples. Or c'est celui qu'il serait le plus facile de dissimuler. C'est une première raison pour admettre que, sous ce rapport, les relevés sont dans l'ensemble à peu près exacts.

Rapprochons maintenant les uns des autres les pays les plus voisins, et dans lesquels les principaux modes de suicide se répartissent à peu près de même. Nous pouvons les grouper en quatre ensembles.

Tableau II

	Nombre des suicidés, pour 100, qui se sont tués								
	En se pendant	*En se noyant*	*Au moyen d'armes à feu*	*Armes tranchantes ou piquantes*	*En s'empoisonnant*	*En se précipitant*	*Par asphyxie*	*En se faisant écraser*	*Autres moyens ou moyens inconnus*
Norvège	65,6	17,2	7,8	4,7	3,1				1,6
Danemark	73,4	13,7	5,8	1,5	4,2	0,7		0,5	0,2
Prusse	58,6	18,6	13	2,3	4	1,3	0,2	1,8	0,2
Saxe	61,8	18,8	10,9	1,9	3,4	1,1	0,1	1,7	0,3
Belgique	49,2	24,9	15,5	1,9	2,2	0,8	1,2	3	1,3
France	43,5	26	12,5	2,4	2,2	2,7	8,8	1,4	0,5
Suisse	43,3	23,5	19	5,3	3,8	1,7	1,4	1,7	0,3
Italie	16,7	23,2	25,4	4,1	7,4	10,9	4,6	3,5	4,2
Espagne	18,3	17,5	35,7	7,3	9,2	7,4	2,2	1,5	0,9
Moyenne pour 16 États (¹)	47	21,6	14,4	5,7	5,8	3,2	2,3	2	2,1

(¹) 14 États pour : armes tranchantes, etc. ; 15 États pour : poison ; 10 États pour : en se précipitant ; 8 États pour : asphyxie ; 11 États pour : en se faisant écraser.

1. Si nous avions fait le même calcul, en comprenant les quatre États européens que nous avons éliminés : Suède, Bavière, Wurtemberg, Angleterre, on trouverait le même écart relatif pour les suicides par immersion.

	Sur 100 suicidés, combien se sont tués				
	En se pendant	*En se noyant*	*Au moyen d'armes à feu*	*Armes tranchantes ou piquantes*	*En s'empoisonnant*
Norvège et Danemark	69,5	15,4	6,3	3,1	3,6
Prusse et Saxe	60,2	18,7	11,9	2,1	3,7
Belgique, France et Suisse	45,3	24,8	15,7	3,2	2,7
Italie et Espagne	17,5	20,3	30,5	5,7	8,3

Les six pays que nous avons écartés de notre classification ne rentreraient dans aucune de ces catégories[1]. La Suède ne se rattacherait à la Norvège et au Danemark que par le nombre relativement faible des désespérés qui s'y noient : 15,4 %, comme dans ces deux pays en moyenne. Mais cette proportion est, en réalité, plus élevée en Norvège ; ensuite vient la Suède, et ensuite seulement le Danemark. Cette répulsion pour l'eau, commune aux trois pays septentrionaux, s'explique-t-elle par le fait que la température y est plus basse qu'ailleurs pendant la plus grande partie de l'année ? Peut-être. De fait on se noie davantage dans les pays méridionaux. Morselli remarquait déjà que l'on se noie peu dans la partie slave de la population autrichienne, ainsi qu'en Russie. Mais si la Suède suit l'exemple des pays du nord à cet égard, elle se rapproche d'autre part de la France et de la Belgique, par le nombre moyen de désespérés qui s'y pendent et qui s'y tuent au moyen d'armes à feu, et elle présente d'ailleurs un chiffre anormalement élevé d'empoisonnements 14,2, c'est-à-dire bien plus qu'en Espagne même. La Bavière

1. Voici les chiffres essentiels, pour ces cinq États, et pour les périodes suivantes : Bavière : 1887-1890 ; Wurtemberg, Suède et Angleterre : 1889-1893 ; Japon : 1887 à 1889-1892.

	En se pendant	*En se noyant*	*Armes à feu*	*Armes blanches*	*Poison*
Suède	49,5	15,4	14	5,6	14,2
Bavière	53,6	20,3	20,8	—	—
Wurtemberg	58,5	15,2	16,7	2,7	2,7
Angleterre	27,7	22,7	9,3	18,2	12,7
Japon	58,8	30,9	0,9	5,4	1

En Bavière, la statistique ne porte que sur les trois premiers modes de suicide.

paraît subir en partie l'influence du Midi : moins de suicides par pendaison qu'en Prusse et en Saxe ; et l'on y recourt aux armes à feu beaucoup plus que dans ces deux autres pays allemands. Par ce dernier trait, le Wurtemberg se rapproche de la Bavière. L'Angleterre et l'Écosse se rapprocheraient de l'Italie et de l'Espagne, parce que, comme nous l'avons vu, on s'y pend fort peu, et aussi parce qu'on s'y empoisonne beaucoup : mais elles s'en distinguent bien nettement par le faible rôle qu'y jouent les armes à feu, et par la prédilection étonnante qu'on y manifeste pour les armes blanches : 18,2 % des suicidés anglais y ont recours : cette proportion était même dépassée auparavant, depuis 1858 au moins. Au Japon, enfin, on se pend beaucoup, et on se noie plus que partout ailleurs, mais on ne s'y sert presque jamais d'armes à feu. Ainsi tous ces pays, plus particulièrement l'Angleterre, se distinguent de tous les autres en ce que le choix des modes de mort y est vraiment original. C'est pourquoi ils ne se prêtent pas à la comparaison que nous voulons faire.

Revenons aux quatre catégories que nous avons formées en groupant ensemble les États entre lesquels on remarque au contraire, à cet égard, des ressemblances plus ou moins étroites. Elles ne sont pas également homogènes. Pour mesurer ces degrés de ressemblance, nous pouvons faire, à l'intérieur de chaque catégorie, la somme arithmétique des différences entre les proportions indiquées au tableau, pour les pays compris dans chaque groupe. Indiquons en même temps les mêmes différences entre deux groupes d'États consécutifs.

Somme des différences, dans la répartition des modes de suicide

Entre la Norvège et le Danemark	17,6
Entre Norvège-Danemark et Prusse-Saxe	19,3
Entre la Prusse et la Saxe	6,5
Entre Prusse-Saxe et Belgique-France-Suisse	26,9
Entre la Belgique et la France	10,3 (ou 2,7)
Entre la Belgique et la Suisse	15,8
Entre la France et la Suisse	13,7 (ou 6,3)
Entre Belgique-France-Suisse et Italie-Espagne	55,2
Entre l'Italie et l'Espagne	22,6

En France, il y a un nombre exceptionnellement élevé de suicides par asphyxie[1]. Si on les répartissait proportionnellement entre les cinq modes de suicide distingués ci-dessus, la somme des différences entre la

1. Imputables surtout aux femmes qui s'asphyxient trois fois autant que les hommes.

Belgique et la France, la France et la Suisse, prendrait les valeurs indiquées entre parenthèses.

On voit que les différences sont plus fortes, et même, si l'on écarte le groupe Norvège-Danemark, beaucoup plus marquées entre les groupes d'États qu'à l'intérieur de chacun d'eux entre les pays qu'il comprend. La Prusse, et la Saxe d'une part, c'est-à-dire la plus grande partie de l'Allemagne, la Belgique, la France et la Suisse d'autre part, constituent deux groupes à l'intérieur desquels le choix des modes de suicide ne varie pas beaucoup d'un pays à l'autre. Quant à l'Italie et à l'Espagne, elles se rapprochent beaucoup plus l'une de l'autre à cet égard que des autres groupes. Il n'y a même nulle part de différences plus marquées qu'entre ces pays méridionaux et tous les autres. Les instruments et moyens de suicide sont, ici, nettement caractérisés. Ils expriment bien des originalités nationales, de tempérament peut-être, en tout cas de mœurs. Pour se tuer, les habitants de ces pays transpyrénéens et transalpins usent surtout des armes à feu et du poison, les Espagnols bien plus encore que les Italiens. Ils se précipitent du haut de lieux élevés bien plus que les suicidés des autres pays (à cet égard, les Italiens dépassent un peu les Espagnols). Esprit chevaleresque, surtout chez les Espagnols, sens du dramatique ou de l'esthétique, qui les détournerait de se pendre et leur ferait préférer des formes de mort plus éclatantes et moins laides ? On l'a dit. Peut-être faut-il remarquer, plutôt, que les armes à feu et le poison sont aussi des instruments de meurtre, et qu'il n'y a pas de pays en Europe où l'on compte, maintenant encore, plus d'homicides. Il reste les pays scandinaves et le Danemark. On relève entre la Suède et les deux autres États, mais aussi entre le Danemark et la Norvège, des différences profondes et inexplicables dans le choix des moyens de mort. C'est surtout le Danemark qui offre une répartition singulière des modes de suicide. De tous les pays européens, c'est celui où l'on se pend de beaucoup le plus, et où l'on se noie de beaucoup le moins. En 1835-1845, sous ces deux rapports, le Danemark et la Norvège se rapprochaient l'un de l'autre. Mais ils ont suivi, depuis, une évolution inverse. C'est à propos du Danemark qu'on pourrait se demander si l'on y relève exactement tous les suicides par immersion, et si l'on n'a pas pris l'habitude de mettre au compte des accidents tous les cas de morts volontaires de ce genre.

Ainsi il est possible de répartir le plus grand nombre des États entre quelques groupes comprenant des pays voisins entre lesquels existent bien des analogies, et qui se ressemblent quant aux genres de morts choisis par ceux qui se suicident. Certes, il subsiste entre eux, à cet égard, des différences, mais assez réduites, et telles sans doute qu'on en trouverait si l'on comparait entre elles les diverses régions d'un même pays. C'est la preuve que le choix des modes de suicide s'explique dans ces pays par le jeu de forces constantes, à la fois physiques et sociales, naturelles en tout cas, et que les variations que l'on constate à cet égard de l'un à l'autre n'ont point pour cause la sincérité inégale de leurs statistiques.

Quant aux pays qui n'entrent pas dans de telles catégories, ou bien ils représentent des ensembles complexes, ils comprennent des populations peu homogènes, comme l'Autriche et la Hongrie d'avant guerre et la Suisse, ils appartiennent en même temps à plusieurs groupes, ou bien, comme l'Angleterre, ils occupent une situation excentrique et présentent un type original. On pouvait s'attendre à ce que l'on n'y recoure pas aux mêmes instruments ou moyens de mort que dans les autres pays. Ce sont des exceptions qui confirment la règle.

En résumé, la régularité étonnante qu'on constate dans la répartition des modes de suicide d'une année à l'autre nous apprend, d'abord, que, quand bien même l'homme aurait la faculté d'arrêter par un libre décret son évolution organique, du moins, dans le choix des moyens qu'il emploie pour sortir de la vie, il est guidé par des forces qui ne dépendent pas de lui : il n'y a qu'un certain nombre d'issues, et le nombre de ceux qui peuvent chaque année passer par l'une d'elles paraît bien être fixé d'avance. D'autre part ces forces ou ces causes ne sont pas les mêmes dans tous les pays, mais elles ne résultent pas seulement de conditions nationales. Il y a sans doute en Europe des ensembles de traditions et de coutumes, correspondant à des zones géographiques différentes, qui expliquent que les préférences de divers groupes d'États ou de nations se portent sur tels modes de suicide plutôt que sur d'autres. La nature des suicides comme tels, et indépendamment de l'exécution, en est-elle affectée ? C'est possible. Durkheim disait que les causes qui poussent à tel mode de suicide, et les causes qui conduisent à se tuer, ne sont pas les mêmes. Cependant, les modes de suicide varient suivant qu'on passe des villes à la campagne, des pays où les homicides sont fréquents aux autres. Ils varient aussi d'une façon lente, mais continue, dans un même pays, à mesure qu'un type de civilisation nouveau y gagne du terrain. Des statistiques plus détaillées nous apprendraient peut-être qu'il existe un rapport entre le choix du mode de mort et les causes du suicide. De même que chaque groupe social a son taux propre de suicide, de même il se peut qu'il ait ses préférences pour tel mode de mort.

Mais, surtout, de l'étude des moyens et instruments on peut tirer quelque lumière touchant la sincérité et l'exactitude des statistiques qui nous intéressent. On a dit souvent qu'en Angleterre, et sans doute aussi dans d'autres pays, l'on tendait à dissimuler les morts volontaires qui s'y prêteraient le mieux, en particulier les suicides de noyés. Mais nous avons montré que si, en Angleterre, la proportion des suicides de ce genre a beaucoup augmenté, cela paraît s'expliquer par la diminution du nombre des désespérés qui se pendent. Ce dernier fait est certain. Il est en rapport avec l'évolution industrielle et urbaine de la Grande-Bretagne. Dans les autres pays, sauf, peut-être, en Danemark, rien ne porte à croire que la statistique des noyés, pas plus que des autres modes de suicide, soit incomplète. La proportion des morts volontaires par immersion est, en moyenne, et de beaucoup, celle qui varie le moins d'un pays à l'autre. Si elle n'est pas la même exactement, ici et là, et si les autres modes de suicide varient eux aussi en proportion d'un pays à l'autre, comme ces variations se produisent en même temps dans plusieurs États voisins et semblables, elles paraissent résulter de traditions et coutumes qui leur sont communes. Sans doute, aussi, dans beaucoup de pays on se noie de moins en moins. Mais d'autres façons de mourir, dont quelques-unes étaient inconnues autrefois, attirent un nombre croissant de désespérés. Elles sont plus familières et plus sûres. Leur diffusion s'explique en partie par le développement des grandes villes. Un type nouveau de civilisation les impose à la pensée des hommes. Il est donc naturel qu'à travers de longues périodes on voie reculer lentement certains modes de suicide traditionnels. Ainsi nous avons toutes raisons de nous fortifier dans la conviction que, dans la plupart des États européens, les statistiques du suicide ne sont point faussées par des erreurs systématiques qui porteraient sur certains modes de mort les plus faciles à dissimuler.

Au reste, quand bien même les chiffres absolus trouvés dans les statistiques de tel ou tel pays seraient affectés d'une cause d'erreur qui tendrait à les réduire tous dans le même rapport, cela affaiblirait la portée des comparaisons internationales. Du moins pourrions-nous comparer les uns avec les autres les chiffres de ce pays. Entre deux valeurs également inexactes, en effet, on peut calculer un rapport exact.

III
Les tentatives de suicide

Nous devons signaler tout d'abord un ensemble de recherches très curieuses, faites tout récemment en Italie, sur les tentatives de suicide. Jusqu'ici on ne jugeait pas utile, ni même possible d'étudier les tentatives[1]. La plupart des pays ne les relevaient pas. Morselli regrettait déjà qu'on n'eût pas plus de données à cet égard. De quelques enquêtes très limitées faites dans la première moitié du XIXe siècle, il résultait que les tentatives étaient moins nombreuses que les suicides consommés : mais le rapport qu'on trouvait entre les deux ordres de faits variait extrêmement d'un endroit à l'autre. Au reste, les tentatives n'étaient relevées officiellement que par les pays dont le Code pénal prévoit des sanctions, sinon contre les suicidés, du moins contre ceux qui ont essayé de se détruire, en Espagne et en Angleterre : mais l'existence même de ces sanctions pénales laissait supposer que le plus grand nombre des tentatives demeuraient ignorées[2].

1. Von Mayr a reproduit un certain nombre de données sur les tentatives de suicide : à Vienne, de 1901 à 1908 (106 tentatives avortées pour 100 suicides consommés) ; à Munich, de 1903 à 1909 (86 tentatives avortées pour 100 suicides consommés ; pour 100 suicides d'hommes on compte 39 suicides de femmes, et pour 100 tentatives d'hommes, 85 tentatives par des femmes) ; pour Budapest, Bruxelles, Florence, Londres et Buenos Aires (voir ci-dessous).
2. M. Maunier a pu étudier les tentatives en Égypte, d'après les rapports de police. D'après les chiffres qu'il reproduit pour 1917, on comptait, dans la population égyptienne, 13,3 suicides consommés pour 100 tentatives (avec ou sans succès) et, dans la population européenne, 37 %. Mais les modes d'exécution sont tout autres qu'en Europe et qu'au Japon, où les moyens mécaniques prédominent. En Égypte, plus de 40 % des suicides indigènes s'opèrent par empoisonnement, principalement avec de l'acide phénique. Il semble que les étrangers se servent davantage d'armes à feu, *loc. cit.*, p. 12.

Or la même année, en 1924, M. Mario Bachi et M. Leoncini ont pu étudier les tentatives de suicide, d'après les annuaires statistiques municipaux de Florence en 1900-1915 (Leoncini), de Florence en 1900-1924, de Milan en 1916-1923, et de Rome en 1920-1922 (Mario Bachi). D'autre part, M. Massarotti avait publié, en 1914, les résultats d'une enquête faite à Rome sur les tentatives de suicide et les suicides consommés en 1906-1912, dont il avait fait le relevé en dépouillant les journaux locaux pour cette période. De ces travaux, celui qui témoigne de la plus grande rigueur, le plus pénétrant à la fois et le plus précis, est celui de M. Bachi. C'est de celui-ci que nous nous inspirerons surtout.

On peut dire qu'en général il y a un rapport visible entre les suicides consommés et les tentatives : les uns et les autres augmentent ou diminuent en même temps. Si l'on prend la moyenne de 11 expériences différentes (outre les trois villes italiennes, Bruxelles, Buenos Aires, et Budapest), on trouve 164 tentatives avortées pour 100 suicides consommés. En résulte-t-il que ces suicides représentent toujours, et en particulier pour les deux sexes, le même nombre proportionnel de tentatives ?

On sait depuis longtemps que les femmes se tuent beaucoup moins que les hommes. Esquirol, l'un des premiers, en se basant sur moins de 100 cas seulement, trouvait un rapport entre les suicides d'hommes et de femmes qui a été confirmé, en gros, dans la suite : 30 femmes pour 100 hommes. Ce rapport n'est pas le même dans tous les pays, et il varie d'une période à l'autre : il reste cependant compris le plus souvent dans des limites assez étroites. Dans un tableau où Morselli indique sa valeur, à des périodes diverses, pour 28 États, soit 54 nombres, 47 fois elle varie entre 21,8 et 33,4 suicides de femmes pour 100 suicides d'hommes. Voici quelques données plus récentes :

Tableau III – *Pour 100 suicides d'hommes, combien de suicides de femmes*

	1881-1885	*1891-1895*	*1901-1905*	*1909-1913*	*1914-1918*	*Après guerre*
France	26,1	27,7	30,4	30	—	39 (1919-1920)
Allemagne	24,5	25,1	27,3	31,8	43,1	57,8 (1919-1920)
Autriche	26,1	29,2	29,1	29,9	43,5	43,3 (1919)
Italie	23,6	23,5	26,5	35,5	38	—

Ces rapports[1] (sauf en Italie dans les deux premières périodes) sont un peu plus élevés qu'immédiatement avant 1870. Ils augmentent, d'ailleurs, d'une période à l'autre, même si l'on ne tient pas compte de la guerre et de l'après-guerre (en Allemagne et en Autriche notamment, où la détresse économique a exercé une influence très nette sur le mouvement des suicides féminins). En Angleterre, cette proportion est plus élevée : de 33 à 35 femmes pour 100 hommes, entre 1881 et 1913 : déjà en 1863-1867 les femmes se tuaient bien plus en Angleterre que dans les autres pays (36,5 femmes pour 100 hommes). De même, aux États-Unis on comptait, en 1919, 37,2 suicides de femmes pour 100 suicides d'hommes. Elle est très forte en Russie, où il y avait, en 1925, 48,5 suicides de femmes pour 100 d'hommes[2]. Mais c'est surtout dans les pays asiatiques que les femmes paraissent s'approcher à cet égard du niveau des hommes, comme au Japon : de 55 à 63 ; et même le dépasser, comme aux Indes anglaises où, en 1907, pour 100 suicides d'hommes, on aurait relevé 171,4 suicides de femmes[3].

Nous ne rappelons ces chiffres que pour donner une idée de la différence qui existe entre les femmes et les hommes en face du suicide. Bien qu'elle soit très marquée, en général on ne s'en est pas étonné. Cependant, c'est un de ces cas où, *a priori*, on pourrait hésiter, et trouver de bonnes raisons pour que les femmes se tuent plus que les hommes. Nous ne savons ce que nous apprendrait une statistique dressée d'après un ou deux milliers de romans publiés dans les cinquante dernières années. On y trouverait peut-être que les femmes s'y donnent la mort aussi ou plus souvent que les hommes. Mais, le fait établi, on n'a pas été embarrassé pour l'expliquer. « On comprend sans peine, écrit Morselli, que le sexe

1. Ces nombres sont empruntés au livre de John Rice Miner. Pour la France, Miner donne, pour 1891-1895 et pour 1901-1905, les chiffres : 17,7 et 20,4. En nous reportant à ceux qu'indique chaque année le *Rapport sur l'administration de la justice criminelle en France*, et en calculant les moyennes quinquennales, nous trouvons : 27,7 et 30,4. Pour les années 1910, 1911 et 1913, nous trouvons 31,5 (mais nous n'avons pas sous les yeux les données pour 1909 et 1910 : c'est pourquoi nous ne modifions pas le chiffre indiqué par Miner). Nous avons calculé nous-même le rapport pour 1919-1920.

2. Le rapport est de 53 dans Volga et Kama (Kazan), et Oural ; 57 dans Riazan et Toula ; 59 dans Volga ; 60 dans Caucase du Nord ; 42,5 dans la région de Moscou, qui comprend à elle seule plus du sixième de tous les suicides russes. D'après *Suicides en URSS 1922-1925*, paru en 1927 à Moscou. Peut-être certains chiffres s'expliquent-ils en partie par la révolution, car, pour 1881-1885 et 1886-1890 von Mayr donne, pour la Russie, les rapports 28,9 et 30,2. Mais, dès cette époque, dans le Caucase, est atteint le chiffre 39,5 (47,8 dans les districts), et en Sibérie 34,9 (48 dans les villes). Ce sont bien des régions asiatiques (Von Mayr, *op cit.*, p. 298 et 300).

3. D'après un *Sanitary report* (il ne s'agit pas de moins que de 11 112 suicides) cité par von. Mayr, *op cit.*, p. 300.

masculin produise plus de suicides. Les difficultés de la vie, surtout celles qui résultent de la lutte pour l'existence, mettent l'homme à une plus rude épreuve. Si le système nerveux de la femme est plus impressionnable, elle est plus souple et sait mieux s'adapter. Le renoncement et la patience sont des vertus féminines, tandis que l'ambition est le propre de l'homme. Les obstacles, les résistances de toute nature l'ébranlent plus profondément que sa compagne, d'autant plus qu'il est plus capable qu'elle d'y penser fortement, et de s'en représenter les conséquences. Ajoutez qu'il a plus de volonté et de force de caractère... » Durkheim n'a pas étudié spécialement ce problème. Mais il remarque en passant qu'étant donné que le suicide a des causes sociales, et que les femmes et les hommes n'occupent pas la même place et n'exercent pas les mêmes fonctions dans la société, il paraît très naturel que la tendance au suicide ne soit pas également forte dans les deux sexes.

Mais voici que les travaux italiens dont nous parlons ne conduisent à rien moins qu'à remettre en question le fait lui-même qui paraissait si clairement établi. En effet, si les femmes se suicident moins que les hommes, rien ne prouve qu'elles ne tentent pas de se suicider aussi souvent qu'eux. Examinons donc ces nouvelles statistiques. Nous apprenons que « le nombre des tentatives, suivies ou non de succès, pour chaque suicide accompli, est en moyenne : à Milan, de 2,6 pour les hommes, de 4,9 pour les femmes ; à Florence, de 2,1 pour les hommes, de 3,7 pour les femmes ; à Rome, de 2 pour les hommes, de 4,5 pour les femmes ». Voilà qui réduit singulièrement l'écart entre les deux sexes.

Reproduisons un tableau que nous empruntons à M. Bachi, *en remarquant que les tentatives comprennent aussi les tentatives suivies de succès, c'est-à-dire les suicides consommés*.

Tableau IV – *Proportion, pour 100, des femmes aux hommes*

	Tentatives de suicide	*Suicides consommés*
Milan (1916-1923)	91,9	51,1
Florence (1900-1915)	71,7	40,7
Rome (1920-1922)	100,6	49,4
Rome (1906-1912)	98,2	40,9
Buenos Aires (1899-1913)	54,2	—
Monaco (1903-1909)	55,4	38,9
Budapest (1900-1908)	82,8	38,2
Bruxelles (1901-1906)	51,1	29,1
Espagne (Bodio)	38,3	32,1
Six cités italiennes (1893-1894)	31,6	26,0

Ces données sont de valeur inégale. Des deux dernières, l'une porte sur des chiffres espagnols peu nombreux et suspects, l'autre a été obtenue par un dépouillement de six journaux locaux pendant une période de deux ans, ce qui, pour des raisons évidentes, est une méthode bien peu sûre. En tout cas, de leur comparaison on peut bien conclure que la différence entre les deux sexes, très marquée quand il s'agit des suicides accomplis, diminue très fortement, si l'on s'en tient aux tentatives. Elle disparaît même à Rome, pour les deux périodes, et, à Milan, elle tombe à 8 %. Quant aux autres villes, on ne sait dans quelles mesure les tentatives de suicide y ont échappé aux enquêteurs.

Si les femmes se tuent moins que les hommes, et si, cependant, elles tentent presque aussi souvent de se tuer, faut-il admettre que le penchant au suicide est, à très peu près, aussi prononcé dans l'un et l'autre sexe ? Mais pourquoi les tentatives se terminent-elles bien plus souvent par un échec, quand les femmes sont en cause ? D'après les auteurs italiens, c'est qu'à la différence des hommes le plus grand nombre d'entre elles usent, pour se suicider de moyens et d'instruments imparfaits, et qui laissent plus de possibilités d'échapper à la mort.

Avant d'en venir aux tentatives, étudions d'abord, de ce point de vue, les suicides qui ont été suivis d'un résultat. Nous avons calculé, d'après le *Rapport sur l'administration générale de la justice criminelle en France,* les nombres suivants.

Tableau V – *France, 1913, 1919 et 1920*

	Nombre de suicidés, pour 100, qui se sont tués							
	En se pendant	*En se noyant*	*Au moyen d'armes à feu*	*Au moyen d'armes blanches*	*En s'empoisonnant*	*En se précipitant*	*Par asphyxie*	*En se faisant écraser*
Hommes	43	24	17,6	2,6	1,1	3	3,9	2,7
Femmes	27,4	38,5	6,2	1,6	3,5	5,8	12,2	2,9
Différences	– 15,6	+ 14,5	– 11,4	– 1	+ 2,4	+ 2,8	+ 8,3	+ 0,2

On le voit : il n'y a guère égalité, ou à peu près, qu'entre la proportion d'hommes et de femmes qui se font écraser, comme Anna Karénine, ou le héros de *Fort comme la mort.* Les femmes s'empoisonnent davantage, depuis Mme Bovary, et sans doute avant. Elles se jettent plus souvent par la fenêtre. Mais ce sont là de bien petits chiffres. La compensation se fait exactement entre les deux plus grosses proportions de suicides. 65 % des hommes et 65,9 des femmes se tuent par pendaison ou immersion. Mais les hommes se pendent surtout et les femmes se noient. Judas Iscariote est dans la règle, lorsque après avoir jeté l'argent de la trahison dans le temple, il s'en va et se pend. Sans doute Jocaste se pend aussi. Œdipe ayant arraché les portes des gonds, la trouve « suspendue à une corde tressée ». C'est qu'elle a commis un crime inexpiable, et qu'il n'y a pas de mort plus atroce et ignominieuse pour une femme. Mais le type de suicide féminin sera fixé en traits ineffaçables par Shakespeare, dans *Hamlet*. Nous y reviendrons. À côté de ces méthodes traditionnelles, il en est d'autres, plus modernes : les armes à feu et l'asphyxie par un réchaud ; 25 % des hommes et 18,4 % des femmes y ont recours. Mais l'asphyxie est réservée aux femmes, les armes à feu aux hommes. C'est que, tandis que la mécanique du revolver manque rarement son but et opère en quelques secondes, la chimie de l'oxyde de carbone développe plus lentement ses réactions. Ce mode de suicide s'apparente d'ailleurs à l'empoisonnement, plus fréquent parmi les femmes dans tous les pays comme en France.

Voici quelles proportions on trouve en Bavière[1]. Nous indiquons, comme ci-dessus, les différences en plus et en moins des proportions pour les hommes par rapport aux femmes :

Tableau VI – *Bavière, 1904, 1905 et 1906*

	Nombre de suicidés, pour 100, qui se sont tués						
	En se pendant	*En se noyant*	*Au moyen d'armes à feu*	*Au moyen d'armes blanches*	*En s'empoisonnant*	*Par asphyxie*	*En se faisant écraser*
Hommes	50,6	13,4	26,5	3,7	2,2	0,2	1,9
Femmes	34,3	45	5,2	2,6	6,3	0,8	2,2
Différences	– 16,3	+ 31,6	– 21,3	– 1,1	+ 4,1	+ 0,6	+ 0,3

1. Nous avons calculé les nombres qui suivent, d'après les chiffres annuels reproduits par von Mayr pour la Bavière, par Morselli pour l'Italie et l'Angleterre.

Les signes des différences, pour toutes les catégories, sont les mêmes, et la différence entre les proportions des suicides par pendaison est du même ordre qu'en France. Mais, en Bavière, les suicides par asphyxie sont très peu nombreux. D'autre part, le nombre des hommes qui se noient est près de moitié plus faible en Bavière qu'en France. Ainsi s'explique la proportion très élevée des femmes qui se noient, et la grande différence entre la proportion des hommes et des femmes à cet égard. Elle compense presque à elle seule celle qui apparaît entrer les deux sexes dans les suicides par pendaison et par armes à feu, plus nombreux parmi les hommes en Bavière qu'en France. En somme, dans les deux pays, les femmes choisissent de préférence des modes de mort moins brutaux, mais moins expéditifs. En Prusse, les différences sont de même sens, et de grandeur comparable, bien qu'hommes et femmes s'y pendent plus qu'en Bavière, et qu'ils usent beaucoup moins des armes à feu. Par ce dernier trait, la Bavière se rapproche des peuples méridionaux et catholiques, plus homicides aussi.

Mais considérons un de ceux-ci, l'Italie dans son ensemble (les résultats italiens indiqués ci-dessus ne se rapportaient qu'à deux grandes villes italiennes). Voici comment s'y distribuaient il y a cinquante ans les quatre modes de suicide les plus importants.

Tableau VII – *Italie, 1868-1877*

	Nombre de suicidés, pour 100, qui se sont tués			
	En se pendant	*En se noyant*	*Au moyen d'armes à feu*	*En s'empoisonnant*
Hommes	16,8	24,7	30,8	4,9
Femmes	17,6	50,3	3,4	7,5
Différences	+ 0,8	+ 25,6	– 27,4	– 2,6

Le nombre des suicides masculins par pendaison est extrêmement faible en Italie. Il n'y a pas de différence à cet égard entre les deux sexes. La compensation s'établit entre les morts volontaires par immersion, très nombreuses dans le groupe des femmes qui se suicident, et des morts au moyen d'armes à feu, qui sont presque exclusivement réservées aux hommes. Ici encore on constate que les hommes recourent plus que les femmes aux genres de suicide auxquels on a le moins de chances de survivre.

Voici enfin les mêmes proportions pour l'Angleterre, il y a aussi cinquante ans.

Tableau VII – *Angleterre, 1865-1873*

	Nombre de suicidés, pour 100, qui se sont tués			
	En se pendant	*En se noyant*	*Au moyen d'armes à feu*	*En s'empoisonnant*
Hommes	41,8	14,9	6,3	7,3
Femmes	28,8	31	0,2	15,9
Différences	– 13	+ 16,1	– 6,1	+ 8,6

De même qu'en France, en Prusse, et en Bavière, les femmes anglaises se pendent et recourent aux armes à feu moins que les hommes. Mais elles s'empoisonnent bien plus que dans les autres pays. Ailleurs, les chiffres correspondant aux empoisonnements sont faibles. Ici, ils sont élevés pour les deux sexes, et bien plus pour les femmes que pour les hommes.

Si nous examinons maintenant les proportions que reproduit M. Bachi, pour les tentatives de suicide suivies ou non de résultats, nous trouvons des chiffres bien surprenants. À Rome, de 1920 à 1922, sur 100 femmes qui ont tenté de se suicider, 72 se seraient empoisonnées, et, sur 100 hommes, 36 seulement. Pour l'emploi des armes à feu, on trouve des proportions inverses : 4,7 % pour les femmes, et 35 % pour les hommes. Les chiffres correspondants, toujours à Rome, de 1906 à 1912, sont assez semblables : empoisonnements : 56 % des tentatives de femmes, 39 % des tentatives d'hommes ; armes à feu : 27,5 pour les hommes, 2,2 pour les femmes. À Florence, de 1910 à 1922, on trouve : empoisonnement : de 65 à 69 des tentatives de femmes, de 28 à 32,5 des tentatives d'hommes ; armes à feu : de 23 à 29 pour les hommes, et de 2,5 à 7 pour les femmes.

Nous reproduisons exactement tous ces chiffres, voici pourquoi. La proportion des tentatives de suicide avec des armes à feu, pour les hommes et pour les femmes, correspond bien à peu près à celles qu'on trouve pour les suicides accomplis en Italie (voir ci-dessus) : 30,8 pour les hommes, 3,4 pour les femmes. Mais la proportion des tentatives de suicide par empoisonnement est sans rapport avec celle que nous avons trouvée pour les suicides accomplis : 7,5 pour les femmes ; 4,9 pour les hommes. L'écart est si considérable que nous avons cru un moment que M. Rachi s'était trompé et que, par exemple, à Rome en 1920-1922, le nombre des tentatives de suicide par empoisonnement avait été de 7,2 pour les femmes, et de 3,6 pour les hommes, au lieu de 72 et de 36. Cependant, un peu plus loin, il écrit : « Si les trois quarts des femmes choisissent le poison, cela tient sans doute à la facilité qu'elles ont de s'en procurer. » Il faut donc admettre que ces chiffres sont exacts.

Ils sont possibles. On nous dit, en effet : « Le nombre des tentatives (suivies ou non de succès) par suicide accompli est en moyenne, à Milan, de 2,6 pour les hommes, de 4,9 pour les femmes ; à Florence, de 2,1 pour les hommes, de 3,7 pour les femmes ; à Rome, de 2 pour les hommes, de 4,5 pour les femmes. » Si donc à Rome il y a (parmi les femmes) 450 tentatives pour 100 suicides accomplis (lesquels sont compris dans ces tentatives), et 72 pour 100 tentatives (suivies ou non de succès) par empoisonnement, cela fait 324 tentatives par empoisonnement, d'où il faut retrancher 7,5 suicides *accomplis* par empoisonnement, soit 317. Il reste 133 tentatives et suicides accomplis, et, comme il y a 100 suicides, on trouve donc 33 tentatives par un autre moyen que le poison, qui ont échoué. Il faudrait donc admettre que près de 90 % des femmes qui ont tenté de se tuer sans y réussir se sont empoisonnées[1].

Si nous écartons tentatives et suicides par empoisonnement, il reste, pour les autres, 36 tentatives suivies d'échec pour 100 suicides consommés. Il n'y a donc qu'un peu plus d'un quart des autres tentatives qui échouent. Les femmes qui s'empoisonnent peuvent être sauvées neuf fois sur dix ; celles qui recourent à d'autres moyens n'échappent à la mort que deux fois et demi sur dix.

1. Von Mayr a eu communication par une société de protection et de secours hongroise *(Freiwillige Rettungsgesellschaft)* d'un tableau indiquant la répartition des modes de suicide pour une moyenne annuelle de 550 tentatives, accomplies à Budapest de 1903 à 1908, et dont un petit nombre (environ un huitième) ont été suivies de mort. Les tentatives par empoisonnement représentent 44 % de toutes les tentatives. Or, si on suppose que les deux sexes sont également représentés (ce que nous ne savons pas), on devrait obtenir, d'après les chiffres romains, 47,5 ou 54. La différence n'est pas élevée (étant donné qu'il s'agit de deux villes très différentes). De même, pour les tentatives par armes à feu on trouve, à Budapest, 30,4 %. Dans la même hypothèse que ci-dessus, les chiffres romains (1920-1922) indiqueraient 20 %. Après ce rapprochement, les chiffres reproduits par Bachi paraissent plus vraisemblables.

Cette prédominance des empoisonnements, parmi les tentatives avortées, tient à ce qu'on n'enregistre point les simples gestes qui n'ont pas eu de conséquences. L'attention du public n'est vraiment attirée que lorsqu'il y a eu un commencement d'exécution. Lorsqu'une femme fait mine de s'égorger avec un couteau qu'on lui arrache, quand elle déclare : « Je vais me jeter à l'eau », et qu'on l'arrête à mi-chemin ou sur le bord de la rivière, on ne dit pas qu'elle a tenté de se tuer. Il n'en est plus tout à fait ainsi lorsqu'on s'empoisonne. Mais, même alors, on peut se demander dans combien de cas, à la place de tentative, il ne faudrait pas dire : simulation, simulation inconsciente, hystérique et morbide, ou simulation délibérée, c'est-à-dire tentative de chantage et non de suicide.

Ayant classé les tentatives de suicide par groupes d'âge, Bachi explique la proportion exceptionnellement forte des tentatives par rapport aux suicides accomplis chez les enfants des deux sexes de moins de 15 ans, par le fait qu' « il y a une grande part de simulation chez les jeunes gens ». Mais quelle part de simulation y a-t-il chez les femmes ? À Milan, considérons les adultes et les hommes de plus de 15 ans. À mesure qu'on passe d'un âge à un âge plus élevé (de cinq ans en cinq ans), le nombre des tentatives qui correspondent à un suicide accompli diminue avec une régularité surprenante (de 4,5 entre 15 et 20 ans, à 1,6 de 50 à 60). Même régularité à Rome, pour les femmes comme pour les hommes. Admettons que, lorsqu'elles sont plus âgées, « les personnes qui tentent de se suicider, ont des raisons plus sérieuses de mourir, et mettent leur dessein à exécution avec plus de fermeté ».

L'étude des modes ou moyens de suicide par âge et par sexe (nous n'envisageons que les suicides accomplis) nous apprend que les femmes et les hommes, à mesure que leurs années s'accumulent, choisissent des moyens ou des instruments plus sûrs. En Angleterre, en 1858-1872, les suicides de femmes par empoisonnement et par pendaison se distribuaient ainsi (pour 100 suicidées de chaque sexe et chaque classe d'âge).

Femmes qui se sont tuées	*15 à 20 ans*	*20 à 25 ans*	*25 à 35 ans*	*35 à 45 ans*	*45 à 55 ans*	*55 à 65 ans*	*65 à 75 ans*
En s'empoisonnant	24	25	20	19,5	14,5	9	7,5
En se pendant	11,5	15	20,5	29	37,5	41	41,5

Ainsi, à partir de 20 ans, à mesure que les femmes sont plus âgées, elles s'empoisonnent moins, elles se pendent davantage. Il en est de même des hommes (si ce n'est qu'ils se pendent plus, de 20 à 25 ans que de 25 à 30). On trouve le même résultat en Suisse, de 1881 à 1890. Le Danemark se distingue de tous les autres pays européens par une proportion très élevée de suicidés qui se pendent, très faible, de noyés et d'empoisonnés. Voici comment se distribuent les suicides des femmes.

Danemark, 1896-1905

	Sur 100 femmes qui se suicident dans chaque classe d'âge		
	De 15 ans à 35 ans	*De 35 ans à 55 ans*	*De 55 ans à 75 ans*
Se sont empoisonnées	17,5	7,1	2
Se sont pendues	32,1	63,4	67,9

Il en est de même pour les hommes : poison : 5 ; 2,3 ; 1,8 ; pendaison : 63 ; 81,5 ; 86,8.

On peut supposer que la masse des tentatives de suicide par empoisonnement, dans les groupes des femmes, est imputable à des femmes jeunes. Mais les psychologues seraient sans doute bien embarrassés, si nous leur demandions quelle part de ces tentatives peut être expliquée par la simulation, le défaut de fermeté et de courage, la maladresse ou l'inhabileté.

Rien ne ressemble plus, extérieurement, à un suicide véritable que certains suicides simulés, et à un suicide simulé que certains suicides véritables. Mais les acteurs eux-mêmes sont-ils mieux fixés à cet égard que les spectateurs ? Relisons, dans *Hamlet,* le récit de la mort d'Ophélie. « Au bord du ruisseau voisin s'élève un saule, dont le pâle feuillage se reflète dans le miroir de l'eau. Elle s'était rendue en cet endroit, portant de bizarres guirlandes de renoncules, d'orties, de marguerites, et de ces longues fleurs pourpres auxquelles nos bergers impudents donnent un nom grossier, mais que nos chastes filles appellent doigts de mort. Au moment où elle essayait de suspendre sa sauvage couronne aux rameaux inclinés, une branche méchante sur laquelle elle s'appuyait s'est rompue, et tous ses trophées de verdure sont tombés avec elle dans l'eau qui pleurait. Ses vêtements, se déployant autour d'elle, l'ont quelque temps soutenue à la surface comme une sirène. Pendant ce temps elle chantait des fragments de vieux airs, comme si elle n'avait pas conscience de sa détresse. Mais cela ne pouvait durer. Bientôt ses vêtements alourdis par l'eau qu'ils buvaient l'ont entraînée tandis qu'elle chantait, et le pauvre être est mort dans un lit de vase. » Si elle s'était retenue instinctivement aux roseaux du bord, si on était à temps survenu pour la retirer, eut-elle pû dire si elle avait glissé par hasard, si elle avait cherché la mort, si elle l'avait acceptée, si son égarement était en partie simulé ? Sait-on si l'on est jamais engagé tout entier dans le geste suprême ? Celui qui a pris la décision d'en finir se sent peut-être lié par un engagement pris vis-à-vis de lui-même. Ou bien il obéit à une logique irrésistible. Mais on n'est jamais sûr qu'on ne sera pas, au dernier moment, dispensé de remplir un engagement de ce genre, et que la logique n'aura pas tort. Quant les plus désespérés, au moment où la vie leur échappe, tendent la main pour la retenir n'est-ce qu'une réaction organique, ou bien est-ce un appel des puissances profondes et les plus éclairées de l'être ? Certes, il n'y a pas de commune mesure entre ceux qui, fermement décidés à mourir, prennent les précautions nécessaires pour qu'on ne puisse ni les arrêter, avant qu'ils aient atteint leur but, ni les ramener à la vie, et les autres qui veulent seulement jouer avec la mort et ne l'affrontent pas bravement. Aux premiers seuls appartient le nom de « violents contre eux-mêmes ». Eux seuls sont dignes des supplices cruels, mais pathétiques et touchants, que Dante leur réserve dans la forêt douloureuse. Pour les autres, leur place serait à l'entrée des cercles de l'enfer, parmi ceux qui ne savent pas se décider, et qui, comme unique punition, ont été privés à jamais de l'espérance de mourir.

Pourtant, entre les simulateurs conscients ou inconscients et les suicidés véritables, il y a un groupe sans doute important de malheureux qui n'ont manqué ni de volonté, ni de courage, mais de chance ou d'habileté. Si c'est à ce groupe qu'il fallait attribuer le plus grand nombre des tentatives non suivies d'effet, parmi les femmes, mais seulement alors, on serait en droit de conclure que le penchant au suicide est à peu près aussi développé dans les deux sexes.

Si, maintenant, nous comparons les divers groupes professionnels, nous constatons qu'en général il y a proportionnellement plus de suicides accomplis dans les classes riches et aisées (professions libérales et commerciales) que parmi les ouvriers, domestiques, etc.

D'après Prinzing, voici quelle était la proportion des suicides en Prusse, de 1883 à 1890, dans les diverses professions :

	Sur 1 million d'hommes de chaque profession âgés de plus de 14 ans
Domestiques	28
Commis, ouvriers, salariés, etc.	54
Travailleurs indépendants	67
Fonctionnaires privés	82
Rentiers, pensionnés	114
Fonctionnaires publics	150

Mais, ici encore, les différences sont bien moins marquées quand il s'agit des tentatives. Les derniers, dit Bachi (professions libérales et commerciales), réussissent plus fréquemment à se suicider que les premiers (ouvriers, domestiques). Après avoir cité une phrase de Durkheim : « On peut dire que la misère protège », Bachi ajoute : « Mais elle protège non parce que les membres des classes humbles tentent moins de se tuer, mais parce qu'ils survivent plus facilement à leur tentative. »

Il faut observer d'un peu plus près le cas des militaires. Depuis les études de Wagner et Morselli, on sait qu'ils sont bien plus portés à se tuer que la population civile. Il y a là-dessus une très abondante littérature. D'après Krose, en Allemagne, de 1878 à 1888, on trouve dans l'armée une proportion de 670 suicides pour 1 million de militaires, et, pour la population masculine civile de 20 à 25 ans, une proportion de 360 suicides. La différence est presque du simple au double. Voici, pour 100 suicides de militaires, le pourcentage afférent aux officiers, sous-officiers et simples soldats, en même temps que la proportion des hommes de chaque catégorie.

Durkheim remarquait déjà que les sous-officiers et les rengagés se tuent plus que les autres membres de l'armée. Il voyait dans le suicide des militaires un cas particulier de ce qu'il appelait le suicide altruiste

	Nombre compris dans chaque catégorie sur 100 militaires	*Nombre de suicides, sur 100 suicides de militaires*
Officiers et fonctionnaires de l'armée	6	7,1
Sous-officiers	13	26,5
Simples soldats	81	66,4

qui, à la différence des autres morts volontaires, résulterait de ce que l'homme n'a plus assez de personnalité. « Une individuation excessive, disait-il, conduit au suicide, mais une individuation insuffisante produit les mêmes effets. » Or « la première qualité du soldat est une sorte d'impersonnalité que l'on ne rencontre nulle part, au même degré, dans la vie civile. Il faut qu'il soit exercé à faire peu de cas de sa personne, puisqu'il doit être prêt à en faire le sacrifice dès qu'il en a reçu l'ordre. Même en dehors de ces circonstances exceptionnelles, en temps de paix et dans la pratique quotidienne du métier, la discipline exige qu'il obéisse sans discuter et même, parfois, sans comprendre. Mais, pour cela, une abnégation intellectuelle est nécessaire qui n'est guère compatible avec l'individualisme ». Comme dans les sociétés inférieures, clans de sauvages, tribus primitives, le soldat est détaché de sa propre personne. Le principe de sa conduite est en dehors de lui-même. C'est pourquoi il « se tue pour la moindre contrariété, pour les raisons les plus futiles, pour un refus de permission, pour une réprimande, pour une punition injuste, pour un arrêt dans l'avancement, pour une question de point d'honneur, pour un accès de jalousie passagère, ou même, tout simplement, parce que d'autres suicides ont eu lieu sous ses yeux ou à sa connaissance »[1]. C'est pourquoi aussi les membres de l'armée qui se tuent le plus sont ceux qui ont été soumis au dressage le plus prolongé, et chez lesquels l'esprit militaire est le plus fort.

Tarde, dix ans avant Durkheim, avait proposé aussi plusieurs solutions du « problème des plus énigmatiques, soulevé par le suicide militaire ». C'est d'abord que la caserne est « une émancipation subite et puissante du préjugé religieux et traditionnel, comme l'a été, pour l'enfant, le collège ». En second lieu, « ce n'est un mystère pour personne que les loisirs forcés de la vie du régiment favorisent les habitudes d'intempérance ». Enfin, « s'il est un milieu où l'on se touche coude à coude, où la vie sociale se présente avec une intensité exceptionnelle, excessive même, où, par suite, l'action électrique de l'exemple se propage avec le plus de force et de rapidité, n'est-ce pas le milieu militaire ? Là, il n'est pas d'acte de désespoir, comme il n'est pas d'acte d'héroïsme, qui ne trouve ses imitateurs ». Explications un peu décousues, qu'il fallait cependant rappeler après l'explication systématique de Durkheim. On voit ainsi à quel point ce fait a préoccupé les

1. Durkheim, *op. cit.*, p. 233, 254, 269.

sociologues. De son côté, M. Bergson nous disait, peu après l'apparition du livre de Durkheim : « Il n'est peut-être pas nécessaire de chercher si loin. En réalité, on comprend très bien que les militaires, surtout les vieux militaires, se tuent plus que les autres hommes : c'est qu'ils s'ennuient. »

Cette dernière explication est simple et n'est sans doute pas entièrement inexacte. Mais Bachi en propose une qui est plus simple encore, et qui a le mérite de s'appuyer sur des faits incontestables. Si les militaires se suicident plus que les membres de la population civile, c'est qu'ils ne se manquent pas. En effet, la proportion des suicides consommés, exécutés avec des armes à feu et aussi par pendaison – ce sont les deux modes d'exécution qui réussissent le plus souvent – est bien plus élevée chez eux. À Milan, de 1896 à 1913, sur 100 suicidés militaires, 88 se sont tués par ces moyens. La proportion est de 80,7 % pour les industriels, de 60,9 % pour les employés, de 57,7 % pour les étudiants, et de 32 % seulement pour les ouvriers. Mais, d'autre part, von Mayr signale, d'après une étude de S. Rosenfels que, dans l'armée autrichienne, de 1883 à 1891, pour 100 suicides consommés on compte seulement 30 tentatives (il s'agit, naturellement, des tentatives non suivies de succès)[1]. Dans l'armée prussienne, en 1905-1906, il calcule que, pour 100 suicides, il n'y a eu que 48 tentatives. Rappelons qu'à Florence, en 1902-1907, pour 100 suicides on compte 111 tentatives, et qu'on trouve des nombres très voisins à Milan en 1916-1923, à Rome en 1906-1912 et 1920-1922.

De ces recherches et de ces résultats, nous pouvons conclure que le suicide présente un aspect technique qu'on ne saurait négliger, lorsqu'on aborde certains problèmes. S'ensuit-il, toutefois, qu'il y ait lieu dès maintenant d'élargir la définition de l'homicide de soi-même et d'y comprendre toutes les tentatives de se donner la mort, qu'elles aient été

1. *Der Selbstmord im österreichischen Heere, Deutsche Worte*, XIII, p. 449 sq. Voir von Mayr, *op cit.*, p. 295. Durkheim, qui n'a consacré que quatre pages au « genre de mort choisi par le suicidé », remarque à ce propos : « L'homme suit la ligne de moindre résistance..., et tend à employer le moyen de destruction qu'il a le plus immédiatement sous la main et qu'une pratique journalière lui a rendu familier. » C'est ainsi qu'en Angleterre, d'après un ouvrage récent de John Rice Miner, alors que 8 % des hommes qui se tuent, se tuent avec du poison, 86 % des pharmaciens et 85 % des photographes qui se suicident choisissent ce mode de suicide. À Milan, les cuisiniers se tuent avec des couteaux ; les ouvriers qui construisent des ponts se noient.

D'après le tableau établi par Lisle pour la France en 1836-1852, les bouchers et charcutiers surtout, puis les artistes, et après eux les ouvriers des métaux, du cuir et les cordonniers se tuent plus que les autres à l'aide d'instruments pointus et coupants. La proportion des suicides par asphyxie est plus de quatre fois aussi élevée parmi les blanchisseuses qu'en moyenne.

ou non suivies d'effet ? Certes, il semble qu'il importe assez peu que le suicide ait été exécuté, pourvu qu'on soit assuré que le sujet avait vraiment l'intention de se tuer. Nous verrions cependant deux objections sérieuses à un tel changement de méthode. D'abord il est beaucoup plus difficile de relever les tentatives que les suicides. De fait, le nombre des cas sur lesquels portent ces observations est assez limité (par exemple, 2 232 tentatives et suicides à Florence de 1900 à 1915, alors qu'en France, dans la seule année 1922, il y a eu 8 612 suicides consommés). Il est plus facile de dissimuler une tentative qu'un suicide accompli. Mais, d'autre part, et surtout, on ne sait jamais si ces tentatives correspondent à autant d'intentions fermes de se donner la mort, ni jusqu'à quel point il y a eu simulation, simple velléité, ou l'un et l'autre. Rien ne prouve l'intention, rien ne prouve que la victime ait su que son acte *devait* produire la mort, si ce n'est le fait, incontestable, qu'elle l'a exécuté jusqu'au bout.

IV
La répartition des suicides en Europe

Morselli et Durkheim remarquaient déjà que chaque groupe national a un taux de mortalité-suicide qui lui est propre, et qui reste constant ou à peu près pendant une longue suite d'années. En d'autres termes, si l'on compare les divers pays, la proportion des suicides à la population varie du simple au double, au triple, au quadruple, ou suivant quelque autre rapport. Si l'on considère de longues périodes, ces nombres augmentent ou diminuent. Mais, qu'on range les pays suivant l'ordre de proportion croissante des suicides : on verra qu'ils gardent à peu près le même rang.

Nous reproduisons ci-dessous un tableau, établi par nous, qui indique le taux annuel des suicides, pour 1 million d'habitants, par périodes quinquennales (sauf les deux dernières : 1911-1913 et 1922-1925), de 1836 à 1925, c'est-à-dire sur une durée de quatre-vingt-dix ans, pour 11 pays européens. Ces pays sont exactement les mêmes que ceux dont Durkheim a présenté les taux de suicides pour trois périodes seulement, de 1866 à 1878 (tableau III, p. 14 de son livre). Ce sont à peu près les seuls pour lesquels nous disposions de données continues depuis 1836, et, pour les raisons que nous dirons, nous tenions à étendre notre expérience sur un temps aussi long que possible.

Ce tableau doit être lu avec précaution. Tout d'abord, les pays dont il s'agit ont des populations très inégales et qui ont varié inégalement au cours du siècle. À côté de la France, de l'Italie, de l'Angleterre qui, en 1911-1913, comptent respectivement 39 millions et demi, 34 millions et 36 millions d'habitants, de la Prusse avec 40 millions d'habitants, ou en trouve d'autres, tels la Belgique, la Suède et la Norvège, dont la population n'atteint que 7 millions, 5 millions et 2 mil-

Tableau IX – *Nombre moyen des suicides par an dans 11 pays européens pour 1 million d'habitants* [1]

	1836-1845	*1846-1855*	*1856-1860*	*1861-1865*	*1866-1870*	*1871-1875*	*1876-1880*	*1881-1885*	*1886-1890*	*1891-1895*	*1896-1900*	*1901-1905*	*1906-1910*	*1911-1913*	*1922-1925*
Italie	29	29	29	29	30	35	41	49	50	57	63	63	78	84	86
Belgique	50	61	61	46	66	70	94	107	119	129	119	124	142	139	137
Angleterre	62	64	67	65	67	66	74	75	79	89	90	103	110	100	110 [2]
Norvège	107	107	94	85	76	75	72	67	67	65	55	64	(56)	57	60 [3]
Autriche	45	48	55	64	78	106	162	162	160	159	158	173	187	201	293
Suède	66	69	57	76	85	81	92	97	118	144	151	142	(150)	178	148 [4]
Bavière	65	72	85	78	90	89	127	136	137	135	134	140	150	166	152
France	80	98	110	124	135	144	168	194	216	241	238	228	245	252	229
Prusse	104	112	121	118	142	119	167	202	200	205	195	203	205	214	221
Danemark	222	259	284	270	277	244	267	248	261	249	220	227	(204)	182	147 [5]
Saxe	167	224	244	263	293	268	383	379	323	321	305	325	315	326	344
Total	997	1 143	1 207	1 218	1 339	1 297	1 647	1 716	1 730	1 793	1 728	1 792	1 842	1 899	1 927
Moyenne	91	104	110	111	122	118	150	158	157	163	157	163	167	172	175

[1] Ces chiffres sont empruntés : pour 1866-1870 à Durkheim ; de 1836 à 1865 et de 1866 à 1900, à Krose ; de 1901 à 1905 et de 1911 à 1913, au *Handwörterbuch der Staatswissenschaften* ; de 1905 à 1906 et de 1922 à 1925, au *Statistisches Jahrbuch für das deutsche Reich* (volumes publiés en 1925-1928), et à la *Revue hongroise de statistique* (juillet 1928).

[2] 1923-1926.

[3] 1922-1924.

[4] 1921-1924.

[5] 1922-1926.

lions et demi d'âmes. Or, de 1835 à 1913, tandis que la population, en France, augmentait d'à peu près 34 %, et, en Italie, de 60 %, le taux d'accroissement en Prusse s'élevait à 135 %, tandis que la Suède et la Norvège voyaient doubler le nombre de leurs citoyens. Il convenait cependant de ne pas écarter ces petits pays, plus intéressants quelquefois que les grands, parce que la population et les conditions de vie y sont plus homogènes, et dont les originalités diverses complètent le tableau européen, et l'enrichissent en tout cas de nouveaux traits. Quant aux volumes de ces groupes nationaux aux diverses périodes, nous en tiendrons compte lorsqu'il le faudra.

D'autre part, il ne faut pas oublier que les plus grands d'entre ces pays comprennent des régions assez diverses, dont, nous le verrons, les taux de suicide sont quelquefois très inégaux. Nous aurions pu distinguer la France du Nord et de l'Ouest, la France de l'Ouest et du Midi, l'Italie septentrionale et l'Italie méridionale, l'Autriche de langue allemande et la Bohême, et les diverses parties si hétérogènes de la Prusse. Mais, outre qu'il n'était pas toujours facile de trouver, pour toutes ces périodes, des données se rapportant à des subdivisions d'États, le taux de suicide d'un pays, même s'il résulte de chiffres régionaux assez différents, n'en garde pas moins une signification propre. Nous nous proposons d'ailleurs, après cette étude d'ensemble, d'entrer dans le détail et d'examiner le taux de suicide par régions dans les pays les plus importants.

Enfin, n'oublions pas que ces taux de suicide sont calculés par rapport à la population totale des deux sexes et de tous âges. La proportion des sexes varie peu. Mais la composition de la population par classes d'âge n'est pas la même dans tous les pays. Or, c'est un fait bien connu que, dans la population masculine tout au moins, le taux du suicide augmente très régulièrement avec l'âge. Voici un tableau, emprunté à Krose, qui indique la proportion des suicides, pour les hommes, par catégories d'âge (voir tableau page suivante).

Il en est de même des femmes, avec cette exception que leur taux de suicide est plus élevé de 20 à 25 ans que de 30 à 40. Mais il est moins élevé qu'à partir de 40 ans. Si donc une population contient une proportion très élevée d'hommes et de femmes de plus de 60 ans, dans le total des suicides la proportion de ceux qui se produisent dans les classes âgées sera plus élevée. Tel est le cas de la France, lorsqu'on la compare à l'Allemagne. La population de la France est, en moyenne, plus âgée. En 1910, sur 100 habitants de plus de 15 ans il y en avait 17, en France, qui avaient plus de 60 ans, et 11,7 en Allemagne. Supposons

Tableau X – *Taux de suicide, pour 1 million d'hommes du même âge*

Âge	*Prusse (1883-1890)*	*Bade (1891-1900)*	*Danemark (1896-1900)*	*France* ([1]) *(1887-1888 et 1891)*	*Italie (1899-1901)*
10-15	31	94 (10-20)	80 (10-20)	23	72 (10-20)
15-20	179			144	
20-25	360	344 (20-30)	285 (20-30)	262 (20-30)	132 (20-40)
25-30	324				
30-40	441	360	365	350	
40-50	683	597	706	516	176 (40-60)
50-60	868	850	969	711	
60-70	952	890	1 109	919	225 (60-80)
70-80	982	1 098	1 206	1 035	
80 et plus	1 044	1 403	952	987	223

([1]) La première catégorie s'étend jusqu'à 16 ans, la deuxième, de 16 à 21.

qu'on calcule le taux de suicide par rapport à la population de plus de 15 ans, et qu'on trouve le même en Allemagne et en France. Il faudra dire que, malgré cette égalité apparente, les hommes ou les femmes d'une même catégorie d'âge se tuent plus en Allemagne qu'en France. Mais ce n'est pas tout. Car on calcule le taux de suicide sur toute la population, enfants de moins de 15 ans compris (qui ne se suicident que très rarement). Or, en 1910 également, en France, la population de moins de 15 ans représentait 25 % du total, et, en Allemagne, 33 %. Si l'on trouve le même nombre proportionnel de suicidés en France et en Allemagne, ce nombre se rapporte à une population « apte au suicide » plus grande en France qu'en Allemagne. On se tue donc plus dans le second pays que dans le premier. L'action de l'une de ces causes s'ajoute à l'action de l'autre pour fausser les comparaisons qu'on peut faire, si l'on s'appuie sur le taux de suicide calculé par rapport à l'ensemble de la population. Il n'y a rien là qui soit spécial à la France et à l'Allemagne. En 1910, la population autrichienne de moins de 15 ans représentait 36 % du total, et la population de plus de 60 ans, 7,2 % de la population de plus de 15 ans : c'était, également, une population très jeune. En 1920, la population anglaise de moins de 15 ans comprenait 28 % du total : elle était presque aussi âgée que la population française. Ainsi, lorsque le taux de suicide paraît demeurer stationnaire dans une population qui s'accroît, en réalité il augmente. Lorsqu'il paraît augmenter dans une population qui ne s'accroît pas, il se peut qu'il demeure en réalité stationnaire.

On pourrait penser qu'il serait plus correct, alors, de calculer uniformément les taux de suicide par rapport à la population de 15 à 60 ans. Mais, outre qu'on n'écarterait pas encore entièrement l'élément de confusion signalé, il faut remarquer que les catégories d'âge ne correspondent pas à des réalités sociales bien définies. L'ensemble des hommes de 20 à 30 ans, par exemple, ne constitue pas, dans un pays donné, un groupe indépendant. Le taux de suicide par rapport à la population totale est un indice, à la fois moral et démographique, qui conserve sa valeur propre. Il suffira de se rappeler que l'augmentation du taux de suicide ne résulte pas nécessairement d'un accroissement du déséquilibre moral et social, et qu'il peut avoir pour cause, simplement, le fait que la population du groupe considéré vieillit. Il en sera tout autrement, bien entendu, si le taux de suicide augmente dans une population à forte natalité. Enfin il se peut que le taux du suicide augmente fortement dans une population qui s'accroît vite, alors qu'il paraît demeurer stationnaire, ou n'augmenter que peu. La France, l'Allemagne et l'Italie respectivement offrent peut-être en ce moment des exemples de ces trois cas.

Reportons-nous maintenant au tableau XI, établi d'après le tableau précédent. Si l'on compare les numéros d'ordre de ces pays rangés suivant l'ordre de grandeur de leur taux de suicide à diverses périodes, on constate sans peine qu'ils se groupent en trois catégories : taux faible : Italie, Belgique, Angleterre et Norvège ; taux moyen : Autriche, Suède et Bavière ; taux élevé : France, Prusse, Danemark et Saxe. Sans doute la Norvège, au début, a un taux fort, et, à la fin, un taux faible, et c'est l'inverse pour l'Autriche. Mais comparons les numéros d'ordre aux deux périodes 1866-1870 et 1901-1905, qui ne sont situées ni tout à fait au début, ni tout à fait à la fin. Nous constaterons que, d'une période à l'autre, il y a bien des interversions, mais non à l'intérieur de chaque catégorie. Aucun pays n'a passé d'une catégorie à l'autre. Il n'y a qu'une exception (Belgique-Suède).

Cela est d'autant plus remarquable que, dans ces trois catégories, la proportion des suicides a augmenté inégalement : en moyenne, de 1836-1845 à 1911-1913, l'augmentation a été de 73 % dans les pays à taux de suicide faible, de 225 % dans les pays à taux de suicide moyen, 98 % dans les pays à taux élevé. De ces chiffres, il résulte, que la première catégorie de pays (à faible taux) reste en arrière. Mais les pays à taux moyen ont fait plus de deux pas en avant, tandis que les pays à

Tableau XI – *(Établi d'après le tableau IX)*

	Numéro d'ordre en						*Taux d'augmentation* ([1])			
	1836-1845	*1861-1865*	*1866-1870*	*1886-1890*	*1901-1905*	*1911-1913*	*1840-1863*	*1863-1887*	*1887-1913*	*1840-1913*
Italie	1	1	1	1	1	2	—	62	*78*	189
Belgique	3	2	2	5	5	4	16	*105*	*16*	127
Angleterre	4	4	3	3	3	3	5	22	*26*	62
Norvège	9	7	4	2	2	1	– 26	– 27	– 18	– 87
Autriche	2	3	5	7	7	8	42	*150*	26	349
Suède	6	5	6	4	4	6	15	*56*	51	170
Bavière	5	6	7	6	6	5	20	*76*	21	155
France	7	9	8	9	10	10	55	*75*	16	215
Prusse	8	8	9	8	8	9	14	*70*	7	105
Danemark	11	11	10	10	9	7	*22*	– 3	– 44	– 22
Saxe	10	10	11	11	11	11	*58*	24	2	95

([1]) Taux d'augmentation pour 100. Les taux de diminution sont calculés en appelant 100 le terme le plus faible, c'est-à-dire le second.

taux, élevé n'en ont fait qu'un. L'intervalle entre les uns et les autres était très élevé, puisqu'il existe toujours.

Mais disparaîtra-t-il ? Il en serait ainsi dans une hypothèse, s'il y avait un taux maximum de suicide qu'une société quelconque ne peut guère dépasser, et dont toutes s'approchent plus ou moins vite. Mais existe-t-il une limite de ce genre ? C'est bien un des problèmes les plus importants qu'on puisse poser, et que les observations plus étendues dont nous disposons, dans le temps et dans l'espace, devraient permettre de résoudre.

En 1879, Morselli écrivait : « Dans les États civilisés d'Europe et d'Amérique, le suicide augmente d'une façon régulière et continue depuis le début du XIXe siècle, avec une vitesse plus grande que la population et la mortalité. » Deux États seuls lui paraissaient faire exception : la Norvège et la Dalmatie. Était-ce là une généralisation un peu rapide ? Ne nous en tenons qu'à l'accroissement de la population. Les 11 pays compris dans notre tableau comprenaient, en 1840, 117 millions d'habitants, et, en 1911-1913, 206 millions, soit une augmentation de 76 %. Au cours de la même période d'un peu plus de soixante-dix ans, la moyenne des taux de suicide, dans ces mêmes pays, a passé de 91 pour 1 million d'habitants à 172, soit une augmentation de 90 %. Ainsi, le taux de suicide s'est élevé plus vite que ne s'accroissait la population. Décomposons cependant ces mouvements. Dans la première moitié de cette période, de 1840 à 1877 (soit trente-sept ans) le taux moyen de suicide dans ces 11 pays a augmenté de 64 %, tandis que la population s'accroissait de 36 %. Ce sont là les seules données que pouvait connaître Morselli. Mais, de 1877 à 1912 (soit trente-cinq ans), le taux moyen de suicide ne s'est élevé que de 14 %, tandis que la population a augmenté de 30 %. Cette fois l'accroissement du taux de suicide a été beaucoup moins rapide que l'augmentation du nombre des habitants.

Il n'est donc pas démontré, comme on le croit quelquefois, que la proportion des suicides augmente d'une façon continue et sans limites. Envisageons de ce point de vue ces 11 pays. Nous indiquons ci-dessous, de 1836-1845 à 1911-1913, le taux de suicide de la première et de la dernière de ces périodes pour chacun d'eux. Les nombres en caractères penchés correspondent à des maxima. Quand le maxima se place entre les deux périodes, nous le mentionnons.

		1836-1845		*1911-1913*
Italie	*augmentation de*	29	à	84
Belgique	—	50	à	139
		(max. : 142, en 1906-1910)		
Angleterre	—	62	à	100
		(max. : 110, en 1906-1910)		
Norvège	*diminution de*	*107*	à	57
		(min. : 55, en 1896-1900)		
Autriche	*augmentation de*	45	à	*201*
Suède	—	66	à	178
Bavière	—	65	à	*166*
France	—	80	à	*252*
Prusse	—	104	à	*214*
Danemark	*diminution de*	222	à	182
		(max. : 284, en 1856-1860)		
Saxe	*augmentation de*	167	à	326
		(max. : 383 en 1876-1880)		

Ainsi, le maximum est au début, ou non loin du début, dans deux pays, la Norvège et le Danemark. Il se place dans l'intervalle des deux périodes en trois autres pays : la Belgique, l'Angleterre et la Saxe. Il ne se trouve à la fin que dans six pays. Encore de ces six pays il y en a trois, la Suède, la Bavière et la France, dont le taux de suicide après la guerre est nettement inférieur à ce qu'il était en 1911-1913. Nous avons écarté toutes les années de guerre durant lesquelles, nous le verrons, le taux de suicide a baissé considérablement dans tous les pays belligérants, et même dans plusieurs pays neutres, par exemple en Suède. Mais, dans la période de 1922-1925, dont le milieu se place à peu près cinq ans et demi après la guerre, on peut admettre que ces nations ont à peu près retrouvé leur équilibre. En Italie, en Saxe et en Prusse, le taux de suicide continue à monter : les courbes continuent à être ascendantes, comme si, de 1913 à 1922, il n'y avait pas eu solution de continuité. Mais en Suède, en Bavière et en France, les courbes redescendent, comme si l'on avait dépassé le maximum. En Angleterre même, où la dernière période comprend les années 1923-1926, le taux de suicide se retrouve au même niveau que seize ans plus tôt. Tout se passe en somme comme si, d'entre les 11 pays étudiés, 8 avaient dès maintenant laissé derrière eux un maximum, très variable d'ailleurs suivant le pays, et qui lui serait propre, pour descendre ensuite plus ou moins au-dessous, et, en tout cas, pour ne plus le dépasser.

Aux environs de 1880 deux pays attiraient particulièrement l'attention par le nombre extraordinairement élevé de ceux de leurs habitants qui s'y tuaient. « La patrie d'*Hamlet,* écrivait alors Morselli, est le pays classique du suicide, et l'emporte à cet égard sur tous les pays septentrionaux. » Il remarquait que la proportion des suicidés y avait augmenté en trente ans, de 1835 à 1865, de 56 %. Si cette marche ascendante semblait s'arrêter alors, elle reprenait bien vite, et Morselli ne doutait pas que ces chiffres seraient dépassés. Qu'on mette en regard les proportions maxima relevées en Danemark entre 1856 et 1880 : 284, 277, 267 ; et les proportions relevées à la même époque en Suède : 92 (1876-1880) ; en Norvège : 94 (1856-1860) ; en Finlande : 79 (1876-1877). L'écart était considérable. Il vaut d'ailleurs la peine d'observer que le Schleswig-Holstein, qui faisait encore partie du Danemark, n'atteint pas en 1856-1860 le maximum : 284, de ce pays[1]. Le taux est, dans cette période, de 208 pour le Schleswig, et de 173 pour le Holstein, bien plus qu'en Prusse (121), un peu plus qu'en Mecklemburg-Schwerin (160). Le taux du Danemark est à ce

1. Il ne s'ensuit pas qu'il y ait lieu d'augmenter d'autant le taux du Danemark proprement dit, car il est calculé dès cette époque sans tenir compte du Schleswig-Holstein. Voir Krose, *Der Selbstmord,* etc., p. 48, n 1.

moment égal à deux fois et demi la moyenne générale, pour les 11 pays. Mais, de 1876-1880 à 1911-1913, il baisse dans le rapport de 100 à 68, et, ensuite, dans le nouvel intervalle 1911-1913 à 1923-1926, dans le rapport de 100 à 81 ; au total, en quarante-cinq ans, dans le rapport de 100 à 54, de moitié exactement par rapport au maximum atteint plus tôt. En 1922-1925, il rejoint exactement le taux de la Suède en 1921-1929, qui a, en quarante-cinq ans, augmenté dans le rapport de 62 à 100. Sans doute, il reste plus élevé que le chiffre de la Norvège, qui a diminué d'un cinquième en quarante-cinq ans. Mais considérons le Schleswig-Holstein, rattaché à la Prusse en 1867. Dès 1871-1880, on s'y tue exactement autant qu'au Danemark, et, en 1891-1900, beaucoup plus (319 contre 235). Au reste, le Schleswig-Holstein ne cesse pas de se classer, par son taux de suicide, en tête de toutes les provinces prussiennes. Si, comme le croit Morselli, il s'est distingué de bonne heure à cet égard par suite de l'influence danoise, il faut regretter pour les habitants des duchés qu'ils aient passé de la « patrie d'Hamlet » dans celle de Werther au moment où l'horizon s'éclaircissait autour des terrasses d'Elseneur.

Quant à la Saxe, si elle garde un rang honorable dans la statistique des suicides, puisqu'elle est demeurée nettement le pays où la mortalité-suicide atteint le chiffre le plus élevé à toutes les périodes, peut-être n'a-t-elle pas réalisé ce qu'on pouvait attendre d'elle en 1876-1880. Parvenue d'emblée dans cette période au taux considérable de 383 (le taux le plus élevé ensuite, 261, ne sera atteint que par le Danemark en 1886-1890, et par l'Allemagne en 1926, le taux 260, exceptionnellement, par la France en 1913), elle ne s'y est pas maintenue et elle ne l'a pas retrouvé. Certes, elle n'en est pas très éloignée en 1922-1925, avec 344 ; mais elle a fléchi, en 1896-1900, jusqu'à 305. C'est bien un cas limite, qui permet de formuler l'hypothèse que chaque pays comporte un taux de suicide maximum qui, une fois atteint, ne peut plus être dépassé.

Nous pouvons maintenant préciser cette hypothèse, et montrer qu'elle est vraisemblable, en examinant la partie droite du tableau XI où nous avons indiqué le taux d'augmentation (et de diminution) de la proportion des suicides dans nos 11 pays, pour trois périodes consécutives à peu près égales (23 ans, 24 ans, 25 ans). Nous avons marqué en caractères penchés le taux d'augmentation ou de diminution le plus élevé, pour chaque pays. Tenons-nous-en au taux d'augmentation. On remarquera qu'il se place dans la première période en Saxe et au Danemark, qu'il se place dans la seconde (1863-1887) pour six pays, et dans la troisième pour deux pays seulement : Italie et Angleterre. Remarquons encore que, lorsqu'il se place dans la seconde période, il est relativement très élevé. Pour ces six pays, les taux d'augmentation en moyenne aux trois périodes successives sont : 27 ; 89 ; et 23 ; ou, si l'on égale à 100 le premier nombre : 100 ; 330 ; et 85. Ces pays comprennent d'ailleurs tous les grands États, sauf l'Italie. De ces remarques nous pourrions conclure que la Norvège et le Danemark ont atteint leur taux maximum de suicide et que la Saxe s'en est le plus rapprochée au cours de la période 1840-1863 ; que la Belgique, l'Autriche, la Suède, la Bavière, la France et la Prusse en étaient très peu éloignées à la fin de la seconde période, et l'ont sans doute atteint au cours de la troisième ; qu'il n'en est pas de même seulement pour l'Italie et l'Angleterre (encore est-il possible que cette dernière s'y soit élevée vers la fin de ce dernier intervalle) devant lesquelles s'ouvrirait encore un certain champ. Ce sont là des hypothèses, qui correspondent bien à la période sur laquelle s'est étendue notre observation, la plus longue qui ait été offerte jusqu'à présent à l'attention des statisticiens. Malheureusement la fin de cette période est obscurcie par la guerre et ses suites, en sorte que nous ne savons pas encore si l'augmentation des suicides à partir de 1918 s'explique seulement par leur diminution au cours de la guerre, ou si cette remontée n'est que la première phase d'une nouvelle période ascensionnelle.

« Le taux du suicide, disait Durkheim, est, à un bien plus haut degré que le taux de la mortalité, personnel à chaque groupe social dont il peut être regardé comme un indice caractéristique. Il est même si étroitement lié à ce qu'il y a de plus profondément constitutionnel dans chaque tempérament national que l'ordre dans lequel se classent sous ce rapport les différentes sociétés reste presque rigoureusement le même à des époques très différentes. » C'est bien (à peu près, et sous réserve de plusieurs exceptions), ce qui ressort de l'étude précédente. Mais si, dans notre tableau, les divers pays européens que nous comparons conservent bien à peu près leur rang d'une époque à l'autre, gardent-ils aussi leurs distances ? En d'autres termes, les écarts qu'on remarque au début de la période entre ces pays, quant à leur contingent de suicides, tendent-ils à s'atténuer ? Et dans quelle mesure ? Admettons, comme le croyait Durkheim, que le taux du suicide, dans un groupe, soit en rapport avec ses diverses caractéristiques sociales. Si l'on pouvait mesurer avec précision, à diverses époques, ce que nous appellerons le degré de convergence des taux de suicide, nous réussirions à déterminer si, dans l'ensemble de ces pays, il y a, ou non, progrès dans le sens de l'uniformité.

Nous allons, dans ce qui suit, appliquer une méthode de calcul qui est utilisée depuis quelque temps par les statisticiens en vue de mesurer *la dispersion.* Qu'est-ce que la dispersion ? Étant donné une série de nombres, on peut en calculer la moyenne. Mais une même moyenne peut représenter aussi bien une série de nombres très voisins qu'une série de nombres très éloignés l'un de l'autre. La dispersion représente l'éloignement plus ou moins grand des termes d'une série les uns par rapport aux autres, et par rapport à leur moyenne. Voici comment on peut la mesurer. On calcule d'abord l'écart, positif ou négatif, des divers termes de la série par rapport à leur moyenne. On fait la somme arithmétique de ces écarts (c'est-à-dire sans tenir compte des signes + et –). On multiplie ensuite cette somme par 100, et on la divise enfin par la somme des nombres de la série. Nous appellerons le résultat de ces calculs : *coefficient de dispersion*[1].

Il est d'autant plus grand que les termes d'une série sont plus éloignés l'un de l'autre. Il est vrai qu'un tel calcul peut paraître artificiel, parce qu'ici les termes de chaque série, c'est-à-dire les 11 taux de suicide correspondant à chaque période, se rapportent à des pays de population très inégale. Si l'on veut tenir compte de la différence de population, il faut faire en sorte que chaque pays compte pour autant de fois qu'il comprend, par exemple, 1 million d'habitants[2].

On obtient alors ce que nous appellerons le *coefficient de dispersion pondéré.* Nous avons calculé cependant aussi bien le taux de dispersion

1. S'il s'agissait de termes très voisins, c'est-à-dire d'écarts très petits, il vaudrait mieux calculer *l'écart quadratique moyen,* qu'on appelle aussi *standard deviation,* c'est-à-dire faire la somme des carrés des écarts, la diviser par leur nombre, et extraire la racine carrée du quotient. De cette manière, on augmente l'importance des écarts les plus grands, et on les met mieux en valeur. Mais ici, on le verra, les écarts sont toujours assez grands pour qu'il n'y ait pas lieu de les amplifier encore.

2. Voici comment on procède. On calcule d'abord le rapport du suicide à l'ensemble des 11 pays (total des suicides divisé par la population totale). On multiplie le nombre obtenu par la population de chaque pays. On trouve ici 11 nombres qui indiquent quel serait le montant des suicides dans chaque pays, si le taux de suicide était le même partout. On calcule les écarts entre les 11 nombres, et les nombres réels des suicides, dans chaque pays. On fait la somme de ces écarts, et on la divise par la somme de tous les suicides. Tout se passe comme si on avait comparé non pas des pays, mais des fractions de pays comprenant chacune 1 million d'habitants, ou, encore, 39 taux de suicide égaux au taux de suicide en France (qui compte 39 millions d'habitants), 7 taux égaux au taux de suicide en Belgique (qui compte 7 millions d'habitants), etc.

simple que le taux de dispersion pondéré, car chacun offre son intérêt, suivant qu'on porte son attention sur les pays considérés comme des unités nationales indécomposables, ou sur l'unité européenne, dont ils représentent des fractions inégales.

Nous indiquons dans le tableau XII (ci-dessous) les coefficients que nous avons trouvés, pour chacune des périodes distinguées au tableau IX.

Dans l'ensemble, on le voit, les deux coefficients de dispersion, simple et pondéré, varient dans le même sens et aux mêmes moments. Dans une première phase de 1836-1845 à 1861-1870, c'est-à-dire pendant environ trente ans, ils augmentent. Dans une seconde phase, de 1866-1870 à 1911-1913, c'est-à-dire pendant plus de quarante ans, ils diminuent. Le taux d'augmentation et de diminution peut être représenté en égalant à 100 le maximum, dans l'une et l'autre série. On trouve alors que le coefficient simple a haussé de 88 à 100 et baissé de 100 à 63, que le coefficient pondéré a haussé de 81 à 100 et baissé de 100 à 79,5.

Nous avions d'abord calculé ces chiffres à partir de 1860 seulement, et constaté que, de cinq ans en cinq ans (sauf une excep-

Tableau XII – *Coefficient de dispersion des taux de suicide en Europe aux périodes suivantes*

	Coefficient simple		*Coefficient pondéré* ([1])		
1836-1845	48	49	35,1	37,3	
1846-1855	50		39,5		
1856-1860	53	53,8	42,5	42,5	42,7
1861-1965	54,6		42,5		
1866-1870	54,1	50,5	43,1	40,1	
1871-1875	46,8		37		40,3
1876-1880	48,4	48	42	42	
1881-1885	47,5		42		
1886-1890	43,2	41,9	41,5	41,1	40,1
1891-1895	40,5		40,6		
1896-1900	38,3	38,1	38,2	37,8	
1901-1905	37,8		37,3		35,4
1906-1910	34,5	34	33,5	34,5	
1911-1913	33,5		35,4		
1922-1925	40,1		38,3		

([1]) Pour le calcul des indices pondérés, nous avons utilisé les chiffres de population des années de recensement pour ces années mêmes, et, pour les années intermédiaires, quand les publications officielles n'indiquaient pas la population, nous l'avons calculée en interpolant.

tion : de 1871-1875 à 1876-1880) les deux coefficients diminuaient de façon continue. En 1871-1875, en Prusse, le taux de suicide qui est, pour toutes les périodes, très supérieur à la moyenne, redescend brusquement à son niveau pour se relever très fortement dans la période suivante. Nous verrons que cette baisse s'explique par les circonstances exceptionnelles où s'est trouvée la Prusse (et l'Allemagne) au lendemain de la guerre de 1870-1871. D'autre part, le taux de suicide de l'Autriche augmente à ce moment de plus de 50 %, ce qui, comme nous l'avons vu (p. 22) doit s'expliquer par une transformation profonde dans les méthodes de relevé des suicides. Ces deux raisons suffisaient à rendre compte de l'exception signalée. Tout semblait indiquer que, de plus en plus, les taux de suicide des différents pays convergeaient.

Mais, remontant à des périodes plus anciennes, il apparaissait qu'au contraire, de 1836-1845 à 1856-1865, la dispersion ou l'inégalité des taux de suicide de pays à pays augmentait. Cela s'explique par le fait qu'au début ils étaient tous (sauf au Danemark et en Saxe) très peu élevés, et qu'en particulier les taux de suicide en Prusse, en France, en Saxe et en Autriche n'avaient pas pris l'avance qu'ils garderont longtemps.

Il reste donc que, si nous choisissons comme point de départ la période 1856-1865 (au-delà de laquelle Morselli et Durkheim ne considèrent que deux ou trois périodes (voir les tableaux reproduits par Durkheim, p. 9 et 14, qui ne vont que jusqu'en 1872 et 1878), dans les dix périodes quinquennales qui suivent, la dispersion des taux de suicide ne cesse pas de diminuer. Cette diminution paraît d'ailleurs s'accélérer d'une période décennale à l'autre (voir les chiffres de la seconde et de la quatrième colonne du tableau XII). Voici quels sont les taux de diminution pour 100 :

	1861-1870	*1871-1880*	*1881-1890*	*1891-1900*	*1901-1910*
Coefficient simple	– 6	– 7	– 13	– 9	– 11
Coefficient pondéré	– 6	+ 5	– 2	– 8	9

Il est vrai que, dans la période 1922-1925, les coefficients de dispersion se relèvent jusqu'au niveau où ils étaient en 1891-1900. Mais cela s'explique par la guerre de 1914-1918 et ses conséquences. Pendant la guerre les taux de suicide ont baissé très fortement dans les pays belligérants, et aussi dans les autres. Ils se sont relevés, mais inégalement, en 1922-1925, plus vite, par exemple, en Prusse et en Saxe qu'en Angleterre, en Belgique et en France. Il faudra donc attendre quelques années pour observer si les taux de suicide des divers pays continuent à se rapprocher, comme ils n'ont pas cessé de se rapprocher au cours des cinquante-cinq années qui précèdent la guerre de 1914.

Nous pouvons confirmer ces résultats, en nous appuyant sur d'autres expériences.

Nous avons établi, d'après un travail récent publié par Enrico Ferri, le tableau suivant. Ces données se rapportent à sept États, dont quatre seulement figurent dans notre tableau précédent (on remarquera quelques légères différences entre les nombres calculés d'après les chiffres reproduits par Ferri, et ceux qui figurent au tableau précédent pour ces États) soit l'Italie, la Belgique, la France et l'Angleterre. Deux autres n'y figuraient pas : l'Irlande et l'Espagne, pays à taux de suicide extrêmement faible. Enfin, si la Prusse et la Saxe ne s'y trouvent pas (non plus que les États scandinaves), on y a reproduit les données qui se rapportent à l'Allemagne dans son ensemble, qui ne sont publiées que depuis 1891. Bien que la période considérée soit courte, elle est intéressante, parce qu'elle comprend les années de guerre.

Tableau XIII ([1]) – *Taux de suicide dans différents pays d'Europe* (Enrico Ferri)

	1891-1895	*1896-1900*	*1901-1905*	*1906-1910*	*1911-1915*	*1916-1920*	*1921-1925*
Italie	54,6	61,7	64,5	81,9	82,5	70,4	83,6
France	242	240	232,1	247,6	230,2	178,1	229
Angleterre	91,3	97	103,2	110,1	96,5	82,6	102
Allemagne	218,3	209,9	220,6	217,8	217,4	177,1	224
Belgique	134,8	130,2	129,8	142,2	133,1	133,4	135
Irlande	28,5	27,4	32,5	35,7	33,9	24	33,5
Espagne	(66)	(66)	(66)	66,4	55,1	71,9	57
Total	835	832	848	902	848	735,5	864,1
Moyenne	119	119	120	129	120	119	124

([1]) Pour l'Espagne (dont les données sont, nous l'avons vu, assez peu sûres), nous avons dû, pour les années 1891-1905, substituer à des nombres manifestement trop faibles (de 15 à 20, au lieu de 60 environ, moyenne de 1906-1925) le taux de suicide de 1906-1910. Tous les nombres de la dernière période (1921-1925) sont calculés d'après les données du *Statistisches Jahburch für das deutsche Reich*.

Voici quels sont les coefficients de dispersion (simples) que nous avons trouvés pour ces périodes.

1891-1895	56,5	55
1896-1900	53,5	
1901-1905	52	50,5
1906-1910	49	
1911-1915	51	48,7
1916-1920	46,5	
1921-1925	50,5	

On remarquera que pendant la guerre (surtout à partir de 1916), les taux de suicide ont diminué très sensiblement, sauf en Espagne, et que, cependant, le coefficient de dispersion s'est abaissé. Il remonte après la guerre. Cela tient à ce que les taux de suicide se sont relevés eux-mêmes à des vitesses inégales. Il est, pour toutes ces périodes, nettement plus grand que dans l'expérience précédente, parce que les pays étudiés sont moins nombreux, et que deux d'entre eux ont un taux de suicide particulièrement bas. Mais, dans l'ensemble, les résultats sont de même sens.

John Rice Miner a publié un tableau qui indique la proportion des suicides dans 19 États (dont 9 ne sont pas compris dans le tableau IX, savoir : l'Irlande, l'Écosse, la Finlande, la Hollande, l'Australie, le Massachusetts, le Japon, la Suisse et la Serbie ; il y manque l'Autriche), pour les deux périodes 1871-1875, 1896-1900, et pour l'année 1913. D'après ces données (que nous ne reproduisons pas), nous avons calculé les trois coefficients (simples) de dispersion suivants :

1871-1875	55,8
1896-1900	53,9
1913	43,8

Ici encore, et bien qu'il s'agisse de pays en bonne partie différents (près de la moitié ne figuraient pas dans le tableau IX), dont trois très éloignés de l'Europe, on constate que les taux de suicide tendent à se rapprocher. Ils passent de 100 à 79, tandis que, dans notre première expérience, ils baissaient de 100 à 72. L'évolution est un peu plus lente de 1871-1875 à 1896-1900 : de 100 à 96,5 (au lieu de 100 à 82), mais elle est plus rapide de 1896-1900 à 1913 : de 100 à 81 (au lieu de 100 à 87,5).

Tableau XIV – *Suicides pour 1 million d'habitants*
(les États sont rangés suivant le taux décroissant des suicides en 1911-1913)

	1841-1845	*1881-1885*	*1901-1905*	*1911-1913*	*1914-1918*	*1919-1922*	*Numéro d'ordre en 1881-1885*	*Numéro d'ordre en 1911-1913*
Suisse	—	233	232	239	208	214 (1)	2	1
France	85	194	228	252	175 (2)	222 (2)	4	2
Allemagne	—	211	212	220	173	212	3	3
Autriche	46	162	173	201	221	238	5	4
Hongrie	—	84	176	194	146	256	10	5
Japon	—	146	201	187	188	185	6	6
Danemark (3)	230	248	227	182	175	136	1	7
Suède	66	97	142	178	129	140 (4)	9	8
États-Unis d'Amérique (5)	—	—	139	161	150	118 (6)	—	—
Belgique	56	107	124	139	—	129	7	9
Australie	—	98	125	128	116	107	8	10
Nouvelle-Zélande	—	—	147	126	117	122	—	—
Angleterre (et Galles) (7)	—	75	103	100	85	96	11	11
Finlande	38 (8)	39	55	99	91	99	16	12
Italie	—	49	63	84	79	76	15	13
Hollande	—	53	64	63	60	61	14	14
Écosse	—	53	60	57	47	52	13	15
Norvège	106	67	64	57	44	47	12	16
Espagne	—	25	21	48	61	46	17	17
Irlande	—	22	33	36	—	28 (9)	18	18

(1) 1919-1921.
(2) Au lieu de 145 et 140, nombres reproduits dans le *Handwörterbuch*.
(3) La population urbaine seulement, sauf en 1919-1922.
(4) 1919-1920.
(5) Pour une partie des États seulement. En 1911-1913 et 1914-1915, 24 États. En 1920-1922, 35 États.
(6) 1920-1922.
(7) À partir de 1915, seulement les suicides de civils.
(8) 1841-1850.
(9) 1923. Irlande du Nord et État libre.

Plus à jour est le tableau publié dans le *Handwörterbuch der Staatswissenschaften* (4e édition, 1925), qui nous donne, pour six périodes, les taux de suicide de 20 États (mais de 7 États seulement pour la première période, et de 18 pour la deuxième et la cinquième). Remarquons que ces périodes ne sont pas les mêmes que dans le tableau de J. R. Miner, si bien qu'il s'agit d'une expérience entièrement nouvelle. Nous le reproduisons tel quel (voir tableau XIV). Nous avons remplacé seulement les nombres donnés pour la France dans les deux dernières périodes, 145 et 140, par les nombres exacts, qui sont plus élevés. Nous comparons, dans les deux dernières colonnes, les numéros d'ordre des divers pays rangés suivant l'ordre décroissant de leurs taux de suicide aux deux périodes 1881-1885 et 1911-1913 (veille de la guerre)[1].

Les données manquant dans le plus grand nombre de ces pays pour la première période, nous avons pris comme point de départ la suivante (1881-1885). D'autre part nous avons écarté les États-Unis et la Nouvelle-Zélande, pour lesquels nous n'avons pas de chiffres en 1881-1885 (le nombre des États, dans le premier pays, auxquels se rapportent les taux indiqués, semble avoir fortement augmenté d'une période à l'autre). Restent 5 périodes et 18 États.

La comparaison des numéros d'ordre mérite de retenir un moment notre attention, car il s'agit d'un grand nombre de pays diversement situés. On remarquera que la ligne (où il y a le moins de chiffres) qui correspond à la Nouvelle-Zélande coupe cette série d'États en deux catégories, et que, d'une période à l'autre, aucun pays n'a passé d'une catégorie dans l'autre. À l'intérieur de la première catégorie, deux pays ont changé nettement de rang : le Danemark, qui a passé du premier au septième, et la Hongrie, du dixième au cinquième. Tous les autres gardent leurs rangs respectifs, sauf la France dont le taux de suicide, infé-

1. On nous dit en note, que pour le Danemark, les taux de suicide indiqués se rapportent à la population urbaine seulement, sauf en 1919-1922. C'est très probablement une erreur. Car ni Krose, ni von Mayr, qui indiquent ces mêmes taux (Krose, jusqu'à 1900, von Mayr pour 1901-1907) ne font la même remarque. Chez Krose (*Der Selbstmord,* etc., p. 70), on indique pour le Danemark les taux par districts, qui correspondent à ces nombres : or ces chiffres paraissent bien calculés par rapport à la population totale. La forte diminution du taux de suicide au Danemark de 1914 à 1919-1922 (diminution de 25 %) peut s'expliquer par le retour au Danemark d'une partie du Schleswig-Holstein. D'autre part, on ne nous dit pas, mais nous savons que le taux de suicide pour l'Autriche, à partir de 1914, se rapporte à l'Autriche dans ses limites actuelles (ce qui explique qu'il paraisse augmenter pendant la guerre alors qu'il a fortement diminué). Enfin, pour l'Espagne, les chiffres sont très irréguliers, et en général beaucoup trop faibles. Voir nos remarques à cet égard, p. 24.

rieur au taux de l'Allemagne au début, paraît le dépasser à la fin. C'est d'ailleurs une illusion ; comme nous l'avons indiqué, calculée par rapport à la population de plus de 15 ans, la proportion des suicides serait, pour cette dernière période également, très supérieure au taux français. Dans la seconde catégorie (taux moins élevés), il n'y a que de faibles changements : la Finlande et l'Italie gagnent (ou, si l'on préfère, perdent) quelques rangs : on s'y suicide un peu plus. En Norvège et en Écosse, les taux de suicide augmentent moins qu'ailleurs. Mais il ne s'agit que de deux ou trois rangs gagnés ou perdus. Dans toute la série, sur 18 pays, il y en a 6 qui gardent exactement leur rang, 8 autres qui n'en perdent ou n'en gagnent qu'un ou deux.

Nous avons indiqué plus haut le taux d'augmentation de la proportion des suicides pour 9 de ces États dans des périodes très voisines. Voici comment ils ont augmenté dans les 9 autres.

Taux d'augmentation (pour 100) de 1881-1885 à 1911-1913

Finlande	133	Japon	25
Hongrie	130	Hollande	19
Espagne	81	Écosse	6
Irlande	64	Suisse	2
Australie	30	Les 18 pays	27

Les fortes augmentations se sont produites uniquement dans des pays européens. La moyenne du taux d'augmentation est aussi, nous le rappelons, très nettement dépassée en France, Allemagne, Autriche, Suède et Italie. Elle est à peu près atteinte en Belgique et en Angleterre. En Norvège et au Danemark le taux de suicide a diminué.

Nous ayons calculé pour ces cinq périodes les coefficients de dispersion simples et pondérés.

Coefficients de dispersion des taux de suicide

	Coefficient simple		*Coefficient pondéré*	
1881-1885	54,5		40,9	
1901-1905	49	47,5	37,5	36,7
1911-1913	46		36	
1914-1918	41,6	44,8	35,4	38,5
1919-1922	48		41,6	

La période de guerre comprise, ces coefficients baissent de façon continue. Ils se relèvent nettement dans les quatre années qui suivent la guerre : nous en avons donné les raisons, et observé que ce relèvement apparaît bien moindre, si, au lieu de retenir la période 1919-1922, on prend celle qui suit, 1922-1925. Les quelques années qui suivent la guerre sont tout à fait exceptionnelles. Mais, de 1881-1885 à 1911-1913, c'est-à-dire en trente ans seulement, le coefficient simple s'abaisse de 100 à 84, et le coefficient pondéré, de 100 à 88.

V

La répartition des suicides en France

Quand il s'agit du suicide, les comparaisons internationales, nous l'avons dit, sont toujours incertaines. Il n'était cependant pas sans intérêt de montrer que, partant d'expériences très différentes, nous trouvons toujours que les différences diminuent d'une période à l'autre entre les pays européens, et même quelques pays situés hors d'Europe. C'est un moyen de mesurer le degré de convergence des mœurs, des croyances et des institutions des divers peuples. Une telle évolution doit s'expliquer par le rapprochement et la similitude croissante de ces pays et de ces peuples au cours du XIXe siècle et jusqu'à notre époque. Mais nous pouvons poser maintenant le même problème et poursuivre notre recherche sur des données statistiques bien plus homogènes et plus sûres, en nous demandant jusqu'à quel point les taux de suicide des diverses régions convergent à l'intérieur de quelques grands pays.

Pour la France, le père Krose a reproduit, pour trois périodes, les taux de suicide, non point par départements (circonscriptions trop petites), mais par provinces ou groupes de provinces. Remarquons d'abord que, dans les trois périodes considérées, durant cinquante ans les rangs occupés par ces diverses provinces, ordonnées d'après leur taux de suicide, n'a guère varié. Il y a d'abord l'ensemble des cinq provinces ou groupes de provinces où l'on se suicide le plus (plus de 60 suicides par million d'habitants en 1827-1843 ; plus de 100 en 1856-1860 ; et plus de 160 en 1872-1876) : le groupe : Île-de-France et Orléanais, qui vient nettement en tête aux trois périodes ; le groupe : Flandre-Artois-Picardie et la Champagne ; enfin la Provence et la Normandie (sur la carte dressée par Durkheim, p. 211, pour la période 1878-1887, on verra qu'il en est de même). Puis l'ensemble où le taux de suicide est moyen : Poitou-Angoulême ; Alsace et Lorraine ; Bourgogne et Franche-Comté ; Anjou-Maine-Touraine ; Lyonnais-Dauphiné ; Berry-Nièvre-Bourbonnais. Il y a quelques déplacements à l'intérieur de cet ensemble, sans qu'aucun de ces groupes en sorte et qu'aucun autre y entre. Enfin, l'ensemble où le taux de suicide est faible : Bretagne, et toutes les provinces du centre et du sud (sauf la Provence), qui gardent toutes à peu près leur rang. Cette méthode, qui consiste à découper la France en un certain nombre de parties dont chacune comprend cinq départements paraîtra un peu artificielle. Avant de l'employer nous-même, nous avons établi, une carte de la France où les départements sont distingués d'après leur taux de suicide en 1872-1876 (les taux par départements sont reproduits dans Morselli pour cette période). Si nous les distinguons en cinq catégories : taux très faible (t. f.), taux faible (f.), taux moyen (M.), taux fort (F.), taux très fort (T. F.), voici ce que nous trouvons pour les départements compris dans chaque groupe.

Île-de-France-Orléanais : T. F. : Seine, Seine-et-Oise, Seine-et-Marne, Eure-et-Loir ; F. : Loiret.

Champagne : T. F. : Aube, Marne ; F. : Meuse ; M. : Ardennes, Haute-Marne.

Flandre-Artois-Picardie : T. F. : Aisne, Oise ; F. : Somme ; M. : Nord, Pas-de-Calais.

Provence : F. : Bouches-du-Rhône, Vaucluse, Basses-Alpes ; f. : Hautes-Alpes ; t. f. : Var.

Normandie : F. : Eure, Seine-Inférieure ; M. : Calvados ; f. : Manche, Orne.

Anjou-Maine-Touraine : F. : Indre-et-Loire, Loir-et-Cher ; M. : Sarthe, Maine-et-Loire ; f. : Mayenne.

Bourgogne, Franche-Comté : F. Côte-d'Or, Yonne ; M. : Doubs, Jura, Haute-Saône.

Alsace-Lorraine : M. : Meurthe-et-Moselle, Vosges.

Lyonnais-Dauphiné : M. : Ain, Drôme, Rhône ; f. : Isère ; t. f. : Loire.

Poitou-Angoumois : M. : Charente, Charente-Inférieure ; Deux-Sèvres ; f. : Vienne ; t. f. : Vendée.

Berry-Nièvre-Bourbonnais : M. : Saône-et-Loire ; f. : Allier, Cher, Indre, Nièvre.

Guyenne : M. : Dordogne, Gironde ; f. : Lot-et-Garonne ; t. f. : Aveyron, Lot.

Languedoc oriental : M. : Gard ; f. : Ardèche ; t. f. : Hérault, Lozère, Haute-Loire.

Limousin-Auvergne : f. : Puy-de-Dôme, Haute-Vienne ; t. f. : Cantal, Corrèze, Creuse.

Bretagne : f. : Finistère ; t. f. : Côtes-du-Nord, Morbihan, Ille-et-Vilaine, Loire-Inférieure.

Gascogne : f. : Landes : t. f. : Basses-Pyrénées, Hautes-Pyrénées, Gers, Tarn-et-Garonne.

Languedoc-Roussillon : t. f. : Ariège, Aude, Haute-Garonne, Pyrénées-Orientales, Tarn.

Savoie : t. f. : Haute-Savoie, Basse-Savoie.

Alpes-Maritimes : M.

Corse : t. f.

La séparation paraît très nette entre trois catégories de « provinces » : dans l'une, les taux de suicide sont compris entre T. F. et M. (très fort et moyen) ; c'est la région du Nord et de l'Est, qui s'étend jusqu'à Besançon, Dijon, Orléans, Blois et Tours au sud ; jusqu'à Rouen, Évreux et Chartres à l'ouest ; dans la seconde, les taux de suicide sont compris entre M. et f. ou t. f. (moyen et faible ou très faible) : c'est tout le pays qui s'étend entre Orléans, Tours et Clermont-Ferrand, plus au sud, dans la grande courbe de la Loire (Berry, Nièvre, Bourbonnais), toute la région occidentale de la France comprise entre Tours et Bordeaux, l'Alsace-Lorraine et toute la vallée du Rhône ; dans la troisième, les taux de suicide sont uniformément faibles ou très faibles : c'est l'Auvergne et la Bretagne, toute la région qui borde les Pyrénées, la haute vallée de la Garonne à partir d'Agen, et tout le pays languedocien arrosé par l'Aude, le Tarn et l'Hérault. Il n'y a, comme exceptions, que la Provence et la Normandie. Dans la Provence on a compris, à côté de régions où l'on se tue beaucoup (Avignon, Digne et Marseille), un département (Hautes-Alpes) où les suicides, en 1872-1876, sont très rares.

En Normandie, entre l'Eure et le Calvados (rebord occidental de la grande zone suicidogène qui occupe tout le nord de la France) et la Manche et l'Orne, il y a un vif contraste, qui s'atténuera du reste plus tard. Mieux aurait valu, peut-être, rattacher ces deux derniers départements à la Bretagne, ainsi que la Mayenne (comprise dans l'Anjou-Maine-Touraine), et plus au sud, la Vendée (comprise dans le Poitou-Angoumois). Peut-être convenait-il également d'étudier à part le Pas-de-Calais et le nord où, par rapport à tous les autres départements du nord et de l'est, le taux de suicide est demeuré faible. Enfin l'Aveyron et le Lot semblent se rattacher plutôt au Tarn et au Tarn-et-Garonne qu'à la Gironde et à la Dordogne. Ils font partie de cette masse compacte de départements méridionaux et centraux où les taux de suicides tombent au plus bas niveau. Mieux eût valu rattacher à la Gironde et à la Dordogne la Charente et la Charente-Inférieure, avec lesquels ils constituent comme un bastion avancé du suicide dans la

France du Sud-Ouest. Sous ces réserves, le mode de groupement adopté par Krose, Morselli, Wagner, Kayser, et Dufau est moins arbitraire qu'il ne semble.

Nous avons donc conservé les mêmes cadres, reproduit les chiffres indiqués par Krose pour les trois périodes : 1827-1843 ; 1856-1860 ; et 1872-1876, et calculé nous-même la proportion des suicides par provinces, en France, pour les périodes suivantes : 1884-1892 ; 1893-1900 ; 1901-1908 ; 1910-1913 ; 1919-1920 (pour la période de la guerre, le *Compte général de l'Administration de la justice criminelle en France* n'a publié rétrospectivement que des chiffres globaux, sans la répartition par départements).

Nous indiquons ci-dessous, pour chaque période, le taux moyen de suicide en France, et les coefficients de dispersion des taux de suicide par province.

Tableau XV

	Proportion de suicides pour 1 million d'habitants	*Coefficient de dispersion des taux de suicide par province*			
		Coefficient simple		*Coefficient pondéré*	
1827-1843	68	51			
1856-1860	111	42,5	42,4		
1872-1876	152	42,3		42,5	
1884-1892	216	40,6	40,5	40,5	39,3
1893-1900	240	40,5		38,2	
1901-1908	234	35	34,7	32,1	31,3
1910-1913	252	34,5		30,5	
1919-1920	215	30,9		24,3	

Les deux coefficients ont diminué d'une période à l'autre, au cours de quatre-vingt-cinq ans (de 1835, milieu de la première période, à 1919-1920), sans une exception. Les diminutions du coefficient simple sont, toutefois, si faibles de 1856-1860 à 1872-1876, et de 1884-1892 à 1893-1900, qu'elles équivalent à un stationnement. Il semble bien que la dispersion des taux de suicide ne se réduit pas d'un mouvement continu. En particulier, les deux coefficients baissent assez brusquement à deux moments : de 1893-1900 à 1901-1908, et de 1910-1913 à 1919-1920, c'est-à-dire aux deux dates où le taux moyen de suicide baisse lui-même. Il semble qu'alors les taux les plus élevés baissent le plus, ce qui rapproche l'ensemble des taux. Ceci, d'ailleurs, n'apparaît qu'à partir de 1856-1860. Auparavant, nous ne sommes pas en mesure de dire à quels moments la dispersion a diminué, et le plus vite.

Rapprochons de ces résultats ceux où nous parvenions, sur les données européennes (tableau XII). Aux environs de 1893, et jusqu'en 1911-1913, le coefficient simple présente à peu près la même valeur en Europe et en France. Quant au coefficient pondéré, il est très voisin (égal à 40 ou 42) en Europe et en France de 1876 à 1892, mais, à partir de cette date, il baisse un peu plus vite en France qu'en Europe : il est, en 1911-1913, de 34,5 en Europe, de 30,5 en France. On peut dire qu'aux environs de 1893, et même dès 1872-1876, la dispersion des taux de suicide était égale, dans les pays européens, et dans les provinces françaises, mais que, depuis, elle a diminué plus vite en France : elle a même diminué encore pendant la guerre et dans les deux années suivantes. Avant 1876, nous n'avons calculé pour la France, que le coefficient de dispersion simple : en 1856-1860, il est nettement plus bas en France qu'en Europe : 42,5 au lieu de 53. Il est en tout cas très remarquable que, de 1872-1876 aux environs de 1900 nous trouvions un degré de dispersion presque égal, dans 11 pays européens et dans 20 provinces françaises.

Indiquons ci-dessous le taux de ces variations, en Europe (tableau XII) et en France (tableau XV).

	Diminution du coefficient simple de dispersion	
	Europe	*France*
1836 à 1911-1913	de 100 à 70	de 100 à 68
1871-1875 à 1911-1913 (¹)	de 100 à 71,5	de 100 à 82
1875-1880 à 1911-1913	de 100 à 69	

	Diminution du coefficient pondéré de dispersion	
	Europe	*France*
1871-1875 à 1911-1913 (¹)	de 100 à 96	de 100 à 72
1875-1880 à 1911-1913	de 100 à 84	

(¹) Pour la France, de 1872-1876 à 1911-1913.

Planche I – Les suicides en France en 1872-1876
(pour 1 million d'habitants)

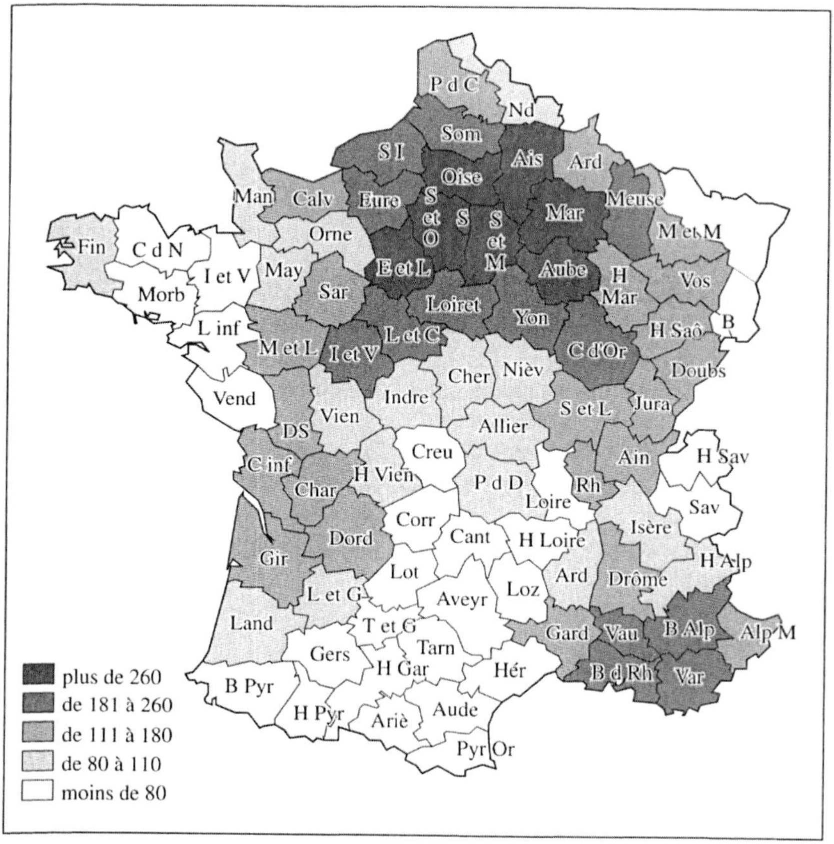

Rappelons que le coefficient de dispersion simple représente le degré d'uniformité qui tend à se réaliser à l'intérieur d'un groupe d'États et de provinces qu'on suppose également peuplées. À ce point de vue, en Europe plus vite qu'en France, les taux de suicide se seraient égalisés à partir de 1876. Le coefficient de dispersion pondéré permet de tenir compte de la population inégale des États ou provinces, et mesure plus exactement la tendance vers l'uniformité telle qu'elle apparaît, non seulement entre les États ou provinces, mais entre des groupes égaux d'habitants qui font partie des uns et des autres. Or, à ce point de vue, au contraire, la dispersion diminue plus vite en France qu'en Europe.

Planche II – Les suicides en France en 1911-1913
(pour 1 million d'habitants)

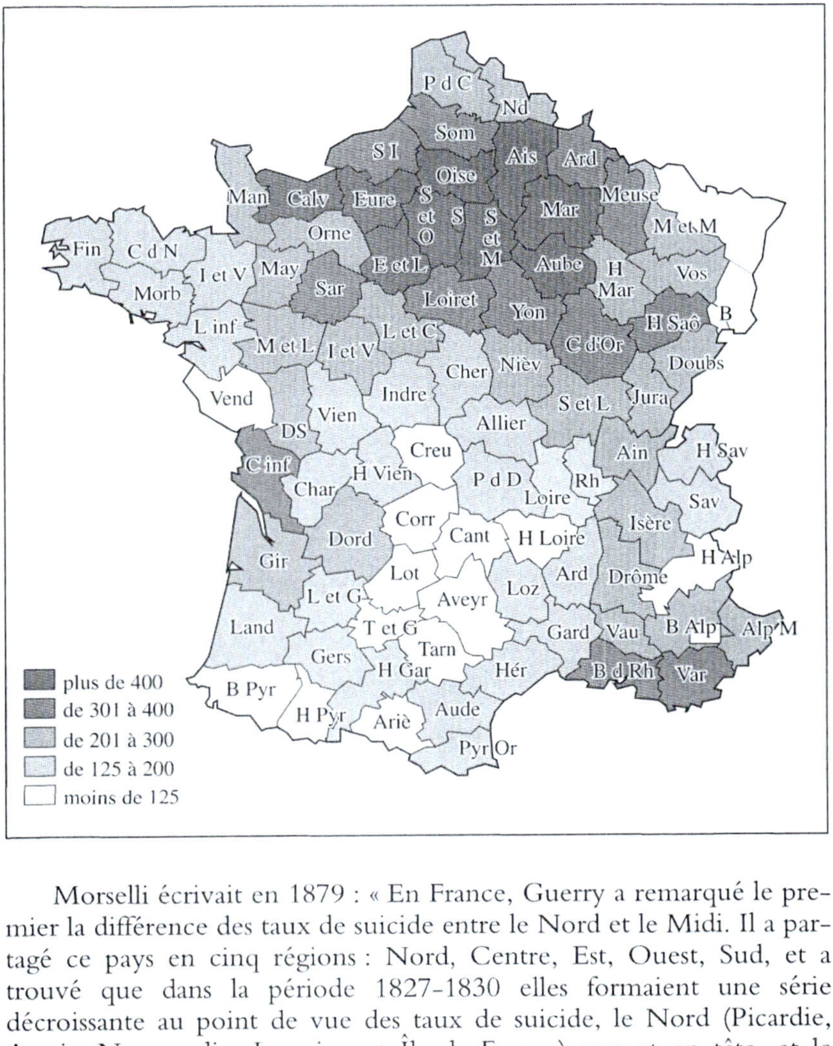

Morselli écrivait en 1879 : « En France, Guerry a remarqué le premier la différence des taux de suicide entre le Nord et le Midi. Il a partagé ce pays en cinq régions : Nord, Centre, Est, Ouest, Sud, et a trouvé que dans la période 1827-1830 elles formaient une série décroissante au point de vue des taux de suicide, le Nord (Picardie, Artois, Normandie, Lorraine et Île-de-France) venant en tête, et le Midi à la fin (Guyenne, Gascogne, Languedoc, Roussillon et Corse). D'autres statisticiens français, Brierre de Boismont, Lisle, Legoyt, Blanc et aussi des Allemands, Wagner Œttingen, Frantz, ont confirmé cette remarque de Guerry pour d'autres périodes, si bien que ce résultat est un des plus sûrs qu'ait obtenus la statistique des suicides. » D'un petit tableau qu'il a dressé nous tirons les nombres suivants :

	Nombre de suicides pour 1 million d'habitants		
	Brierre de Boismont (1835-1843)	*Wagner (1856-1860)*	*Morselli (1872-1876)*
Nord	130	168	237
Est	63	95	139
Centre	53	73	126
Ouest	48	70	95
Sud	42	68	93
Moyenne	67	95	104

Calculons les coefficients de convergence. Nous trouvons, pour les périodes successives :

37,5	31,2	29,5

Cela complète, pour la période antérieure à 1872, nos observations précédentes.

Mais on peut se faire une idée plus précise des variations auxquelles le taux de suicide est soumis dans ces régions durant ces trente-cinq années. Appelons 100 le taux de suicide moyen en France pour chaque période, plus exactement la moyenne des taux de suicide des cinq régions. On trouve ces nombres relatifs :

100 = moyenne pour chaque période

	1835-1843	*1856-1860*	*1872-1876*
Nord	194	177	169
Est	94	100	100
Centre	79	77	90
Ouest et Sud	67	72,5	67

Ainsi, de 1835-1843 à 1856-1860, l'Est et le Nord se rapprochent, le Centre, l'Ouest et le Sud restent à leur place ; de 1856-1860 à 1872-1876, le Centre se rapproche nettement du Nord et de l'Est (eux-mêmes plus voisins l'un de l'autre), le Sud demeure de plus en plus en arrière. Mais cette division est assez artificielle. La région dite Centre n'est pas ce que nous sommes habitués en géographie à appeler de ce nom, puisqu'elle comprend des départements tels que l'Eure-et-Loir, le Loiret et l'Yonne qu'on rattache d'ordinaire au bassin de Paris. D'autre part le Nord ne contient pas l'Aube, où le taux du suicide est élevé, et comprend, en revanche, l'Orne et la Manche, où il est faible. Il en résulte que l'écart entre le Nord et le Centre se trouve atténué.

Reprenons donc cette comparaison dans des cadres un peu différents, en partant des groupes de départements déjà étudiés. Nous comprendrons : 1 / dans le Nord, les groupes Flandre-Artois-Picardie, Île-de-France-Orléanais, la Champagne et la Normandie ; 2 / dans l'Est, l'Alsace, la Lorraine et la Bourgogne ; 3 / dans le Sud-Est, le groupe Lyonnais-Dauphiné, la Provence, la Savoie et les Alpes-Maritimes ; 4 / dans le Centre, les groupes Limousin-Auvergne, et Berry-Nièvre-Bourbonnais ; 5 / dans l'Ouest, la Bretagne, les groupes Anjou-Maine-Touraine, Poitou-Angoumois et la Guyenne ; 6 / dans le Midi, le Languedoc oriental et le groupe Languedoc-Roussillon. Nous avons calculé le taux moyen de suicide pour chaque période, dans chacune de ces régions, et des nombres relatifs correspondants en supposant égale à 100 la moyenne des taux de suicide dans chaque période (voir p. 96).

Fixons notre attention sur le tableau des nombres relatifs. En les calculant, nous avons supposé que le taux moyen de suicide restait toujours égal à 100, c'est-à-dire que nous avons éliminé les variations telles qu'elles apparaissent dans la moyenne générale (sur la ligne : total). Ce que nous avons retenu, ce sont les positions relatives des diverses régions quant à leurs taux de suicide aux différentes périodes. Laissons de côté provisoirement la période d'après guerre. Nous remarquerons d'abord que l'intervalle entre le taux élevé du suicide dans le Nord et la moyenne diminue de moitié du début à la fin (passant de 208 à 152 par rapport à 100), tandis que l'intervalle entre la moyenne et le taux faible du suicide dans le Sud, qui est à peu près du même ordre en 1856-1860 (puisqu'en faisant 56 égal à 100, la moyenne devient 178), ne change plus à partir de cette période. À cet égard, le Midi ne change pas pendant un demi-siècle. D'autre part, les intervalles entre les taux de suicide de l'Est, du Sud-Est et de l'Ouest demeurent sensiblement les mêmes. En revanche le taux de suicide du Centre, très éloigné de la moyenne, se relève très sensiblement, passant de 56 à 76 par rapport à 100. Ainsi, l'initiative du rapprochement vient surtout du Nord, où la vitesse d'accroissement des suicides diminue nettement, et du Centre, où elle s'accélère.

Tableau XVI – *Taux de suicide moyens en France par région*

	1827-1843	*1856-1860*	*1872-1876*	*1884-1892*	*1893-1900*	*1901-1908*	*1910-1913*	*1919-1920*
Nord	125	185	239	323	352	328	351	259
Est	59	100	145	213	247	243	277	240
Sud-Est	69	84	130	205	230	226	248	188
Ouest	48	76	110	156	182	187	201	205
Centre	33	61	95	130	152	163	175	175
Sud	26	52	69	104	117	122	132	126
Total	60	92,5	130	188	214	212	230	198
	Nombres relatifs : 100 = la moyenne des taux de suicide dans chaque période							
Nord	208	200	184	172	167	154	152	130
Est	98	108	112	113	116	114	120	121
Sud-Est	114	90	100	109	108	106	108	95
Ouest	80	83	85	83	85	88	88	104
Centre	56	66	73	69	71	77	76	88
Sud	44	56	53	50	55	57	57	64

Pour nous mieux rendre compte de ces mouvements, nous avons dressé deux cartes du suicide en France correspondant aux deux périodes 1872-1876 et 1911-1913, où les départements sont distingués par des teintes différentes suivant que le taux du suicide y est très fort, fort, moyen, faible ou très faible. Que nous apprennent-elles ?

Il est d'abord assez remarquable que les mêmes teintes couvrent des régions assez étendues. Durkheim, préoccupé d'établir que le suicide ne se propage pas par imitation contagieuse, avait dressé une carte des suicides en France par arrondissements en 1887-1891, où, malgré bien des morcellements et des enclaves, le même fait apparaît cependant. Si l'on veut mettre en relief de vastes uniformités régionales, le cadre du département peut suffire. On constate alors qu'en 1911-1913 le groupe des départements à taux de suicide très élevé (Champagne, Île-de-France, Eure et Calvados) en comprend 9, tous contigus ; que 8 départements du Centre et du Midi, également contigus, ont tous des taux de suicide très faibles ; que les départements à taux de suicide moyen se groupent principalement en deux zones continues, dont l'une, qui s'étend vers le sud-est, en comprend 12, et l'autre, à l'ouest, en comprend 7. Il n'y a que 5 départements qui, à cet égard, soient isolés comme des îlots au milieu d'autres où l'on ne se tue pas à peu près autant. Il en est de même, à un plus haut degré peut-être, en 1872-1876. Durant cette période, dans 18 départements contigus du Centre et du Midi, le taux du suicide est très faible.

On sera tenté de chercher la cause de cette répartition des suicides en grandes zones homogènes dans la structure géographique de la France. Un fait nous frappe, surtout quand nous étudions la carte des suicides en 1872-1876. C'est que les départements où les taux de suicide sont très forts, forts et moyens se succèdent en rubans plus ou moins larges qui suivent le cours des grands fleuves et de leurs principaux affluents, tandis que, dans les régions montagneuses, les taux de suicide sont faibles ou très faibles. Il y a, sans doute, des exceptions. Mais il vaut la peine d'examiner d'un peu plus près jusqu'à quel point ce rapport peut être constaté.

Au sujet du bassin de Paris, Vidal de la Blache disait[1] : « Le seuil du Cambrésis, les coteaux de l'Artois séparent les Flandres du bassin parisien. On entre alors dans une grande région dont les lignes principales se coordonnent entre l'Ardenne, les Vosges, le Massif central et l'Armorique, révélant une unité de structure qui, malgré beaucoup d'accidents locaux, reste burinée sur le sol... Le bassin parisien excède notablement le bassin fluvial de la Seine : la Meuse jusqu'à l'Ardenne, la Loire dans toute sa boucle septentrionale, les tributaires de la Manche entre Caen et Boulogne en font partie. Cette région (le quart de la France), que distinguent entre toutes la convergence des rivières, l'abaissement des seuils intermédiaires, la variété des terrains, remplit ainsi les conditions les meilleures pour rapprocher les populations, et leur inspirer un sentiment de solidarité réciproque. » Or, la région ainsi définie correspond très exactement à la vaste tache sombre qui recouvre les départements où les taux de suicide sont forts et très forts (en 1872-1876). Reprenons-en les différentes parties. Les Flandres en sont exclues : dans le Nord et le Pas-de-Calais, le taux de suicide est seulement moyen, alors que dans l'Aisne, affluent de l'Oise, il est fort.

1. Tableau géographique de la France, dans *L'Histoire de France* de Lavisse.

Il est moyen dans les Ardennes qui en sont exclues, il est fort dans la Meuse, qui en fait partie. Il est fort dans la Côte-d'Or (source de la Seine), l'Aube et l'Yonne. Il est fort dans le Loiret et le Loir-et-Cher (courbe supérieure de la Loire), et faible au sud de ces deux départements, c'est-à-dire dès qu'on sort, vers le midi, des limites du bassin. Il est très fort dans l'Eure (au sud de l'estuaire de la Seine), moyen ou faible plus à l'ouest. Il est très fort dans la Seine-Inférieure, et fort dans la Somme (tributaires de la Manche entre Caen et Boulogne, qui font partie du bassin). Seule, la Haute-Marne fait exception, aux deux périodes. Le taux de suicide y est seulement moyen, comme dans les Vosges. C'est la limite orientale de la grande zone suicidogène, de même que la Nièvre marque, bien plus nettement encore, sa limite au sud (pour 1 million d'habitants, les deux départements contigus : Yonne au nord, Nièvre au sud, comptent 218 et 94 suicides).

La Champagne (dans ses limites historiques, qui comprennent Meaux et Château-Thierry), disparaît presque en entier dans la tache sombre qui signale les régions les plus exposées aux morts volontaires. Mais à l'intérieur de la Champagne, on ne se suicide pas partout également. Reportons-nous à la carte du suicide par arrondissement, reproduite par Durkheim pour 1887-1891. Le taux moyen de suicide est alors, pour toute la France, égal à 220. Or il dépasse 500 (c'est-à-dire plus du double) dans le groupe des cinq arrondissements champenois : Meaux, Château-Thierry, Reims, Épernay, Arcis-sur-Aube (qui forment un bloc massif avec neuf arrondissements de l'Île-de-France où le taux du suicide est également très élevé). Dans six autres arrondissements champenois, tous contigus aux précédents : Nogent-sur-Seine, Troyes, Bar-sur-Aube, Vitry-le-François, Châlons-sur-Marne et Rethel, le taux du suicide (encore très élevé) est compris entre 400 et 500. Enfin, dans cinq autres, il est compris entre 300 et 400 (Sens, Joigny, Tonnerre, Vassy et Sainte-Menehould). Enfin il n'est que de 200 à 300, dans l'arrondissement – de Chaumont, de 100 à 200 dans l'arrondissement de Langres. Langres, Chaumont et Vassy (du sud au nord) sont les trois arrondissements de la Haute-Marne.

Comment s'expliquent ces différences ? Bien que la Champagne soit « une région géographique des mieux tranchées, dont l'unité a été depuis longtemps reconnue », Vidal de la Blache distingue la Champagne du Nord, celle de Reims, qui touche à la Picardie et dont les destinées « sont liées à celles de la grande région picarde », et la Champagne du Sud, qui a son centre politique à Troyes, et qui est en rapport, par les passages de l'Auxois, avec la Bourgogne et le Sud-Est. De fait, entre

Reims, Épernay et Troyes, il y a un écart dans le taux des suicides presque aussi grand qu'entre Troyes et Chaumont (en 1872-1876 : Marne, 380 ; Aube, 285 ; Haute-Marne, 142). Sans examiner en détail l'aspect de toutes ces régions, reproduisons encore cette description de Vidal de la Blache : « Entre la source de la Seine et de la Marne, sur une longueur d'une soixantaine de kilomètres, se déroule une des régions les plus sèches, les plus boisées et les plus solitaires de la France. C'est ce que les habitants appellent la Montagne. Il n'y a place, sur ces plateaux, que pour de maigres cultures et des jachères à moutons, et surtout pour d'immenses forêts de chênes. » Or l'arrondissement de Langres, où le taux de suicide est le plus bas en Haute-Marne, se trouve sur ce plateau.

Plus au sud, dans la Nièvre, l'arrondissement de Château-Chinon a un taux de suicide très faible. C'est qu'il couvre encore une partie des monts du Morvan. « Le Morvan est une de ces contrées à part, qui, pour le vigneron et le cultivateur des terres-plaines, évoquent l'idée d'une vie ingrate. Ce qui manque, c'est ce qui règle le mode d'habitation et les relations quotidiennes : la circulation de détail... Entre ces croupes, il n'y a que des ravins ou des vallées trop étroites... C'est ce qui a tenu isolés ces petites fermes ou ces hameaux... Pays arriéré de terres froides, pays de loups, a dit un de ses enfants. » Ainsi, si à la limite sud-est du Bassin parisien les taux de suicide s'abaissent brusquement, c'est qu'on arrive à la région car les cours d'eau se rapprochent de leur source, et que la région montagneuse commence.

Descendons en effet vers le sud-est, passons du bassin de Paris dans les vallées de la Savoie et du Rhône. D'abord nous traversons la Côte-d'Or, qui se présente avec un taux de suicide élevé. Mais, dans ce département, les arrondissements de Semur à l'ouest, de Beaune au sud ont moins de 200 suicides par million d'habitants (sud du plateau de Langres et montagnes de la Côte-d'Or) tandis que les arrondissements de Châtillon-sur-Seine et de Dijon en ont plus de 200 (vallées de la Seine et de la Saône). Suivons la vallée de la Saône et du Rhône : sur la rive gauche, entre ces cours d'eau et les Alpes se succèdent de façon continue des départements où le taux de suicide est moyennement élevé. Il y a une seule exception : l'Isère, où il est faible. Mais il est moyen dans l'arrondissement de Vienne, c'est-à-dire dans la seule partie de ce département qui soit en bordure du Rhône. Vienne, Valence, Montélimar, Orange, Avignon, Arles : depuis Chalon-sur-Saône jusqu'au delta du Rhône, sur la rive gauche, le taux de suicide reste compris entre 200 et 300 pour 1 million d'habitants. Il n'en est pas de même sur la rive droite, où seuls les arrondissements de Lyon et de Saint-Étienne (vallée du Gier, à l'endroit où le Rhône se rapproche le plus de la Loire, et où passe le canal du Centre) ont un taux aussi élevé. De Mâcon à Nîmes, le taux du suicide est toujours inférieur à 200 (monts du Charolais, du Mâconnais, du Lyonnais, du Vivarais, Gerbier-de-Jonc, et les premières pentes des Cévennes). Entre le Rhin et le Rhône, dans la partie montagneuse de l'Isère, à Grenoble, le taux de suicide est inférieur à 200 ; à Annecy et à Chambéry, à Briançon et Saint-Jean-de-Maurienne, il tombe au-dessous de 100.

Dans toute la région du Massif central, le taux de suicide est très faible : dans presque tout le département de la Loire (sauf à Saint-Étienne) ; à Roanne et Monbrison, dans la Haute-Loire, le Cantal, la Lozère, l'Aveyron, la Corrèze et la Creuse. Dans le Puy-de-Dôme et l'Allier, il se relève à peine et reste inférieur à 90. Il remonte un peu dans le Cher et la Nièvre (avec un minimum dans l'arrondissement de Sancerre). Le cours de la Loire, d'Orléans à Angers (c'est-à-dire à partir du moment où elle coule en plaine) passe par une suite ininterrompue d'arrondissements dans lesquels le taux de suicide s'élève de 200 à 300, alors qu'au sud, dans le Cher, l'Indre et la Vienne, il ne dépasse guère de 100 à 105.

Ainsi, dans toute la partie de la France que nous venons d'étudier, les taux de suicide élevés, ou qui dépassent la moyenne, se rencontrent dans les bassins des grands fleuves, dans les larges vallées, les taux faibles, dans les régions montagneuses. Il reste cependant le Midi et l'Ouest, où le tableau n'est pas aussi simple. Bien que ce genre de rapports s'y manifeste encore, il y est souvent obscurci.

La région péninsulaire, qu'on aborde, en allant vers l'ouest, de Poitiers, du Mans, d'Alençon et de Caen, est, d'après Vidal de la Blache, un nouveau massif primaire moins étendu que le Massif central mais considérable encore et par lequel la France se projette sur l'Océan. « Dès les approches, on a l'impression qu'on entre dans une région fortement caractérisée, qui rappelle souvent, par la nature de ses roches, le Massif central, mais où l'âpreté s'atténue par la douceur du climat et l'alanguissement du relief. Par quel nom convient-il de la désigner ? Celui de Bretagne serait impropre, car la Bretagne n'en forme qu'une partie, les autres étant : le Cotentin, le Bocage normand, une fraction du Maine et de l'Anjou, et cette portion du Poitou qui a pris le nom de Vendée. Même le nom d'Armorique, qui lui est souvent appliqué, serait inexact ; car ce vieux mot celtique exprime le contact de la mer : or la contrée est intérieure et rurale encore plus que maritime. Le mot d'Ouest... est encore celui qui paraît le plus capable d'exprimer ce qu'il y a de commun entre ces pays et ces peuples qui, à l'exception des marins, se sont peu mêlés à la vie du dehors, mais ne se sont guère davantage fondus entre eux... L'Ouest est une masse compacte où, sur une étendue de plus de 60 000 km², règnent des conditions relativement uniformes d'existence » (p. 307-313).

À cette région correspond très exactement une zone où les taux de suicide sont en moyenne très faibles dans les 9 départements : Finistère, Côtes-du-Nord, Morbihan, Ille-et-Vilaine, Manche, Orne, Mayenne, Loire et Vendée, le taux de suicide était en moyenne de 79. Dans les 7 départements limitrophes, du Calvados à la Charente-Inférieure, il était de 176,6. Cette zone comprend, en effet, outre la Bretagne, le Cotentin (Manche), le Bocage normand (Orne), une fraction du Maine et de l'Anjou (Mayenne), et une fraction du Poitou (Vendée). Ne considérant que la répartition des suicides, on ne l'aurait pas délimitée autrement.

Examinons plus en détail les taux de suicide dans cette région par arrondissements. « Par l'étendue d'un littoral que le morcellement multiplie encore, la Bretagne aspire les influences du dehors, ; mais en même temps, par sa structure intérieure, elle les repousse. De là deux zones juxtaposées en ce pays : une zone maritime, l'Armor, ouverte sur le dehors ; une zone intérieure, reculée et comme repliée sur elle-même. » Au reste « l'abaissement général du niveau et la multiplicité des découpures... se combinent avec l'amplitude des marées pour étendre beaucoup la largeur de la zone que le langage confond sous le nom de côte. Ce n'est pas ici une simple ligne de contact entre la terre et la mer, mais une bande régionale qui, tout le long de la péninsule, engendre des phénomènes variés au point de vue de la nature et des hommes » (p. 333-334). Ce contraste se reflète nettement dans la répartition des suicides, plus nombreux dans les arrondissements côtiers (de 100 à 200 pour 1 million d'habitants à Paimbeuf ; Saint-Nazaire, Lorient, Quimperlé, Quimper sur l'Atlantique, à Brest, Morlaix, Lannion, Saint-Brieuc, Avranches, Valognes, et de 200 à 300 à Cherbourg) que dans les arrondissements de l'intérieur. Font exception Vannes, qui, quoique sur la côte, s'étend très largement dans les terres (croupes granitiques entre la Vilaine et le Blavet, et landes arides), et Châteaulin, qui ne touche à la mer que par la presqu'île de Crozon. C'est à l'intérieur que les taux de suicide les plus faibles se présentent. Rennes et Montfort font exception (vallée de la Vilaine). Partout ailleurs, on ne se tue presque pas : dans la région des monts d'Arrée ; « à peine une montagne, et cependant l'impression est la même que dans les plus sévères solitudes des hauts lieux. C'est, en effet, une ruine de montagne, une chaîne contemporaine des premiers âges du globe, usée maintenant jusqu'à la racine » (arrondissements de Châteaulin et de Guingamp) ; sur l'emplacement des montagnes Noires (arrondissement de Pontivy), et dans la Forêt centrale, la Brocéliande légendaire des romans de la Table ronde, vaste solitude sylvestre où s'étendaient autrefois de grandes forêts de chênes, et que recouvrent maintenant de maigres taillis sans fin (arrondissements de Ploërmel, Loudéac, Guingamp). Ainsi il y a, en Bretagne, « à défaut de vraies montagnes, des espaces solitaires et sauvages qui déterminent une séparation réelle entre les pays de l'intérieur ». D'autre part, au bord de la mer, « les courants côtiers, l'action combinée des vents et des pluies, les chenaux intérieurs qui pénètrent dans les terres ou qui s'insinuent entre les rangées d'écueils et la côte, sont autant de voies dont profite... la circulation des hommes » (p. 336). Ainsi s'explique l'opposition entre la côte et l'intérieur, et qu'ici on se tue moins, et là davantage.

Stendhal écrivait, en 1835 : « Un ministre de l'Intérieur qui voudrait faire son métier... devrait demander un crédit de 2 millions par an pour amener au niveau, de l'instruction des autres Français les peuples qui habitent dans le fatal triangle qui s'étend entre Bordeaux, Bayonne et Valence. On croit aux sorciers, on ne sait pas lire et on ne parle pas français dans ces pays... Il va sans dire que les prêtres sont tout-puissants dans ce fatal triangle. La civilisation va de Lille à Rennes, et cesse vers Orléans et Tours. Au sud de Grenoble est sa brillante limite. »[1]

Du fatal triangle de Stendhal, retenons seulement un côté, celui qui réunit les deux sommets : Bordeaux et Valence. Cette ligne sépare assez nettement du reste de la France le midi (jusqu'au Rhône) : c'est la région où, nous l'avons vu, les taux de suicide sont les plus faibles. Il y a en particulier un profond sillon, marqué par les départements : Haute-Loire, Lozère, Aveyron, Tarn, Haute-Garonne et Ariège, où la moyenne des suicides, en 1872-1876, n'est que de 49, et, si on y joint les Hautes-Pyrénées, 46. C'est un minimum qui ne se retrouve dans aucune autre partie de la France ; et qui est inférieur au taux de suicide en France en 1827. Remarquons tout de suite que ce que nous appelons sillon répond au contraire à une suite de hauteurs presque continue, d'où descendent à l'ouest le Lot, l'Aveyron, le Tarn, l'Ariège ; au sud et à l'est le Gard, l'Hérault et l'Aude. D'autre part le cours de la Garonne est nettement indiqué, de sa source à son estuaire,

1. Stendhal, *Vie de Henri Brulard*, édition Champion, 1913, t. I, p. 240.

par une suite d'arrondissements où les taux de suicide sont plus élevés (de 100 à 200) : Saint-Gaudens, Muret, Toulouse, Castelsarrasin, Moissac, Agen, Marmande, La Réole et Bordeaux, ainsi que les vallées du Gard, de l'Hérault et du Têt. Il en est de même le long de la rive de l'Atlantique et de la Méditerranée. Bien que, dans toute cette vaste région, il n'y ait que deux arrondissements, La Réole et Bazas, où le taux de suicide soit supérieur à 220, on y relève toutefois plus de différences à cet égard que ne le laisse supposer un premier coup d'œil : d'un côté le voisinage de la mer, ou de cours d'eaux importants, d'autre part les montagnes paraissent jouer le même rôle ici qu'ailleurs.

Il reste deux groupes de départements, au nord-ouest et au sud-est de cette zone, où les taux de suicide se relèvent sensiblement : c'est l'Aunis, la Saintonge, l'Angoumois, le Périgord, et c'est toute la Provence méditerranéenne, d'Avignon et Marseille à Nice. Le premier groupe correspond aux vallées de la Sèvre niortaise, de la Charente et de la Dordogne : dans les deux arrondissements méridionaux des Deux-Sèvres (Melle et Niort sur la Sèvre niortaise) il y a plus de morts volontaires qu'à Parthenay et à Bressuire. À Angoulême, sur la Charente, on se tue plus qu'à Poitiers. En Provence, d'autre part, les départements des Basses-Alpes, de Vaucluse et des Bouches-du-Rhône, où les taux de suicide se groupent aux environs de 200, dessinent très exactement le cours de la Durance et du Rhône ; dans les Hautes-Alpes, au nord, dans les Alpes-Maritimes au sud, les taux sont bien moins élevés. Ici encore, l'influence des cours d'eau paraît prépondérante.

L'étude que nous venons de faire de la répartition des suicides par départements et par arrondissements en France nous conduit donc à un résultat très net. Les taux de suicide augmentent dans les grandes vallées des fleuves, le long des côtes. Ils diminuent dans les régions montagneuses, dans les plaines humides coupées d'étangs, dans les solitudes forestières. Est-ce à dire que les hommes soient à cet égard soumis à l'influence directe du sol, et que la structure géographique suffise à expliquer le degré inégal de leur attachement à la vie ? Nous ne le croyons pas. La tendance au suicide varie dans les divers groupes humains. C'est un fait social. Or un fait social ne peut s'expliquer par un fait physique tel que la structure du sol, la configuration géographique d'un pays. Le fait géographique ne nous intéresse donc que dans la mesure où il est pour nous le signe de caractères sociaux que nous ne pouvons atteindre directement. On peut admettre, par exemple, que, dans une région montagneuse, les communications sont difficiles, que les maisons et les groupes de maisons s'y trouvent plus dispersés, que les habitants, plus sédentaires, conservent mieux qu'ailleurs les traditions familiales et religieuses, etc. Ce sont là autant de caractères sociaux qu'il importe de connaître, si l'on veut rendre compte de la tendance au suicide telle qu'elle se manifeste dans les divers groupes humains. Bien entendu, nous n'entendons point tirer du fait que les hommes circulent plus librement d'un lieu à l'autre, que les groupes divers d'origine, de situation sociale, etc., se mêlent et entrent plus fréquemment en contact, la conclusion que leurs croyances traditionnelles s'affaiblissent ou, encore, qu'ils subissent davantage le contrecoup des crises économiques ou politiques. Tout ce que nous sommes en droit d'admettre, c'est que si, dans les régions montagneuses et dans les vallées des grands fleuves, les taux de suicide sont constamment inégaux, les causes sociales qui expliquent le suicide exercent inégalement leur action ici et là.

Il est vrai que l'opposition que nous avons signalée, si elle rend compte des différences entre les suicides dans des régions voisines, ne paraît pas expliquer les grands contrastes qui apparaissent par exemple entre l'Ouest et le bassin de Paris, entre le Nord et le Midi. Ces divergences ont toujours été profondes, et, nous le verrons, elles subsistent. Dans la vallée du Rhône, on paraît nettement plus attaché à la vie que dans la vallée de la Seine, et de même (bien qu'à un moindre degré) dans le Midi que dans l'Ouest. Mais ici encore il se peut que l'étude géographique nous indique dans quelle voie il faudrait chercher les causes sociales qui expliquent de tels contrastes qui s'étendent aux plus grandes divisions du territoire national.

D'après Morselli, si les suicides étaient à leur minimum dans le Centre et le Midi, à leur maximum dans le Nord, cela devait s'expliquer par les différences ethniques entre les populations considérées. Après avoir critiqué cette thèse, Durkheim écrivait : « On sait que notre pays est divisé, moralement aussi bien qu'ethnologiquement, en deux parties qui ne se sont pas encore complètement pénétrées. Les populations du Centre et du Midi ont gardé leur humeur, un genre de vie qui leur est propre, et, pour cette raison, résistent aux idées et aux mœurs du Nord. Si les gens du Nord se tuent plus que ceux du Midi, ce n'est pas qu'il y soient plus prédisposés en vertu de leur tempérament ethnique ; c'est simplement que les causes sociales du suicide sont plus particulièrement accumulées au nord de la Loire qu'au sud. » Il ajoutait : « Pour des raisons historiques, l'esprit provincial, le traditionalisme local sont restés beaucoup plus forts dans le Midi, tandis qu'au Nord la nécessité de faire face à des ennemis communs, une plus étroite solidarité d'intérêts, des contacts plus fréquents, ont rapproché plus tôt les peuples et confondu leur histoire (p. 68). » Vidal de la Blache dit, d'un autre point de vue : « Le Midi français a été uni par des ressemblances de civilisation, mais n'a jamais formé un tout politique. Cette infirmité est un fait historique auquel la géographie ne parait pas étrangère. Entre le Midi méditerranéen et le Midi océanique les relations divergent ; mais il semble que les plaines de la Garonne, du moins, pouvaient devenir un domaine d'unité politique. Cela même n'a jamais paru en voie de se réaliser. » Et il note que l'évolution du réseau fluvial se montre peu avancée, surtout en Gascogne. « Entre la Gascogne et les Pyrénées s'étale un grand plateau de débris, sur lequel un réseau d'affluents et de sous-affluents n'a pas eu le temps de se combiner. Les rivières, indépendantes les unes des autres, s'y encaissent entre des côteaux rectilignes... Pendant longtemps, point de routes qui établissent à travers ces côteaux découpés une circulation toujours assurée. » Cette région n'a pas trouvé en elle-même les moyens de constituer une unité politique. Il manquait un centre commun. « Quoique situées sur le même fleuve, Toulouse et Bordeaux ont vécu à part, chacune avec sa sphère d'action... Dans un espace bien plus restreint que celui qu'embrasse la France, le Midi présente des divisions plus tenaces (p. 376). » Ainsi c'est toujours le même ordre de caractères que nous dévoile l'étude géographique des régions où l'on ne songe guère à devancer la mort naturelle : obstacles à la circulation des hommes, morcellement, absence de ces grands courants permanents de vie collective qui traversent les vastes bassins, affluent dans les vallées des fleuves où viennent se jeter de puissants tributaires, manque d'unité politique et de vie commune. Et c'est encore la même idée que, sous un autre aspect, présente le géographe, lorsqu'il compare le nord et l'est de la France, où la population rurale est agglomérée autour du clocher, dans le bourg ou le village, « petite société accessible aux influences générales », et l'ouest, pays de fermes et de hameaux disséminés ; « les hommes y vivent, isolés par les longues saisons pluvieuses, en rapport seulement aux jours de fête ou de foire avec le monde extérieur ». « En Lorraine, en Bourgogne, en Champagne, en Picardie, l'habitant de la campagne est surtout un villageois ; dans l'Ouest, c'est un paysan (p. 311). »

De 1872-1876 à 1911-1913, bien que, dans l'ensemble, la répartition des suicides demeure très semblable, il y a eu toutefois quelques changements généraux et locaux. La zone septentrionale où les suicides sont le plus nombreux s'est étendue à l'ouest et à l'est : elle comprend maintenant le Calvados et la Haute-Saône, c'est-à-dire qu'elle s'allonge de Belfort à Caen : au nord, elle couvre les Ardennes. Mais elle se heurte toujours aux barrières de la Haute-Marne, du Nord et du Pas-de-Calais, de l'Orne et de la Manche, et, au sud, le Loir-et-Cher et l'Indre-et-Loire n'en font plus partie (c'est-à-dire que le taux des suicides y a augmenté beaucoup moins vite). Dans tout l'Ouest, sauf en Vendée, les taux de suicide (par rapport à la moyenne pour la France) sont moins faibles. Dans le Midi, la zone des taux de suicide très faibles est plus étroite : dans la Loire, on se tue moyennement, comme dans le Rhône voisin (Saint-Étienne et Lyon) : dans le Lot, le Gers, les suicides sont aussi nombreux que dans le Lot-et-Garonne et dans les Landes : l'influence de la côte d'Aquitaine s'étend vers l'intérieur. D'autre part, celle de la Méditerranée se fait sentir dans les Pyrénées-Orientales, l'Aude et l'Hérault. Dans tous ces départements méridionaux, les suicides sont proportionnellement moins rares, et le taux du suicide, très éloigné encore de la moyenne, s'en rapproche un peu. Dans la région qui s'étend au sud de la ligne dont la Manche et le Jura marquent les extrémités, il n'y a que deux taches tout à fait sombres : la Charente-Inférieure, et le groupe des deux départements provençaux : Bouches-du-Rhône et Var (le taux de suicide, dans la vallée de la Durance, Vaucluse et Basses-Alpes, a augmenté dans des proportions beaucoup moindres). Dans le Var il y a, en 1911-1913, autant de suicides que dans la Seine et la Seine-et-Oise, plus que dans les Bouches-du-Rhône.

Comment s'expliquent ces variations ? Nous avons cherché si elles étaient en rapport avec des mouvements de population. Bien que le nombre des habitants n'ait pas très sensiblement changé en France durant cette période, certaines régions se sont peuplées davantage et d'autres ont perdu une partie de leurs habitants. Par exemple, si l'on appelle 100 la population de chaque province en 1876, on trouve, en 1911 pour l'Île-de-France-Orléanais, 150 ; pour la Flandre, l'Artois et la Picardie, 117 ; pour l'Anjou-Maine-Touraine et pour la Provence, 108 ; et, d'autre part, pour la Bourgogne-Franche-Comté, 90 ; pour la Gascogne, 91 ; pour le Languedoc-Roussillon, 93 ; pour la Savoie, 93 ; pour la Normandie, 94. Or le taux de suicide a augmenté plus en Bourgogne-Franche-Comté et en Gascogne (où il a presque doublé) qu'en Île-de-France-Orléanais (augmentation de 6 %), qu'en Flandre-Artois-Picardie (augmentation de 50 %). Il faut examiner de plus près si, là où la population a augmenté, l'augmentation des taux de suicide s'est ralentie, et inversement.

Tableau XVII

	Augmentation de la population pour 100 de 1872 à 1911	*Taux de suicide par rapport à la moyenne égale à 100*	
	de 1872 à 1911	*1872-1876*	*1911-1913*
Seine	72	267	146
Bouches-du-Rhône	45	135	132
Seine-et-Oise	44	258	178
Meurthe-et-Moselle	38	103	102
Pas-de-Calais	35	98	99
Rhône	29	111	82
Finistère	21	72	58
Seine-Inférieure	10	160	158
Gironde	12	81	82

Nous avons calculé pour tous les départements, dans les deux périodes 1872-1876 et 1911-1913, des nombres relatifs qui représentent leurs taux de suicide, en appelant 100 la moyenne des taux de suicide par départements dans chacune de ces deux périodes : ces nombres mesurent l'écart de ces taux de suicide par rapport à cette moyenne, dans chaque période. Considérons d'abord les 12 départements dont la population a le plus augmenté de 1872 à 1911. Dans 9 d'entre eux nous trouvons que l'écart des taux de suicide par rapport à la moyenne est demeuré stationnaire, ou a diminué. Voici ceux dans lesquels il a diminué (c'est-à-dire dans lesquels l'augmentation du taux de suicide s'est notablement ralentie).

Font exception : le Nord, la Haute-Vienne et le Morbihan, où la population a augmenté de plus de 12 %, et où l'écart des taux de suicide par rapport à la moyenne a également augmenté. Mais, dans l'ensemble des 12 départements où la population a le plus augmenté, l'écart par rapport à la moyenne a passé de 100 à 87, et, dans ces 9 départements, de 100 à 82.

Considérons ensuite les 20 départements dont la population a le plus diminué de 1872 à 1911. À cinq exceptions près, les taux de suicide y sont très inférieurs à la moyenne. Or nous trouvons que, dans 16 de ces départements, l'écart (négatif) des taux de suicide par rapport à la moyenne a très notablement diminué. En effet le taux de suicide moyen dans ces 16 départements, par rapport à la moyenne pour tous les départements supposée égale à 100, a passé de 71 à 96, c'est-à-dire que l'écart négatif a diminué, en nombres relatifs, de 100 à 14. Les taux de suicide ont donc augmenté plus vite que dans l'ensemble de la France, d'une période à l'autre. Dans trois autres, l'écart est demeuré sans changement. Dans un seul, il a augmenté. Dans l'ensemble des 20 départements où la population a le plus diminué, l'écart par rapport à la moyenne a passé en nombres relatifs de 100 à 35.

Comment expliquer ces deux faits ? On pourrait supposer que l'augmentation des taux de suicide a une limite. Elle est près d'être atteinte dans les premiers départements, qui sont ceux où l'on se tuait le plus, et où il est alors naturel que l'augmentation des suicides se ralentisse. Elle est encore éloignée dans les autres (où le taux de suicide est très inférieur à la moyenne) si bien que l'on comprend que l'augmentation des suicides s'y accélère. On pourrait supposer encore que les habitants qui viennent augmenter la population des premiers départements (la plupart d'entre eux renferment de très grandes villes) sont originaires de départements plus réfractaires au suicide, et qu'ils apportent avec eux, qu'ils conservent quelque temps dans leur nouveau milieu leurs tendances traditionnelles et conservatrices. On s'expliquerait ainsi qu'ils y jouent le rôle de frein. Inversement on supposerait que les départements qui se dépeuplent perdent la partie de leur population la moins portée au suicide (la plus jeune), si bien que leur départ y élève la proportion des morts volontaires. On pourrait admettre enfin que, dans les départements qui se dépeuplent, les petites villes et les groupes paysans perdent une trop grande partie de leur substance, que les traditions y sont ébranlées sans que rien vienne les remplacer, que la vie économique y devient plus difficile, tandis que, dans les départements en voie de peuplement, le niveau de vie s'élève.

Ce sont là autant d'hypothèses, dont chacune se réalise peut-être en tel ou tel cas, et entre lesquelles nous ne sommes pas en mesure de choisir. L'essentiel est le fait signalé. Il aide à comprendre pourquoi les taux de suicide tendent à se rapprocher, dans les diverses régions de la France. Si l'augmentation des suicides se ralentit, dans les régions en voie de peuplement, où la proportion des suicides était le plus élevée, si elle s'accélère, dans les régions qui se dépeuplent, où cette proportion était le plus faible, il est naturel que les divergences s'atténuent de région à région, et que les taux de suicide convergent.

VI

La répartition des suicides en Allemagne, en Italie et en Angleterre

Il serait intéressant de rechercher de la même manière comment se répartissent les suicides dans d'autres grands États. Mais nous ne disposons pas, pour la plupart d'entre eux, de données assez continues et détaillées. Nous pouvons du moins, nous appuyant sur les statistiques de l'Allemagne, de l'Italie et de l'Angleterre, calculer les coefficients de dispersion des taux de suicide dans ces trois pays. Cela nous permettra, à l'occasion de ces nouvelles expériences, de vérifier les résultats généraux auxquels nous sommes arrivés pour l'Europe (et même hors d'Europe), et pour la France.

Étudions d'abord la répartition des suicides en Allemagne[1].

Sur la carte dressée par le père Krose[2], où est indiquée la répartition des suicides (par rapport à la population) par districts (Kreise) en 1891-1900, on peut observer que les régions de l'Allemagne où l'on se tue le plus (plus de 276 suicides par million d'habitants) se disposent en trois bandes parallèles, courtes mais assez larges, de l'est à l'ouest. La plus méridionale comprend la plus grande partie de la Silésie, sur les deux rives de l'Oder, mais surtout sur la rive gauche (sauf le district d'Oppeln)[3], tout le royaume de Saxe, les duchés de Saxe (Iéna, Wei-

1. Dans *Der Selbstmord*, etc., carte hors texte.
2. Se reporter également à la carte des suicides en Allemagne reproduite ci-dessous, p. 110, que nous avons établie, par provinces et États, pour la période 1903-1913.
3. Durkheim a établi (p. 129-130 de son livre) une carte des suicides dans l'Europe centrale, d'après Morselli. Il n'indique pas à quelle période se rapportent les chiffres qu'il reproduit. Pour les provinces prussiennes, il les a empruntés à un tableau qui correspond à 1868-1874. Sur cette carte, le taux de suicide en Silésie parait simplement moyen. En réalité, il est très

Planche III – Les suicides en Allemagne en 1903-1913
(pour 1 million d'habitants)

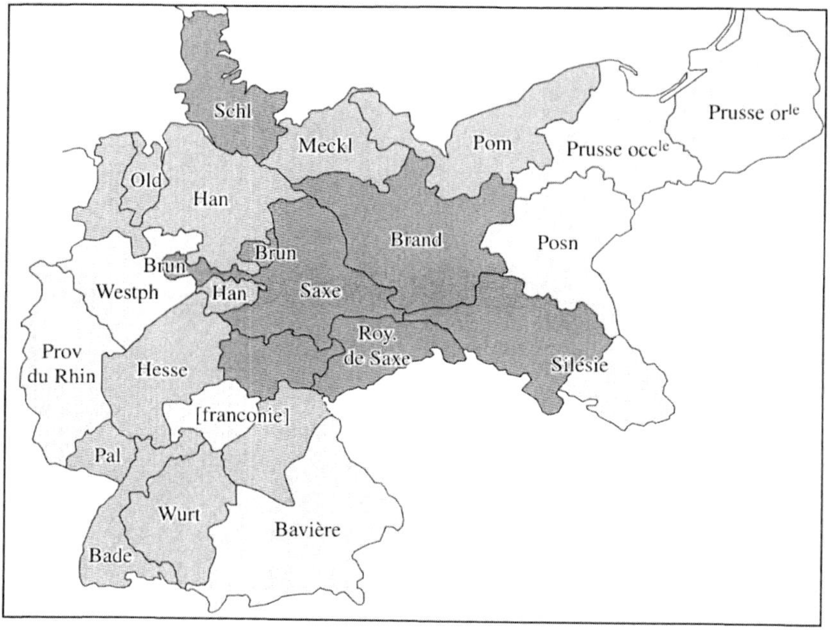

Proportion des suicides en Allemagne (pour un million d'habitants)

Plus de 300		De 160 à 300		Moins de 160	
Posmanie	99	Mecklembourg	210	Branbdebourg	320
Westphalie	124	Hesse-Nassau	216	Silésie (sans Oppeln)	325
Prusse Occidentale	128	Bade	216	Brunswick (1891-1900)	326
Prov du Rhin	131	Hanovre	220	Thringe (d°)	328
Prusse Orientale	150	Oldenbourg	280	Berlin	340
Bavière	152	Schleswig. H.	311		
Poméranie	179	Saxe (province)	317		
Wurttemberg	183	Saxe (royaume)	320		

mar, etc.), jusqu'à Hesse-Cassel. Plus au nord, une autre bande s'étend en une vaste tache sur la plus grande partie du Brandebourg (limitée par la Sprée et touchant à peine l'Oder au nord), sur la province de Saxe, et sur tout le duché de Brunswick (jusqu'à la Weser). La troi-

élevé dans les deux districts de Liegnitz et de Breslau (plus de 325 en 1891-1900) et très faible dans le troisième district, Oppeln (de 76 à 125). C'est comme si l'on réunissait, en France, la Seine-et-Oise et la Vendée.

sième embrasse tout le Schleswig, ainsi que Lubeck et Hambourg. Brême, un peu plus à l'ouest, semble un îlot qui s'y rattache. Ainsi, la région qui donne le plus de suicides en Allemagne est comprise entre l'Oder et la Weser. Mais le Hanovre, le Mecklembourg, le sud du Brandebourg, Anhalt, Hildesheim, Göttingen n'en font point partie. La Posnanie, la Poméranie et la plus grande partie de la Prusse occidentale (sauf la région de Dantzig) à l'est, la Westphalie et la province du Rhin, à l'ouest, la Basse Franconie, le Haut Palatinat et la Basse Bavière au sud, ont en revanche les plus faibles taux de suicide (moins de 125 par million d'habitants).

Cette distribution n'a guère changé depuis le milieu du XIXe siècle. En 1849-1858, les régions où l'on trouve les taux les plus élevés de suicide sont d'abord le royaume de Saxe, puis le district de Berlin, la province de Saxe, le Brandebourg et la Silésie. En 1903-1913, l'ordre est le suivant : le district de Berlin, le royaume de Saxe et le Brandebourg (même taux), la province de Saxe, le Schleswig-Holstein (qui n'apparaît dans la statistique allemande qu'en 1871-1880, au deuxième rang), et la Silésie : prises deux à deux, elles n'ont point changé de rang[1]. Quant aux régions où le taux de suicide est le plus faible, ce sont, en partant du minimum, en 1849-1858 : la province du Rhin, la Westphalie, la Posnanie, la Prusse occidentale et la Bavière ; en 1903-1913 : la Posnanie, la Westphalie, la Prusse occidentale, la province du Rhin ; ensuite la Prusse orientale et la Bavière presque sur le même rang. Wurtemberg, Bade, Hanovre, Poméranie, Hesse-Nassau, Mecklembourg-Schwerin gardent d'une période à l'autre leur position intermédiaire.

Le père Krose a reproduit, pour les trois périodes 1849-1858, 1871-1880 et 1900, les nombres indiquant le taux de suicide pour 14 provinces prussiennes (12 seulement dans la première période), tableau XX, p. 88, et pour 11 États allemands autres que la Prusse, tableau XXV, p. 100. Nous avons écarté la province du Hohenzollern, qui a un chiffre absolu de suicides insignifiant, et 4 États, Braunschweig, Thuringe, villes hanséatiques et Alsace-Lorraine, dont on n'indique pas les suicides pour les deux premières périodes. Nous avons calculé nous-mêmes les mêmes taux moyens, pour la période 1903-1913, pour les mêmes provinces et États, d'après les tableaux publiés annuellement dans la *Statistik des*

1. Notons aussi qu'à Lubeck, Brême et Hambourg, les taux de suicide sont très élevés, en 1903-1913 : 332 suicides pour 1 million d'habitants à Lubeck, 370 à Brême, et 357 à Hambourg. Les deux derniers sont les plus élevés de toute la série (en 1903-1913 : Berlin, 340 ; Brandebourg et royaume de Saxe, 320 ; Schleswig-Holstein, 311 ; province de Saxe, 317, etc.).

Reiches[1]. Ces nombres nous permettent de trouver le taux moyen de suicide de ces vingt provinces et États, et les coefficients de dispersion pour chaque période.

Taux de suicide en Allemagne

Années	*1849-1858*	*1871-1880*	*1891-1900*	*1903-1913*
Taux moyen de suicide	128	178	209	219
Coefficient de dispersion	35	32,3	30,3	28,2

On le voit : le degré de dispersion des taux de suicide était déjà très faible dans la première période, et il a diminué de façon continue et très sensiblement, soit, en nombres relatifs, de 100 à 81. Il était mesuré par un coefficient de dispersion égal à 3,23 en 1871-1880 en Allemagne, par un coefficient nettement plus élevé, 43,5 à la même époque, en France, soit un rapport de 100 à 134 (rappelons que le degré de convergence est d'autant plus fort que le coefficient de dispersion est faible). Ajoutons que sept États ou provinces (sur 17) avaient un taux de suicide supérieur à la moyenne dans la première période ; 8 (sur 20) en 1871-1880 ; 9 (sur 20) en 1891-1900 ; 9 (sur 20) en 1903-1913 : la répartition des taux de suicide des diverses régions autour de la moyenne tend aussi à devenir plus régulière.

Si nous examinons dans quelle proportion ont augmenté les taux de suicide, depuis soixante ans, à l'intérieur de chaque province prussienne et de chacun de ces États allemands (l'accroissement général étant de 68 % pour la Prusse), nous constatons que l'accroissement est de beaucoup le plus rapide dans la province rhénane (162 %) et en Westphalie (111 %), où il y avait et où il y a encore le moins de morts volontaires (en même temps qu'en Posnanie et en Prusse occidentale, où les taux de suicides n'augmentent que moyennement, de 51 et de 66 %) ; qu'il est encore très rapide en Bade (96 %), en Wurtemberg (83 %), en Bavière et en Hanovre (80 % dans l'un et l'autre), c'est-à-dire dans des pays où l'on se tue assez rarement. L'accroissement du

1. Voir Krose, *Der Selbstmord*, etc. Nous avons calculé en réalité la moyenne des taux de suicide et non, ce qui eût été plus correct, le taux moyen de suicide, pour l'ensemble de ces onze années. Nous ne savons d'ailleurs comment a procédé le père Krose. Il ne semble pas que les résultats obtenus par l'une et l'autre méthode doivent être bien différents.

taux de suicide est le plus faible dans le royaume de Saxe (30 %), où l'on se tuait beaucoup plus que dans toute l'Allemagne en 1849-1858, et qui n'est maintenant dépassé à cet égard que par Berlin et le Brandebourg ; dans ces deux dernières régions il est moyen (61 et 70 %). Ces indications suffisent. La convergence croissante des taux de suicide s'explique principalement par l'augmentation rapide et très rapide de ce genre de morts dans les régions où il était le moins répandu (sauf quelques exceptions : Prusse orientale et occidentale, Poméranie et Posnanie)[1], tandis qu'il augmente beaucoup moins dans ceux où il l'était le plus.

En Italie, qu'on mène une ligne d'un point sur la côte de la mer Adriatique situé à mi-chemin entre Ravenne et Ancône, à un autre point, sur la côte de la mer Tyrrhénienne, à mi-chemin entre Ostie et Gaète : dans toute la partie située à gauche, on ne trouve pas sans doute autant de gens résolus à se donner la mort qu'en Allemagne et qu'en France, mais à peu près autant qu'en Autriche et qu'en Suède, et à peu près autant qu'en France et en Allemagne il y a quarante ans. Taux de suicide modéré, mais raisonnable, tel qu'il convient à un peuple entraîné dans le courant de la vie moderne. Au contraire, à l'est de cette ligne (ainsi qu'en Sicile et en Sardaigne), la proportion des morts volontaires est extrêmement basse. Elle n'est aussi basse ou plus basse qu'en Russie. En 1827-1843 les suicides étaient aussi clairsemés dans quelques provinces du midi de la France (Gascogne, Languedoc). Bien qu'à cet égard l'Italie se soit bien rapprochée des pays européens, elle reste encore très en arrière.

On trouve, chez le père Krose, le taux de suicide dans 16 provinces italiennes pour deux périodes : 1864-1876 et 1894-1900, et chez Mario

1. Faut-il tenir compte, pour expliquer cette exception, de ce que ces régions de l'Allemagne ont une population où les Slaves entrent dans une proportion importante ? Étudiant l'influence de la race sur le suicide, le père Krose, pour la période 1881-1890, arrivait aux résultats suivants. Il répartit la population européenne entre quatre grands groupes ethniques. Il retranche à cet effet de chaque nation les régions « peuplées d'allogènes » : de l'Allemagne, Posen, Bromberg, etc. ; de la France, la Corse et la Bretagne. Il rattache à l'Allemagne une partie de l'Autriche, la Hollande, etc. Il trouve pour 92 millions de Germains un taux de suicide de 158 ; pour 87 millions de Romans, de 113 ; pour 12 millions de Celtes, de 55 ; pour 93 millions de Slaves, de 30. Mais il a eu l'idée de comparer la partie le plus purement polonaise de la province de Posnanie, et le district de Munster, purement allemand, mais également catholique et également agricole, et il a trouvé, pour 816 103 Polonais, un taux de suicide de 71 pour un million, et, pour 493 147 Allemands, de 69 pour 1 million. La confession religieuse et le genre de vie (urbain ou rural) exercerait donc une influence plus grande que la race, Krose, *Die Ursachen*, etc., p. 52-54.

Bonsegna, pour la période 1905-1914[1]. Il en résulte que, pendant ces trois périodes, la ligne de séparation (que nous avons indiquée) entre les provinces à fort et à faible taux de suicide ne s'est pas déplacée. À l'intérieur du premier groupe il y a eu quelques changements de rang. En 1905-1914, la Ligurie (Gênes) vient en tête : cette longue traînée noire semble faire suite à la bande sombre de la Provence, et, interrompue par la Toscane, elle recouvre également tout le Latium (Rome) qui occupe le second rang ; le Piémont vient tout de suite après, avec un taux de suicide presque égal. En 1864-1876, c'est l'Émilie (Parme, Modène, Bologne) qui distançait les autres ; le Piémont était alors au cinquième rang. Aujourd'hui l'Émilie vient immédiatement après le Piémont, puis la Toscane et la Lombardie qui n'ont guère baissé que d'un rang, tandis que les Marches, la Vénétie et l'Ombrie n'ont pas bougé : elles terminent la série des provinces comprises dans le premier groupe. Dans le second, la Basilicate, la Calabre et la Sardaigne ont des nombres de suicides insignifiants en 1864-1876, si bien qu'on peut négliger leur rang dans cette période. Dans les deux suivantes, la Sardaigne, la Sicile et la Campanie viennent en tête du deuxième groupe, et les quatre autres provinces (Basilicate, Abruzze, Pouille et Calabre) les suivent un peu à la débandade, mal adaptées à la vie moderne avec leurs noms qui évoquent un passé de sauvagerie et de brigandage.

Nous avons calculé comme précédemment le taux moyen de suicide en Italie, et le coefficient de dispersion des nombres correspondant à chaque province, pour ces trois périodes.

Années	*1864-1876*	*1894-1900*	*1905-1914*
Taux moyen de suicide	30	60	77
Coefficient de dispersion	41,5	37,5	32

En supposant égal à 100 le coefficient de dispersion dans la première période, on trouve qu'il tombe à 90 dans la seconde, et à 77 dans la troisième.

Dans la première période, 9 provinces sur 16 ont un taux de suicide supérieur à la moyenne, dans la seconde, 6, et dans la troisième, 8. En 1864-1876 les suicides sont si rares dans les provinces du second groupe que la moyenne est extraordinairement faible.

1. Mario Bonsegna, *Il suicidio in Italia dal 1864 al 1918. Studio statistico*, Ostuni, 1924, p. 13.

Voici un tableau où nous avons représenté en nombres relatifs l'accroissement des taux de suicide, d'une période à l'autre, dans les différentes provinces. Les provinces sont rangées suivant l'ordre de grandeur décroissante de leurs taux de suicide.

Tableau XVIII – *Proportion des suicides dans les provinces italiennes en nombres relatifs*

	100 = Taux de la 1re période	*100 = Taux de la 2e période*
	Dans la 2e période	*Dans la 3e période*
Ligurie	215	149
Latium	246	120
Piémont	240	137
Émilie	159	100
Toscane	203	112
Lombardie	170	132
Vénétie	186	137
Ombrie	185	137
Marche	190	105
Sardaigne	(390)	117
Sicile	229	134
Campanie	181	139
Basilicate	160	188
Abruzze	207	134
Pouille	200	134
Calabre	234	126

L'accroissement de la proportion des suicides pour tout le royaume, de la première à la deuxième période, est de 97 %, et de la deuxième à la troisième, de 31 %.

On constate que, de la première à la deuxième période, les moyennes des taux d'accroissement sont : pour les cinq premières provinces (taux élevé) : 112,6 % ; pour les cinq suivantes (taux moyen) : 83 % ; pour les six dernières (taux faible) : 102 %. De la deuxième à la troisième, respectivement : 24, 21 et 42,5 %.

Ainsi, dans la seconde période, les taux de suicide se relèvent surtout dans les provinces à taux élevé et à taux bas, beaucoup moins dans celles qui occupent à cet égard une situation intermédiaire. Dans la troisième période le taux du suicide se relève pour les provinces à taux élevé et à taux moyen dans les mêmes proportions, mais beaucoup moins que dans les provinces à taux faible.

En somme, la dispersion des taux de suicide paraît moindre qu'en France, mais plus grande qu'en Allemagne, aux époques correspondantes.

Tableau XIX – *Proportion des suicides en Angleterre pour 1 million d'habitants* [1]

	1861-1870	*1872-1876*	*1920-1926*	*Taux d'augmentation de la 1re à la 3e période (%)*	*Numéro d'ordre dans la 1re période*	*Numéro d'ordre dans la 2e période*
Londres	80,9	85,70	118	46	2	1
Sud-Est	82,7	85,34	113	36	1	2
Centre-Sud	61,3	67,09	100	63	6	7
Sud-Ouest	57	55,82	98	72	9	9
Centre-Ouest	56,9	64,39	99	74	10	8
Est	59,8	68,43	110	85	7	3-4
Centre-Nord	76,8	79,89	110	44	3	3-4
Nord-Ouest	65	69,45	102	56	4	6
York	62,2	72,07	104	67	5	5
Nord	57,3	65,49	84	46	8	10
Galles	31,6	42,06	76	140	11	11

[1] Voici quels sont les comtés compris dans chaque groupe : Sud-Est : Surrey, Kent, Sussex, Hampshire, Berkshire ; Centre-Sud : Middlesex, Hertford, Buckingham, Oxford, Northampton, Huntingdon, Bedford, Cambridge ; Est : Essex, Suffolk, Norfolk ; Sud-Ouest : Wiltshire, Dorsetshire, Devonshire, Cornwall, Somerset ; Centre-Ouest : Gloucester, Hereford, Shropshire, Stafford, Worcester, Warwick ; Centre-Nord : Leicester, Rutland, Lincoln, Nottingham, Derbyshire ; Nord-Ouest : Cheshire, Lancashire ; York : West-Riding, Isast-R., North-R. ; Nord : Durham, Northumberland, Cumberland, Westmoreland ; Wales : Monmouthshire, South-Wales, North-Wales.

L'Angleterre nous ménage une surprise.

Krose a reproduit un tableau où Morselli indiquait pour deux périodes : 1861-1870 et 1872-1876, les taux de suicide dans onze régions. Nous avons calculé nous-même les taux de suicide dans les mêmes régions, pour la période 1920-1926[1]. Nous avons pu dresser ainsi le tableau XIX ci-dessus.

1. Ces chiffres anglais comprennent, avec les suicides consommés, les tentatives qui ont été l'objet de poursuites judiciaires *(felo de se)*, et qui ne représentent qu'une proportion insignifiante, 2 ou 3 %, du total des suicides.

Nous avons calculé les coefficients de dispersion, simples et pondérés, de ces taux de suicide et obtenu les résultats suivants (nous indiquons en même temps le taux moyen de suicide pour toute l'Angleterre) :

		Suicides en Angleterre			*Nombres relatifs*		
		1861-1870	*1872-1876*	*1920-1926*	*1861-1870*	*1872-1876*	*1920-1926*
Taux moyen de suicide		63	68	101	100	108	160
Coefficients de dispersion	simples	16,8	13	8,7	100	77	51,5
	pondérés	15	10,7	7,8	100	71,5	52

Ces coefficients de dispersion sont très faibles, lorsqu'on les compare à ceux que nous avons trouvés en France et en Italie, et même en Allemagne. En France, le coefficient de dispersion pondéré, en 1910-1913, est égal à 30,5, soit le double du coefficient pondéré trouvé en Angleterre dès 1861-1870. En Allemagne, le coefficient simple en 1903-1913 est égal à 28,2, soit plus du double du coefficient simple en Angleterre dès 1872-1876. Voici d'ailleurs un tableau qui permet de comparer sous ce rapport les quatre pays étudiés.

Tableau XIX *bis – Coefficients simples de dispersion*
(nombres relatifs entre parenthèses)

France	1872-1876	42,3	(100)
	1893-1900	40,5	(96)
	1910-1913	34,5	(81,5)
Italie	1864-1876	41,5	(100)
	1894-1900	37,5	(90)
	1905-1914	32	(77)
Allemagne	1871-1880	32,3	(100)
	1891-1900	30,3	(94)
	1903-1913	28,2	(87,5)
Angleterre	1861-1870	16,8	(100)
	1872-1876	13	(77)
	1920-1926	8,7	(51,5)

Nous nous sommes demandé si ces grandes différences ne tenaient pas à ce que les groupes de comtés formés par Morselli étaient en trop petit nombre et nous avons calculé, pour avoir un terme de comparaison, le coefficient simple de dispersion des taux de suicide dans les 44 comtés, en 1920-1926. Nous avons trouvé 11,1, au lieu de 8,7 pour les 11 groupes de comtés. C'est un nombre du même ordre (rappelons qu'en Allemagne nous comparions 21 provinces et États, et en France 20 groupes de départements).

Nous devons donc admettre qu'en Angleterre la tendance au suicide est beaucoup plus uniforme dans les divers comtés qu'en France dans les départements, qu'en Italie dans les provinces, qu'en Allemagne dans les États et provinces. À cet égard l'Angleterre serait plus homogène, le conformisme des mœurs et croyances y serait plus grand qu'en Allemagne, de même qu'il paraît plus grand en Allemagne qu'en France et en Italie.

Nous avons dressé la carte du suicide dans les divers comtés d'Angleterre et de Galles pendant la période 1920-1926. Sans entrer dans le même détail que dans notre étude sur les suicides en France, indiquons les remarques générales qu'elle suggère.

« Le relief britannique, dit M. Demangeon, se distingue à la fois par son morcellement et par sa faible altitude. Sur un petit territoire il nous offre une juxtaposition de compartiments élevés et de compartiments abaissés, de hautes terres et de basses terres. Ce contact fréquent, cette opposition répétée de *highlands* et de *lowlands* peuvent être considérés comme l'originalité de ce pays : source de contrastes locaux, elle multiplie les petits cadres naturels, les individualités régionales. »[1]

Trouverons-nous, dans ce pays, le même contraste qu'en France, entre les pays montagneux, pays de landes, etc., où les suicides sont peu nombreux, et les vallées, les plaines, etc., où ils se multiplient ? Il faut observer qu'en raison de l'industrialisation intensive de l'Angleterre, les mêmes comtés renferment quelquefois des régions de montagne et des établissements industriels très nombreux. Cependant quelques oppositions se révèlent très vite.

Le Pays de Galles présente le moins de morts volontaires. Le taux moyen du suicide en Angleterre dans cette période est de 104. Il s'abaisse à 78 dans le sud, à 75 dans le nord de cette région. Or le Pays de Galles, « presqu'île couverte de montagnes, appartient aux hautes terres de l'ouest britannique, isolées, rugueuses et sauvages. Il n'offre aux hommes, à côté des vallées où se réfugient les arbres et les champs,

1. Albert Demangeon, *Îles Britanniques*, tome 1 de la *Géographie universelle*, Colin, 1927, p. 20. C'est de cet ouvrage que sont tirées les citations qui suivent. Se reporter à la planche V ci-dessous, p. 139.

à côté des lisières littorales où s'allongent les bons terroirs, que les vastes étendues chauves des landes » (p. 177). Il fait penser à la Bretagne française. Mais il est plus âpre, plus sauvage. Il était plus isolé autrefois qu'aujourd'hui. En 1870, le taux du suicide, égal à 40, ne représentait que 60, par rapport à la moyenne supposée égale à 100, au lieu de 74 cinquante ans plus tard, c'est-à-dire dans la période que nous étudions. Pour trouver un taux plus faible, il faut remonter en Écosse, où l'on comptait, pour 1 million d'habitants, 33 morts volontaires en 1871-1875, et 66 en 1920-1926 : il doit être bien plus faible encore dans les *highlands* écossais, étant donné que dans les *lowlands,* autour de Glasgow et d'Edinburgh, les deux tiers des habitants de l'Écosse se pressent.

Transportons-nous au nord de l'Angleterre. Dans tout le pays montagneux : Cumberland, Northumberland, Durham, les taux de suicide sont faibles. Ils se relèvent à mesure qu'on descend : c'est la région industrielle et commerçante du Lancashire : Liverpool, Manchester, que la chaîne Pennine sépare d'York, Il y a là une agglomération de 5 millions d'hommes : le taux de suicide y est égal à la moyenne pour l'Angleterre, et il reste à peu près le même dans le Cheshire, plus au sud, où l'activité industrielle est encore intense. À l'est, en York, dans le North-Riding et le West-Riding[1] (Middlesborough, Leads, Halifax, Sheffield), et plus au sud, dans le Nottinghamshire, c'est-à-dire encore dans une région où les usines et fabriques groupent autour d'elles des agglomérations denses, le taux de suicide est supérieur ou égal à la moyenne. Pour tous ces comtés, il n'est pas possible de distinguer les parties montagneuses et les plaines basses. Les établissements humains les plus denses se développent au pied des collines. Les conditions du relief passent à l'arrière-plan.

Il n'en est plus de même des comtés East-Riding et Lincoln, au nord et au sud de la Humber, sur la côte est, où le taux de suicide baisse nettement. Cette région est tout entière couverte de *wolds* (forêts et bois), et de *fens* (marais)[2]. Sur leur bordure ouest courent les hauteurs de Lincoln. On n'y rencontre pas de grands centres industriels. Elles se trouvent trop à l'est pour subir l'action de Manchester et de Sheffield, trop au nord pour que l'influence de Londres parvienne jusque-là. Elles

1. Actuellement le West-Riding concentre les quatre cinquièmes des ouvriers de la laine de la Grande-Bretagne.
2. Ces *wolds* sont la continuation, au-delà du Wash, de l'escarpement de craie qui commence dans le Berkshire, se continue, au nord de la Tamise, sous le nom de Chiltrenhills, et s'abaisse dans les comtés de Cambridge et de Norfolk. Voir Demangeon, *loc. cit.*, p. 208.

font un vif contraste avec le Norfolk et le Suffolk, qu'on rencontre en descendant au sud-est : vaste bosse péninsulaire qui proémine entre la Wash et la Tamise. C'est là que les suicides sont le plus nombreux (128 et 122 pour 1 million, tandis que la moyenne est 104). « De grandes plaines au relief presque insensible s'inclinent doucement vers la mer du Nord. C'est l'Est-Anglie, le pays de la grande culture, le seul de toute la Grande-Bretagne qui ait résisté à l'extension de l'économie pastorale et à la conquête par l'herbe. Les champs de céréales en couvrent souvent la moitié » (p. 219). Dans ces plaines cultivées, la population est assez dense autour de Norwich et d'Ipswich, et rien n'y arrête la circulation des hommes. « Vers le sud, à mesure que la nappe des argiles glacières devient plus mince et moins continue, on voit commencer les gracieux paysages des landes (landes de bruyère et d'ajoncs) et des bois de l'Essex, interprétés par Constable et Gainsborough » (p. 221). En même temps le taux de suicide diminue nettement, et baisse même au-dessous de la moyenne.

Nous atteignons maintenant l'estuaire de la Tamise, et la région située au sud de Londres. Là « l'éveil de la vie urbaine n'est pas venu de la terre, mais de la mer. La péninsule du Kent s'avance à la rencontre du continent. Plus à l'ouest, l'estuaire de Southampton ouvre une voie de pénétration vers les Midlands ». C'est la mer qui a formé toutes ces villes, au bord de la Manche, dans le Kent, le Sussex et le Hampshire. Mais Londres en a fait ses satellites. « Toutes les villes du littoral, même les ports, sont les unes en été, les autres toute l'année, le refuge des foules qui fuient la grande ville. Pressées parfois les unes contre les autres jusqu'à se toucher, elles forment comme une zone de luxe et d'élégance, comme une esplanade de plaisir et de sport. D'un bateau qui longerait les côtes, on les verrait défiler depuis le Kent jusqu'au Dorset. » Or c'est une des régions où l'on compte le plus de suicides, autant et plus qu'à Londres. Dans le Surrey, au voisinage de Londres, mais loin de la mer, il y en a beaucoup moins : pays de bois, de sols maigres et de fonds humides, coupé de collines (les *downs*).

Quand on compare la carte des suicides de toute la partie de l'Angleterre comprise entre Manchester et Birmingham au nord, Cambridge et Londres à l'est, le Pays de Galles à l'ouest, et une autre carte qui indique, dans la même région, comment sont distribuées les basses plaines, les plaines, les collines et montagnes, celle-ci aide singulièrement à comprendre celle-là. Aussitôt après la région dont nous venons de parler, en suivant la côte de la Manche, on arrive à un comté, le Dorsetshire, où le taux des suicides est bas : 92 (au-dessous de la moyenne : 104). À partir de là, en remontant vers le Nord, on traverse le Wiltshire, où il baisse encore davantage (78), puis le Gloucestershire, l'Oxfordshire et le Berkshire, où il reste faible (90, 85 et 95) : c'est une tache blanche très nettement dessinée. Or le Dorset est couvert de collines ; dans la région de Gloucester et d'Oxford passent les Costwoldhills, « plateaux calcaires entre les vallées de la Severn et de la Tamise. Il n'y a de centres urbains (des villes rurales) que dans les profondes vallées qui les entaillent, à la lisière des plaines »[1]. Enfin, dans le Wiltshire et le Berkshire courent les Marlborough downs. Plus loin, dans le Buckinghamshire (taux de suicide : 102) et dans le Bedfordshire (82), s'étendent les Chilternhills, côtes massives et crayeuses. C'est-à-dire qu'aux régions où l'on se tue moins correspondent, sur la carte, les traînées blanches des collines et des coteaux.

Dans la longue presqu'île qui termine l'Angleterre au sud-ouest « il y a deux régions fort différentes : à l'ouest, le plateau des rochers primaires, dominé par des massifs de granit, qui s'avance en mer et s'amincit progressivement ; à l'est une plaine basse, véritable prolongation de la plaine anglaise... Par leurs plateaux accidentés, Devon et Cornouailles (taux de suicide bas et moyen : 87 et 106) appartiennent aux massifs de l'Ouest ancien : par sa plaine le Somerset (taux de suicide assez élevé : 112) rappelle les paysages des Midlands » (Worcestershire : 106 ; Warwickshire : 100 ; Leicestershire : 110)[2].

Nous avons fait le tour entier de l'Angleterre. Il reste à explorer le centre, notamment cette partie de la plaine anglaise qu'on appelle les Midlands et qui est bornée à l'ouest par le massif gallois, au nord par le massif Pennin et au sud par la côte calcaire des Wolds. Ici, nous trouverons que les taux de suicide sont plus bas dans les régions d'élevage que dans les pays de labour. « Si l'on excepte les landes et les bois de certains cantons rocheux des comtés de Warwick et de Stafford (taux de suicide : 100 et 97, un peu au-dessous de la moyenne : 104), les Midlands renferment des sols durs à labourer, mais excellents pour le blé. »

1. « Au sud de la Tamise, les downs du Berkshire présentent, tourné vers le nord, un front continu d'escarpements dépassant parfois 300 m d'altitude, se dressant à plus de 200 m au-dessus des plaines de la Haute Tamise. Leurs pentes raides, couvertes d'un gazon court, semées de buissons de genévriers, sont rebelles à la culture. À la surface du plateau, l'argile à silex donne un sol caillouteux où persistent les garennes et les landes, et que parfois il faut épierrer avant de le cultiver » (*ibid.*, p. 208).

2. Le taux du suicide dans le Devon serait plus bas, s'il n'y avait pas, au sud de ce comté, une agglomération urbaine formée de trois villes : Plymouth, Stonehouse et Devonport, soit 210 000 habitants (sur 710 000 pour le comté tout entier).

Cependant, durant le XIXe siècle, l'Angleterre n'a pas cessé d'évoluer vers l'herbe, vers la pâture, surtout dans l'Ouest, plus océanique et plus humide, tandis que l'Est est plus continental, plus sec et plus chaud. « Dans les campagnes où confinent les comtés de Leicester, de Rutland, de Northampton, de Huntingdon et de Bedford (vers l'est des Midlands), on voit encore de vastes surfaces labourées, des champs de blé et d'orge travaillés et moissonnés à la machine ; on y sent déjà les approches des comtés de l'Est, fidèles aux céréales » (*ibid.*, p. 210). La moyenne des taux de suicide, dans les quatre comtés, s'élève à 115[1]. « Mais partout ailleurs (à l'ouest) la tendance pastorale s'affirme et domine toute l'exploitation. Dans les comtés de Leicester, de Warwick, de Shropshire, de Worcester et de Gloucester, les pâtures permanentes couvrent plus de la moitié de l'étendue totale : elles représentent plus que le double des labours. Les campagnes sont d'immenses herbages, pâturés ou fauchés. Dans le Staffordshire, la surface arable a baissé de 70 % entre 1794 et 1912 ; la surface enherbée a plus que quadruplé. » La moyenne du taux de suicide, dans ces six comtés, s'abaisse à 103 (à 102 si on n'y comprend pas le Leicester, qui est à cheval sur les deux régions). Dans le Stafford en particulier il tombe à 97. Ces régions d'élevage sont riches. D'ailleurs c'est une terre plantureuse, « une campagne fortunée entre toutes ». Il y a partout des fermes, des villages pittoresques et des villes le long des vallées. Ces villes, il est vrai, sont de dimensions médiocres. Il n'y a qu'à comparer deux cartes indiquant la répartition des villes britanniques en 1801 et 1921, pour constater que tandis qu'au sud, à l'est, au nord-est et au nord de Londres les grandes cités se multiplient, elles n'augmentent guère à l'ouest[2]. « Il y a, dans les Mildlands, tout un essaim de vieux bourgs, jadis disputés entre les Danois et les Saxons, dont les noms reviennent souvent dans l'histoire des guerres : Stafford, Warwick, Worcester, Nottingham, Bedford, Leicester, Derby. Le passé se perpétue dans les traits de leur figure et résiste encore aux rudes nivellements du présent » (*ibid.*, p. 281). Région relativement abritée par la nature de son économie, qui fixe les

1. Nous éliminons le Bedfordshire, un des plus petits comtés, qui, avec le Durham, a le plus bas taux de suicide de l'Angleterre sans le Pays de Galles (82), parce que, comme nous l'avons vu, c'est une région en bonne partie montagneuse. C'est dans le Northamptonshire (qui lui est contigu) qu'on relève le taux de suicide le plus élevé de toute l'Angleterre (129) : dans le Norfolk on trouve à peu près le même : 128. Northampton est au centre d'une région très industrielle (grande industrie) : autour de cette ville se groupent des mines de fer importantes (à Banbury, Wellingborough, etc.) et des hauts fourneaux.
2. Voir Demangeon, *loc. cit.*, p. 280-281.

hommes au sol, dans une série de vallées assez isolées les unes des autres, dans un cadre un peu morcelé. Elles se distingue à cet égard de l'ensemble des comtés qui se groupent au sud, à l'est et au nord de Londres. C'est bien cet ouest tranquille aux riants jardins fruitiers, aux prairies fraîches et verdoyantes, vers lequel se tournent, loin du mouvement de l'est, les quartiers aristocratiques de la grande métropole anglaise.

Ceci ne représente qu'une esquisse de ce que pourrait être une étude des rapports entre la distribution des morts volontaires et la structure du sol en Angleterre. Telle quelle, elle confirme et précise les résultats où nous avait conduits la même étude poursuivie en France. Certes, dans un pays aussi industrialisé que l'Angleterre, on pouvait s'attendre à ce que les influences géographiques fussent contrariées par le fait que les hommes ont, en bien des régions, imposé au sol l'empreinte de leur activité. Par exemple la chaîne Pennine se développe sur tout le nord de l'Angleterre : elle couvre une partie du Lancashire et de l'York et descend très bas[1]. Cependant les suicides demeurent à un niveau moyen. C'est que toute la région qui s'étend de Newcastle à Liverpool et Manchester est en même temps peuplée d'établissements industriels. Dans ces pays montagneux, les bassins houillers affleurent, si bien que la présence de montagnes, d'ordinaire signe de dispersion et obstacle à la circulation des hommes, est ici à la fois la cause et l'indice de leur concentration, et multiplie les rapports sociaux. Partout ailleurs on se tue peu dans les régions parcourues ou coupées par des collines, des coteaux, des escarpements, ou dans les pays de landes, d'herbages, d'élevage. On se tue davantage dans les plaines basses et dans les pays ouverts où s'étendent les champs de céréales.

Nous avions montré qu'en France, de 1872-1876 à 1911-1913, dans les départements dont la population a le plus augmenté, le taux du suicide a augmenté moins vite qu'en moyenne dans toute la France, et que, dans les départements qui sont le plus dépeuplés, il a augmenté plus vite qu'en moyenne. Trouve-t-on qu'il en est de même en Angleterre ? Considérons les deux périodes 1870-1876 et 1920-1926. Nous avons formé un premier groupe de douze comtés qui présentaient, en 1872-1876, un taux de suicide supérieur à la moyenne, et dont la population a augmenté dans ces cinquante années plus qu'en moyenne

1. Ce sont Middlesex, Surrey, Warwick, Derby, Northumberland, Cheshire, Kent, Nottingham, Sussex, Lancashire, Leicester et West-Riding.

pour l'Angleterre (soit de 69 à 380 %, l'accroissement de la population anglaise dans son ensemble ayant été de 64 %). La moyenne des accroissements de leurs taux de suicide d'une période à l'autre a été de 25,5 % (au lieu de 58 % dans toute l'Angleterre)[1]. Nous avons formé un second groupe de 14 comtés qui présentaient un taux de suicide inférieur ou égal à la moyenne, et dont la population a augmenté bien moins qu'en moyenne pour toute l'Angleterre, ou a diminué (7 ont diminué de 2 à 32 %, 7 ont augmenté de 6 à 40 %). La moyenne des accroissements de leurs taux de suicide a été de 81 % (au lieu de 58 % dans toute l'Angleterre), soit de 90 % dans les départements dont la population a diminué, et de 70 % dans les départements dont la population a peu augmenté. Ainsi se vérifie exactement la loi que nous avions formulée.

1. Nous avons éliminé cinq comtés dont la population a beaucoup augmenté mais qui ont un taux de suicide inférieur à la moyenne : Essen, Durham, Galles du Sud, Hampshire et Hertford. Si l'on joignait à ceux qui ont été retenus Essex et Hampshire, dont les taux de suicide ne s'écartent guère de la moyenne ; on obtiendrait, comme augmentation moyenne du taux de suicide, 32 %.

VII

La répartition des suicides dans les villes et à la campagne

Nous avons étudié jusqu'ici de quelle manière les suicides se distribuent, en nous en tenant à des divisions régionales ou politiques : nations, et, à l'intérieur d'une même nation, états, provinces, comtés, départements. Mais, faisant abstraction de ces divisions, ou à l'intérieur de chacune d'elles, ne pourrait-on pas poser le même problème en distinguant la population urbaine et la population rurale, la population des grandes villes, des villes moyennes, des petites villes, c'est-à-dire envisager les taux de suicide dans leur rapport avec la grandeur et la densité des établissements humains dans lesquels on les relève ? C'est une opinion assez répandue que le suicide se manifeste surtout à l'intérieur des grandes agglomérations urbaines, et que les campagnes subissent à cet égard l'influence et la contagion des grandes cités. Qu'en faut-il penser ?

Le père Krose, qui a étudié assez attentivement le rapport entre la densité de la population et le suicide, arrive cependant à des résultats plutôt négatifs. Mais, d'abord, il ne faut pas confondre la densité de la population et son degré d'agglomération. Dans le tableau XXI de son livre, il range 22 pays d'après la densité de la population et d'après la fréquence des suicides en 1891-1895. Nous avons calculé, d'après ces données, l'écart effectif moyen entre les deux rangements[1] : l'opposi-

1. Si nous disposons un certain nombre de pays en deux séries, ici par exemple, suivant la densité croissante de leur population et la fréquence croissante de leurs suicides, ils peuvent tous occuper le même rang respectivement dans les deux séries. L'écart moyen entre les deux rangements est alors égal à 0, qui représente le coefficient de correspondance maximum. Si les rangs qu'ils occupent dans les deux séries sont aussi différents que possible, l'écart moyen est égal (ou n'est inférieur que d'une petite fraction) à la moitié du nombre de ces pays : c'est le coefficient d'opposition maximum. Lorsque l'écart moyen est égal à la moitié de ce dernier coefficient (soit au quart du nombre des pays), nous admettrons qu'il n'y a aucun rapport entre les deux

tion étant mesurée par 11, l'indépendance par 5,5, nous trouvons un écart moyen égal à 6,3 : il n'y a donc aucune correspondance. Notons en particulier que la France vient au 10e rang pour la densité de population, au 2e pour le suicide, et l'Allemagne, respectivement, au 6e et au 4e. Il fait la même comparaison pour 71 petits États et grandes circonscriptions, en Allemagne, en 1891-1900. Nous avons calculé ici encore l'écart moyen entre les deux rangements (par densité et par taux de suicide). L'opposition étant mesurée par 35,5, l'indépendance par 17,75, nous trouvons un écart moyen égal à 19,70 : il n'y a pas trace de correspondance. Mais cela, nous le répétons, n'a pas lieu de nous étonner. Il faudrait comparer, au point de vue du suicide, la population des villes et des campagnes.

C'est bien ce qu'a encore fait le père Krose, mais au moyen de rapprochements qui ne pouvaient conduire à un résultat. Il appelle urbaine la population des communes de plus de 2 000 habitants, et il range 19 États européens d'après le rapport (pour 100) de la population urbaine à la population totale, et d'après le taux du suicide. Calculons l'écart effectif entre ces deux colonnes : opposition : 9,5 ; indépendance : 4,75 ; écart moyen effectif : 5,52. Le résultat est toujours négatif. Et il en est de même, si l'on range ces pays d'après le rapport de la population des villes de plus de 50 000 habitants à la population totale, et d'après le taux du suicide : opposition : 9,5 ; indépendance : 4,5 ; écart moyen effectif : 5,15. Il n'y a pas de correspondance. C'est que chaque pays, à une même époque, a un taux de suicide qui lui est propre, et qui, s'il dépend en partie de l'importance de la population urbaine, reflète aussi l'action d'autres facteurs peut-être plus importants. Il est très possible cependant que, dans un même pays, il y ait une différence très forte entre le taux du suicide à la campagne et dans les villes, surtout dans les grandes villes.

Sur le taux de suicide dans les villes et à la campagne, on ne trouve guère, dans les ouvrages publiés jusqu'à présent, que des renseignements très fragmentaires. D'après un tableau reproduit par Morselli, nous indiquons ce que devient le taux du suicide dans les villes si on le suppose égal à 100 à la campagne[1]. On trouve ainsi les nombres relatifs

rangements : c'est le coefficient d'indépendance. Ces trois coefficients étant connus, il est facile de voir duquel se rapproche l'écart moyen effectif. Nous emploierons souvent dans la suite ce mode de calcul rapide et suffisamment approché.

1. On ne nous dit pas comment on distingue les villes des campagnes, sauf en Allemagne (les deux premiers nombres reproduits), où il s'agit des villes de plus de 15 000 habitants.

suivants : Prusse (1849-1856-1858) : 184 ; Saxe (1859-1863) : 146 ; Italie (1877-1878) : 227 ; Belgique (1851-1855 et 1858-1860) : 181[1].

Mais ce qui serait plus intéressant (et ce qui n'était guère possible au temps ou écrivait Morselli), ce serait d'observer comment évolue ce rapport, durant une période assez longue, dans un grand pays. Les statistiques françaises indiquent chaque année le nombre absolu des suicides dans les villes et à la campagne (c'est-à-dire dans les communes de moins de 2 000 habitants). Ni Krose, ni Durkheim n'ont tiré parti de ces chiffres. Nous avons calculé nous-mêmes, pour le plus grand nombre d'années possible, les taux du suicide dans les villes et à la campagne en France, ainsi que leur rapport, et établi le tableau suivant :

Tableau XX – *Proportion des suicides dans les villes et à la campagne en France* ([1])

	Pour 1 million d'habitants		*Nombres relatifs*
	Dans les villes	*À la campagne*	*Dans les villes (100 = le taux du suicide à la campagne)*
1866-1869	202	104	195
1870-1872	161	110	146
1873-1876	217	118	184
1884-1887	268	171	156
1891-1892	287	194	148
1897-1902	260	186	140
1905-1911	264	215	122
1919-1920	219	192	114

([1]) Pour les trois premières périodes, nous reproduisons les chiffres de Morselli. La période 1897-1902 ne comprend pas 1898 et 1901. La période 1905-1911 ne comprend pas 1909. Nous avons calculé ces taux de suicide pour chaque année par rapport à la population urbaine et rurale du recensement quinquennal le plus rapproché. Chaque taux calculé est la moyenne des taux annuels.

Des chiffres de la troisième colonne il résulte que l'écart entre les taux du suicide dans les villes et à la campagne était très élevé au début

1. A. Wagner, d'après les données de 1850 et des années suivantes, reproduit des nombres d'où nous tirons, pour les villes, les nombres relatifs suivants (qui ont la même signification que dans notre texte) : en Prusse : 184 ; en Wurtemberg : 188 ; en Hanovre : 165.

(plus de neuf dixièmes) et qu'il n'a pas cessé de diminuer, jusqu'à tomber à un septième[1].

On sait que la population des campagnes a beaucoup diminué en France depuis plus d'un demi-siècle. Nous avons eu la curiosité de chercher si la diminution de l'écart entre les taux du suicide dans les villes et à la campagne était en rapport avec la diminution de la population rurale.

	Taux du suicide dans les villes (100 = le taux du suicide à la campagne)		*Population rurale (100 = la population urbaine)*
1873-1876	184	1881	187
1897-1902	148	1901	144
1919-1920	114	1921	116

Il y a certainement une correspondance très approchée entre ces chiffres. Ils paraissent venir à l'appui de la proposition établie précédemment, savoir que, dans les régions ou les groupes dont la population diminue, le suicide augmente, et inversement. Mais la même question se pose. Est-ce parce que le groupe dont la population diminue perd ceux de ses membres qui étaient les moins portés au suicide, ou parce qu'il s'ouvre plus largement aux influences qui proviennent du groupe en voie de s'accroître ?

En Suède, si nous représentons par 100 la proportion des suicides à la campagne, on trouve les nombres suivants pour les villes[2] (voir tableau page suivante).

1. Dans la publication du ministère de l'Intérieur (direction de l'Assistance et de l'Hygiène publique) intitulée : *Statistique sanitaire de la France, Année 1912* (publiée en 1915), nous trouvons les chiffres des décès par suicide en France dans les villes de 5 000 habitants et au-dessus, et dans les villes de moins de 5 000 habitants pour chaque année de 1906 à 1912 (inclus). Ces chiffres (obtenus sans doute d'après les déclarations de décès) sont notablement inférieurs (de 10 à 16 %) aux chiffres de *la justice criminelle*. Nous avons calculé le taux moyen du suicide pendant cette période pour les deux parties de la population ainsi distinguées. En faisant égale à 100 la proportion moyenne des suicides dans les villes de moins de 5 000 habitants, on trouve, pour les villes de plus de 5 000 habitants : 116, au lieu de 122, pour la même période, quand on compare aux agglomérations de moins de 2 000 les villes de plus de 2 000. Cela laisse supposer que l'écart diminue, quand la limite qui sépare les villes plus peuplées et moins peuplées remonte.
2. D'après un tableau reproduit dans la *Revue hongroise de statistique*, juillet 1928, p. 726.

1821-1830	315
1851-1860	225
1881-1890	230
1911-1915	168
1922-1923	124

L'écart entre la ville et la campagne a diminué d'une façon continue, beaucoup plus vite qu'en France.

Nous avons enfin établi le tableau suivant, d'après la statistique des suicides en Tchécoslovaquie pour l'année 1920 : le chiffre de la population est tiré du recensement qui fut fait le 15 février 1921. Tous ces nombres ont été calculés par nous.

Tableau XXI – *Les suicides en Tchécoslovaquie, en 1920*

	Population des villes de plus de 10 000 habitants (pour 100 de la population totale)	*Taux du suicide*			*Rapport du taux du suicide dans les villes de plus de 10 000 habitants, au taux du suicide dans les autres communes* (1)
		dans les villes de plus de 10 000 habitants	*dans les autres communes*	*Total*	
	1	2	3	4	5
Bohême	22,5	432	280	320	154
Moravie	22,2	310	192	218	162
Silésie	15,8	330	136	167	242
Slovaquie	11,1	290	70	94	415
Russie (subcarpathique)	11,1	314	60	87	522
Tchécoslovaquie	19,1	378	198	233	190

(1) Nous supposons que le taux de suicide dans les « autres communes » est égal à 100.

On voit que les nombres de la colonne 2 sont bien plus voisins les uns des autres que les nombres de la colonne 3 : les coefficients de dispersion sont, respectivement : 11,5 pour les villes de plus de 10 000 habitants (3,5, si on écarte la Bohême et Prague), et 48 pour les autres communes. D'autre part, le taux du suicide, dans les « autres communes », diminue extrêmement vite, à mesure qu'on passe des provinces où la population urbaine est la plus nombreuse aux provinces où elle l'est le moins. Enfin l'écart entre le taux de suicide dans les villes et à la campagne augmente encore plus, vite, à mesure qu'on passe des régions où les villes sont nombreuses aux provinces où elles le sont peu. Les grandes villes semblent bien exercer à cet égard une influence sur la région qui les entoure, et une influence d'autant plus forte qu'elles sont plus grandes[1].

C'est ce qui s'aperçoit surtout dans la province de Bohême qui contient à elle seule près de la moitié de la population tchécoslovaque (plus de 6 millions et demi d'habitants sur 13 millions et demi). Si l'on calcule pour cette province le rapport du taux de suicide dans les villes de plus de 10 000 habitants au taux de suicide dans les autres communes supposé égal à 100, on trouve les nombres suivants :

Années	
1919	302
1920	154
1923	132
1924	122
1925	116
1926	122

1. Les nombres de ce tableau ne se rapportent qu'à une année. Mais nous pouvons faire les mêmes calculs pour la moyenne des suicides en Tchécoslovaquie durant les quatre années 1923-1926 (nous ne disposons pas de données à cet égard en 1921 et 1922). Nous obtenons, comme nombres exprimant le rapport du taux du suicide dans les villes de 10 000 habitants, au taux du suicide dans les autres villes (colonne 5) : Bohême, 122 ; Moravie, 158 ; Silésie, 146 ; Slovaquie, 259 ; Russie subcarpathique, 286. Ces nombres, dans l'ensemble et dans le détail, sont moins élevés que les chiffres de la colonne 5. Mais ils augmentent comme ceux-ci à mesure qu'on passe à des régions moins urbaines. La Silésie seule fait exception. Mais cette province, comme la Russie subcarpathique, a une population petite (chacune, moins que le vingtième de la République), et un nombre absolu très réduit de suicides. Indiquons quel a été le taux du suicide, pour toute la République et pour la Bohême seule, aux années suivantes :

	Nombre de suicides pour 1 million d'habitants						*Augmentation de 1919 à 1926 (%)*
	1919	*1920*	*1923*	*1924*	*1925*	*1926*	
Tchécoslovaquie	219	233	261	250	265	295	42
Bohême	280	320	335	320	327	378	35

Il semble, que, dans cette période de huit ans, une tendance à l'égalisation des taux de suicide entre toutes les grandes villes et les communes de la Bohême se développe de façon à peu près continue[1].

Mais un des faits les plus importants, dans la période contemporaine, c'est l'apparition de grandes villes de plus de 50 et de plus de 100 000 habitants. On pourrait chercher : 1 / si l'on se tue beaucoup plus dans les très grandes villes que dans les villes moyennes ; 2 / si cette différence tend à diminuer d'une période à l'autre.

Si l'on compare ce qu'est le taux du suicide dans les très grandes villes à ce qu'il est dans un pays tout entier, on risque, il est vrai, de s'en faire une idée peu exacte. Voici pourquoi.

Le père Krose a relevé les taux du suicide dans un certain nombre de grandes villes : par exemple, à Paris, en 1896-1900, on compte 315 morts volontaires pour 1 million d'habitants, alors qu'en France, à la même époque, il n'y en a que 238 ; cela fait, pour un taux de suicide en France égal à 100, un taux de suicide parisien égal à 132. Mais si nous appelons 100 le taux du suicide dans la région constituée par l'Aube, l'Eure-et-Loir, la Marne, la Seine, la Seine-et-Marne, la Seine-et-Oise et l'Yonne, en 1893-1900, taux qui s'élève à 460, le taux pari-

1. En Russie, pendant l'année 1925, voici quelle a été la proportion des suicides dans les grandes et petites villes. Pour 1 million d'habitants :

	Hommes	*Femmes*
Leningrad	431,1	201,8
Moscou	311,6	145
Grandes villes	276	136,4
Petites villes	55,8	25,7

On ne nous indique pas ce qu'il faut entendre par grandes et petites villes. Voir *Suicides en URSS, en 1922-1925. URSS Statistique,* vol. XXV. Livraison 1re, section de la statistique morale, Moscou, 1927, 177 p. *in*-8°, p. 14.

Aux États-Unis, voici quelle a été, de 1914 à 1917, la proportion des suicides dans les villes et à la campagne (d'après John Rice Miner, p. 29, tableau XXIII).

Suicides pont 1 million d'habitants aux États-Unis (Registration states)

	1914	*1915*	*1916*	*1917*
Cités	194	191	169	159
Localités rurales	128	133	110	103

sien tombera à 68. Rapporté à la proportion des suicides en Seine-et-Oise en 1896-1900, soit 490, il tombera à 64. Rapporté à la même proportion dans la Seine, il ne se relèvera qu'à 68. De même, le taux de suicide à Vienne, en 1896-1900, si on compare Vienne et l'Autriche, s'exprimerait (100 figurant le taux du suicide de l'Autriche) par 190 ; mais, si on compare Vienne à la Basse-Autriche, par 110. Le taux de Berlin comparé à la Prusse serait de 146 ; et, si on compare Berlin au Brandebourg, il serait de 94, toujours en nombre relatif, c'est-à-dire en figurant par 100 le taux de suicide du Brandebourg ; si on compare Berlin au district de Potsdam, ce taux tombe encore davantage, à 83. Si on compare Hambourg en 1896-1900, à l'Allemagne, on trouve comme mesure relative du taux de suicide 152, et 97 si on le compare au Schleswig Holstein. On trouve à peu près le même taux à Munich qu'on le compare à la Bavière : 145, ou à la Haute-Bavière : 148. Il n'en est pas de même de Nurenberg : la comparaison avec la Bavière donnerait 181, et, avec la moyenne Franconie, 134. Pour Breslau, la comparaison avec la Prusse donne 194, et, avec le district de Silésie, d'ailleurs étendu, dont elle est le chef-lieu : 132. Francfort a un taux de suicide mesuré, en nombre relatif, par 174 si on le compare à la Prusse, par 158 si on le rapproche du district de Wiesbaden. Cologne, comparé à la Rhénanie, donne un taux égal à 160, et, comparé au district de Cologne, à 146. Pour Stuttgart, comparé au Wurtemberg, on trouve 134, et, si on le compare au district du Neckar, on trouve 100 ; pour Hanovre, comparé à la Prusse, 138, et comparé au district de Hanovre, 131[1].

Londres, comparé à l'Angleterre, donne en 1872-1876 un taux de suicide égal à 122 (d'après les chiffres annuels publiés par Morselli pour 1865-1870 et 1871-1876, nous trouvons pour ces deux périodes : 132 et 128), et, en 1920-1926, égal à 114. Comparé au groupe de comtés : Surrey, Kent, Sussex, Essex et Middlesex, Londres donne, en 1872-1876, un taux de suicide égal à 90, et, en 1920-1926, égal à 109[2].

1. À Prague, en 1920, le taux de suicide est de 410, il est la même année de 233 en Tchécoslovaquie, soit, en nombres relatifs, 176 et 100. Il est de 320 dans la province de Bohême, de 270 dans Prague et ses faubourgs, soit, en nombres relatifs, 100 et 85.

   En 1923-1925, on trouve à Budapest 465 suicides pour 1 million d'habitants, et en Hongrie, 289, soit, en nombres relatifs, 161 et 100. Si l'on appelle 100 la proportion des suicides dans la région comprise entre le Danube, la Tisza et le Tarna (non compris Nograd), soit 356, on trouve comme nombre relatif : 130 à Budapest.

2. Nous avons calculé, d'après l'ouvrage de John Rice Miner, la proportion des suicides à New York en 1906-1914 (non compris 1909), soit 6 300 suicides sur 4 686 000 habitants, ce qui donne un taux du suicide de 135. Le taux du suicide aux États-Unis *(Registration area)* dans la

Si la différence entre le taux de suicide des grandes villes et des autres apparaît moindre, lorsqu'on n'envisage qu'une région limitée, cela peut tenir, il est vrai, non seulement à ce que la grande ville fait partie de cette région et manifeste les mêmes caractères, mais aussi à ce que la région subit ou a subi depuis quelque temps l'influence de la grande ville[1]. Au reste, des chiffres mêmes que nous venons de reproduire, il résulte bien que, sauf quelques cas exceptionnels (en particulier lorsqu'il s'agit des capitales), on se tue plus dans les grandes villes que dans les villes moyennes. *La Revue hongroise de statistique* a publié un tableau qui nous a permis de calculer les nombres suivants : en Allemagne, de 1920 à 1923 (inclus), la proportion des morts volontaires a été : dans les villes de 15 000 à 30 000 habitants : 225 ; dans les villes de 30 000 à 50 000 habitants : 238 ; dans les villes de 50 000 à 100 000 habitants : 225 ; dans les villes de plus de 100 000 habitants : 278. Soit, respectivement : 100, 106, 100, 124. Quarante-cinq ans plus tôt, en 1876, Morselli reproduisait les taux de suicide en Allemagne dans les villes de moins de 20 000 habitants : 195 ; de 20 000 à 100 000 : 236 ; de plus de 100 000 : 313. Le second et le dernier peuvent être représentés par 100 et 132. Bien que les écarts aient diminué, les villes de plus de 100 000 habitants ont toujours un taux de suicide plus élevé que toutes les autres[2].

même période est de 160. Le taux de New York serait donc égal à 84,5, si on supposait le taux des États-Unis égal à 100. Il serait nettement plus élevé, mais toujours inférieur à 100, si on le comparait au taux de l'État de New York (que nous n'avons que pour 1915-1919, soit 148 : mais les suicides ont beaucoup diminué aux États-Unis depuis 1916). En général les États du Sud ont des taux faibles, les États du Far-West, des taux élevés (287 en Californie en 1915-1919). Il y a 42 % des habitants de New York qui sont nés à l'étranger, et dont le taux de suicide est beaucoup plus élevé que pour les Américains habitant cette ville (345 pour les Anglais, 497 pour les Français, 678 pour les Allemands contre 109 pour les Américains ; 106 seulement pour les Italiens).

1. Il faudrait d'ailleurs, lorsqu'on compare le taux du suicide dans les grandes villes et dans la région qui les entoure immédiatement, tenir compte de la composition (sexe, âge, état civil, religion, situation économique, etc.) des populations envisagées, qui n'est point la même ici et là. Si le taux de suicide à Paris, Berlin, Vienne, Rome, New York, n'est guère plus élevé, est même inférieur à ce qu'il est dans les districts ou arrondissements voisins, cela peut tenir à ce que la proportion des adultes est plus élevée, celle des vieillards plus faible, celle des femmes plus forte, dans les très grandes villes que dans les villes moins importantes qui en sont le plus proches. Il ne s'ensuit pas cependant que les conditions sociales qui résultent dans toute la région de la proximité des grandes villes ne contribuent pas à augmenter la fréquence des suicides.
2. La Hongrie, en 1920, comprend trois villes de plus de 100 000 habitants. Les taux de suicide, en 1923-1925, sont respectivement : en Hongrie, 289 ; à Budapest, 465 ; à Szegedin, 486 ; à Debreczen, 582 ; soit, en nombres relatifs : 100, 161, 169 et 202. On ne trouve de plus fortes proportions qu'à Hödmezovasaphely : 613 pour 1 million d'habitants, et à Pecs : 640 : soit, en nombres relatifs, 214 et 222. Ces deux dernières proportions sont sans doute les plus élevées qu'on puisse trouver dans la statistique des suicides jusqu'à ce jour.

Ces données sont trop fragmentaires pour nous permettre de répondre à la seconde question que nous nous posions, savoir si la différence entre le taux du suicide entre les grandes villes et les autres tend à s'atténuer. Après avoir beaucoup cherché, nous avons réussi enfin à faire deux expériences, dont la seconde est à tous égards la plus importante. Si nous reproduisons cependant la première, c'est qu'il s'agit de l'Italie, c'est-à-dire d'un pays en pleine évolution, dont la population urbaine augmente très vite. C'est aussi le seul pour lequel nous possédions des chiffres de suicides qui se rapportent à un nombre important de grandes villes.

Nous avons tiré d'un tableau établi par Maria Bonsegna les taux du suicide dans les 23 villes les plus peuplées de l'Italie, et nous les avons comparés aux taux du suicide dans les provinces où ces villes se trouvent, pour deux périodes consécutives : 1896-1900 et 1901-1914, soit près de vingt ans. Nous les avons distribués en trois groupes, d'après leur grandeur. Rappelons d'abord que, d'une période à l'autre, le taux de suicide pour toute l'Italie a augmenté de 61,7 pour 1 million d'habitants à 73,3, c'est-à-dire de 19 %. Il a augmenté nettement moins dans les sept grandes villes du premier groupe : l'écart entre les villes et la province (quant au suicide) a diminué presque exactement dans le même rapport. Il a augmenté beaucoup plus (près de trois fois autant) dans les cinq grandes villes du troisième groupe, et l'écart entre ces villes et la province a augmenté à peu près dans le même rapport. Enfin l'augmentation est égale à peu près à ce qu'elle est pour toute l'Italie dans le deuxième groupe, et l'écart entre les villes et la province a très peu diminué. Comment s'expliquent ces différences ?

Très certainement par la population inégale de ces villes. Les sept premières ont toutes plus de 148 000 habitants (deux d'entre elles, Naples avec 564 000 habitants, Milan avec 491 000, sont les plus peuplées de toute l'Italie). La population moyenne de ces villes est égale à 275 000 habitants. Elle doit être de 152 000 dans le second groupe et ne doit pas atteindre 60 ou 70 000 dans le troisième. Il n'y a, dans le deuxième groupe, que trois villes, Rome, Gênes et Florence, qui dépassent 200 000 habitants. Il n'y en a qu'une, Ferrare, dans le troisième, qui atteigne 87 000 habitants. Ainsi, dans les provinces où se trouvent les villes les plus peuplées (et où le taux de suicide est le plus élevé), l'écart tend nettement à diminuer entre la ville et la province, comme si, sous l'influence de ces grandes cités, un niveau moral commun tendait à s'établir dans toute la région. Ce phénomène ne s'explique point par des conditions locales, puisque, sauf Padoue et

Tableau XXII – *Les suicides dans les grandes villes d'Italie* ([1])

	Taux moyen du suicide ([2])		*Différence relative entre la ville et la province* ([3])	
	1896-1900	*1901-1914*	*1896-1900*	*1901-1914*
7 grandes villes (où l'écart est maximum entre le taux de la ville et la province)				
Naples, Milan, Catane, Venise, Turin, Padoue et Bologne	176	199 (augmentation de 13 %)	272	237,4 (diminution de 12,5 %)
8 grandes villes (où le taux est moyen entre le taux de la ville et de la province)				
Rome, Gènes, Florence, Livourne, Bari, Pise, Brescia et Pérouse	141	171 (augmentation de 21 %)	187	182 (diminution de 2,5 %)
5 grandes villes (où l'écart est minimum entre le taux de la ville et de la province)				
Ferrare, Lucques, Modène, Alexandrie et Ravenne	92	125 (augmentation de 36 %)	95	119 (augmentation de 25 %)

([1]) Tous ces chiffres ont été calculés par moi, d'après le tableau IV *a*, de l'étude de M. Bonsegna, *il suicidio in Italia dal 1864 al 1918*, indiquant, pour les villes italiennes les plus peuplées, le taux du suicide pour chaque ville et pour chaque année de 1901 à 1914, ainsi que pour la période quinquennale 1896-1900.

([2]) Moyenne des taux du suicide pour les villes considérées.

([3]) Ces nombres sont calculés en supposant égal à 100 le taux du suicide dans la province où se trouve chaque ville, et en prenant la moyenne des résultats obtenus alors pour ces villes.

Venise (toutes deux en Vénétie), les villes du premier groupe se distribuent dans des provinces différentes : cinq se trouvent dans le Nord (Piémont, Lombardie, Vénétie, Émilie) ; deux sont dans le Sud (Naples et Sicile). Dans d'autres grandes villes (moins grandes cependant) où le taux de suicide était le plus bas, et a le plus augmenté, l'écart entre la ville et la province (à cet égard) devient plus grand. On a l'impression que, lorsqu'une ville commence à s'accroître, elle se différencie d'abord nettement, quant à la proportion des morts volontaires, de la région qui l'entoure. C'est seulement lorsqu'elle est devenue très grande, et que le taux de suicide y a été poussé très haut, que l'augmentation des suicides tend à se ralentir dans la ville, tandis que (sans doute sous l'influence de l'agglomération urbaine), les suicides augmentent plus vite dans la région où elle se trouve[1].

Cette expérience italienne ne couvre qu'une période assez limitée. D'autre part, ce n'est pas en Italie que l'on peut le mieux observer l'action des grandes villes. Malheureusement, ni en Allemagne, ni en Angleterre, on ne nous indique en détail la marche du suicide, dans les grandes agglomérations urbaines.

Il nous a paru possible cependant de dégager, par une voie indirecte, ce genre d'influence en Angleterre. « Plus des deux tiers des habitants du Royaume-Uni, dit M. Demangeon, vivent dans les villes. Nulle part ailleurs en Europe pareille proportion ne se voit, nulle part elle ne s'est formée aussi vite. Pour la seule Angleterre elle passait de 50 % en 1851 à 70 % en 1911. »[2] Or les villes nouvelles en particulier se sont établies sur les bassins houillers, en des contrées jadis stériles et sauvages, dans les montagnes, les forêts et les marécages. Ajoutons que « la ville moderne n'est qu'un élément dans une série. Elle appartient à un groupe, à une constellation. Il y a les villes du coton dans le Lancashire, les villes de la laine dans le Yorkshire, les villes du fer dans les Midlands et dans le Nord-Est, les villes de la houille partout ». Sur la carte de l'Angleterre où M. Demangeon a représenté la distribution des villes britanniques, qu'on trace une ligne de Newcastle à Liverpool, une autre de Liverpool à Birmingham, une troisième de Birmingham à Nothingham, une quatrième de Nottingham à Newcastle ; à l'intérieur de ce quadrilatère la plus grande partie des grandes villes anglaises se trouvent comprises. Un

1. Jusqu'où s'étend cette influence des grandes villes ? Il semble qu'elle n'atteigne pas jusqu'aux localités les plus petites. Dans un tableau reproduit par M. Bonsegna, on indique le nombre des suicides par 10 000 habitants : 1 / dans 206 communes, chefs-lieux de provinces et de districts, où cette proportion aurait passé de 1,2 en 1898-1901, à 1,4 en moyenne en 1902-1913, soit une augmentation de 17 % (à peu près comme pour toute l'Italie) ; 2 / dans 8 000 autres communes (moins importantes). Mais comme on ne nous donne qu'une décimale pour des nombres très petits (inférieurs à l'unité) nous ne pouvons fixer que des limites probables (d'augmentation) inférieure et supérieure : 0 % et 19 %, soit une augmentation probable de 9,5 %. Dans un tableau reproduit par Morselli, où l'auteur indique en 1877 le taux de suicide dans les villes, et à la campagne (moins de 2 000 habitants), par province, on trouve que l'écart est de beaucoup le plus grand dans le Latium (Rome), puis dans la Lombardie et le Piémont où, dès cette époque, il y a le plus grand nombre de centres urbains industriels.

2. La proportion de la population rurale tombe de 80 % en 1770 à 50 en 1850, 35 en 1871, 22 en 1911. Tandis que la France possède 215 habitants pour 1 000 qui vivent du travail agricole, le Royaume-Uni n'en conserve plus que 56.

autre groupe s'étend au sud et à l'est de Londres : ce sont les villes « parasites » qui gravitent autour de la capitale. Il est facile de former deux ensembles de comtés, qui couvrent ces deux zones et deux autres, l'un au sud-ouest, l'autre à l'est, qui comprennent presque tout le reste de l'Angleterre. Nous avons cherché comment les taux de suicide s'y répartissent, à cinquante ans d'intervalle, en calculant leur coefficient de dispersion.

Tableau XXIII

	Taux moyen du suicide		*Coefficient de dispersion* ([1])	
	1870-1876	*1920-1926*	*1870-1876*	*1920-1926*
1er groupe (Liverpool, Newcastle, Birmingham, etc.)	69	106	15,2	4,9
2e groupe (Londres, Surrey, Kent, etc.)	83	113	16,8	5,6
3e groupe (Plymouth, Oxford, etc.)	58	94	15,2	9,1
4e groupe (Norfolk, East Riding, Cambridge, etc.)	69	107	12,9	12
Angleterre (total)	66	104	13	8,7

([1]) C'est le coefficient de dispersion simple que nous avons calculé. Voici les nombres relatifs correspondants (100 = taux de suicide ou coefficient de dispersion en 1870-1876).

	Taux moyen du suicide		*Coefficient de dispersion*	
	1870-1876	*1920-1926*	*1870-1876*	*1920-1926*
1er groupe	100	154	100	32,3
2e groupe	100	136	100	33,3
3e groupe	100	162	100	59,9
4e groupe	100	155	100	93

Appelons 100 le coefficient de dispersion, pour chaque groupe et pour l'Angleterre, dans la première période. Dans la seconde période, il devient égal à 67 pour l'Angleterre. Pour les deux premiers groupes (qui contiennent de beaucoup le plus grand nombre des villes, et surtout des grandes villes), il tombe, respectivement, à 32,3 et 33,34 ; pour les deux derniers groupes (où il y a le moins de villes), à 59,9 et 93. Ainsi, dans les régions où se fait sentir le plus nettement l'influence des villes, les taux de suicide convergent et tendent à s'uniformiser beaucoup plus vite, que d'ailleurs ces taux eux-mêmes soient très voisins de la moyenne ou la

Planche IV – La répartition des villes en Angleterre en 1921
(d'après la carte de M. Demangeon, *Îles Britanniques*, p. 218)

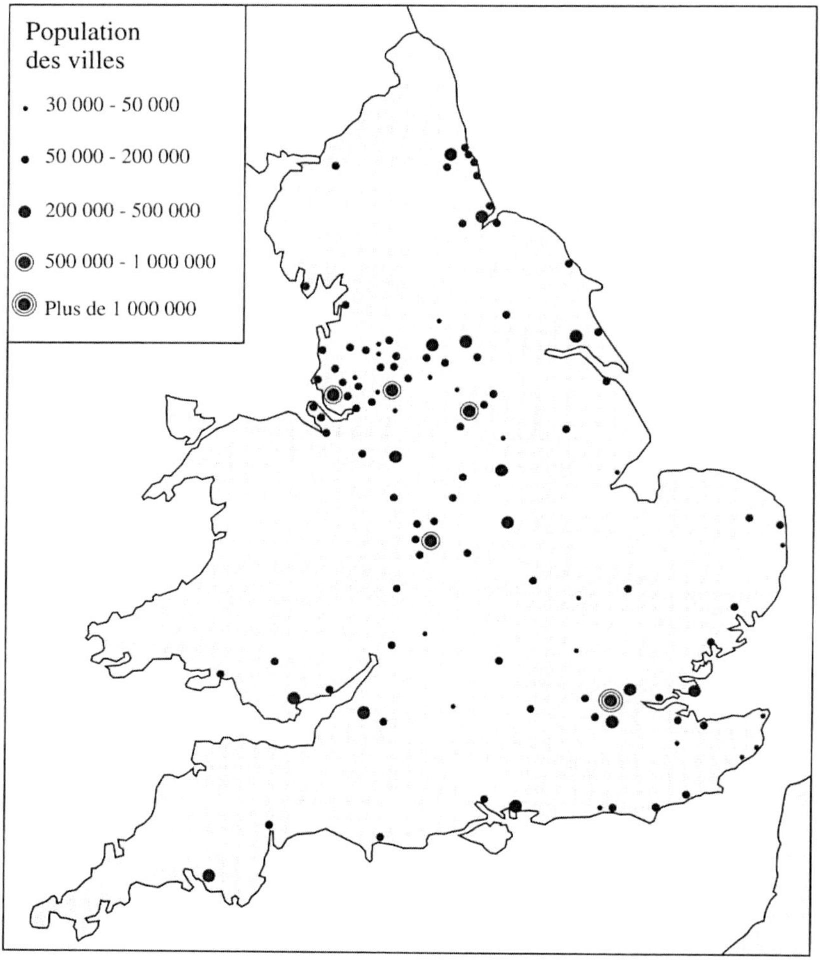

Proportion des suicides en Angleterre pa

1er groupe

Worcester	106
Warwick	100
Stafford	97
Shropshire	120
Leicester	110
Nottingham	104
W .Riding	106
N .Riding	112
Lancashire	102
Cheshire	99
Hereford	100
Rutland	111
Derbyshire	95

2e groupe

Londres	118
Surrey	108
Kent	114
Sussex	124
Hampshire	113
Essex	100

3e groupe

Oxford	85
Gloucester	90
Wiltshire	78

Planche V – La répartition des suicides
en Angleterre en 1920-1926

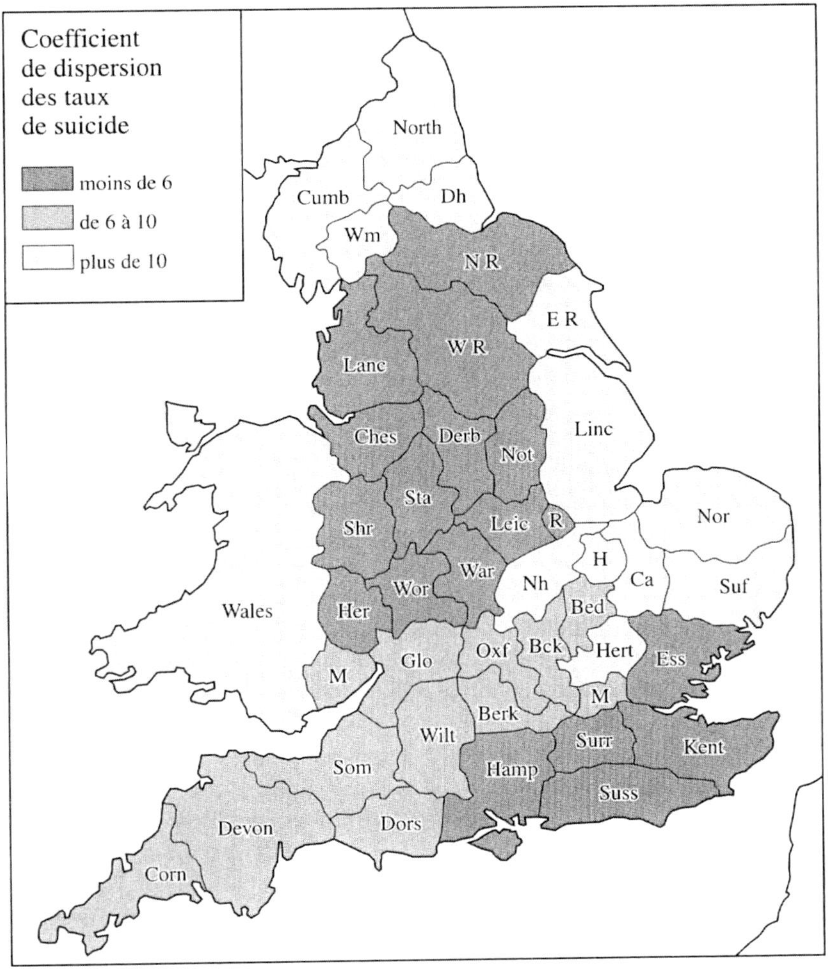

1 million d'habitants (1920-1926)

Berkshire	95	Lincoln	93
Dorset	92	E. Riding	92
Somerset	112	Huntingdon	102
Devon	106	Cambridge	108
Cornwall	87	Hertford	111
Buckingham	102	Northampton	130
Middlesex	94	Durham	79
Bedford	82	Northumberland	90
		Cumberland	88
		Westmoreland	124
4e groupe			
		Monmouthshire	79
Norfolk	128	Nort hand South Wales	77
Suffolk	122		

dépassent. Un fait digne de remarque, c'est qu'une telle influence paraît s'exercer au même degré (puisque dans les deux cas l'écart entre les proportions de morts volontaires a diminué exactement des deux tiers) dans la région septentrionale où se serrent l'une contre l'autre les villes industrielles, et dans la région au sud et à l'est de Londres, où les cités s'égrènent le long des côtes ensoleillées de la Manche, ou se disposent en collier autour de la banlieue londonienne, et ne sont pas simplement les dépendances des usines. Sans doute, il y en a quelques-unes sur lesquelles Londres s'est déchargée du travail industriel : « Dans l'Essex, à Silvertown, Stratford, Ilford, etc., ce sont des ateliers de construction mécanique, des fabriques de produits chimiques, des raffineries, des usines métallurgiques. » D'autres « s'associent à Londres pour compléter ses fonctions de grande capitale : villes d'arsenal et de défense, comme Woolwich, Chatham et Sheerness sur la Tamise, Douvres sur le détroit, Portsmouth sur le Channel ; Greenwich, avec son observatoire... D'autres encore sont des auxiliaires et des dérivations du grand port de la Tamise : gares maritimes de la capitale, Queenborough, Port Victoria, Harwick et Douvres, où l'on s'embarque pour la Belgique, les Pays-Bas et l'Europe du Nord ; Douvres, Folkestone et Newhaven, où l'on s'embarque pour la France ; Southampton, où l'on s'embarque pour la France, l'Amérique du Nord, l'Afrique du Sud ». Mais il y a aussi toutes les villes de villégiature, de bains de mer et de sport : « Villes des landes et des bois, comme Epsom et Tonbridge Wells ; villes du littoral, innombrables, reliées à Londres par des trains rapides, Leigh, Southend, Margate, Ramsgate, Hastings, Eastbourne et Brighton... » Toute cette côte n'est que le séjour estival d'une partie de la population de Londres. Il y a un vif contraste entre cette région et le Lancashire ou le Yorkshire, où les cheminées d'usine se dressent à tous les points de l'horizon. Cependant, ici et là, il semble que la vie urbaine ait étendu son influence partout, et qu'elle ait presque entièrement effacé les différences locales, et élevé ou abaissé partout les mœurs à un niveau uniforme. Il y a cinquante ans déjà, on se tuait un peu plus dans ce coin londonien qu'autour de Birmingham, de Manchester et de Newcastle : 100 dans la seconde région, 112 dans la première : voilà quel était alors l'intervalle, qui est maintenant mesuré par 100 et 106. Peut-être cette inégalité traduit-elle la différence entre une population urbaine purement industrielle et une autre où se mêlent divers éléments. L'inégalité en tout cas a sensiblement diminué. Mais surtout, à l'intérieur de ces deux régions qui ne se ressemblent que par la prédominance des villes, un mouvement d'uniformisation s'est développé dans la même proportion ; ici, comme là, on peut parcourir une vaste zone, et trouver partout le même nombre de gens à qui la vie est à charge.

La diversité de ces zones, et en même temps l'homogénéité interne de chacune d'elles, apparaît très nettement lorsqu'on calcule la densité de leur population.

Tableau XXIV – *Densité de la population dans les diverses régions de l'Angleterre*

	Population en milliers d'habitants	*Superficie en kilomètres carrés*	*Nombre d'habitants par kilomètre carré*
1er groupe (Liverpol, Newcastle, Birmingham, etc.)	14 115	35 312	400
2e groupe (Londres, Surrey, Kent, etc.)	9 757	18 117	539
2e groupe (Londres non compris)	5 273	17 814	295
3e groupe (Plymouth, Oxford, etc.)	3 493	29 515	118
4e groupe (Norfolk, East Riding, Cambridge, etc.)	2 148	21 315	100

Parmi les dix comtés du 1er groupe, il y en a deux, Shropshire et West-Riding, où la densité de la population est très faible : 70 et 83. Par contre, dans le Lancashire elle est extrêmement élevée. Pour les sept autres comtés, elle est comprise entre 570 dans le Warwickshire (Birmingham) et 220 (Worcester). Dans les cinq comtés du 2e groupe (Londres non compris), on trouve comme extrêmes : 497 (Surrey) et 192 (Sussex). Dans les neuf comtés du 3e groupe, elle atteint 231 (Gloucester) et baisse jusqu'à 90 (Dorset). Enfin elle varie, dans les six comtés du 4e groupe, entre 152 (East-Riding) et 57 (Huntingdon), mais ne s'écarte guère de la moyenne, 100. Le groupe urbain industriel à l'intérieur duquel nous constations que la proportion des suicides variait le moins de comté à comté, où les taux de suicide, en cinquante ans, se sont rapprochés le plus vite, se distingue aussi des autres par la densité extrêmement élevée de sa population. En Allemagne, on ne trouve un chiffre voisin de celui-là en 1919 que dans la Sarre (397). Ni dans l'État de Saxe (311), ni dans la province du Rhin (276), ni en Westphalie (222) on ne s'en approche.

Nous savons que, lorsqu'on range plusieurs pays suivant l'ordre de leurs taux de suicide et de leur densité de population, il n'apparaît pas qu'il y ait un rapport entre ces deux faits. Ici, nous trouvons bien que, dans les deux premiers groupes, où il y a plus de villes et où la population est le plus dense, la proportion des suicides est nettement plus élevée que dans les deux autres. Mais, dans le groupe industriel du Nord, la densité est plus grande et la proportion des suicides plus faible que dans le groupe à grosse population urbaine du Sud (Londres non compris). D'autre part, dans les comtés de l'Est (Norfolk, etc.) le taux du suicide est plus élevé, mais la densité plus faible que dans les comtés de l'Ouest (Oxford, etc.). En revanche il existe un rapport très net entre la densité de la population, et ce que nous appelons la dispersion des taux de suicides. Les suicides se répartissent un peu plus uniformément dans le premier groupe, où la densité est plus élevée, que dans le second (sans Londres) : avec une uniformité nettement plus grande dans le second que dans le troisième, où la densité est bien plus faible ; un peu plus uniformément dans le troisième que dans le quatrième, où la densité est un peu plus faible. Au reste, du premier au deuxième, comme du troisième au quatrième, les différences, sous ces deux rapports sont faibles. Ce qui passe bien au premier plan, c'est l'opposition entre les comtés qui groupent le plus de villes et les autres, que l'on considère : 1 / la grandeur des taux de suicide ; 2 / leur répartition ; 3 / la vitesse avec laquelle ils se rapprochent (à l'intérieur d'un même groupe, de comté à comté) ; 4 / la densité de la population[1]. C'est bien là un résultat essentiel. S'il

1. Il en est de même de l'accroissement de population dans chaque groupe. Nous l'avons calculé de 1870-1876 à 1920-1926.

	Population en milliers d'habitants		*Augmentation* (%)
	1870-1876	*1921*	
1er groupe (Liverpool, etc.)	8 330	14 115	69
2e groupe (Londres, etc.)	5 720	9 757	70
3e groupe (Oxford, etc.)	2 940	3 494	19
4e groupe (Norfolk, etc.)	1 770	2 148	21

Les taux de suicide se sont le plus rapprochés dans les deux premiers groupes, où la population a le plus augmenté. Dans le premier groupe, le plus peuplé, nous avons calculé séparément comment se rapprochaient les taux du suicide dans les cinq comtés où la population a le plus augmenté (Warwick, Leicester, Nottingham, Lancashire, Cheshire : elle a passé de 4 660 000 à 8 470 000, soit une augmentation de 81 %). La dispersion des taux de suicide y a passé de 9,8 à 3,1, soit, en nombres relatifs, de 100 à 31,5. Dans les cinq comtés du même groupe où la population a moins augmenté, la dispersion des taux de suicide a passé de 10,2 à 5,5, soit, en nombres relatifs, de 100 à 54. Ainsi, plus la population augmente dans un groupe de comtés, plus la tendance au suicide se rapproche d'un niveau commun dans tous ces comtés.

nous a été possible de l'établir en Angleterre, si, peut-être, il est difficile de l'établir ailleurs, c'est que dans aucun autre pays la concentration locale de l'industrie n'a été poussée plus loin.

Résumons brièvement les conclusions auxquelles ces premières recherches nous ont conduits.

1. Comment varient les morts volontaires dans onze pays européens, pendant une période de quatre-vingts ans (1834-1845 à 1911-1923) ? Sauf au Danemark et en Norvège, la proportion des morts volontaires a beaucoup augmenté. Mais, dans le plus grand nombre d'entre eux, il semble que le maximum ait été atteint avant la fin de la période, que, depuis, le taux de suicide ait descendu plus ou moins, et, en tout cas, ne se soit plus élevé au-dessus de ce niveau. On peut supposer que chaque pays comporte un chiffre maximum de suicides qui lui est propre et qu'il ne dépasse pas. Rien ne prouve donc, au contraire, qu'il n'y ait pas une limite (variable d'ailleurs dans chaque pays) à l'accroissement de ce phénomène.

2. Comment se répartissent ces taux de suicide nationaux ? Demeurent-ils à peu près aussi éloignés l'un de l'autre, ou tendent-ils à se rapprocher, ou l'inverse ? Nous avons trouvé que l'écart entre ces pays, quant à la proportion des suicides, augmentait dans une première phase, de 1836-1845 à 1866-1870, et diminuait ensuite, jusqu'à 1911-1913, c'est-à-dire pendant quarante ans. Cette augmentation et cette diminution peuvent être mesurées par les nombres : 88 à 100, et 100 à 63 (coefficient de dispersion simple). En tout cas, depuis plus de soixante ans, les taux de suicide de ces pays européens n'ont pas cessé de se rapprocher (sauf au cours de la dernière guerre). Des expériences différentes, qui s'étendaient sur une moins longue période, mais portaient sur des pays différents, ou plus nombreux, confirment cette observation.

3. En France, l'écart sous ce rapport entre 20 provinces ou groupes de départements a diminué d'un façon continue, de 1872-1876 à 1911-1913 : cette diminution peut être mesurée par les nombres : 100, 73.

4. Lorsqu'on étudie d'une part les taux de suicide par départements et par arrondissements en France, d'autre part la structure géographique de ce pays, on constate que les taux de suicide augmentent dans les grandes vallées des fleuves, le long des cours d'eaux importants, le long des côtes. Ils diminuent dans les régions montagneuses, et partout où la circulation des hommes paraît moins intense. Ils sont le plus élevés dans

le bassin de Paris, région naturelle bien définie, très centralisée. Ils sont très faibles autour des montagnes du Massif central et dans le Midi (à l'ouest du Rhône, jusqu'à l'Atlantique), où le réseau fluvial peu évolué ne favorise pas la circulation des hommes. Ils sont plus faibles dans l'Ouest, où les « paysans » sont plus dispersés que dans l'Est où se multiplient les villages, où la population est plus agglomérée.

5. En France également, l'augmentation des suicides se ralentit, de 1872-1876 à 1911-1913, dans les régions en voie de peuplement, où la proportion des morts volontaires était le plus élevée. Elle s'accélère, dans les régions qui se dépeuplent, où cette proportion était le plus faible. Cette loi se vérifie aussi en Angleterre.

6. En Allemagne, l'écart entre les taux de suicide, dans les provinces de Prusse et les États allemands, très faible dès 1849-1858, a diminué de façon continue et très sensiblement jusqu'en 1903-1913 : en nombres relatifs, de 100 à 81. En Italie, le même écart, dans les 16 provinces, de 1864-1876 à 1905-1914, a diminué plus vite encore : en nombres relatifs, de 100 à 77. En Angleterre, l'écart entre les taux de suicide pour 11 groupes de comtés est beaucoup plus faible qu'en Allemagne même. Il diminue très fortement de 1861-1870 à 1920-1926 : en nombres relatifs, de 100 à 52 (coefficient de dispersion pondéré). L'uniformité des mœurs, dans la mesure où la proportion des suicides en est un signe, apparaîtrait donc plus grande en Angleterre qu'en Allemagne, et en Allemagne qu'en Italie et en France. Ces pays se rangent dans le même ordre, si l'on considère la vitesse avec laquelle un niveau commun des mœurs tend à s'établir dans chacun d'eux.

7. En Angleterre comme en France, il y a un rapport très net entre la distribution des suicides d'une part, la structure et l'aspect géographique de l'autre. On se tue moins dans les régions parcourues ou coupées par des collines, des coteaux, etc., ou dans les pays de landes et d'herbages, que dans les plaines basses et les comtés où s'étendent des champs de céréales. Toutefois, dans les régions montagneuses où les bassins houillers affleurent, le taux du suicide demeure assez élevé.

8. En France, si, en 1866-1869, on se tue presque deux fois autant dans les villes de plus de 2 000 habitants qu'à la campagne, cet écart ne cesse pas de diminuer très vite, jusqu'à 1919-1920. De la première période à la dernière, si l'on représente toujours par 100 le taux de suicide à la campagne, il tombe de 195 à 114 dans les villes.

9. Les suicides sont proportionnellement plus nombreux dans les grandes villes que dans les villes moyennes et petites. Cette différence tend à diminuer d'une période à l'autre, si l'on compare sous ce rapport

les grandes villes non pas avec le pays tout entier, mais avec la région plus limitée qui les entoure, surtout lorsqu'il s'agit des plus grandes villes où le taux de suicide est le plus élevé.

10. En Angleterre, de 1870-1876 à 1920-1926, dans les deux zones qui groupent le plus grand nombre des villes, de Newcastle à Manchester et Birmingham, au sud-est et au sud de Londres, la tendance au suicide dans les divers comtés est devenue beaucoup plus uniforme que dans les deux zones de l'Est et de l'Ouest, beaucoup moins urbaines. On remarque en même temps que la densité sociale (nombre des habitants par kilomètre carré) est beaucoup plus grande dans ces deux premières zones, et que, d'une période à l'autre, la population y a augmenté beaucoup plus vite.

On s'étonnera peut-être de ce que Durkheim n'ait abordé ce problème : de l'influence qu'exerce la vie urbaine sur la répartition des suicides, que de façon indirecte et comme en passant, alors qu'il a tant insisté sur les causes sociales du suicide. C'est qu'il était préoccupé surtout d'établir que la contagion imitative ne suffisait pas à expliquer la distribution des morts volontaires. À la théorie de Tarde sur le rôle de l'imitation dans la vie sociale, à l'affirmation de Guerry et de plusieurs auteurs qui attribuaient à l'influence de Paris le nombre élevé des suicides dans le groupe de départements : Île-de-France, Champagne, il a opposé un certain nombre de faits de détail exacts et curieux : par exemple, qu'on se tue plus dans l'arrondissement de Meaux que dans la Seine, à Pont-Audemer qu'à Rouen, à Toulon et à Forcalquier qu'à Marseille. Il aurait pu noter également qu'en 1870-1876, dans tous les comtés qui entourent Londres, ce genre de mort était plus fréquent qu'à Londres même. Ce ne sont là cependant que des exceptions, dont il est possible de rendre compte, soit par la composition démographique de la population des villes capitales, soit par le fait que s'y trouvent confondus des hommes venus de toutes les parties du pays.

Mais, sans qu'il y ait imitation, dans un pays où les villes s'accroissent et se multiplient, la civilisation urbaine exerce son action au-delà des limites de la cité, et, sous son influence, les habitudes sociales en général se modifient. Durkheim lui-même a distingué les deux genres d'action. « Il arrive, disait-il, que deux ou plusieurs départements limitrophes manifestent pour le suicide un penchant de même intensité », sans qu'il y ait imitation. Et encore : « Cette diffusion à l'intérieur d'une même région peut très bien tenir à ce que certaines causes, favorables au développement du suicide, y sont, elles aussi, également répandues, à ce que le milieu social y est partout le même. Pour être assuré qu'une tendance ou une idée se répand par imitation, il faut qu'on la voie sortir des milieux où elle est née pour en envahir d'autres qui, par eux-mêmes, n'étaient pas de nature à la susciter. » Seulement, si le milieu social est le même dans deux ou plusieurs départements voisins, dans tout un groupe de comtés qui se touchent, ce n'est certainement point par hasard, mais par l'influence des causes sociales elles-mêmes, qui ont créé ce milieu : par exemple, par l'apport d'un grand nombre d'unités humaines nouvelles, par des déplacements de masse d'une région à l'autre, par accroissement de la densité de population sur une aire étendue. Si, ici et là, tend à s'établir un taux de suicide uniforme, nous n'avons pas besoin de supposer qu'il y a eu contagion ou imitation. Mais à mesure qu'entre des grandes villes, d'ailleurs assez rapprochées l'une de l'autre, et la région qui les entoure et les sépare, les rapports deviennent plus fréquents, il est naturel que les différences s'atténuent entre celles-ci et les autres, et même entre les villes et la campagne. C'est que tous ces éléments : grandes villes, villes moyennes et petites, communes rurales, sont comprises maintenant dans un système d'ensemble, dont les points d'appui et les centres organiques se trouvent dans les grandes villes, en même temps que ses diverses parties (en vertu d'une tendance ou d'une orientation commune) tendent à se rejoindre à travers les intervalles qui séparent les régions les plus peuplées. Plus exactement le système tout entier (et non telle ou telle de ses parties) impose une commune empreinte aux parties de la population les plus concentrées et aux communautés plus restreintes et plus éparses d'une même région. Si les chemins de fer, les postes et télégraphes, les téléphones, les succursales des banques et des grands magasins se sont étendus et répandus des villes grandes et moyennes jusqu'aux petites localités, ce n'est pas que celles-ci aient imité les villes voisines et leur aient emprunté ces institutions. Elles n'ont pas imité, mais elles ont été assimilées, ce qui est très différent.

L'imitateur, en effet, est toujours plus ou moins un emprunteur. Telle manière d'agir ou de penser que nous imitons, nous la prenons chez un autre, et nous nous l'approprions. C'est pourquoi on peut rester soi-même tout en imitant, on reste soi-même presque toujours, lorsqu'il s'agit d'une imitation proprement dite et véritable. D'une part, on choisit ce que l'on emprunte. D'autre part, on se l'approprie, c'est-à-dire qu'on se l'incorpore, que tel acte imité se fond dans la substance de notre volonté, que telle pensée prise chez un autre se mêle à toutes nos autres idées. L'imitation (toujours entendue au sens étroit, c'est-à-dire au sens précis du terme) suppose toujours chez l'imitateur un terrain préparé tout à fait ou à demi : elle donne aux hommes le moyen de développer des dispositions ou de manifester des qualités et puissances qui étaient en eux à l'état latent. C'est pourquoi elle se concilie souvent avec l'originalité, et comporte en tout cas bien des variations et nuances personnelles. Au contraire, l'assimilation d'une petite unité sociale à une ou plusieurs unités sociales plus grandes a pour résultat d'attirer une ville restreinte, une petite localité à demi campagnarde, dans un courant de vie urbaine où elle est prise et entraînée. Elle ne choisit pas ce qu'elle reproduit, car tout se tient dans l'ensemble d'institutions, de coutumes et de croyances qui l'enveloppe. Elle n'est pas libre de s'y engager à demi. Elle n'emprunte pas, car ce qu'on emprunte, on le rend d'une certaine manière, en y ajoutant du sien. C'est la petite unité sociale qui est obligée de se donner tout entière, non pas à une unité de même nature, et différente d'elle seulement en degré, mais à un ensemble dont l'une et l'autre ne sont que des parties. C'est un genre de vie qui se substitue à un autre, sur toute l'étendue d'une vaste région, genre de vie uniforme, ou qui tend vers l'uniformité.

Ainsi se constitue une civilisation urbaine, que les hommes ou les groupes d'hommes, venus de régions très différentes pour se confondre en un groupe nouveau, sans passé et sans traditions propres, n'ont pas apportée avec eux. Ce n'est pas le résultat d'un compromis entre des coutumes et façons de vivre différentes. Elle ne prend pas naissance non plus en un point déterminé de la masse, pour s'étendre de là, progressivement, jusqu'à ses limites, comme une irritation née autour d'un foyer et qui envahit tout l'organisme. Mais, dès que certaines conditions de grandeur et de densité sociales sont données, elle se manifeste dans le groupe, comme un caractère inséparable d'autres caractères. Sans doute, ces conditions ne sont pas les seules à faire sentir leur action. Dans des groupes de même grandeur et de même densité, en Allemagne et en Angleterre, on ne trouve pas les mêmes proportions de morts volontaires. Chaque nation, jusqu'à présent, a des tendances qui lui sont propres, qui résultent de ses coutumes et de ses institutions anciennes et de toute son histoire. Les notions à la fois simples et confuses de race et de climat, c'est-à-dire de facteurs physiques, n'ont leur place que dans une science physique. Il est probable cependant que les peuples qui comprennent chacun des groupes de même origine et qui ont les mêmes traditions, les peuples qui sont demeurés relativement homogènes ou qui sont le produit de croisements et mélanges définis, qui ont, enfin, longtemps conservé les mêmes coutumes religieuses, familiales, économiques (car c'est en ces termes sociaux qu'on peut essayer de traduire ce qu'on appelle les différences de race et de climat) offrent, par là même, une prise inégale à la tentation de quitter la vie volontairement. Mais, à l'intérieur d'une même nation, ce qui passe de plus en plus au premier plan, c'est la différence entre la civilisation urbaine, et le genre de vie auquel elle s'oppose. Celui-ci favorise et entretient les diversités régionales, celle-là les nivelle, et les nivelle par en haut, parce qu'elle paraît comporter normalement un taux de suicide plus élevé.

VIII
Le suicide et la famille

Si les statisticiens sont parvenus à mettre de mieux en mieux en lumière l'action qu'exerce l'état civil sur la tendance au suicide, c'est par un progrès continu qu'a rendu possible la précision de plus en plus grande de leurs observations.

C'est un fait qu'on ne rend pas toujours justice à la sociologie, parce qu'elle a l'air, souvent, de découvrir des truismes. Quand Durkheim, après Morselli, a démontré que le mariage protégeait contre le suicide, et que les gens qui ont des enfants se tuent moins que les gens mariés sans descendance, aux yeux de beaucoup de lecteurs c'était là une de ces vérités de bon sens qu'il ne paraissait guère utile de retrouver à grand renfort de chiffres. Mais, dans le domaine du vraisemblable, à une proposition s'en oppose généralement une autre qui peut paraître également évidente. Il y a donc autant de mérite scientifique à déterminer, de deux opinions vraisemblables, laquelle répond à la réalité, qu'à mettre au jour une vérité entièrement nouvelle. C'est, exactement, franchir la limite qui sépare de la connaissance scientifique la connaissance vulgaire.

Suivant une opinion courante, disait Durkheim, du moment que le célibataire a la vie plus facile que l'homme marié, que le mariage apporte avec lui toutes sortes de charges et de responsabilités, on peut s'attendre à ce que les gens mariés se suicident plus que les célibataires, Telle a été l'opinion défendue par un certain nombre d'auteurs, en particulier par A. Wagner[1].

1. « Dans les travaux anciens sur le suicide se rencontre souvent l'idée que les gens mariés sont plus exposés au suicide que les célibataires » (Krose, *Die Ursachen*, etc., p. 93).

Morselli fut le premier, à notre connaissance, qui soutint la thèse contraire. Cela est d'autant plus remarquable que les statistiques dont il disposait n'étaient pas très élaborées. Cependant, il constatait qu'en France et en Italie la proportion des hommes mariés qui se tuent était moins élevée (même sans distinguer les catégories d'âge) que celle des suicidés célibataires. C'était l'inverse, il est vrai, pour les femmes ; et c'était l'inverse, pour les hommes aussi bien que pour les femmes, en Prusse et en Saxe. Morselli eut alors l'idée, s'appuyant sur les données du recensement, de ne calculer la proportion des suicides que par rapport à la population adulte. Il établit alors un tableau (pour 89 États, et plusieurs périodes), d'où il résultait très nettement que le taux le plus élevé de suicide se rencontrait parmi les veufs, ensuite parmi les célibataires : les gens mariés (à une ou deux exceptions près) présentaient la proportion la plus faible de morts volontaires. L'écart était faible : par exemple, en France, les taux de suicide des gens mariés et des célibataires s'exprimaient par les nombres relatifs : 100 et 112 (196 pour les veufs) ; mais le fait était général.

Morselli observa également que la différence sous ce rapport entre les célibataires et les mariés était moindre pour les femmes que pour les hommes, que, souvent, elle disparaissait pour celles-ci. Il arrivait « à ce résultat inattendu, que le veuvage entraîne pour les hommes moins d'inconvénients que pour les femmes, et que le célibat renforce la tendance au suicide chez ceux-ci et non chez celles-là ». Sur le premier point, Durkheim rectifie Morselli, qui a oublié qu'il y avait partout deux fois plus de veuves que de veufs. « En passant du mariage au veuvage, montre-t-il, l'homme perd plus que la femme » (p. 200). Mais, sur le second point, il exprimera avec plus de force et de précision ce qu'a entrevu Morselli : « Le coefficient de préservation des mariés par rapport aux célibataires varie avec les sexes. En France, ce sont les hommes (mariés) qui sont favorisés » (p. 184-185). Parmi les célibataires, les hommes sont moins protégés que les femmes.

Bertillon père avait établi qu'en France le mariage préservait contre le suicide, si bien qu'il contrariait l'influence de l'âge (les suicides, nous l'avons montré, augmentent avec l'âge) et réduisait environ de moitié le taux de suicide des gens âgés. Morselli remarquait qu'en effet, si l'âge agissait seul, les célibataires, qui sont en moyenne plus jeunes que les gens mariés, se tueraient moins. En somme, avant Durkheim, on comprenait bien que, pour comparer exactement le taux de suicide des célibataires et des gens mariés, il faudrait écarter l'influence de l'âge, rapprocher des célibataires et des gens mariés du même âge. Mais les données ne le permettaient pas.

La contribution apportée par Durkheim à l'étude de cet aspect du suicide est capitale, de l'avis de tous les statisticiens qui s'y sont appliqués. Il a eu l'idée très heureuse d'établir pour la France, en 1889-1891, un tableau où les morts volontaires sont distinguées par groupe d'âge et d'état civil, c'est-à-dire qu'on y indique quel est, pour chaque groupe d'âge, le taux de suicide des époux par rapport aux célibataires et aux veufs, des veufs par rapport aux célibataires, en distinguant les deux sexes[1].

Tableau XXV – *France (1889-1891)*
Suicides par an pour 1 million d'habitants
de chaque groupe d'âge et d'état civil (nombres relatifs)

	Hommes					*Femmes*				
Âge ([1])	*Époux*	*Célibataires*	*Veufs*	*Veufs*	*Célibataires*	*Épouses*	*Célibataires*	*Veuves*	*Veuves*	*Célibataires*
20 à 25	100	240	145	100	166	100	200	105	100	160
25 à 30	100	320	337	100	95	100	222	261	100	84
30 à 40	100	277	247	100	112	100	153	250	100	61
40 à 50	100	286	212	100	135	100	161	158	100	101
50 à 60	100	275	188	100	146	100	135	131	100	102
60 à 70	100	278	183	100	151	100	119	162	100	77
Total	100	280	218	100	134	100	167	178	100	97

([1]) Pour la catégorie d'âge : de 15 à 20 ans, Durkheim trouvait, pour les époux et les célibataires hommes, les nombres relatifs 100 et 22, ce qui prouverait que les mariages trop précoces chez les hommes fortifient chez eux la tendance au suicide. Pour les époux et les célibataires femmes, c'est l'inverse : 100 pour les mariées, 239 pour les filles, ce qui paraît d'ailleurs assez naturel.

1. Ce tableau a été établi au moyen d'une étude originale de 25 000 dossiers de suicidés conservés au ministère de la Justice. C'est M. Mauss qui a fait seul ce dépouillement. Voir le tableau XXI, p. 183, dans le livre de Durkheim, et, en face, le tableau correspondant pour Oldenbourg. Ces données ont d'autant plus de valeur que, depuis l'époque où Durkheim put les étudier, elles ne sont plus recueillies. Avant 1892, les parquets envoyaient au ministère de la Justice autant de fiches individuelles qu'il y avait de suicidés, où étaient indiqués l'âge et l'état civil. Depuis cette date le ministère ne reçoit que des tableaux où l'âge et l'état civil ne sont pas mis en rapport.

Proportion des suicides dans chaque groupe d'âge et d'état civil en France, dans la Seine et en province (1889-1891) (nombres relatifs)

	Hommes (province)					*Femmes (province)*				
Âge	*Époux*	*Célibataires*	*Veufs*	*Veufs*	*Célibataires*	*Épouses*	*Célibataires*	*Veuves*	*Veuves*	*Célibataires*
20 à 25	100	225	161	100	139	100	182	146	100	125
25 à 30	100	354	362	100	97	100	190	245	100	78
30 à 40	100	292	254	100	115	100	136	235	100	58
40 à 50	100	330	222	100	154	100	154	157	100	98
50 à 60	100	307	182	100	169	100	130	128	100	102
60 à 70	100	307	180	100	170	100	114	156	100	73
	Hommes (Seine)					*Femmes (Seine)*				
20 à 25	100	380	—	100	—	100	306	—	100	—
25 à 30	100	201	240	100	83	100	318	286	100	110
30 à 40	100	199	210	100	95	100	180	239	100	75
40 à 50	100	121	180	100	67	100	164	133	100	123
50 à 60	100	118	201	100	58	100	129	116	100	111
60 à 70	100	96	186	100	51	100	109	135	100	80

Comme ce tableau est essentiel, et que nous en rapprocherons d'autres données, nous le reproduisons, sous une forme un peu différente, mais qui facilitera les comparaisons ultérieures[1].

Voici comment doivent se lire ces tableaux. Les chiffres des colonnes 2 et 3 dans les deux tableaux symétriques : (hommes et femmes) indiquent en nombres relatifs la proportion des suicides de célibataires et de veufs, en supposant égale à 100 la proportion des suicides des époux (tous les chiffres de la 3e colonne ont été calculés par nous). Les chiffres de la colonne 5 indiquent la proportion des suicides des célibataires, en supposant égale à 100 la proportion des suicides des veufs.

Voici les chiffres totaux, que nous avons calculés d'après le tableau précédent, pour la province et la Seine (1889-1891).

1. Durkheim a calculé ce qu'il appelle *le coefficient de préservation*, des époux par exemple par rapport aux célibataires, entendant par là « le nombre qui indique combien, dans un groupe, on se tue de fois moins que dans un autre ». En réalité, lorsqu'on supprime les virgules, ces coefficients représentent les nombres relatifs qu'on obtient pour les célibataires et pour les veufs, en égalant à 100 le taux de suicide des époux, et pour les célibataires, si on égale à 100 le taux de suicide des veufs.

	Époux	Céliba-taires	Veufs	Veufs	Céliba-taires
Hommes (province)	100	300	227	100	140
— (Seine)	100	185	203	100	71
Femmes (province)	100	151	178	100	89
— (Seine)	100	200	182	100	100

Durkheim avait reproduit également une statistique du grand-duché d'Oldenbourg (y compris les principautés de Lubeck et de Birkenfeld), qui donnait, pour les années 1871-1885, la distribution des suicides par âge pour chaque catégorie d'état civil considérée isolément, la seule où, à cette époque, on pût trouver de telles indications.

De ces tableaux, il tirait les deux conclusions générales suivantes :

À partir de 20 ans, les mariés des deux sexes bénéficient d'un coefficient de préservation par rapport aux célibataires. Ce coefficient (supérieur à celui qu'indiquait Bertillon) évolue avec l'âge. Il arrive à un maximum, entre 25 et 30 ans en France, entre 30 et 40 en Oldenbourg. Puis il décroît jusqu'à la dernière période de la vie où se produit parfois un léger relèvement.

Il varie avec les sexes[1]. En France, ce sont les hommes qui sont favorisés, et l'écart entre les deux sexes est considérable. C'est l'inverse en Oldenbourg.

À propos des rapports entre le veuvage et le mariage, il s'engageait en une recherche curieuse, et présentait sous un jour tout nouveau les données d'où il venait de tirer son tableau. En France, les époux sont mieux protégés que les épouses et les veufs mieux que les veuves, quand on les compare aux célibataires[2]. Mais c'est l'inverse, pour les époux

1. Dans une étude statistique récente du mariage en Amérique, M. Ogburn remarque que le taux de mortalité est plus élevé pour les célibataires que pour les époux, à égalité d'âge, mais qu'il l'est beaucoup plus pour les hommes (deux fois plus grand de 30 à 50 ans, et près de deux fois de 50 à 70 ans), alors que la différence est très faible pour les femmes (taux de mortalité : 6,3 pour les femmes, 7,4 pour les filles, de 30 à 40 ans). Ces données se rapportent à l'État de New York (non compris New York City) en 1910. Même remarque pour la criminalité. Il en est encore de même si l'on compare les mariés et les célibataires quant à la proportion d'aliénés : mais l'écart entre les deux sexes, qui subsiste en faveur des hommes (mieux protégés par le mariage) est plus faible que quant à la mortalité et à la criminalité. Dans l'ensemble, le mariage protège les hommes plus que les femmes. Groves et Ogburn (*American marriage and family relationships*, New York, 1928, p. 137 sq.).

2. Il semble même qu'en France les veuves soient moins protégées contre le suicide que les filles (voir le total). Mais ceci n'est vrai que de 25 à 40 ans, et au-delà de 60 ans. De 20 à 25 ans, et

comme pour les veufs, en Oldenbourg. Existe-t-il donc, se demandait Durkheim, une relation entre la tendance au suicide dans le mariage et dans le veuvage ? Pour s'en rendre compte, il poussa plus loin l'analyse de ces chiffres et calcula séparément le taux de suicide pour chaque groupe d'âge et d'état civil dans les départements et dans la Seine. Il trouva que dans les départements (comme il ressortait déjà des chiffres pour toute la France) l'époux était plus préservé que l'épouse, et le veuf plus que la veuve. Mais, dans la Seine, c'était l'inverse. Ces différences étaient d'ailleurs importantes. On dit quelquefois que les gens mariés ont des ennuis, mais que l'ennui est le ver rongeur des célibataires. Celui-ci tue plus sûrement que celui-là. Il est possible que les hommes célibataires d'une part, et les femmes mariées de l'autre, s'ennuient plus en province, et, inversement, que les uns et les autres s'ennuient moins à Paris. Il est possible aussi que les ennuis et les soucis de tout ordre retombent de tout leur poids, à Paris, sur les hommes mariés et sur les filles de tout âge, et que ni les hommes mariés, ni les filles ne les ressentent au même degré en province. Toujours est-il que Durkheim pouvait conclure : chaque sexe, quant au suicide, se comporte dans le veuvage comme il se comportait dans le mariage. Les veuves se tuent beaucoup quand les femmes mariées résistent plus faiblement à la tentation d'en finir. Nous apprenons ainsi que le veuvage n'est pas une condition irrémédiablement mauvaise. Les dispositions des veufs et veuves sont en rapport avec l'état moral des gens mariés du même sexe et dans le même pays. Celui qui profite le plus de l'état matrimonial, homme ou femme, souffre plus quand il reste seul ; mais il est mieux trempé pour résister, comme si, durant le mariage même, il avait fait des provisions de forces et conservait ensuite l'élan qu'il y a pris.

Durkheim ne s'en est pas tenu à déterminer avec plus de précision quels écarts existent entre les taux de suicide des époux, des célibataires, etc. Il a proposé une interprétation tout à fait originale de ces faits. Morselli expliquait ce qu'il en avait entrevu par des raisons telles que les suivantes : « Le mariage calme les passions. Il est un appui, dans la lutte pour la vie. Il soumet l'existence à une règle. Il accroît les forces de travail. Il relève le niveau social et moral des époux. » Si le mariage protège moins les femmes que les hommes contre la tendance au suicide, c'est que « la femme, dans le mariage, voit plus souvent que

de 40 à 60, les veuves paraissent tenir plus à la vie que les filles, peut-être parce que, quand elles sont très jeunes, elles espèrent davantage se remarier, et que, quand elles sont âgées, elles sont accoutumées à cet état.

l'homme ses illusions s'envoler ». Au reste les femmes non mariées trouvent moins de raisons que les hommes de quitter volontairement la vie. « Les peines d'amour de la jeunesse, la solitude qui pèse sur les gens âgés, les illusions déçues trouvent une compensation : car le célibat présente bien des avantages. Au reste, la grossesse, l'accouchement exposent la femme à divers troubles nerveux et mentaux », etc.

Durkheim s'est placé à un autre point de vue, sans écarter cependant tout à fait ce genre de raisons. D'après lui « l'immunité au suicide que présentent les gens mariés en général est due, tout entière pour un sexe (les femmes), et en majeure partie pour l'autre, à l'action non de la société conjugale ou du mariage comme tel, mais de la société familiale, des enfants ». Il a été très frappé de constater qu'en France les femmes mariées sans enfants se tuent plus que les célibataires du même âge. C'est sans doute que, d'une manière générale (peut-être pour les raisons qu'invoquait Morselli, ou d'autres analogues), la femme sans enfants profite moins du mariage que l'époux. Si elle ne perd pas à se marier, elle y gagne moins que lui. Mais, d'autre part « les veufs sans enfants se suicident moins que les époux sans enfants ». Si la mort de sa femme n'augmente pas la tendance au suicide de l'homme, c'est que le mariage, tant qu'il existe, ne contribue que faiblement à contenir cette tendance. Le facteur essentiel de l'immunité des gens mariés n'est donc pas ce que Durkheim appelle la société conjugale, mais « le groupe complet formé par les parents et les enfants ».

Il y a là un ensemble de propositions impressionnantes, qu'il importait de confirmer. En tout cas, aucune des publications sur le suicide parues depuis le livre de Durkheim ne les infirment. Nous espérons qu'il nous sera possible pour notre part d'apporter quelques faits nouveaux à l'appui de cette argumentation.

Dans le livre auquel nous nous sommes plus d'une fois reporté, le père Krose reproduit le tableau établi par Durkheim, et, après l'avoir rapproché du tableau des suicides dans le grand-duché d'Oldenbourg (1871-1885) il écrit : « Le résultat principal de l'enquête de Durkheim est pleinement confirmé par la statistique d'Oldenbourg, ce qui est d'autant plus remarquable qu'il s'agit d'une population qui, par sa grandeur et sa structure, diffère entièrement de la population française. »

Il existait aussi, au temps où Durkheim étudiait ce problème, une statistique suédoise des suicides classés par âge et par état civil, mais on y réunissait dans une même catégorie les célibataires et les veufs, si bien qu'elle était inutilisable. Krose a reproduit les mêmes chiffres suédois pour 1891-1894, en distinguant les veufs et les célibataires. Depuis, on les trouve chez von Mayr, pour la période 1891-1900, et pour la période 1901-1907. Nous nous en sommes tenus aux chiffres de la période la plus longue (1891-1900), et nous avons calculé les mêmes nombres relatifs que précédemment[1]. Von Mayr reproduit également des tableaux qui présentent les mêmes divisions et combinaisons, pour le Danemark (il a oublié d'indiquer pour quelle période : les catégories d'âge ne comprennent chacune que cinq années), et pour la Norvège de 1881 à 1900, soit vingt années (catégories d'âge : de 15 à 25, et de dix en dix ans, mais de 55 à 75 à la fin)[2]. Nous avons encore calculé les mêmes nombres relatifs pour ces deux expériences. Nous ne les reproduisons pas, pour ne pas abuser des tableaux. D'ailleurs, ces pays semblent occuper, quant à la répartition des suicides par âge et état civil, une position intermédiaire entre la France et la Suisse. Nous nous bornons à reproduire ci-dessous les moyennes des nombres relatifs de chaque colonne (taux de suicide des célibataires par rapport au taux de suicide des époux, etc.) : mais il ne faut pas oublier que ce sont les moyennes de nombres calculés pour chaque catégorie d'âge, suivant la méthode appliquée par Durkheim. C'est ce qui fait leur valeur, et qui nous permet de les comparer aux moyennes, calculées de la même manière, pour d'autres pays. Comme, dans la suite, nous fixerons notre attention sur quatre expériences seulement, mais sur quatre expériences nettement différenciées (France, Suisse, Oldenbourg et Hongrie), il nous suffira d'indiquer en note les rapprochements et remarques particulières que suggèrent ces statistiques danoises et scandinave.

Ainsi, comme en France, les époux des deux sexes se tuent moins que les célibataires. En Suède, l'écart est à peu près le même qu'en France pour les époux, il est bien plus élevé pour les épouses ; en Norvège, il est plus faible pour les époux, à peu près le même pour les

1. Durkheim trouvait suspects les chiffres de la statistique suédoise (voir *Le suicide*, p. 179, n. 2). Il signalait, dans le nouveau tableau suédois publié par Krose, plusieurs résultats qui « le laissaient sceptique » (voir *Année sociologique*, t. XI, 1906-1909, p. 512-513). Cela tenait sans doute à ce que, pour un petit pays, cette dernière statistique ne couvrait qu'une courte période (1891-1894). Dans le tableau publié par von Mayr (1891-1900), ces invraisemblances n'apparaissent plus. Il n'y avait donc aucune raison de négliger ces données suédoises, qui portent sur plus de 7 200 suicides.

2. La population norvégienne comprend 2 millions et demi d'habitants. On y comptait 131 suicides en moyenne par an, de 1881 à 1895. Cette statistique porte donc sur 2 602 suicides. La proportion des morts volontaires y était alors de 67 pour 1 million, ce qui est un des taux les plus faibles qu'on ait observés à cette époque en Europe. Au Danemark, durant les mêmes années, on en comptait 250 pour 1 million d'habitants, et 150 en Suède en 1891-1900.

Tableau XXV *bis* – *Pays scandinaves. Proportion des suicides* (en nombres relatifs)

	Époux	*Céliba-taires*	*Veufs*	*Veufs*	*Céliba-taires*
Suède (1891-1900) :					
Hommes	100	270	273	100	110
Femmes	100	220	215	100	84
Norvège (1881-1900) :					
Hommes	100	235	302	100	82
Femmes	100	170	189	100	98
Danemark (?) :					
Hommes	100	259	219	100	95
Femmes	100	237	246	100	97

épouses ; au Danemark, il n'est pas beaucoup plus faible pour les époux (il est égal, nous le verrons, à ce qu'il est en Suisse), mais il est beaucoup plus élevé pour les épouses. En tout cas les époux, comme en France, sont plus favorisés que les épouses. Les veufs des deux sexes se tuent plus que les gens mariés, et aussi que les célibataires (sauf, en Suède, les veufs qui se tuent autant que les célibataires). Enfin, en Suède seulement se vérifie la loi formulée par Durkheim : l'époux étant plus protégé que l'épouse, le veuf est plus protégé que la veuve (quand on les compare aux célibataires). Il est vrai qu'au Danemark il n'y a guère de différence à cet égard, et l'écart est faible en Norvège entre les veufs et les veuves. Par tous ces caractères, nous le verrons, des quatre types de répartition des suicidés par état civil, c'est du type français que ces trois exemples se rapprocheraient le plus.

Krose reproduit d'autre part une statistique suisse (qui paraît avoir échappé à l'attention de Durkheim) des suicides par âge et par état civil en 1881-1890[1].

Au reste, Krose conclut : « Dans ces quatre enquêtes, le total des suicides étudiés était : en Suisse, de 6 756 ; en Suède, de 2 736 ; en Oldenbourg, de 1 369 ; en France, de 25 474, soit plus des deux tiers du total. Les chiffres français ont donc le plus de valeur. »

Voici quels sont les résultats de la statistique suisse (1881-1890).

1. Signalons également une statistique des suicides en Saxe par âge et par état civil, en 1908-1909, dans le livre de Kürten, mais où les groupes d'âge sont plus larges. Il en ressort aussi qu'à tous les âges les célibataires et les veufs des deux sexes se suicident plus que les mariés. Mais, contrairement à ce qu'on trouve dans le tableau de Durkheim, à partir de 30 ans le coefficient de préservation des femmes mariées par rapport aux célibataires serait plus élevé que pour les hommes.

Tableau XXVI – *Suisse (1881-1890). Proportion des suicides pour 1 million d'habitants de chaque catégorie* (nombres relatifs) ([1])

	Pour 100 suicidés mariés							
	Hommes		*Femmes*		*Hommes*		*Femmes*	
Classe d'âge	*Célibataires*	*Veufs*	*Célibataires*	*Veuves*	*Veufs*	*Célibataires*	*Veuves*	*Célibataires*
20 à 29	135	143	194	—	100	95	—	—
30 à 39	195	259	144	142	100	75	100	102
40 à 49	172	273	126	188	100	63	100	67
50 à 59	156	253	82	120	100	61	100	68
60 à 69	148	187	102	146	100	79	100	70
70 à 79	190	196	163	185	100	97	100	88

([1]) Les nombres des quatre premières colonnes sont empruntés à Krose (*die Ursachen*, etc., p. 100). Nous avons calculé nous-même les nombres relatifs des autres colonnes.

Ce chapitre était terminé, quand nous avons trouvé, dans *Statistik und Gesellschaftslehre*, de von Mayr, p. 323, les mêmes données pour la Suisse, de 1891 à 1900, et de 1901 à 1905. Nous avons calculé, d'après les données de 1891 à 1900, tous les nombres suivants, que nous disposons dans la même forme que les tableaux ci-dessus. Nous n'utilisons pas les données de 1901-1905, qui portent sur un nombre de suicides trop petit.

Tableau XXVI *bis* – *Proportion des suicides en Suisse (1891-1900)* (nombres relatifs)

	Pour 100 suicidés mariés							
	Hommes		*Femmes*		*Hommes*		*Femmes*	
Classe d'âge	*Célibataires*	*Veufs*	*Célibataires*	*Veuves*	*Veufs*	*Célibataires*	*Veuves*	*Célibataires*
20 à 29	189	219	189	(590)	100	86	100	32
30 à 39	222	333	160	205	100	67	100	78
40 à 49	203	282	174	220	100	71	100	83
50 à 59	154	201	118	120	100	77	100	98
60 à 69	150	241	80	164	100	62	100	49
70 à 79	167	188	82	91	100	88	100	89

Si, d'après les données de 1881-1890, nous calculons la moyenne des nombres de chaque colonne, pour les cinq premières catégories d'âge (de 20 à 69 ans), nous trouvons ceci[1] :

	Époux	*Céliba-taires*	*Veufs*	*Veufs*	*Céliba-taires*
Hommes	100	161	222	100	75
Femmes	100	127	149	100	68

Ainsi, comme en France, les époux des deux sexes se tuent moins que les célibataires, mais l'écart est bien plus faible qu'en France : pour 100 époux suicidés on trouve respectivement 161 célibataires hommes et 127 filles, au lieu de 280 et 167 en France. Les époux du sexe mâle sont plus favorisés à cet égard que les femmes, comme en France. Les veufs des deux sexes se tuent plus que les gens mariés, comme en France. Mais ils se tuent plus, aussi, que les célibataires, contrairement à ce que Durkheim observait en France, où les célibataires se tuent nettement plus que les veufs (la différence moyenne à cet égard entre les veuves et les filles est très faible en France : de 25 à 40 ans, et au-delà de 60, les veuves s'y tuent plus que les filles). Les veufs semblent être plus favorisés à cet égard que les veuves (comme en France), quand on les compare aux célibataires. De toute façon se vérifie la loi formulée par Durkheim. L'époux étant plus protégé que l'épouse, le veuf est plus protégé, plus exactement, est moins exposé que la veuve.

Ce qu'il y a de particulier dans cette expérience, c'est que le mariage réduit dans une proportion plus faible qu'en d'autres pays la tendance au suicide, et que le veuvage, loin de la réduire, paraît la renforcer (par rapport au célibat). Il y a sans doute un rapport entre ces deux faits. Les gens mariés, moins armés contre le suicide, perdent entièrement leur immunité lorsqu'ils deviennent veufs et ne trouvent

1. Voici les mêmes résultats, pour 1891-1900 :

	Époux	*Célibataires*	*Veufs*	*Veufs*	*Célibataires*
Hommes	100	184	255	100	73
Femmes	100	144	176	100	68

Les écarts entre époux des deux sexes et célibataires se rapprochent un peu plus de ce qu'ils sont en France. Tous les résultats énoncés sont d'ailleurs vérifiés par ces nouveaux chiffres.

pas, dans leurs habitudes antérieures, la force nécessaire pour s'adapter à une condition nouvelle, et pénible par contraste.

Nous reproduisons enfin un tableau que nous avons établi pour la Hongrie, d'après des données toutes récentes (*Revue hongroise de statistique,* juillet 1928). Les chiffres des trois premières colonnes sont empruntés à cette publication. Nous avons calculé nous-même tous les autres, ainsi que les deux dernières lignes (total). Nous avons éliminé tous les chiffres de suicides trop faibles, ou qui correspondaient à un groupe trop réduit (au-dessous de 0,2 % de tous les suicides). En calculant les moyennes (total) des nombres de chaque colonne, nous n'avons pas tenu compte du taux de suicide (entre parenthèses) des veufs de plus de 70 ans, qui est extrêmement élevé. Ce tableau correspond à 7 155 suicides en nombre absolu, c'est-à-dire plus qu'en Suède, en Oldenbourg et même en Suisse (6 576), soit près du tiers des 25 474 suicides étudiés par Durkheim en France.

Reportons-nous aux moyennes des colonnes (total). Comme dans les exemples précédents, les époux des deux sexes se tuent moins que les célibataires.

Mais, contrairement à ce que Durkheim observait en France, le mariage protège plus les femmes que les hommes (295 célibataires se suicident contre 100 époux, au lieu de 280 en France, et 320 filles se suicident contre 100 épouses, au lieu de 167 en France), en moyenne, et dans toutes les catégories d'âge, sauf de 40 à 49 ans (les époux reprennent alors l'avantage). À ce point de vue, la Hongrie se rapproche de l'Oldenbourg. Les veufs des deux sexes se tuent plus que les gens mariés, comme en France. Comme en France également, ils se tuent moins que les célibataires, mais surtout les veuves. Elles semblent plus favorisées à cet égard que les veufs, quand on les compare aux célibataires (ce qui n'est pas le cas en France). On vérifie encore, ici, la loi formulée par Durkheim. L'épouse étant plus protégée que l'époux, la veuve est plus protégée que le veuf. La seule exception (dans la catégorie d'âge : de 40 à 49 ans, où le veuf est plus protégé que la veuve) correspond à l'exception signalée plus haut, pour la même catégorie d'âge, où l'époux est plus protégé que l'épouse. L'exception rentre donc dans la loi qui se vérifie dans les quatre expériences étudiées.

Rapprochons les résultats généraux obtenus dans ces quatre pays.

Le sexe pour lequel, dans chacune de ces expériences, l'écart est le plus grand entre le taux de suicide des époux et des célibataires, c'est-à-dire qui est le mieux protégé par le mariage, est aussi celui pour lequel l'écart est le plus grand entre le taux de suicide des veufs et des céliba-

Tableau XXVII – *Hongrie (1923-1925)*
Suicides (par an), pour 1 million d'habitants de chaque groupe d'âge et d'état civil

	Taux de suicide			*Nombres relatifs*				
Classe d'âge	*Célibataires*	*Mariés*	*Veufs*	*Mariés*	*Célibataires*	*Veufs*	*Veufs*	*Célibataires*
				Hommes				
15 à 19	294	155	—	100	190	—	—	—
20 à 24	842	243	—	100	357	—	—	—
25 à 29	811	305	—	100	266	—	—	—
30 à 39	792	238	1 033	100	335	434	100	77
40 à 49	1 312	355	724	100	370	204	100	183
50 à 59	1 551	570	1 550	100	271	271	100	100
60 à 69	—	788	2 057	100	—	251	—	—
70 et plus	—	146	(3 750)	100	—	(2 560)	—	—
				Femmes				
15 à 19	240	112	—	100	215	—	—	—
20 à 24	453	117	—	100	388	—	—	—
25 à 29	490	155	—	100	316	—	—	—
30 à 39	394	105	153	100	375	146	100	257
40 à 49	299	120	205	100	249	171	100	146
50 à 59	587	156	242	100	375	155	100	141
60 à 69	—	181	321	100	—	178	—	—
70 et plus	—	347	748	100	—	215	—	—
Total :								
Hommes	930	350	1 340	100	295	290	100	120
Femmes	410	161	334	100	320	173	100	215

taires, c'est-à-dire qu'il est le mieux protégé (ou le moins exposé) par le veuvage.

L'écart entre les époux et les célibataires quant au suicide, ce que Durkheim appelle le coefficient de préservation des époux, varie beaucoup d'un pays à l'autre. En France et en Hongrie, pour les hommes il est très élevé et très semblable dans les deux pays, mais, pour les femmes, il s'élève en Hongrie au double de ce qu'il atteint en France. En Suisse et en Oldenbourg, les hommes sont protégés à peu près également, mais les femmes le sont bien plus en Oldenbourg qu'en Suisse. D'une manière générale, c'est surtout en Hongrie que le mariage

Tableau XXVII *bis* – *Proportion des suicides, par état civil, dans quatre pays européens* (nombres relatifs)

	France 1889-1891		*Suisse (1881-1890)* [1]		*Oldenbourg (1871-1885)*		*Hongrie (1923-1925)*	
	Époux	*Célibataires*	*Époux*	*Célibataires*	*Époux*	*Célibataires*	*Époux*	*Célibataires*
Hommes	100	280	100	161	100	174	100	295
Femmes	100	167	100	127	100	202	100	320
	Veufs	*Célibataires*	*Veufs*	*Célibataires*	*Veufs*	*Célibataires*	*Veufs*	*Célibataires*
Hommes	100	134	100	75	100	200	100	120
Femmes	100	97	100	68	100	208	100	215

[1] Pour la Suisse, en 1891-1900, on trouve :

	Époux	*Célibataires*	*Veuves*	*Célibataires*
Hommes	100	184	100	73
Femmes	100	144	100	68

Ces nombres vérifient les propositions formulées.

amortit la tendance au suicide, puisque les deux sexes sont protégés à la fois au maximum ; c'est en Suisse que son action est la moins forte, sur les hommes et sur les femmes. Quant à la France, elle se distingue nettement des autres pays en ce que la différence quant au suicide entre les époux et les célibataires est beaucoup plus élevée pour les hommes que pour les femmes.

L'influence du mariage ne s'exerce pas au même degré à tous les âges. Lorsqu'on examine à ce point de vue les tableaux que nous avons reproduits, on perd tout à fait de vue les suicides et les suicidés. On ne songe plus qu'aux vicissitudes de la vie humaine, aux joies et aux peines propres à chaque âge, qui doivent se refléter dans ces variations. En Hongrie, les époux de 20 à 24 ans se tuent exactement trois fois et demi moins que les célibataires. C'est une proportion qu'ils ne retrouveront et dépasseront que de 40 à 49 ans. Les époux français se tuent aussi près de trois fois et demi moins que les célibataires, mais un peu plus tard, de 25 à 30 ans. Et de même, le mariage ne les protégera jamais autant qu'à cet âge (bien que, de 40 à 49 ans, il y ait dans leur courbe un maximum, inférieur au premier). Cependant, il faut distinguer, en France, la Seine et la province. Reportons-nous au tableau XXV, 2e partie, dont les données sont empruntées au tableau reproduit par Durkheim (*Le suicide,* tableau XXII, p. 204). On verra que ce que nous venons de dire de la différence entre les célibataires et les époux (hommes) en France correspond à ce qu'on observe en province. Mais, dans la Seine, il n'en est plus tout à fait de même. Comme en Hongrie, les époux de 20 à 24 ans (et non plus de 25 à 30 seulement) se tuent près de quatre fois moins (380 pour 100 célibataires, au lieu de 357 en Hongrie) que les célibataires, mais, à partir de 25 ans, contrairement à ce qu'on observe aussi bien en Hongrie que dans la province française, où le mariage protège les hommes contre le suicide jusqu'à la fin de leur vie, dans la Seine, ils les protège de moins en moins. De 25 à 40 ans, les époux se tuent seulement deux fois moins que les célibataires. De 40 à 60 ans, cette différence diminue des trois quarts. Elle disparaît tout à fait au-delà de 60 ans. On dirait qu'à partir de 40 ans, à Paris et dans ses environs, l'homme marié n'est guère plus capable que le célibataire de résister à la tentation de se suicider, lorsqu'elle lui vient. Là-dessus on pourrait beaucoup épiloguer. Bornons-nous à retenir le fait.

Comment se comportent les femmes ? En Hongrie, les filles se suicident beaucoup plus que les femmes mariées de 20 à 24 ans, de 30 à 39 ans, de 50 à 59 ans. Mais la différence se réduit le plus de 40 à 49 ans (c'est, nous l'avons vu, la période où les époux sont mieux protégés contre le suicide que les épouses). Il est difficile d'expliquer ce rythme, qui est assez nettement marqué. Peut-être cette période de 40 à 49 ans correspond-elle à une transformation ou à une crise non pas seulement physique, mais morale ou familiale, pour les femmes qui se sont mariées de 20 à 30 ans et qui ont eu tout de suite des enfants.

En France, les morts volontaires font aussi plus de victimes parmi les filles que dans le groupe des femmes mariées, et cette différence est la plus forte de 20 à 30 ans (surtout de 25 à 30). Après 30 ans, cette différence diminue brusquement de plus de moitié, reste aussi grande de 30 à 50 ans, puis se réduit de plus en plus jusqu'à n'être que d'un cinquième. Reportons-nous cependant aux chiffres de la Seine et de la province. Nous aurons une toute autre impression. Ce que nous avons dit s'applique à la province, avec toutefois cette correction que, de 40 à 50 ans, la différence entre les taux de suicide des épouses et des filles (toujours favorable aux premières) augmente nettement (au lieu de diminuer comme en Hongrie) : c'est entre 30 et 70 ans, la période où l'immunité au suicide de la femme mariée, quand on la compare à la fille, est la plus forte. Est-ce parce que dans cette période les filles sont en train de se faire vieilles, sans que la situation des femmes mariées soit changée ? Mais pourquoi observe-t-on l'inverse en Hongrie ? Dans la Seine, un fait passe au premier plan : c'est que, de 20 à 30 ans, les filles se tuent plus que les épouses suivant une proportion exceptionnellement élevée : plus de trois fois autant, c'est-à-dire que, de 20 à 30 ans, la différence sous ce rapport entre les filles et les femmes dans la Seine est du même ordre qu'entre les hommes non mariés et mariés en province, et qu'entre les filles et les femmes en Hongrie. Mais, après 30 ans, elle tombe brusquement (dans le rapport de 100 à 52, tandis qu'en province la baisse n'est que de 100 à 71), et elle diminue sans interruption d'une période à l'autre, jusqu'à n'être plus, à partir de 50 ans, qu'au niveau insignifiant où elle se trouve, en province, au même âge. Pour mesurer la différence entre la province et Paris, comparons l'écart maximum (de 25 à 30 ans) et l'écart minimum (de 60 à 70 ans) entre la tendance au suicide chez les filles et chez les femmes mariées d'abord en province, ensuite dans la Seine : en province, il diminue de 100 à 68, et dans la Seine, de 100 à 34. Cependant le taux de suicide des femmes mariées de 25 à 30 ans est moins élevé en province que dans la Seine (64 pour 1 million de femmes mariées, au lieu de 103 dans la Seine). Cette différence exceptionnelle s'explique donc par le taux très élevé du suicide, parmi les filles du même âge de la Seine (taux de suicide : 328 au lieu de 122 en province). Il semble que les conditions de vie parisienne exposent particulièrement au suicide les filles de 20 à 30 ans, à Paris et dans ses environs. Quant au mariage, il protège les femmes, en province aussi bien qu'à Paris, surtout jusqu'à 30 ans, beaucoup moins et de moins en moins aux âges suivants.

Il en est de même en Suisse, où la différence entre les femmes mariées et les filles, à son maximum de 20 à 29 ans, diminue aussitôt après de plus de moitié, diminue encore de 40 à 49 ans, et disparaît à partir de 50 ans[1]. Il

1. En Suisse, dans la période 1891-1900, la différence entre les femmes mariées et les filles est bien à son maximum de 20 ans à 29 ans. Elle diminue ensuite d'un tiers seulement, puis augmente un peu de 40 à 42 ans, comme en province, en France. Mais ensuite, comme en 1881-1891, elle diminue de nouveau, et disparaît. De 20 ans à 60 ans, elle diminue dans la proportion de 100 à 42, exactement comme en 1881-1891. C'est là le fait essentiel.

n'en est pas de même en Hongrie, où le mariage exerce une action aussi forte jusqu'à la fin, et dans le grand-duché d'Oldenbourg, où elle est plus énergique de 40 à 60 ans qu'à aucun autre moment.

Nous sommes donc amenés à distinguer deux types de pays (voir le tableau résumé XXVII *bis*). Dans les uns, tels la France et la Suisse, les époux sont mieux protégés contre le suicide que les épouses, parce que seules les épouses de moins de 30 ans sont sérieusement protégées. Dans les seconds, tels que la Hongrie et l'Oldenbourg, les épouses sont mieux protégées contre le suicide que les époux et cette influence du mariage s'exerce pendant toute la durée de la vie des épouses. Si nous appelons 100 la différence entre le taux de suicide des filles (qui se tuent plus) et des épouses, on trouve, pour la même différence entre les célibataires et les époux :

En France	168
En Suisse	126
En Hongrie	92
Dans l'Oldenbourg	86

Ces chiffres expriment ce que Durhheim appelle le coefficient de préservation des époux contre le suicide, si on suppose égal à 100 le même coefficient pour les épouses[1].

Durkheim croyait que, si les célibataires se tuent plus que les gens mariés, cela s'explique moins par le mariage comme tel que par la famille, ou par la présence d'enfants. Mais pourquoi les épouses françaises (et suisses) trouvent-elles dans l'état matrimonial une protection plus grande de 20 à 30 ans que plus tard ? On pourrait supposer ou bien que, jusqu'à 30 ans, ces épouses sont protégées par le mariage comme tel à peu près comme les hommes, et que la simple union matrimoniale leur apporte des avantages qui disparaîtront plus tard ; ou bien qu'ayant et devant avoir peu d'enfants, c'est entre 25 et 30 ans qu'ils tiennent le

1. Faisons le même calcul dans les pays danois et scandinaves ; 100 = la différence entre le taux de suicide des filles et des épouses. On trouve, pour la même différence entre les célibataires et les époux :

En Suède	122
En Norvège	138
En Danemark	109

plus de place dans leurs préoccupations ; ou l'un et l'autre. Mais ce sont là de simples hypothèses.

Il faudrait chercher directement si les gens mariés donnent un plus faible nombre de suicides lorsqu'ils ont des enfants que quand ils n'en ont pas.

Morselli n'a consacré qu'une ou deux pages à cette question. C'est qu'à cette époque il n'y avait guère que la France qui distinguât les suicidés qui laissaient des enfants, et les autres. Morselli se bornait à indiquer leur nombre (peut-être ne pouvait-il pas calculer leur proportion, faute de connaître par les recensements le nombre des mariés avec enfants, etc.). En France, de 1867 à 1876, sur 100 hommes mariés suicidés, il en trouvait 67,6 qui laissaient des enfants, 32,4 qui n'en laissaient pas, et sur 100 femmes mariées suicidées, respectivement 61 et 39. Ainsi il semblait que la présence des enfants attachât la femme plus que l'homme à la vie puisque la proportion des femmes mariées ayant des enfants qui se suicident était à la proportion des hommes dans le même cas comme 100 à 110.

Morselli disait : « Il résulte de ces nombres que l'existence d'enfants chez les veufs et chez les mariés préserve plus la mère que le père contre le suicide. » Il en résultait aussi que les enfants paraissent protéger un peu plus contre le suicide les veufs des deux sexes que les mariés des deux sexes. Ne disposant que de données très imparfaites, Morselli ne pouvait aller plus loin. Mais il avait ouvert la voie.

À la même époque, Bertillon, dans un article « Les célibataires, les veufs, etc. », publié dans la *Revue scientifique* en 1879, calculait les chiffres suivants (en France), pour 1861-1868. Cette fois, ce sont les taux de suicide calculés par rapport à la catégorie de population correspondante[1].

1. Ces nombres étaient calculés d'après 19 283 suicides de gens mariés et 6 226 de veufs. Voilà quelles étaient les proportions de chaque catégorie, pour 100 suicidés mariés et pour 100 suicidés veufs :

		Hommes	
Mariés sans enfants	32,4	Veufs sans enfants	34,2
Mariés avec enfants	67,6	Veufs avec enfants	65,8
Totaux	100		100
		Femmes	
Mariées sans enfants	39	Veuves sans enfants	40,6
Mariées avec enfants	61	Veuves avec enfants	59,4
Totaux	100		100

		Suicides par million
Époux	avec enfants	205
—	sans enfants	478
Épouses	avec enfants	45
—	sans enfants	158
Veufs	avec enfants	526
—	sans enfants	1 004
Veuves	avec enfants	100
—	sans enfants	238

Appelons 100 le taux de suicide des époux avec enfants, et des épouses avec enfants. On trouve, pour le taux de suicide des époux sans enfants, et des épouses sans enfants : 233 et 51. Ainsi : 1 / la présence d'enfants abaisse le taux de suicide des époux hommes et femmes ; 2 / elle abaisse le taux de suicide des épouses beaucoup plus que le taux des époux. Le rapport des deux nombres précédents, 351 et 233, est égal à 1,51. Les épouses sont protégées par les enfants contre le suicide une fois et demi autant que les époux[1].

Durkheim a essayé d'atteindre un degré plus élevé de précision. Il a calculé ce que deviennent les taux de suicide des époux avec enfants, sans enfants, etc., quand on les compare aux célibataires. Il ne pouvait distinguer les époux et veufs avec enfants, etc., d'après leur âge. Mais comme l'âge moyen des époux est de 45 ans ; des épouses de 42 ans ; des veufs et veuves, de 60 ans ; il a tiré, du tableau établi par lui (tableau XXV ci-dessus), les taux de suicide correspondant à ces catégories, et il a calculé les nombres relatifs suivants (groupés deux à deux) (voir tableau page suivante).

Le taux de suicide des célibataires comparé à celui des époux sans enfants est plus élevé de 94 % que quand on le compare à celui des époux avec enfants. Ceci mesure de combien diminue le taux de suicide des époux, par rapport aux célibataires, quand ils ont des enfants. Le taux de suicide des filles comparé à celui des époux sans enfants est

1. La différence est beaucoup moindre, bien que toujours à l'avantage des femmes, lorsqu'il s'agit des veufs et des veuves avec ou sans enfants. On trouve alors, comme nombres relatifs, pour les veufs, 198 ; pour les veuves, 229 : soit un rapport égal à 1,15 seulement. Ajoutons que les taux de suicide utilisés par Durkheim pour 1889-1891 donnent des résultats assez voisins : nombres relatifs pour les époux, 192 ; pour les épouses, 280 ; soit un rapport égal à 1,46 ; nombres relatifs pour les veufs, 134 ; pour les veuves, 174 ; soit un rapport égal à 1,3.

	Taux de suicide
Époux avec enfants	100
Célibataires de 45 ans	290
Époux sans enfants	100
Célibataires de 45 ans	150
Épouses avec enfants	100
Filles de 42 ans	189
Épouses sans enfants	100
Filles de 42 ans	67

plus élevé de 182 % que quand on le compare à celui des épouses avec enfants. De ces deux nombres il résulte bien que les enfants protègent beaucoup plus les épouses que les époux. Si on fait le même calcul pour les veufs et les veuves par rapport aux célibataires de 60 ans, aux filles de 60 ans, on trouve les deux rapports : 34 % pour les hommes, et 76 % pour les femmes, qui indiquent que les enfants protègent davantage les veuves que les veufs contre le suicide.

Sur cette question, de l'influence qu'exerce sur le suicide la présence d'enfants dans le mariage, on ne trouve de données nouvelles ni chez le père Krose, ni chez von Mayr. Depuis l'œuvre de Durkheim, elle n'a pas avancé d'un pas.

Il nous paraît possible cependant, en interprétant deux tableaux statistiques publiés tout récemment, l'un en Hongrie, l'autre dans l'union des Soviets, non seulement de confirmer et préciser les conclusions de Morselli, Bertillon et Durkheim, mais de mesurer l'action d'un facteur nouveau, qui n'est autre que le nombre des enfants.

On distingue, en France, les suicides des gens mariés qui ont et qui n'ont pas d'enfants. Mais les familles qui n'ont qu'un enfant, et d'autres plus nombreuses, protègent-elles de la même manière et au même degré le père et la mère contre le suicide ? Durkheim comprenait l'importance d'une telle recherche. « Cette préservation (contre le suicide), disait-il, est d'autant plus complète que la famille est plus dense, c'est-à-dire comprend un plus grand nombre d'éléments » (p. 208).

Faute d'autres données, il s'était reporté au dénombrement, où l'on trouvait indiqué « l'effectif moyen des ménages de famille » en 1886, et il avait établi qu'il existe un rapport assez approché entre la proportion des suicides et la densité familiale, c'est-à-dire le nombre de personnes que comprend chaque ménage. La ressemblance entre les deux cartes de la France où les départements sont distingués d'après ces deux caractères ou ces deux faits, malgré des divergences secondaires, ne laisse pas en effet de surprendre. Nous nous étions demandé si un tel rapport ne s'expliquait pas très naturellement, parce que la proportion des suicides est calculée par rapport à la population totale, y compris les enfants de moins de 15 ans (qui ne se suicident guère). Cela reviendrait à dire que, là où il y a le plus d'enfants (qui ne se suicident pas), la proportion des suicides à la population totale est la plus faible, ce qui est trop évident. Les deux cartes ne feraient alors que reproduire un même caractère : la proportion des enfants de moins de 15 ans par rapport à la population totale. S'il en eût été ainsi, toute notre étude sur la répartition géographique des suicides en France ne prouverait rien, puisque toutes les régions où nous avons relevé les proportions les plus élevées de suicides sont aussi celles où les enfants sont le moins nombreux, c'est-à-dire où la population « apte au suicide » est relativement la plus nombreuse. Mais il n'en est rien. La différence entre les départements sous ce rapport est très faible, alors qu'entre les taux de suicide correspondants on trouve des écarts très forts.

Durkheim distinguait six groupes de départements d'après leur taux de suicide décroissant, et mettait en regard l'effectif moyen des ménages dans chacun d'eux à une même date. Calculons l'augmentation ou diminution de ces nombres d'un groupe à l'autre en nombres relatifs.

Les trois différences les plus nettes dans les taux de suicide, du 1er au 2e, du 4e au 5e, et du 5e au 6e sont respectivement de 33 % et de 50 %, alors que la densité familiale correspondante n'augmente que de 4 % et de 6 %. Si donc l'on calculait les taux de suicide par rapport à la population de plus de 15 ans, les différences qui les séparent seraient réduites d'une bien faible fraction : elles n'en subsisteraient pas moins. Ainsi, on ne peut reprocher à Durkheim d'avoir négligé cette cause d'erreur.

Mais considérons maintenant le nombre des membres du ménage qui, dans chaque groupe de départements, dépasse deux, et qui peut représenter le nombre des enfants. Il varie un peu plus vite d'un groupe à l'autre que le nombre des membres du ménage, mais, encore, beaucoup moins vite que les taux de suicide (voir la dernière partie du tableau XXVIII) : il augmente de 37 %, alors que les taux de suicide diminuent de 87,5 %. Il n'y a pas de grandes différences à cet égard entre les diverses régions de la France, et il n'est guère possible, à travers ces chiffres, de découvrir quel est le nombre des ménages qui ont

Tableau XXVIII – *France* (d'après le tableau de Durkheim, p. 209)

	Diminution du taux de suicide	*Augmentation de la densité familiale*	*Augmentation du nombre des membres du ménage excédant deux*
Du 1er au 2e groupe	100 à 67	96,5 à 100	92 à 100
Du 2e au 3e groupe	100 à 75	95,5 à 100	91 à 100
Du 3e au 4e groupe	100 à 73	96 à 100	91 à 100
Du 4e au 5e groupe	100 à 66,5	94 à 100	88 à 100
Du 5e au 6e groupe	100 à 50	96,5 à 100	94 à 100
Du 1er au 6e groupe	100 à 12,5	83 à 100	63 à 100

deux enfants et plus, et pour quelle part ils contribuent à l'ensemble des morts volontaires.

Il semble donc qu'il n'y aurait qu'un moyen de mesurer l'influence du nombre des enfants sur le suicide. Il faudrait disposer de statistiques ou l'on indiquerait le taux de suicide dans les groupes de mariés distingués d'après le nombre des enfants. Ces statistiques n'existent pas. Celles que nous allons étudier nous apportent cependant des indications précieuses, et peut-être suffisantes, à cet égard.

Voici d'abord un tableau pour la Hongrie en 1923-1925, qui a été établi de la manière suivante. On a distingué les suicidés (non célibataires) en quatre catégories : hommes mariés, hommes veufs, femmes mariées, femmes veuves. On a supposé égal à 100 le nombre de sui-

Tableau XXIX – *Hongrie (sans Budapest), 1923-1925*
Sur 100 suicidés de chaque état de famille et d'un même sexe, combien ont laissé le nombre d'enfants ci-dessous

Nombre d'enfants	*Hommes mariés*		*Femmes mariées*		*Veufs*		*Veuves*	
0	29,7	47,7	39,9	63,4	85	88,4	86,3	91,2
1	18		23,5		3,4		4,9	
2	17,4	38,3	16,9	32,1	3,2	9,1	4,7	8,1
3	12		8,2		3,1		2,7	
4	8,9		7		2,8		0,7	
5	6,2	14	1,2	4,5	1,3	2,5	0,7	0,7
Plus	7,8		3,3		1,2			
Total	100		100		100		100	

cidés de chacune de ces catégories, et l'on a indiqué quel nombre d'entre eux, pour 100, ont laissé 0 enfant, 1 enfant, 2 enfants, 3 enfants, etc.[1].

Si l'on admet que les hommes mariés qui sont tentés de se suicider ne se préoccupent à aucun degré des enfants qu'ils laissent, les nombres de la première colonne représenteront alors simplement la proportion pour 100 des ménages sans enfants, avec 1 enfant, etc., Mais on voit tout de suite que les femmes, au contraire, se tuent d'autant moins qu'elles ont plus d'enfants. Sans cela leur nombre, dans toutes les catégories, serait au nombre des hommes correspondant, ou, dans notre hypothèse, au nombre des ménages, dans le même rapport qu'à la première ligne (0 enfant), ou au moins, puisque nous avons vu que la présence d'un ou plusieurs enfants modifie la tendance au suicide chez les hommes, dans le même rapport qu'à la deuxième ligne (1 enfant). On devrait trouver, pour les trois lignes suivantes, au lieu de 32,1, un nombre plus élevé, exactement 50, et, pour les deux dernières lignes, non pas 4,5, mais 18. Les différences entre les chiffres portés au tableau, et ces nouveaux nombres, exprimeraient donc l'influence qu'exerce sur elles la présence d'un nombre d'enfants plus élevé. Il suffit d'ailleurs de jeter un coup d'œil sur le tableau pour reconnaître que cette différence entre les hommes et les femmes augmente d'une façon continue, dès que le ménage a plus de 1 enfant. Il en est de même des veufs par rapport aux hommes mariés, des veuves par rapport aux femmes mariées, et (à un moindre degré) des veuves par rapport aux veufs.

Mais l'hypothèse que les hommes mariés se tuent indifféremment, quel que soit le nombre des enfants, n'est pas fondée, car les nombres de la première colonne n'expriment certainement pas les proportions des ménages de 0 enfant, 1 enfant, etc. Ils deviennent très vite, et, de plus en plus, inférieurs à ces proportions. Nous ne pouvons pas l'établir directement, parce que la statistique hongroise n'indique pas comment se répartissent les ménages suivant leur grandeur. Mais nous pouvons procéder par comparaison. Dans les vingt années qui ont précédé la guerre, les populations de la Hongrie et de l'Allemagne ont augmenté à peu près dans le même rapport. Actuellement la Hongrie a une forte natalité : 28 naissances pour 1 000 habitants, nettement plus élevée qu'en Allemagne et que dans presque tous les pays euro-

1. *Revue hongroise de statistique*, juillet 1928, p. 734. Nous reproduisons ce tableau sous une forme différente de celle qui a été adoptée et éliminons les nombres qui se rapportent aux divorcés.

péens. Or nous possédons pour l'Allemagne en 1900 la répartition des ménages par grandeur[1]. Mettons en regard les nombres de la colonne 1 du tableau ci-dessous.

Tableau XXX

Allemagne (1900)			*Hongrie (1923-1925)*		
Ménages comprenant	*(%)*		*Suicidés mariés laissant*	*Hommes (%)*	*Femmes (%)*
2 personnes	15,9		0 enfant	29,7	39,9
3 —	18,2		1 —	18	23,5
4 —	18,1		2 —	17,4	16,9
5 —	15,6		3 —	12	8,2
6 —	12		4 —	8,9	7
7 et 8 pers.	13,7	20,2	5 —	6,2 } 14	1,2 } 4,5
9 et 10 pers.	4,7		Plus	7,8	3,3
Plus de 10	1,8				
Total	100			100	100

On voit notamment que la proportion des suicidés mariés ne laissant pas d'enfants, en Hongrie, est très supérieure à la proportion des ménages de deux personnes, c'est-à-dire sans enfants, en Allemagne, qui doit être à peu près la même en Hongrie. D'autre part la proportion des Hongrois qui se suicident en laissant 5 enfants et plus est nettement inférieure à la proportion des ménages de 7 personnes et plus, c'est-à-dire de 5 enfants et plus, en Allemagne et sans doute en Hongrie. Si ce rapprochement est exact, il en résulterait que la présence d'enfants exerce également une influence sur les hommes mariés qui se disposent à se suicider. Mais les femmes mariées seraient alors bien plus dominées par ce motif de ne pas se tuer que nous ne l'avons dit.

Nous sommes habitués, en France, à penser que les familles nombreuses commencent à partir de 4 enfants. Considérons un pays tel que la Norvège qui, depuis quarante ans, a un taux de natalité très voisin de ce qu'il est en Hongrie (il a passé de 31 naissances à 26 pour

1. Von Mayr, *Statistik der Gesellschaftslehre*, 3e Band, 1909, p. 72.

1 000 habitants, de 1881-1885 à 1908-1913). Or, en Norvège, si l'on étudie la fécondité des femmes qui se sont mariées à 18 ou 19 ans, et qui avaient en 1920 au moins 40 ans, on constate que 23 % d'entre elles ont eu 10 enfants. Le nombre de 12 enfants se rencontre aussi souvent que 6, 13 bien plus souvent que 3, 14 plus souvent que 1[1]. Les femmes qui se sont mariées à 24 ou 25 ans en ont un peu moins. Mais 27 % d'entre elles ont été 7 ou 8 fois mères. On rencontre 9 enfants plus souvent que 5, 11 presque aussi souvent que 1. Nous ne savons pas s'il en est de même en Hongrie. Au reste, notre statistique comprend des femmes mariées de tout âge. Toutes celles qui n'ont pas encore 40 ans ont, évidemment, un nombre d'enfants moins élevé. Mais la proportion des épouses qui ont plus de 6 enfants, en Hongrie, n'est certainement pas négligeable. Le chiffre global de 3,3 % qui est au bas de la colonne des suicidées mariées représente évidemment une série dont le premier terme doit être inférieur à l'avant-dernier pourcentage (5 enfants) : 1,2, et qui doit se prolonger jusqu'aux ménages de 8 enfants, 9 enfants et plus loin. La diminution progressive de tous ces chiffres est d'autant plus frappante qu'il s'agit de femmes (et d'hommes) plus âgés et que, comme nous l'avons vu, la proportion des suicides augmente avec l'âge.

Voici enfin un tableau dont nous avons tiré les éléments d'une publication déjà mentionnée ci-dessus sur les suicides en Russie soviétique qui reproduit, en le modifiant un peu, celui qui se trouve, dans cette étude[2].

Nous avons mis entré parenthèses les chiffres qui correspondaient à des nombres absolus de suicides inférieurs à 60, et nous n'avons pas calculé ceux qui correspondaient à des nombres de suicides et inférieurs à 20.

On peut s'étonner d'abord de ce que l'on ne nous ait pas indiqué, pour les hommes, ou pour les hommes et les femmes réunis, quel était le taux de suicide pour chacune de ces catégories, par rapport à

1. Bourdon, *La statistique des familles norvégiennes au recensement de 1920. Journal de la société de statistique de Paris*, novembre et décembre 1925 et janvier 1926.
2. Il nous a fallu quelque temps pour comprendre la signification de ce tableau, qu'on trouvera à la page 27 de l'étude introductive rédigée par M. Rodine sur les suicides en URSS en 1922-1925, parce que, pour tous les nombres, on avait par erreur déplacé la virgule d'un chiffre à gauche et qu'ils étaient visiblement trop faibles. Nous nous en étions rendu compte et hésitions cependant à en faire état, jusqu'à ce que nous ayons retrouvé les données en nombres absolus qui ont permis de l'établir, et que nous ayons fait à nouveau tous les calculs. Il semble que ces nombres correspondent à deux des trois années 1922-1924 (total des suicides : 12 125. Suicides en 1925 : 6 303).

Tableau XXXI – *Russie soviétique (1922-1924)*
Pour 100 suicides d'hommes de chaque catégorie, combien de suicides de femmes

	Célibataires (femmes)		*Femmes mariées*			
			Vivant avec leur mari			
	Sans enfants	*Vivant en concubinage*	*Sans enfants*	*Ayant des enfants*	*Séparées*	*Vivant en concubinage*
Moscou et Leningrad	61	—	100	32,6	—	—
Autres villes	65	—	88,5	29,9	—	—
Campagne	52,5	—	75,4	32,9	—	—
Total	58,9	(110,7)	83,3	32	31,9	55,3

	Femmes veuves			*Divorcées*		*État matrimonial non déclaré*	
	Sans enfants	*Ayant un enfant*	*Plus d'un enfant*	*Sans enfants*	*Ayant des enfants*	*Sans enfants*	*Ayant des enfants*
Moscou et Leningrad	(350)	(138)	(100)	83	—	—	—
Autres villes	(480)	(158)	70	155	—	—	—
Campagne	117	150	67,5	84	—	59,5	49
Total	188	150	70	106	112	74	49

1 million de personnes de la même catégorie : c'est sans doute qu'on ne savait pas comment la population totale se répartissait entre ces catégories.

Ce tableau n'en est pas moins instructif, en raison des subdivisions nombreuses et nouvelles parfois dans la statistique, des suicides qu'il nous présente, à condition de n'y chercher que ce qu'il peut nous apprendre. Nous savons qu'en 1925, dans toute la Russie, le nombre des femmes qui se sont suicidées, pour 100 suicides d'hommes, a été de 48,5. Toutes les fois que les nombres indiqués dans le tableau, qui représentent la proportion des suicides de femmes par rapport à 100 suicides d'hommes dans chaque catégorie, s'élèveront au-dessus de 48,5, nous pourrons admettre que les femmes de cette catégorie sont moins protégées contre le suicide que les hommes, et inversement.

Mais cela n'est vrai en toute rigueur que pour les femmes mariées, parce qu'il y a autant de femmes que d'hommes mariés. Pour les célibataires et les divorcées, nous ne savons s'il y en a plus ou moins que d'hommes du même état civil. Quant aux veuves, Durkheim a rappelé qu'il y en a en général deux fois plus que de veufs.

Nous en tenant d'abord aux femmes mariées (elles comprennent un peu moins de la moitié de tous les suicides de femmes : 1 593, contre 1 837 suicides de célibataires), nous remarquerons d'abord qu'elles sont sensiblement plus protégées contre le suicide par rapport aux hommes de la même catégorie (pourcentage inférieur à 48,5), lorsqu'elles ont des enfants, infiniment moins quand elles n'ont pas d'enfants. Ceci s'accorderait avec la remarque de Durkheim que l'état matrimonial comme tel protège moins la femme que l'homme contre le suicide, et qu'elle est protégée à un plus haut degré (comme l'homme, d'ailleurs) quand elle a des enfants[1]. Mais Durkheim inclinait à croire que la femme qui a des enfants est moins protégée contre le suicide que l'homme qui a des enfants. Il semble bien résulter du tableau ci-dessus qu'en Russie elle l'est davantage[2].

1. « En France, les femmes mariées sans enfants se tuent moitié plus que les (femmes) célibataires du même sexe et du même âge » (*op cit.*, p. 196). C'est-à-dire que pour 2 suicides de filles on compte 3 suicides de femmes mariées du même âge. La proportion paraît être à peine plus faible en Russie (voir les totaux du tableau précédent).

2. Nous faisons évidemment une hypothèse, quand nous admettons que le coefficient de préservation des époux mariés sans enfants par rapport aux célibataires est le même en Russie qu'en France. Mais il est peu probable qu'il soit très inférieur, comme il le faudrait pour que les filles se tuent sensiblement moins que les femmes mariées sans enfants.

Il est remarquable qu'il en soit ainsi aussi bien à Moscou et Leningrad que dans les autres villes et qu'à la campagne (les nombres de la 4e colonne sont très voisins). Au contraire, la différence entre les femmes mariées sans enfants et les hommes[1], déjà faible à la campagne, décroît quand on passe aux autres villes, puis à Leningrad et à Moscou jusqu'à disparaître tout à fait dans ces deux grandes villes.

La proportion des suicides des femmes séparées (aux suicides des hommes séparés) est égale à la proportion des suicides des femmes avec enfants aux suicides des hommes avec enfants. Il est vrai qu'elles n'ont pas toutes des enfants. Mais cela peut résulter de ce que les hommes séparés ont un taux élevé de suicide parce qu'ils supportent moins que les femmes de rester mariés, et cependant de n'avoir plus de foyer.

Même si l'on admet qu'il y a deux veuves pour un veuf, la proportion, par rapport aux suicidés veufs, des veuves sans enfants qui se suicident est considérable. Elles se suicideraient à peu près autant que les veufs : en divisant par 2 la proportion de leurs suicides aux suicides des hommes, elle serait en effet égale à 94. Cette proportion est déjà sensiblement moindre pour les veuves qui ont un enfant (75, toujours dans l'hypothèse où il y aurait deux fois plus de veuves que des veufs).

Mais le fait vraiment le plus curieux, c'est que cette proportion est moindre de plus de moitié pour les veuves qui ont plus d'un enfant. Nous nous sommes demandé, d'abord, si c'était là un résultat accidentel, dû à ce qu'il s'agirait de nombres absolus peu élevés. Pourtant le nombre des veuves avec plus d'un enfant qui se suicident est de 170, et, de plus, cette diminution se constate aussi bien à Leningrad et Moscou que dans les autres villes et dans les communes rurales.

Reportons-nous maintenant au groupe des femmes mariées qui se suicident. La même statistique russe permet de distinguer entre les femmes mariées qui ont un, et plus d'un enfant. Nous trouvons que, pour les femmes mariées avec un enfant, la proportion de celles qui se suicident aux hommes de même catégorie est de 50 %, et, pour les femmes mariées avec plus d'un enfant, de 25 % la proportion diminue donc, de même que dans le cas des veuves, exactement de moitié. Cette fois, les chiffres absolus sont plus élevés : 315 femmes mariées

1. Rappelons que la proportion des suicides pour l'ensemble des femmes de toutes catégories, comparée à ce qu'elle est pour les hommes, est comme 48,5 comparé à 100.

ayant un enfant, et, 376 ayant plus d'un enfant. Indiquons, dans un tableau spécial, ces résultats essentiels :

Tableau XXXI *bis* – *Pour 100 hommes mariés de chaque catégorie qui se suicident, combien de suicides de*

	Femmes mariées		
	N'ayant pas d'enfants	*Ayant un enfant*	*Ayant plus d'un enfant*
Moscou et Leningrad	100	47,5	23,3
Autres villes	88,5	47,2	21,4
Communes rurales	75,4	52	26,7
Total	83,3	50	25

Ainsi, non seulement la femme mariée est plus préservée que l'homme marié contre le suicide, lorsque le mariage ne se réduit pas à l'union conjugale, et qu'elle a un enfant, mais elle l'est exactement deux fois plus encore lorsque au lieu de n'avoir qu'un enfant, elle en a plusieurs. Il en est de même des veuves. Durkheim, s'appuyant sur les données françaises pour 1861-1868, et sur un tableau (suicides dans les départements français, moins la Seine, en 1889-1891) qu'il avait établi avec les documents inédits du ministère de la Justice, avait montré que les mariés des deux sexes et les veufs des deux sexes se tuaient plus lorsqu'ils n'ont pas d'enfants que lorsqu'ils ont des enfants. Les données russes nous apprennent (ce que Durkheim prévoyait, mais qu'il ne pouvait démontrer, faute de données) qu'il y a, à cet égard, une différence encore plus marquée entre les ménages qui n'ont qu'un enfant et ceux qui en ont plusieurs.

Cette différence, et, surtout la différence entre les femmes mariées qui ont un enfant et qui n'en ont pas, est un peu plus grande dans les villes qu'à la campagne. Mais ces variations ne sont pas considérables. Elles peuvent s'expliquer par le fait que les ménages, à la campagne, comprennent, en moyenne, plus d'enfants que dans les villes.

Les nombres du tableau précédent sont calculés en supposant que le taux de suicide des hommes mariés, dans chaque catégorie, est toujours égal à 100, c'est-à-dire que la présence d'un et de plusieurs enfants n'exerce sur eux aucune influence à cet égard. Si, comme nous avons cru le constater, cette hypothèse est inexacte, la diminution du taux de suicide des femmes mariées ayant un enfant, des femmes mariées ayant plus d'un enfant, serait plus rapide (comme il résultait déjà du tableau hongrois ci-dessus).

Il est regrettable qu'on n'ait pas distingué, dans le tableau précédent, les femmes mariées qui se sont suicidées, d'après le nombre de leurs enfants (2 enfants, 3, 4, 5, 6, etc.). Car la population russe doit contenir une proportion exceptionnellement élevée de familles nombreuses et très nombreuses. De 1897 à 1926, en trente ans, la population du territoire actuel de l'Union soviétique a passé, en effet, de 107 millions à 147 millions, soit une augmentation de plus de 37 %. Les taux de natalité dépassent de beaucoup tous ceux qu'on peut relever en Europe[1].

En résumé, ces dernières statistiques nous apprennent que l'homme et la femme mariés, mais surtout la femme, sont d'autant plus protégés contre le suicide qu'ils ont plus d'enfants. Ainsi s'expliquerait sans doute, au moins en partie, le fait que nous avons mis en lumière précédemment, savoir qu'en Hongrie et en Oldenbourg le mariage exerce à cet égard une influence aussi forte sur les femmes, à tous les âges (plus forte même en Oldenbourg de 40 à 60 ans que plus tôt), tandis qu'en France et en Suisse c'est jusqu'à 30 ans que les femmes mariées se suicident moins que les filles : ensuite, cette immunité décroît brusquement et très vite. Dans les deux premiers pays, la natalité est plus forte que dans les deux derniers (elle est en particulier bien plus élevée en Hongrie qu'en France) ; les ménages y comprennent donc plus d'enfants. Si l'on admet que, dans les ménages peu féconds, les enfants naissent dans les premières années du mariage et que, dans les autres, les maternités s'échelonnent sur une période plus étendue et plus prolongée, il en résulte que les enfants protègent plus longtemps la femme contre le suicide dans les pays à forte natalité que dans les autres, et l'on

1. Taux de natalité en Russie :

Ancienne Russie (pour 1 000 hab.)		*Union soviétique (pour 1 000 hab.)*	
1891-1900	49,2	1923	45,5
1901-1910	46,4	1924	43,4
		1925	45,5
		1926	44,1

En 1891-1900, le taux de natalité était en Allemagne de 36,1, en Italie de 35, en Angleterre de 29,9, en France de 22,2. Ce sont des maxima qui n'ont plus été atteints depuis, loin de là. En 1913, ces taux étaient respectivement, pour ces quatre pays, de 27,4, 37,7, 24,1, 18,8.

comprend que cette influence soit le plus faible et dure le moins longtemps en France, qu'elle soit la plus forte et se fasse sentir le plus longtemps en Hongrie. Ainsi les deux parties de notre étude se rejoignent et se confirment.

Mais ce n'est pas assez d'être parvenus à ces résultats. Encore faut-il en préciser la portée. Remarquons d'abord que nos observations portent sur plusieurs pays, mais que, dans chacun d'eux, elles ne s'étendent pas au-delà d'une période, très courte et très récente. En d'autres termes, nous avons atteint un état, non une évolution. Or il importait sans doute de démontrer qu'à une époque donnée la famille paraît protéger contre le suicide, et qu'il en est ainsi dans plusieurs pays très différents. Mais on n'aurait pas le droit d'en conclure qu'à composition égale le groupe domestique exerçait ce genre d'influence à un plus haut degré autrefois qu'aujourd'hui.

En effet, si la vertu préservatrice de la famille tient principalement au nombre des enfants, elle n'a pu s'affaiblir d'une période à l'autre que parce que le nombre moyen des enfants a diminué. Considérons donc la France, aux environs de 1830 et en 1900. La proportion des nouveaux mariés était la même. Le nombre des enfants vivants, par ménage, a diminué au contraire, mais bien moins qu'on ne pourrait le supposer : de 3 à 2,20 environ, soit, en nombres relatifs, de 100 à 73. Pendant ce temps, la proportion des suicides en France a passé de 55 à 230, soit de 100 à 420. Là une diminution de 27 %, ici une augmentation de 320 %. Le premier fait ne peut donc entrer dans l'explication du second que pour une part extrêmement réduite. En Allemagne, pendant soixante ans, le nombre moyen des naissances n'a guère varié : 36,1 pour 1 000 habitants en 1841-1850, 36,1, encore en 1891-1900. Or, d'une période à l'autre, la proportion des suicides a doublé. L'intégration inégale de la famille, si l'on entend par là le nombre moyen de ses membres, n'explique donc pas la variation du nombre des suicides.

Durkheim semble bien s'en être rendu compte. Dans le chapitre où il étudiait l'influence de l'état civil sur le suicide, c'est la densité familiale qui passait pour lui au premier plan. « Si les sentiments collectifs, disait-il, ont une énergie particulière, c'est que la force avec laquelle chaque conscience individuelle les éprouve retentit dans toutes les autres et réciproquement. L'intensité à laquelle ils atteignent dépend donc du nombre des consciences qui les ressentent en commun »

(p. 213). Mais, à la fin de son livre, il reconnaît que « l'aggravation qui s'est produite au cours du siècle est indépendante de l'état civil ». Il n'en est pas moins vrai, ajoute-t-il, que si les suicides ont augmenté, c'est qu' « il s'est produit dans la constitution de la famille des changements qui ne lui permettent plus d'avoir la même influence préservatrice qu'autrefois... Elle n'a plus (aujourd'hui) qu'une durée éphémère. À peine est-elle constituée qu'elle se disperse. Dès que les enfants sont matériellement élevés, ils vont très souvent poursuivre leur éducation au-dehors. Surtout, dès qu'il sont adultes, c'est presque une règle qu'ils s'établissent loin de leurs parents. On peut dire que, pendant la majeure partie du temps, la famille se réduit maintenant au seul couple conjugal, et nous savons qu'il agit faiblement sur le suicide... Ce n'est certainement pas que nous chérissions moins nos enfants, mais c'est qu'ils sont mêlés d'une manière moins étroite et continue à notre existence » (p. 433).

Cette description est peut-être exacte. Mais il faut bien reconnaître qu'elle ne repose plus sur une base statistique. Dès qu'on envisage non plus la composition de la famille, mais son esprit, ses habitudes, dès qu'on parle des sentiments familiaux, on ne peut plus détacher le groupe domestique d'un milieu social bien plus vaste, où il est compris, et dans l'évolution duquel il est entraîné. Si le lien qui rattachait la famille « à la maison familiale, au champ des aïeux » se détend, si « les jeunes gens quittent leur famille natale avant qu'ils ne soient en état d'en fonder une », est-ce dans le groupe domestique, n'est-ce pas plutôt dans un changement des conditions économiques qu'il en faut chercher la raison ? L'intérêt des recherches poursuivies par Morselli et Durkheim, et que nous avons reprises dans ce chapitre, c'est qu'elles portent sur la famille et sur elle seule, envisagée isolément, dans sa forme et sa structure extérieure, et qu'elles permettent de découvrir des rapports bien définis entre le nombre de ses membres et l'influence préservatrice qu'elle exerce. C'est une expérience abstraite, qui conduit à des résultats certains, mais limités. Si l'on veut aller plus loin, si l'on veut atteindre dans toute sa richesse la vie affective et morale du groupe domestique, ses fonctions, ses habitudes, et suivre son évolution, on est bien obligé de la replacer dans la société urbaine ou rurale qui l'enveloppe. Mais, dans cet ensemble de coutumes, il n'est plus possible de distinguer ce qui est spécifiquement familial, et le reste.

IX
Le suicide et la religion

Que les protestants se suicident plus que les catholiques, c'est un fait que, sur des données statistiques cependant assez limitées, Adolph Wagner a mis en lumière dès 1864. Étant protestant, il déclare que cette découverte ne lui a pas été agréable et qu'il a hésité longtemps, « das ich mich schwerer entschlossen habe », mais qu'il lui a bien fallu reconnaître qu'il en était ainsi, quelque raison d'ailleurs qu'on en pût donner. Œttingen, Legoyt et surtout Morselli, en 1879, ont confirmé cette observation. Morselli disait : « Les Italiens, les Espagnols, les Portugais, nations purement catholiques, produisent le moins de suicides. C'est l'inverse dans les pays presque exclusivement protestants, par exemple en Saxe, au Danemark et en Scandinavie. » Ceci pourrait tenir à l'influence du climat, de la race ou de la nationalité. Mais, dans les pays où les deux confessions sont en présence, la tendance au suicide, remarquait-il, diminue à mesure que les catholiques sont plus nombreux. Sur 37 comparaisons faites quant à la proportion des suicides de catholiques et de protestants, dans les provinces bavaroises, prussiennes, autrichiennes, hongroises, en Wurtemberg et en Bade, il ne trouvait que quatre cas qui faisaient exception (la Galicie, la Bukovine, etc.) : dans les 33 autres, les protestants se suicidaient beaucoup plus que les catholiques.

Morselli observait encore, ce qui avait échappé à Wagner, Œttingen et Legoyt, que l'avantage des catholiques à cet égard est d'autant moins marqué, dans un pays donné, qu'ils forment une plus grosse part de sa population. En Prusse, où les protestants sont le plus nombreux, les taux de suicide sont le plus éloignés. Si l'on appelle 100 le taux de suicide des catholiques, on trouve 322 pour les protestants. En Bavière, où la proportion des catholiques augmente, 276 seulement. En Autriche, où les catholiques l'emportent de beaucoup, la différence est encore moins sensible : 100 pour les catholiques, 155 pour les protestants. Il semble que la confession la plus nombreuse se rapproche à cet égard de la moins nombreuse, et qu'une uniformité relative tend à s'établir.

Durkheim a reproduit les chiffres de Morselli, de Legoyt, de Wagner et de Prinzing, qui suffisaient en effet pour démontrer que le nombre des suicides n'est pas le même dans les divers groupes confessionnels. Comme la statistique prussienne, depuis 1873 jusqu'à 1890, avait cessé d'indiquer la religion des suicidés, il a dû se borner à distinguer les provinces prussiennes en quatre catégories, d'après la proportion des protestants qui s'y trouvaient, et à reproduire le nombre des suicides par million d'habitants dans chaque province, pour la période 1883-1890.

Depuis 1890, la statistique prussienne indique de nouveau la religion des suicidés. C'est ce qui nous a permis d'établir le tableau XXXII. Nous avons calculé nous-même les nombres des colonnes 8 à 11. Tous les autres sont reproduits d'après Morselli, pour la période 1849-1855, et von Mayr pour la période 1901-1907. Les nombres de la colonne 8 sont calculés d'après les données reproduites par Krose pour la période 1891-1900.

Nous n'insisterons pas sur la forte augmentation du taux de suicide des juifs, qui a quintuplé en près de cinquante ans. Durkheim remarquait déjà que si, au milieu du siècle, les juifs se tuent moins que les catholiques, sauf en Bavière, « vers 1870 ils commencent à perdre de leur ancien privilège ». Rendant compte du livre de Krose, il écrivait : « De faits qu'il emprunte particulièrement à un travail de Rost (Der Selbstmord in seiner Beziehung zur Konfession und Stadtbevölkerung in Baiern, dans *Historich-politische Blätter,* XXX, München, 1902), il semble bien résulter que le coefficient de préservation dont jouissaient les juifs tend de plus en plus à diminuer[1]. Alors que, de 1844 à 1856, 1 million de juifs bavarois ne produisait annuellement que 105 suicides,

1. Notons toutefois qu'en Hongrie (l'Autriche n'indique plus la religion des suicidés depuis 1865), en 1901-1908, les proportions, par confession, étaient les suivantes. Pour 1 million d'habitants de chaque confession, se sont suicidés, par an :

Réformés	363	Catholiques romains	158
Évangéliques	259	Catholiques grecs	91
Israélites	166	Moyenne générale	177

Les suicides de juifs demeurent relativement peu nombreux.

Tableau XXXII – *Les suicides dans les provinces prussiennes, par confession religieuse*

	Nombre de suicides par million d'habitants de chaque confession						*Rapport entre les taux de suicide des protestants et des catholiques* (¹)			*Augmentation ou diminution* (²)		
	1849 à 1855			*1901 à 1907*								
	Protes-tants	*Catho-liques*	*Juifs*	*Protes-tants*	*Catho-liques*	*Juifs*	*1849-1855*	*1891-1900*	*1901-1907*	*De 1849-1855 à 1891-1900*	*De 1891-1900 à 1901-1907*	*De 1849-1855 à 1901-1907*
	1	*2*	*3*	*4*	*5*	*6*	*7*	*8*	*9*	*10*	*11*	*12*
Prusse orientale	96,6	31	33,3	153	67	250	311	226	229	95,5	101	101
Prusse occidentale				213	53	141		370	400		108	
Berlin	—	—	—	316	265	312	—	128	120	—	94	—
Brandebourg	165	—	—	294	303	518	144	106	97	73,5	91,5	67
Poméranie	102	—	—	177	188	292	—	123	94	—	76,5	—
Posnanie	124	41,5	38	184	53	135	299	393	358	132	91	120
Silésie	153	58,5	31,2	356	133	236	259	268	268	104	100	104
Saxe	140	26,3	—	317	155	497	532	205	205	38,5	100	38,5
Schleswig-Holstein	—	—	—	294	334	719	—	86	88	—	102	—
Hanovre	—	—	—	227	110	387	—	215	206	—	96	—
Westphalie	80	24,4	66,2	169	78	235	328	220	216	67	98	66
Hesse-Nassau	—	—	—	227	158	326	—	155	144	—	93	—
Rhénanie	108	27,7	34,5	202	86	247	289	250	235	87	94	82
Prusse	160	49,6	46,4	252	101	294	322	265	250	82,5	94,5	77,5

(¹) Les nombres des colonnes 7, 8 et 9 indiquent la valeur relative du taux de suicide des protestants en supposant égal à 100 le taux de suicide des catholiques.

(²) Les nombres de la colonne 10 indiquent la valeur relative des nombres de la colonne 8, en supposant chacun de ceux de la colonne 7 égal à 100, et les nombres de la colonne 11, la valeur relative des nombres de la colonne 9, en supposant chacune de ceux de la colonne 8 égal à 100. Ils mesurent l'augmentation ou la diminution du rapport des taux de suicide des protestants comparés aux catholiques.

on en comptait 115,8 de 1880 à 1889, et, de 1890 à 1899, 212,4, c'est-à-dire un peu plus que les protestants (210,2). À mesure que la population juive est assimilée davantage à la population ambiante, elle perd ses vertus traditionnelles sans peut-être les remplacer par d'autres... Toutefois, pour pouvoir donner aux chiffres qui précèdent leur signification véritable, il ne faut pas perdre de vue que les juifs habitent surtout dans les villes et que, par elle-même, la vie urbaine pousse au suicide. »[1] Les données prussiennes confirment cette prévision, puisqu'en cinquante ans le taux de suicide des juifs, en Prusse, a presque sextuplé. Ils se tuaient autrefois autant et même un peu moins que les catholiques. Ils se tuent, aujourd'hui, nettement plus que les protestants[2].

Quant aux protestants, ils se tuent toujours plus que les catholiques (deux fois et demi plus), mais la différence entre les taux des deux confessions a diminué notablement depuis 1849-1855, puisqu'à cette époque ils se tuaient trois fois plus. La diminution du rapport entre les taux des deux confessions a été de 22,5 %. Au reste, on peut remarquer que le taux de suicide des protestants a augmenté, dans cette période (1852 à 1904, soit en cinquante ans) de 58 % (2 % seulement dans la période 1895-1896 à 1904), tandis que le taux de suicide des catholiques s'élevait de 102 % en cinquante ans (de 8 % dans la période décimale 1895-1896 à 1904). Ce sont là des résultats généraux qu'on peut compléter, en examinant le petit tableau suivant :

Nombre de suicides pour 1 million d'habitants de chaque confession

	Catholiques	*Protestants*	*Juifs*	*Rapport des taux des catholiques et des protestants* (1)
1849-1855	50	160	46	320
1869-1872	69	187	96	270
1891-1900	93	247	241	265
1901-1907	101	252	294	250

(1) En supposant égal à 100 le taux de suicide des catholiques.

1. *Année sociologique*, XI, 1906-1909, p. 513.
2. « À Amsterdam, pendant la période 1905-1914, le nombre des décès dus au suicide, sur 100 000 habitants, était de 8,2 parmi les protestants, de 5,1 parmi les catholiques, de 9,7 parmi les Israélites » (H. Van Zanten, *Quelques données démographiques sur les Juifs d'Amsterdam*, *Metron*, vol. V, p. 38-68 (1925)).

Ainsi, dans l'intervalle de vingt années qui sépare les deux premières périodes, le rapport du taux de suicide des protestants au taux de suicide des catholiques diminue très vite, de 15,5 %. Dans l'intervalle de plus de vingt années qui sépare la seconde et la troisième période, il ne change guère (à peine une diminution de 2 %). Dans l'intervalle de dix années qui sépare les deux dernières périodes, il diminue de nouveau assez vite, de 5,5 %[1].

Examinons maintenant les nombres de suicides qui correspondent aux diverses provinces (tableau XXXII). Nous nous sommes demandé s'il y avait, quant au suicide, plus de ressemblance aujourd'hui qu'autrefois entre les protestants de diverses provinces et entre les catholiques, les deux confessions étant envisagées d'abord à part, puis comparées. Calculons l'écart relatif (ou coefficient de dispersion) pour les protestants en 1849-1855 et en 1901-1907 (colonnes 1 et 4) : nous trouvons : 19,8 et 27,29. Le même calcul, pour les catholiques (colonnes 2 et 5) nous donne : 29 et 36. Ainsi, dès le début, les taux de suicide sont bien plus dispersés, c'est-à-dire inégaux, dans l'ensemble des catholiques que dans l'ensemble des protestants. Mais cette dispersion augmente en cinquante ans, pour les protestants bien plus vite que pour les catholiques (de 40 % pour les protestants, de 24 % pour les catholiques). Dans l'ensemble, si l'on considère tous les groupes confessionnels catholiques ou protestants dans ces provinces, on constate plus de différences

1. En Bavière, voici quelle est la proportion des suicides par confession aux différentes périodes (d'après von Mayr).

En Bavière, suicides pour 1 million d'habitants de chaque confession

	Catholiques	*Protestants*	*Juifs*	*Rapport du taux de suicide des catholiques et des protestants*
1844-1856	49	135	106	276
1870-1879	74	194	115	263
1880-1889	95	222	186	234
1890-1899	93	210	212	225
1900-1908	102	221	253	217

Il est assez remarquable que le rapport du taux de suicide des protestants aux catholiques, qui a diminué de 100 à 78 en Prusse, se soit réduit exactement dans la même proportion, de 100 à 78,5, en Bavière, dans le même intervalle (1855 à 1900-1908). Le taux de suicide a augmenté à peu près dans les mêmes proportions, en Prusse et en Bavière, pour les catholiques (de 100 à 202, et à 207), et, d'autre part, pour les protestants (de 100 à 158, et à 164).

quant aux suicides de catholiques à catholiques et de protestants à protestants, comme s'il se créait plus de variétés distinctes parce que certains groupes catholiques subissent l'influence des protestants, et inversement.

Cherchons maintenant si, dans chaque province, les taux de suicide des catholiques et des protestants tendent à se rapprocher (colonnes 7, 8 et 9). Dans la première période, nous n'avons de chiffres que pour 7 provinces dans lesquelles, en 1849-1855, les rapports entre le taux de suicide des catholiques et des protestants sont différents, et conservent à peu près leurs distances en 1891-1900. Le coefficient de dispersion, calculé pour la première période, est égal à 22,5 et, pour la seconde, à 24,5. Mais, pour l'ensemble des 13 provinces, de 1891-1900 à 1901-1907, il augmente : il est égal, dans la deuxième période, à 34, et, dans la troisième, à 47. Il en résulte que, bien que dans l'ensemble (voir le petit tableau de la p. 184), l'écart entre les taux de suicide des deux confessions diminue, les provinces se différencient de plus en plus. Elles présentent une plus grande variété et comme un tableau plus bigarré.

La tendance au suicide ne varie donc pas seulement de confession à confession. À l'intérieur d'une même confession, elle varie encore de province à province. Pourquoi ? Comme le disait Morselli, est-ce parce que les minorités confessionnelles sont plus ou moins fortes, qu'elles se distinguent plus ou moins de la majorité ? Rangeons ces provinces d'après la proportion croissante de catholiques (par rapport aux protestants) qu'elles contiennent, et rangeons-les, d'autre part, suivant le taux de suicide décroissant des catholiques. On trouve qu'entre les deux rangements il y a une certaine correspondance. L'opposition étant mesurée par 6,5, l'indépendance par 3,25, la correspondance par zéro, on trouve un écart effectif moyen égal à 2. Ce n'est cependant qu'une correspondance peu marquée. On ne peut dire que, partout, les catholiques se suicident d'autant plus qu'ils sont proportionnellement moins nombreux.

Le père Krose croyait qu'il fallait tenir compte non seulement du nombre des catholiques, mais surtout de la façon dont ils sont groupés. Examinons les nombres de la colonne 9 (taux de suicide des protestants, en supposant égal à 100 le taux de suicide des catholiques). Nous trouvons d'abord deux provinces, la Posnanie et la Rhénanie, où la proportion des catholiques est la plus forte (68 et 70 %). Mais la différence entre les taux de suicide des protestants et des catholiques est bien plus élevée en Posnanie qu'en Rhénanie (358 %, et 235 %). En Silésie et en Prusse occidentale, catholiques et protestants se trouvent à peu près en même proportion, Mais la différence entre les taux de suicide des deux confessions est aussi plus forte qu'en Rhénanie. En Rhénanie, le taux de suicide des protestants, nettement plus élevé que celui des catholiques, est plus faible que celui des protestants prussiens. Dans les provinces de l'Est, en Prusse, il y a beaucoup de Polonais. L'influence de la race, sinon de la nationalité, pourrait y fortifier l'opposition religieuse. Mais, pour cette raison même, les catholiques forment des masses plus compactes que dans la vallée du Rhin. En Schleswig-Holstein, en Poméranie, en Brandebourg et à Berlin, la proportion des catholiques est très faible, et leur taux de suicide est très élevé (supérieur à ce qu'il est en moyenne pour les catholiques prussiens). C'est qu'ils sont très dispersés. Mais en Saxe et en Hanovre, la proportion des catholiques n'est guère plus élevée. Ils ont cependant un taux de suicide modéré. C'est qu'à côté de la *diaspora,* il s'y trouve des agglomérations catholiques (Osnabrück, Hildesheim, Erfurt). Ainsi les catholiques se tueraient d'autant moins, ils se distingueraient d'autant plus des protestants à cet égard, qu'ils seraient plus groupés. Plus les catholiques sont mêlés à des croyants de religions différentes, plus leur force de résistance au suicide diminuerait.

Il n'est pas facile de mesurer le degré de dispersion des catholiques. Mais on peut trouver un indice assez exact de la consistance des groupes confessionnels, si l'on entend par là, leur exclusivisme et la distance morale qui les sépare. Aucun statisticien ne l'a utilisé jusqu'à présent. Nous verrons cependant qu'on parvient, en le rapprochant du taux des suicides, à un résultat assez remarquable.

Voici un tableau (XXXII *bis*) que nous avons établi à l'aide de données reproduites dans un ouvrage sur la statistique des confessions en Allemagne[1], par le père Krose (qui n'a pas songé à rapprocher ces chiffres de ceux des suicides). Nous y indiquons pour chaque province de Prusse en 1900 : 1 / la proportion de protestants et de catholiques ; 2 / la proportion de mariages mixtes par rapport aux mariages catholiques (il suffit de diviser ces nombres par 2 pour avoir la proportion des catholiques qui font des mariages mixtes aux catholiques qui font des mariages catholiques) ; 3 / les taux de suicide pour 1 million d'habitants. Ces provinces sont rangées suivant l'ordre de proportion croissante des mariages mixtes.

Il y a, on le voit, une correspondance très nette entre la proportion des mariages mixtes aux mariages catholiques, et le taux de suicide des

1. Krose, *Konfessionsstatistik Deutschlands mit einem Rückblick auf die numerische Entwickelung der Konfessionen im 19 Jahrhundert*, 1904.

Tableau XXXII *bis*

	Nombre de catholiques	Sur 100 habitants		Mariages mixtes pour 100 mariages catholiques	Suicides pour 1 million de catholiques	Numéro d'ordre		Sur 100 enfants issus de mariages mixtes	
		Protestants	Catholiques			Mariages mixtes	Suicides des catholiques	Protestants	Catholiques
Posnanie	1 280 172	30	68	4,3	49	1	1	56	44
Prusse occidentale	800 395	46	51	15,4	56	2	2	46	54
Rhénanie	4 021 388	29	70	15,6	72	3	5	47,5	52,5
Westphalie	1 616 462	48	50	17,6	64	4	3	45	55
Prusse orientale	269 196	85	13,5	24	70	5	4	52	48
Silésie	2 569 688	43	55	27,5	139	6	7	54	46
Hanovre	338 906	86	13	47,5	104	7	6	59	41
Hesse-Nassau	530 541	69	28	65	140	8	8	57	43
Saxe	206 121	92	7	118	153	9	10	69	31
Poméranie	38 169	96,5	2	184	140	10	9	71	29
Berlin	188 440	84	10	320	225	11	11	75,5	24,5
Brandebourg	160 305	93,5	5	340	268	12	12	75	25
Schleswig-Holstein	30 524	97	2	465	362	13	13	76,3	23,7
Prusse	12 113 670	63,29	35,14	27	93	—	—	56,5	43,5

catholiques. L'opposition étant mesurée par 6,5, l'indépendance par 3,25 et la correspondance par 0, on trouve, comme écart effectif moyen, 0,6, c'est-à-dire un indice extrêmement net de dépendance. Au cours de toute notre étude, nous n'en avons pas trouvé de plus approché.

Tableau XXXIII

	Nombre de catholiques	*Sur 100 habitants*		*Mariages mixtes pour 100 mariages catholiques*	*Suicides pour 1 million*		*Rapport des taux de suicides des protestants et des catholiques* (1)
		Catholiques	*Protestants*		*De catholiques*	*De protestants*	
Basse-Bavière	671 678	99,04	0,88	1,2	47	233	495
Haut-Palatinat	506 618	91,47	8,21	3,1	41	139	340
Moyenne-Franconie	206 193	25,27	72,77	8,5	157	203	130
Basse-Franconie	519 812	79,88	17,93	8,8	83	208	250
Souabe	609 250	85,37	13,93	9	97	208	214
Haute-Bavière	1 221 750	92,28	6,71	10	105	341	325
Haute-Franconie	256 917	42,25	57,13	22,3	94	217	230
Palatinat	364 915	43,88	54,31	45,5	102	173	169
Bavière	4 363 178	70,65	28,32	15	87,8	208,8	240

(1) Taux des suicide de protestants, en supposant que le taux de suicide des catholiques est égal à 100.

En Bavière, nous avons de même calculé le nombre des mariages mixtes pour 100 mariages catholiques en 1900, et le nombre des suicides parmi les catholiques en 1870-1899.

L'opposition étant mesurée par 8, l'indépendance par 4, et la correspondance par 0, on trouve, comme écart moyen effectif, 1,75, c'est-à-dire un certain degré de dépendance. Les résultats sont moins clairs qu'en Prusse parce qu'il y a des masses catholiques plus compactes.

Au reste, le nombre des mariages mixtes est très faible dans l'ensemble, si on compare les chiffres bavarois et les chiffres prussiens, sans doute parce que la majorité, étant cette fois catholique, leur est plus hostile.

Ce rapport de correspondance peut s'interpréter de deux manières, soit qu'on l'explique par le fait que les catholiques, hommes ou femmes, qui font un mariage mixte, se détachent ou sortent de leur groupe confessionnel, et sont moins préservés contre le suicide, soit que le nombre des mariages mixtes mesure le degré de désintégration du groupe catholique tout entier. Mais est-il exact qu'un catholique qui fait un mariage mixte se détache de son groupe religieux ? On peut remarquer que, dans les cinq provinces où les catholiques sont en majorité, il n'en est que deux, la Silésie et la Posnanie, où les enfants issus de mariages mixtes deviennent en majorité (en très faible majorité) protestants. Très exactement, l'ensemble des enfants issus de mariages mixtes dans les cinq provinces se répartissent ainsi : 49,9 protestants, contre 50,1 catholiques. Dans les quatre provinces où il y a de 10 à 28 % de catholiques seulement et qui, à cet égard, sont séparées des précédentes par un vaste fossé, la proportion est encore, contre 65,5 enfants protestants (issus de mariages mixtes), de 36,5 catholiques, et, dans les quatre dernières, où les catholiques ne représentent que moins de 7 % de la population, on compte toujours une proportion appréciable d'enfants (issus de mariages mixtes) catholiques : soit, contre 73 % protestants, 27 % catholiques.

Nous avons calculé, dans les 11 provinces prussiennes et à Berlin, la proportion des mariages mixtes sur 100 mariages catholiques et mixtes réunis, et exprimé ces proportions par des nombres relatifs, supposant égale à 100 la proportion correspondant à la Prusse occidentale (la Posnanie est un peu exceptionnelle) : nous avons calculé des nombres relatifs semblables pour représenter, dans les mêmes provinces, la proportion des *enfants protestants* issus de mariages mixtes (afin d'avoir également une série croissante).

Tableau XXXIII *bis*

Proportion des	*Nombres relatifs (Prusse occidentale = 100)*											
Mariages mixtes aux mariages mixtes et catholiques	100	100	112	149	166	268	336	515	668	855	875	960
Enfants protestants issus de mariages mixtes	100	104	98	113	117	128	124	150	154	164	163	166

Le nombre des catholiques qui contractent un mariage mixte augmente, on le voit, beaucoup plus vite que le nombre des enfants protestants issus de mariages mixtes. On peut en conclure que ces catholiques, en tous les cas le plus grand nombre d'entre eux, se rattachent toujours à leur groupe confessionnel, et que ce ne sont pas nécessairement eux, et eux seuls, qui manifestent un taux de suicide plus élevé. Il doit en être de même du groupe catholique tout entier. Que 25, 30, 60, 95, 160, et jusqu'à 230 catholiques contractent un mariage mixte, tandis que 100 seulement contractent un mariage catholique, c'est un fait qui ne peut manquer d'affaiblir le groupe. Ces ébranlements répétés compromettent son équilibre et détendent lentement ses ressorts. Il n'est pas étonnant qu'entre lui et le milieu protestant des rapports deviennent dès lors plus fréquents, et que la distance spirituelle qui sépare les deux confessions diminue. Le nombre des mariages mixtes nous paraît un des meilleurs indices du degré d'intégration ou de désintégration des groupes catholiques éparpillés ou concentrés dans les diverses provinces prussiennes. Qu'à mesure qu'ils augmentent, le taux de suicide des catholiques s'élève, c'est le signe qu'ils sont préservés contre le suicide dans la mesure où ils vivent étroitement rapprochés, où ils ont peu de contacts et où ils réduisent au minimum les relations et les échanges de substance avec les groupes d'autres confessions.

Tels sont les faits. Comment peut-on les interpréter ?

Mais, d'abord, on pourrait les contester. Si les suicides sont moins nombreux parmi les catholiques, n'est-ce pas parce qu'on en dissimule un grand nombre ? « Le refus du concours de l'Église aux funérailles (de suicidé), disait Legoyt, refus rigoureusement observé dans les campagnes des pays catholiques, est une raison grave pour les parents de dissimuler la cause du décès. »[1] Mais ce passage vient à la suite de remarques purement hypothétiques sur les raisons qu'on peut avoir de dissimuler, etc., sans aucun commencement de preuves. Il serait assez extraordinaire que, dans un pays en majorité protestant comme la Prusse, l'administration accepte sans contrôle les déclarations des catholiques.

Quant au refus du concours de l'Église aux funérailles des suicidés, c'est en effet, pour tout catholique croyant, une sanction grave. On se rappelle la déclaration du prêtre aux funérailles d'Ophélie : « Nous

1. Legoyt, *op cit.*, p. 113.

avons fait tout ce qu'il nous était possible de faire. Sa mort était suspecte, et si des ordres supérieurs n'avaient imposé silence aux canons de l'Église, elle aurait été déposée en terre profane où elle serait restée jusqu'au jour où retentira la trompette du jugement dernier. Au lieu de prier pour elle, on eût jeté sur sa dépouille des tessons, des cailloux, des pierres. Et cependant on lui a accordé la couronne virginale ; des fleurs ont jonché sa tombe et le son des cloches l'a accompagnée à sa dernière demeure. » Comme Laerte lui demande : « Ne fera-t-on plus rien pour elle ? », le prêtre répond : « Plus rien ! Nous profanerions le service des morts, si nous chantions un *Requiem,* si nous implorions pour elle le repos réservé aux âmes parties en paix. » Ainsi Shakespeare se fait scrupule de mettre sur la scène les funérailles d'une suicidée. Mais nous ne sommes plus au XVIe siècle, et l'Église a bien atténué ses anciennes rigueurs. M. Bayet a retracé cette évolution et signalé bien des faits d'où il résulte que les prêtres hésitent de plus en plus à appliquer en cette matière le droit canonique. « Aucun texte officiel n'indique aux curés la procédure à suivre en cas de suicide... Tous les canonistes admettent que le suicide ne se présume pas... Quand même il y aurait scandale public, l'Église admet que la folie [simplement présumée] est une excuse suffisante... On recommande aux curés, dans tous les cas douteux et qui peuvent recevoir une interprétation favorable, d'user d'indulgence et d'accorder la sépulture. » M. Bayet conclut de nombreux témoignages : « L'Église a conquis le pouvoir de refuser aux suicidés la sépulture ecclésiastique : l'usage *le plus général* est de la leur accorder. »[1] À Paris et dans les grandes villes, on a supprimé le « coin des suicidés ». Tout cela ne vaut sans doute que pour la France. Mais le père Krose, bien placé pour savoir ce qui se pratique en Allemagne, ne fait même pas allusion à ce genre d'objection. Nous ne nous y arrêterons pas plus longtemps.

Nous admettrons donc que les protestants se suicident plus que les catholiques. Pourquoi ? Deux explications qu'on a proposées paraissent s'opposer nettement. D'après le père Krose, c'est parce que les catholiques ont peur de l'au-delà qu'ils obéissent au commandement religieux qui proscrit l'homicide de soi-même. Durkheim lui objecte qu'on ne comprendrait pas alors pourquoi les protestants, qui croient aussi à l'au-delà, ne sont pas retenus par la même crainte. D'après lui, si le catholicisme détourne du suicide, ce n'est pas en raison de tel ou tel dogme.

1. Bayet, *op cit.*, p. 788-791.

Mais l'Église catholique, par l'uniformité de ses rites et de ses croyances, par l'importance qu'elle attache au culte extérieur, crée entre tous ses membres une étroite communauté de vie et de pensée. Ainsi les fidèles se sentent les membres d'un même corps, et les liens qui les attachent à leur groupe les retiennent aussi à la vie. L'Église n'exercerait pas sur les fidèles une action d'une autre nature que la famille sur ses membres.

Cette thèse est originale. C'est la contribution propre de Durkheim à l'étude des rapports entre la religion ou la confession et le suicide. Pour lui, le détail des dogmes et des rites est secondaire. L'essentiel, c'est que l'Église catholique est une société, et une société plus « intégrée » que les autres groupes confessionnels. Nous voudrions montrer cependant que, suivant qu'on prend le terme « intégré » en un sens ou en un autre, on parvient à des conceptions assez différentes.

L'Église ou le groupe confessionnel est-elle une communauté purement religieuse ? Tout son être et sa consistance dérivent-ils de pratiques et de croyances communes à ses membres ? Alors, entre Durkheim et des catholiques tels que le père Krose il n'y a peut-être pas une opposition radicale.

Durkheim rejette l'idée que l'horreur du suicide s'explique par la crainte de l'au-delà. Il demande pourquoi les protestants, qui ressentent aussi cette crainte, se tuent tant et pourquoi « la religion qui a le moindre penchant pour le suicide, à savoir le judaïsme, est aussi celle où l'idée d'immortalité joue le moindre rôle »[1]. Mais si les juifs occupent une place à part dans la société, ce n'est pas seulement en raison de leurs pratiques religieuses. Ils ont des coutumes, des façons de penser et des manières d'être traditionnelles qui s'expliquent par leur origine commune ou l'idée qu'ils s'en font, et par les circonstances historiques qu'ils ont traversées. Cela seul suffirait à resserrer l'unité de leur groupe. Rien ne prouve que, s'ils ne se tuent pas, c'est parce qu'ils sont attachés à leur communauté religieuse comme telle. Ces pratiques cultuelles ne sont pour eux qu'un moyen de maintenir la continuité et l'intégrité de leur race. Au reste, dans ces milieux les sentiments de famille sont assez puissants pour qu'à eux seuls ils expliquent que, pendant longtemps, les juifs aient paru immunisés contre le suicide. S'ils ont perdu cette immunité, c'est que cet esprit de solidarité familiale s'est altéré. La multiplication extrêmement rapide des mariages mixtes entre israélites et

1. Durkheim, *op. cit.*, p. 172.

chrétiens ne résulte pas surtout de ce que les croyances religieuses s'affaiblissent chez eux. Mais de tels mariages ne seraient point possibles si les familles juives étaient aussi repliées sur elles-mêmes qu'autrefois et ne laissaient pas plus de liberté à leurs membres. Il n'y a rien là qui ne puisse s'exprimer en termes purement laïques, et sans qu'il soit question de religion, sinon de vieilles coutumes qui ont quelques attaches avec la religion. Si donc nous examinons l'influence du groupe religieux comme tel sur le suicide, mieux vaut écarter l'exemple des juifs.

Quant aux protestants, ils croient à l'au-delà comme les catholiques. Ils croient au jugement dernier, à la récompense des bons, à la punition des méchants. Entre eux et les catholiques il y a cependant cette différence que l'image de l'enfer, chez les protestants, est bien moins concrète et sensible. Elle occupe certainement une moindre place dans l'ensemble de leurs représentations religieuses. Un catholique croyant est fermement convaincu, comme le lui enseigne l'Église, que, s'il meurt en état de péché mortel, il subira dans un lieu défini des tortures dont les souffrances corporelles auxquelles il est exposé sur terre lui donnent un avant-goût. Des théologiens ont pu interpréter les peines et le feu de l'enfer comme des peines et un feu symboliques. Mais l'enseignement des prêtres est formel et n'a pas varié. Après la mort, les méchants ne sont pas simplement anéantis. Ils n'éprouvent pas simplement des souffrances morales. Ils brûleront éternellement. Certes, la miséricorde de Dieu est infinie. Les fidèles et l'Église ne savent pas quels sont les pécheurs à qui il a ou n'a pas pardonné. Mais elle sait, elle croit de toutes ses forces que ceux auxquels il n'a pas pardonné souffriront positivement dans leur corps. La doctrine des Églises protestantes sur le sort des pécheurs après leur mort est autrement incertaine. Certes, il y a des élus et des réprouvés. Mais quel est le sort des réprouvés ? Puisqu'il peut y avoir à cet égard des opinions différentes et que, dans bien des cas, on s'en remet au fidèle lui-même du soin d'élucider ce mystère, il faut s'attendre à ce que des châtiments qui ne sont pas définis n'inspirent pas aux protestants le même genre de crainte qu'aux catholiques. Il est donc tout naturel qu'un plus grand nombre d'entre ceux-ci soient arrêtés, au moment de se donner la mort, par la pensée que c'est un péché mortel, et que s'ils le commettent ils s'exposent aux peines éternelles.

On pourrait, il est vrai, sans sortir du domaine des représentations religieuses, supposer que ce n'est pas seulement la crainte de l'enfer ainsi défini, qui joue le principal ou le seul rôle. Plus que les protestants aussi, les catholiques sont convaincus qu'il y a une communion des vivants et des morts. Pour eux les fidèles qui observent sur terre les prescriptions de l'église et ceux qui, après leur mort, revivent dans le séjour réservé aux bons font partie d'une même société. Or le malheur le plus grave auquel ils puissent s'exposer, c'est l'exclusion de cette communauté. Durkheim croyait que la consistance et la cohésion du groupe catholique sont particulièrement fortes. Elles seront faibles au contraire si l'on pouvait supposer que l'homme n'en fera partie que durant sa vie, et qu'il ne se perpétue pas après la mort. Dans le protestantisme, au contraire, l'idée d'un royaume à venir qui prolonge la société terrestre passe certainement au second plan. Mais les liens qui rattachent entre eux les vivants se détendent, dans la mesure où ils ne sont pas compris dans un ensemble plus vaste. L'intérêt se concentre alors sur les consciences individuelles et sur l'activité morale des hommes. Mais les hommes, sur cette terre, sont séparés les uns des autres. Ils ne se sentent rapprochés et unis que lorsqu'ils reportent leur pensée sur une société surnaturelle qui les enveloppe. L'esprit de libre examen et d'individualisme affaiblit nécessairement ce genre de représentation.

L'idée que la société des vivants ne fait qu'un avec la société des morts se retrouve dans les sociétés primitives ou sauvages. Elle est à la racine des religions. C'est ce qu'a bien montré Robert Hertz[1]. S'il n'y avait rien après la mort, la société perdrait toute confiance en elle-même. Chaque fois qu'un de ses membres meurt, elle éprouve un sentiment de stupeur, comme si elle prenait conscience de sa faiblesse, comme si elle doutait un moment d'elle-même. Mais elle se ressaisit. Elle affirme que la mort ne l'a point quittée, qu'il a rejoint les ancêtres, c'est-à-dire qu'il n'a fait que changer de lieu, mais qu'il demeure dans son sein, qu'il est toujours soumis à son pouvoir. « Quand les âmes des défunts débarquent au pays des morts, les ancêtres, qui depuis longtemps y résident, s'assemblent et viennent souhaiter la bienvenue aux nouveaux arrivants. »[2] Seuls « ceux qui meurent de mort violente ou par accident, femmes mortes en couches, noyés ou foudroyés, suicidés, sont souvent l'objet de rites spéciaux. Leur cadavre inspire l'horreur la plus intense, on s'en défait précipitamment ; et l'on ne réunira point leurs os à ceux des autres membres du groupe morts convenablement. Leurs âmes erreront à jamais sur la terre, inquiètes et méchantes. Ou, si

1. Contribution à une étude sur la représentation collective de la mort, *Année sociologique*, t. X, p. 48 sq., 1907. Reproduit dans *Mélanges d'histoire des religions et de folklore*, du même auteur, *Travaux de l'Année sociologique*, 1929.
2. *Ibid.*, p. 97.

elles émigrent en un autre monde, ce sera pour habiter dans un village séparé, quelquefois même dans une région entièrement différente de celles où habitent les autres âmes ». C'est que, déjà pendant leur vie, ces hommes n'appartenaient plus à la société, qui était manifestement incapable de les protéger contre les puissances hostiles. La règle, cependant, c'est que la société est assez forte pour retenir ses membres et empêcher que la mort elle-même ne les lui arrache. La croyance en un monde invisible qui continue le monde terrestre est à la fois la condition et l'expression de la confiance sans borne que la société religieuse a en elle-même. Le catholicisme perpétue parmi nous une conception qui est au cœur de toutes les religions, même les plus rudimentaires.

Mais on pourrait développer en un tout autre sens la conception de Durkheim. Il avait certainement ses raisons pour ne pas expliquer par le dogme de la vie future l'aversion particulière que les groupes catholiques manifestent pour la mort volontaire. Lorsqu'il insistait sur les manifestations extérieures du culte, sur l'uniformité des gestes, des manières d'être et d'agir dans le catholicisme, c'est qu'il ne voyait pas de différence essentielle entre ce genre de conformisme, et n'importe quel ensemble de conventions auxquelles se plient les membres de tout autre groupe non religieux. Les coutumes religieuses sont religieuses, en effet, mais ce sont avant tout des coutumes. Or, un groupe peut être dit « intégré » dans la mesure où l'on y rencontre des habitudes traditionnelles fortement enracinées. Il se pourrait alors que les populations catholiques se distinguent de toutes les autres, non par la nature particulière de leurs croyances religieuses, mais simplement parce qu'elles sont plus conservatrices, plus traditionnelles. Les coutumes religieuses ne seraient qu'une partie de ces traditions, et on n'y serait attaché que parce qu'elles sont anciennes. Il faudrait dire alors que si les catholiques se tuent plus que les protestants, c'est qu'on rencontre moins de suicides dans les régions où la force des coutumes et des traditions anciennes est plus grande qu'ailleurs, et qui coïncident d'ailleurs le plus souvent avec les zones occupées par les catholiques. Si le groupe religieux se confond en partie avec d'autres formations sociales, villages, catégories professionnelles, masses d'hommes unis par le sentiment d'une communauté ethnique ou nationale, alors il n'y a pas lieu et il n'est d'ailleurs pas possible de détacher les pratiques religieuses d'un ensemble d'habitudes collectives dont elles sont solidaires, et qui n'ont pas un caractère religieux. Elles définissent non pas un groupe confessionnel, mais ce que nous pouvons appeler un genre de vie ou un type de civilisation.

Que bien des pratiques religieuses aient ce caractère, qu'il soit difficile de distinguer ce qui, en elles, s'explique par la religion, ou par de vieilles coutumes populaires, c'est ce que nous comprendrons mieux, si nous nous demandons pourquoi les catholiques redoutent la privation de sépulture. Cette punition préalable, la seule qu'on puisse appliquer en ce monde aux homicides d'eux-mêmes, l'Église l'a édictée de bonne heure, et, au cours des siècles, elle l'a maintenue. Mais d'où vient-elle en réalité, et quelles sont ses lointaines origines ? Car l'Église chrétienne ne l'a pas inventée. Est-ce parce que le suicide était considéré par elle comme un péché irrémissible que le droit canonique du Moyen Âge a interdit d'ensevelir en terre sainte ceux qui s'étaient donné la mort ? M. Bayet a bien montré que, jusqu'à la fin du IVe siècle, l'Église n'a rien décidé de semblable[1]. « Non seulement [au IVe siècle] le droit canonique ne punit pas le suicide, mais les Pères de l'Église ne demandent pas qu'on le punisse. Saint Augustin ne réclame nulle part une peine contre ceux qui se tuent. S'agit-il du refus de sépulture ? À plusieurs reprises, et d'accord en cela avec tous les Pères, il insiste sur l'idée que le défaut de sépulture est, pour le chrétien, chose indifférente. Il est d'un païen de s'imaginer que l'inhumation puisse être une condition de la résurrection. Lorsqu'un chrétien meurt, c'est à Dieu de le juger. » Mais pourquoi, à partir du IVe siècle, l'Église a-t-elle changé d'attitude ? C'est que, né et diffusé d'abord dans les villes, le christianisme ne s'est répandu que tardivement dans les campagnes. À ce moment la masse populaire envahit soudain l'Église. « Introduites brusquement dans la salle du festin mystique, dit Mgr Duchesne, les masses populaires y apportaient leurs habitudes, dont il fallait bien s'arranger, quelque choquantes qu'elles pussent paraître aux personnes d'une éducation plus raffinée. » Or, d'après M. Bayet, « l'horreur du suicide, les peines contre ceux qui se tuent ne sont qu'une parcelle de tous ces éléments troubles que le flot populaire apporte avec lui »[2].

Il n'est point nécessaire, en effet, d'expliquer par les croyances religieuses le fait que, dans des milieux où les coutumes traditionnelles sont très fortes, et où l'individu dépend étroitement du groupe, le suicide ait soulevé une telle réprobation. L'homme qui se tuait ne prenait pas conseil de ceux qui l'entouraient, et qui estimaient avoir des droits sur lui. Il manifestait une indifférence totale vis-à-vis des siens, de ses parents, de son maître, de son village qui était comme sa famille élargie.

1. Bayet, *op cit.*, p. 330 sq.
2. *Loc. cit.*, p. 369.

Il donnait un exemple déplorable. Comment la communauté n'eût-elle pas réagi de toutes ses forces contre un acte qui l'atteignait dans la foi qu'elle avait en elle-même, et qui paraissait tourner en dérision les sentiments sur lesquels elle reposait ? Le crime le plus grave qu'on puisse commettre en cas de guerre, c'est la désertion. De même, dans une société primitive, il n'y a pas d'offense que la société ressente plus profondément que le suicide.

On peut donc admettre qu'avant le christianisme, dans les milieux campagnards et populaires, on ne rendait pas aux suicidés les devoirs funèbres auxquels avait droit tout autre mort, et que cette coutume, qui en elle-même n'avait rien de religieux, fut adoptée, comme tant d'autres, par l'Église[1]. Sans doute l'Église a mis sur elle son empreinte. À partir du moment où elle fit partie des ordonnances de la religion, elle changea en partie de caractère. Mais on peut admettre aussi que, sous ce vêtement nouveau, elle a conservé sa physionomie et son autorité traditionnelle, et que, lorsque le prêtre refusait de laisser ensevelir en terre sainte un suicidé, en même temps que sur les canons de l'église, il s'appuyait sur un sentiment populaire de réprobation collective purement laïque. Un homme non croyant peut être détourné du suicide par la crainte obscure d'une telle sanction, sans qu'il songe d'ailleurs à ses conséquences surnaturelles et aux punitions d'outre-tombe. Au temps, qui n'est pas très éloigné, où l'Église était plus stricte à cet égard, est-ce la terreur de l'enfer, est-ce la peur d'être enterré « comme un chien » qui retenait le désespéré ? On peut soutenir l'un aussi bien que l'autre. Si l'on a gardé l'habitude de considérer le suicide comme un acte qui rend indigne de reposer dans le champ des morts, l'idée religieuse a passé peut-être à l'arrière-plan. On tient surtout à être enterré convenablement.

Cet exemple montre que motifs religieux et motifs fondés sur la simple coutume se mêlent parfois étrangement. C'est ainsi que les milieux catholiques se confondent souvent avec les milieux paysans. Inversement, c'est dans les villes que le protestantisme s'est d'abord implanté. Il y avait entre la doctrine de la Réforme et la vie urbaine d'étroits rapports. M. Febvre a montré que le terrain était préparé pour l'œuvre réformatrice de Luther par le gros développement des villes

1. D'après M. Bayet l'horreur du suicide dans les milieux populaires, au début de l'ère chrétienne, s'expliquerait par le fait que les Romains, qui reconnaissaient aux hommes libres le droit de se tuer, punissaient le suicide de leurs esclaves en les privant de sépulture. C'est l'ignominie de la peine qui se serait attachée progressivement à l'acte lui-même. Nous ne croyons pas cependant qu'un sentiment collectif si fort n'ait pas été spontané.

d'artisans et de marchands dans l'Allemagne du XVIe siècle[1]. Mais, à l'époque moderne, Max Weber, étudiant les statistiques professionnelles de pays où les confessions sont mélangées, trouvait qu'elles concordaient d'une façon tout à fait remarquable en ceci : les protestants sont proportionnellement les plus nombreux parmi les possesseurs de capital et les entrepreneurs, aussi bien que parmi les ouvriers qualifiés de l'industrie[2]. Ils ont une part prépondérante dans le personnel technique et commercial supérieur. Enfin, c'est surtout parmi les protestants que les ouvriers qualifiés sortent des métiers (de l'artisanat), tandis que les catholiques y restent pour devenir maîtres. Or l'artisanat est un régime industriel développé surtout dans les régions et aux époques où les centres urbains n'ont que des dimensions restreintes, et jouent le rôle de marchés locaux où les paysans viennent vendre et s'approvisionner.

Que les protestants soient proportionnellement plus nombreux dans les villes, et les catholiques dans les campagnes, cela n'autoriserait pas sans doute à interpréter les statistiques confessionnelles comme si les groupes protestants étaient tous urbains, et les groupes catholiques, ruraux. Mais le type de civilisation que nous appelons urbaine peut pénétrer dans les campagnes. Il y a d'autre part des villes et même de grandes villes où s'est conservé un rythme et des habitudes de vie qui caractérisent plutôt les milieux ruraux. Dans les campagnes alsaciennes, c'est un fait que les villages protestants, plus que les catholiques, sont tournés vers les villes et qu'ils reçoivent l'impulsion des communautés de même confession. La majorité des prêtres catholiques viennent de la campagne. Ils ont les traits et la carrure paysanne. Aux jours de fête et de pèlerinage, les églises se remplissent de paysans. L'église elle-même est le centre du village. Elle n'est pas à sa place parmi de grands immeubles qui souvent l'effacent, elle se trouve dépaysée près des rues agitées et populeuses des villes modernes. Le temple est plus semblable à un lieu de réunion et de conférence, il s'adapte mieux aux quartiers populaires, il entre sans peine dans le cadre urbain.

Est-ce la religion seulement, n'est-ce pas également le genre de vie, ou ce que nous pouvons appeler le type de civilisation, qui explique les différences signalées quant au nombre des morts volontaires entre pro-

1. Febvre, *Luther : un destin*, Paris, 1928.
2. Max Weber, *Die protestantische Ethik und der Geist des Kapitalismus. Gesammelte Aufsätze zur Religions-soziologie*, I, 1920 (publié sous forme d'article en 1904-1905).

testants et catholiques ? Examinons à nouveau, de ce point de vue, la statistique des suicides en Prusse par groupe confessionnel. Nous reproduisons ci-dessous des nombres tirés des deux tableaux précédents, mais nous groupons les provinces suivant un ordre différent.

Pour l'ensemble de la Prusse, le taux de suicide est de 247 parmi les protestants, de 92 parmi les catholiques. Mais l'état prussien comprend des régions bien différentes. Tout d'abord, les provinces nord-est renferment une très forte proportion de Polonais. Nous empruntons les nombres suivants à un ouvrage allemand publié quinze ans avant la période que nous étudions, et qui sont certainement trop faibles[1]. On comptait à cette époque : en Posnanie, 800 000 Polonais, pour 1 715 000 habitants ; en Prusse occidentale, 490 000 pour 1 408 000 habitants ; en Prusse orientale, 400 000 Polonais et 145 000 Lithuaniens, pour 1 959 000 habitants. La presque totalité des catholiques sont Polonais et les protestants sont tous des Allemands. Or, dans cette région de marches et de colonisation germanique, qui est entièrement couverte de grands domaines ruraux, les Polonais repré-

Tableau XXXIV – *Les suicides dans les provinces prussiennes, par confession religieuse*

	Proportion sur 100 habitants des		*Proportion des suicides pour 1 million*		*Taux de suicide des protestants (taux des catholiques = 100)*
	Protestants	*Catholiques*	*Protestants*	*Catholiques*	
Posnanie	30	68	184	53	358
Prusse occidentale	46	51	213	53	400
Prusse orientale	85	13,5	153	67	229
Silésie	43	55	356	133	268
Saxe	92	7	317	155	205
Poméranie	96,5	2	177	188	94
Brandebourg	93,5	5	294	303	97
Schleswig-Holstein	97	2	294	334	88
Hanovre	86	13	227	110	206
Hesse-Nassau	69	28	227	158	144
Westphalie	48	50	169	78	216
Rhénanie	29	70	202	86	235

1. Albrecht Penck, Das deutsche Reich, dans *Unser Wissen von der Erde. Länderkunde von Europa*, erster Teil, Prag und Leipzig, 1886.

Planche VI – Le suicide et la religion en Allemagne

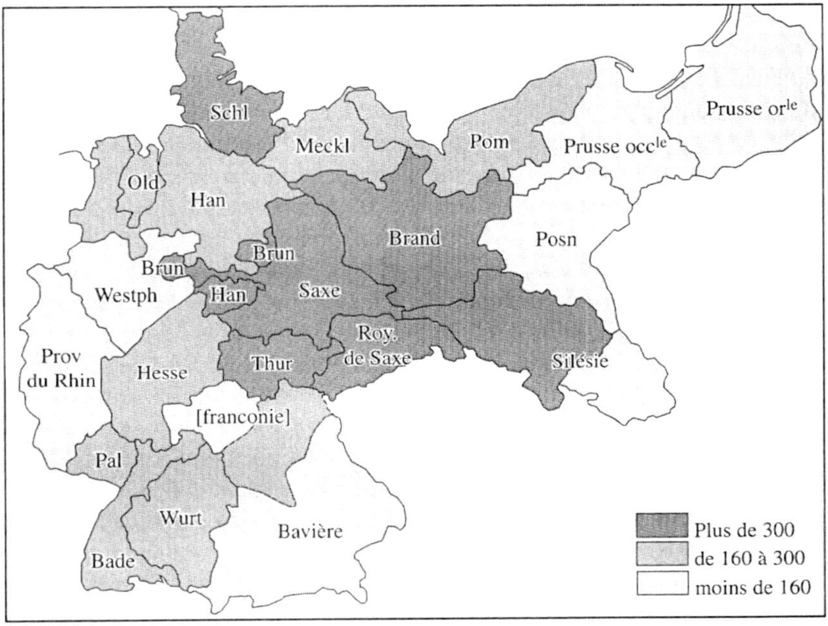

Répartition des suicides en Allemagne *(pour un million d'habitants)*

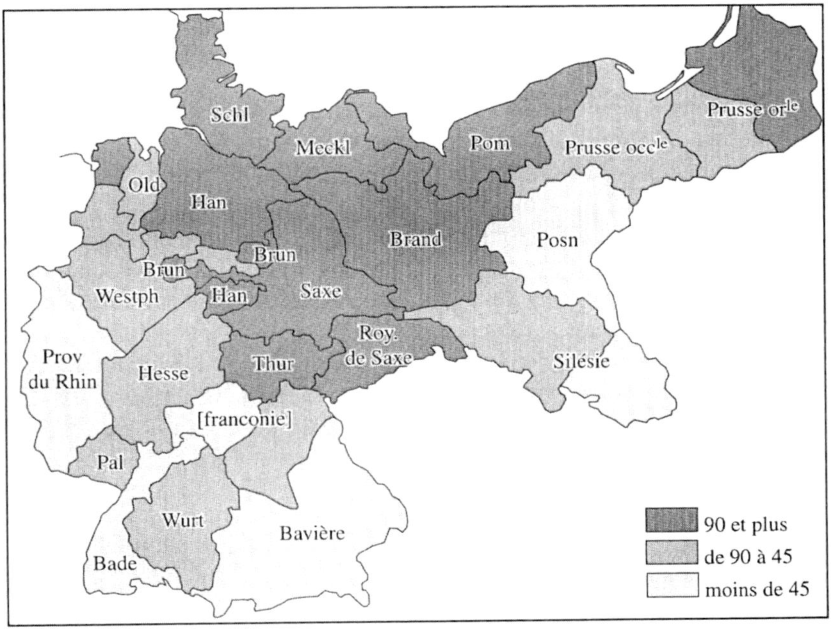

Répartition des potestants en Allemagne *(pour 100 habitants)*

sentent la classe paysanne : les Allemands, la classe qui domine et exploite le pays, par l'administration et le commerce. Ces deux éléments vivent juxtaposés et correspondent à deux types sociaux nettement opposés. Ce n'est donc pas là qu'on peut étudier l'influence de la religion puisque, derrière les groupes confessionnels, on aperçoit d'une part des paysans, d'autre part des commerçants, intendants, régisseurs, administrateurs, etc. Il est d'ailleurs très probable qu'une partie des protestants allemands vivent à la campagne, ce qui expliquerait que leur taux de suicide, nettement supérieur à ce qu'il est parmi les catholiques, reste cependant très inférieur à la moyenne pour toute la Prusse.

Transportons-nous maintenant dans les provinces de l'Ouest : Hesse-Nassau, Westphalie, Rhénanie. Là, les catholiques sont proportionnellement aussi nombreux qu'au nord-est de la Prusse. Mais les suicides y sont plus fréquents que parmi les catholiques de l'Est, et la différence à cet égard entre catholiques et protestants est bien moins marquée qu'en Posnanie et dans la Prusse occidentale. Or, dans toute cette partie de la Prusse, il y a beaucoup de paysans, comme dans ces provinces prussiennes de l'Est, mais le sol y est plus fertile et la population rurale y est plus riche. C'est une région agricole plus évoluée. D'autre part, l'industrie s'y est installée. Dans la vallée du Rhin, et surtout en Westphalie, de grandes agglomérations industrielles groupent une nombreuse population ouvrière. Cette population est-elle surtout protestante ? C'est ce qui paraît bien résulter de la carte des confessions en Allemagne[1] : on y voit que, tandis que la plus grande partie de la Westphalie est catholique, la région de la Ruhr, Barmen, Elberfeld, Dortmund constituent un îlot protestant. Il est remarquable, d'ailleurs, qu'en Westphalie le taux de suicide des protestants soit très inférieur à la moyenne pour les protestants de toute la Prusse : 169 au lieu de 247. Cela tient sans doute à ce que cette population ouvrière protestante comprend une forte proportion de mineurs et d'ouvriers des hauts fourneaux, qui vivent dans des cités ouvrières à demi campagnardes, autour des puits de mine. Remarquons que, d'après la statistique des suicides par profession en Prusse, les mines et les établissements métallurgiques donnent une proportion de morts volontaires particulièrement faible : 70 en moyenne pour 1 million en 1895 et 1907, beaucoup moins que dans le reste de l'industrie (taux de suicide : 172), et même que parmi les agriculteurs-prussiens (taux de suicide : 135)[2]. En Westphalie, l'industrie

1. *Ibid.*, p. 130.
2. Von Mayr, *op. cit.*, p. 329.

paraît avoir exercé une faible influence sur la population des campagnes. On constate plutôt l'inverse. Cette population d'ouvriers dont un grand nombre sont sortis sans doute depuis peu de la classe paysanne se distingue des travailleurs de l'industrie installés depuis longtemps dans les villes[1]. En tout cas, ici encore, l'opposition entre milieux industriels protestants, milieux agricoles catholiques, paraît assez marquée, si bien qu'il n'est sans doute pas nécessaire, pour expliquer que les membres d'une confession se tuent plus que les autres, d'invoquer uniquement, ni peut-être principalement, des causes religieuses.

Voici maintenant une province nettement industrielle, la Silésie, où l'on trouve une plus forte proportion de catholiques que de protestants ; les uns et les autres se tuent nettement plus qu'en général les Prussiens des mêmes confessions ; la différence entre leurs taux de suicide est de même ordre qu'en Westphalie. Mais, ici encore, il y a beaucoup de Polonais, 800 000 sur 4 111 400 habitants, sans compter 140 000 Wendes et au moins 50 000 Tchèques. La partie slave de la population est catholique. Sans doute un très grand nombre d'entre eux travaillent dans les mines et les usines. C'est ce qui explique que la proportion des suicides soit bien plus élevée parmi les slaves catholiques silésiens que dans les communautés agraires polonaises de Posnanie et des deux Prusses. Mais, bien qu'ils soient ouvriers de l'industrie et plus germanisés que ceux-ci, les Polonais silésiens restent en contact avec les groupes ruraux polonais. Car toute une partie de la Silésie est agricole. Ils se distinguent nettement des Allemands, non seulement par leur religion, mais encore par leur genre de vie.

Il reste le groupe des provinces purement protestantes du Centre et du Nord : la Poméranie, le Brandebourg, le Schleswig-Holstein, le Hanovre et la Saxe. Les deux dernières renferment une proportion un peu plus forte que les autres de catholiques : 13 et 7 %. Il est probable qu'ils se trouvent pour la plupart dans les parties de ces provinces les plus voisines de la Westphalie et de Hesse-Nassau, c'est-à-dire dans les districts de Hildesheim et d'Osnabrück en Hanovre, d'Erfurt et de Merseburg en Saxe, les plus agricoles : de fait, le taux de suicide des catholiques est le même en Saxe et en Hesse-Nassau, en Hanovre et en Westphalie. Mais, dans les trois provinces : Poméranie, Brandebourg et Schleswig-Holstein, où les catholiques ne représentent qu'une toute petite minorité (de 2 à 5 %), on a la surprise de constater qu'ils se tuent

1. Elle comprenait d'ailleurs une proportion assez élevée de Polonais.

plus que les autres protestants. Faut-il supposer qu'au contact des protestants ils perdent entièrement leur immunité ? Cependant, ils restent catholiques. Nous croyons que ces catholiques, certainement venus de l'extérieur, comme toutes les minorités religieuses infimes, n'ont de raison de se trouver ainsi engagés au milieu d'une masse protestante homogène que parce qu'ils ont un niveau social élevé et qu'ils appartiennent à l'élite des classes urbaines. C'est pour la même raison qu'ils sont plus exposés au suicide.

Quant à la population protestante de ce groupe de provinces, elle n'est pas plus urbaine que rurale. Elle se distribue dans toutes les professions. Rien ne nous empêche d'admettre que ces protestants allemands se tuent plus à la ville qu'à la campagne, dans les milieux industriels que dans les milieux ruraux. Que l'on compare le taux de suicide des protestants en Poméranie, pays presque exclusivement peuplé de paysans, et dans le Brandebourg : on trouvera une très grosse différence : 177 en Poméranie, 294 en Brandebourg. Il est vrai que, si cette proportion est moins élevée, dans le Brandebourg, à la campagne que dans les villes, elle sera alors très élevée dans les villes. C'est un fait que, dans ces provinces purement protestantes, les protestants se tuent beaucoup plus qu'ailleurs. Est-ce parce qu'ils se trouvent dans un milieu religieux purement protestant, où le catholicisme n'exerce aucune influence ? Mais remarquons que ces provinces sont aussi celles où les Allemands du Nord sont établis de tout temps. Ce ne sont pas des terres slaves colonisées par les Allemands, ni des régions tournées vers l'Europe occidentale, qui offrent bien des traits communs avec elle, et que seules les circonstances historiques et l'essor industriel allemand ont étroitement rattachées à la Prusse. Certes, ce sont les pays les plus protestants de l'Empire. Mais elles ont bien d'autres traits communs. Il existe, à côté des coutumes rurales ou urbaines, des coutumes nationales, qui expliquent que les hommes soient plus ou moins retenus à la vie. Chaque pays a son taux propre de suicide, qui s'explique en partie par son passé, par le fait que ses habitants vivent depuis longtemps rapprochés les uns des autres et en étroite communauté historique et nationale. On peut expliquer que les Prussiens de ces provinces se suicident plus non seulement que les catholiques, mais aussi que les protestants des autres parties de la Prusse, par d'autres causes que leur religion.

L'étude de la statistique des suicides par confession religieuse en Prusse nous conduit à cette conclusion : dans les provinces de l'Est et dans les provinces de l'Ouest, si les protestants se tuent plus que les catholiques, cela peut s'expliquer dans une large mesure par le genre de profession qu'exercent les uns et les autres, et l'opposition des milieux, principalement urbains ou ruraux, où ils sont engagés ; dans les provinces du centre, où il n'y a que des protestants, s'ils se tuent plus que les autres protestants prussiens, cela peut s'expliquer dans une large mesure par le caractère national de ces populations spécifiquement allemandes qui ne renferment pas d'éléments slaves, et qui n'ont subi que tardivement l'influence du type de civilisation occidentale.

Si, comme nous l'avons montré, dans les provinces où les mariages mixtes sont plus nombreux, la proportion des suicides augmente parmi les catholiques, cela s'expliquerait très bien dans notre hypothèse. Les mariages mixtes, en effet, sont plus fréquents dans les villes qu'à la campagne. À mesure que les catholiques subissent davantage l'influence des conditions de vie urbaines, ils se tuent plus. Ce n'est pas que ceux d'entre eux qui pratiquent réellement leur religion s'en détachent. Nous avons vu qu'au contraire les catholiques qui contractent de tels mariages font élever leurs enfants dans la religion catholique. Ils ne renoncent pas à leurs croyances s'ils en ont. Mais ils passent d'un type de civilisation à un autre, qui comporte un plus grand nombre de morts volontaires.

Nous connaissons, pour un petit nombre d'autres pays, la distribution des suicides par confession religieuse. Voyons si les faits s'y peuvent interpréter de la même manière qu'en Prusse. En Bavière, sur 100 habitants, on compte 71 catholiques et 28 protestants. Or, les catholiques s'y suicident à peu près autant qu'en Prusse : 88 suicides pour 1 million de catholiques, au lieu de 93. Les morts volontaires sont moins nombreuses parmi les protestants bavarois que parmi les protestants prussiens : 209 pour 1 million, au lieu de 247, mais bien plus nombreuses que parmi les catholiques bavarois : trois fois autant. Est-ce bien la religion qui explique cette dernière différence, et, si les protestants, en Bavière, se tuent moins qu'en Prusse, est-ce parce qu'il y subissent davantage l'influence des catholiques, cette fois en majorité ? Reportons-nous au tableau XXXIII, où l'on distingue ces résultats par province. Nous remarquons tout de suite qu'il y en a deux, la Basse Bavière et le Haut Palatinat, où le taux de suicide des catholiques est très faible (égal à la moitié seulement de ce qu'il est en moyenne pour les catholiques). Il est même plus bas qu'en Posnanie. Il n'y a cependant pas de Polonais dans cette partie de la Bavière. Mais toute cette région est située au revers occidental des montagnes de Bohême. C'est le Böhmerwald. Or « 70 % de la population du Böhmerwald se consacre à l'agriculture ; 7 % seulement sont employés dans les verreries ». En Basse Bavière, 99 % de la population est catholique, presque exclusivement paysanne ; le taux très élevé de suicide des protestants correspond à une partie de la population qui doit être purement urbaine. Dans le Haut Palatinat « la forêt occupe 40 % de la superficie » ; là se trouvent uniquement des catholiques. Quant aux protestants du Haut Palatinat, qui comprennent 8 % de la population de cette province, ils se suicident plus que les catholiques, mais bien moins que les protestants des autres provinces. C'est que, bien qu'ils se rencontrent surtout dans les villes, ils vivent dans un milieu tout pénétré d'influences campagnardes. À Ratisbonne, la seule grande ville du Haut Palatinat, qui ne compte d'ailleurs que 45 000 âmes, « un tiers de la population est protestant. Mais 40 % seulement des habitants vivent de l'industrie ». Voici maintenant les deux provinces les plus méridionales, la Souabe avec Augsbourg, la Haute Bavière avec Munich. Situées dans la région montagneuse qui est au contact des Alpes (Voralpen), elles ont une population peu dense (même aux environs de Munich), et principalement rurale. En Haute Bavière, 20 % seulement de la population est occupée dans l'industrie. Ajoutons que les protestants constituent 8 % de la population. Ils doivent être massés à Munich[1] et exercer surtout des professions commerciales et industrielles. Ainsi s'explique qu'ils aient un taux de suicide beaucoup plus élevé que les protestants bavarois en moyenne, soit 341 : c'est un taux que les protestants n'atteignent pas en Brandebourg, et qu'ils ne dépassent que de peu en Silésie. On nous dit que « dans les Voralpen, 94 % de la population est catholique. On n'y compte que 150 000 protestants qui habitent presque exclusivement dans les villes ». En Souabe, 30 % seulement de la population s'occupe dans l'industrie ; cette province compte 15 % de protestants ; il doit y en avoir fort peu hors des agglomérations urbaines.

Au nord de la Bavière, en Moyenne Franconie, un quart de la population est catholique, les trois autres quarts sont protestants. Le taux de suicide est plus élevé parmi les protestants que parmi les catholiques, mais de peu : en nombres relatifs il est de 100 pour les catholiques, de 130 seulement pour les protestants (au lieu des rapports 100 et 240 pour toute la Bavière, 100 et 250 pour toute la Prusse). Cela tient à ce que le taux de suicide des catholiques, dans cette province est deux fois

1. En 1885 (nos statistiques du suicide en Bavière portent sur la période 1870-1899) Munich est une ville d'artistes et d'artisans. 12 % seulement de la population (qui ne dépasse pas alors 260 000 habitants) vit du commerce, proportion faible en comparaison des autres grandes villes. Moins de 45 % de la population est occupée dans l'industrie. Un huitième de la population totale (y compris les faubourgs, soit 20 000 âmes) est formé de protestants immigrés depuis le début du siècle, *op. cit.*, p.196.

plus élevé qu'en moyenne pour tous les catholiques de Bavière. Or, la Moyenne Franconie est la seule province bavaroise qui soit orientée nettement vers l'industrie. À Nuremberg, 56 % de la population exerce des professions industrielles, et 15 % (c'est-à-dire plus que dans les autres grandes villes de Bavière) des professions commerciales. C'est la région la plus protestante et la plus industrielle à la fois : ce n'est pas une coïncidence accidentelle. En tout cas, une bonne partie de la minorité catholique doit être engagée aussi dans l'industrie, et vivre dans des milieux plus ou moins urbanisés. C'est ce qui explique qu'ils se tuent plus qu'ailleurs et ne diffèrent pas beaucoup sous ce rapport des protestants.

Le Palatinat bavarois, qui s'étend sur la rive gauche du Rhin, sur les pentes du Hardt, comprend 44 % de catholiques, 55 % de protestants[1]. À l'époque où nous nous plaçons, Ludwigshafen naît à peine, et bien que la Sarre voisine développe très vite son industrie minière, cette région est encore principalement agricole. C'est pourquoi la différence entre la proportion des suicides parmi les catholiques et les protestants n'est pas élevée : les influences de la vie campagnarde pénètrent dans les villes. Mais, dans la vallée du Rhin, les paysans (catholiques) trouvent un sol fertile ; ils cultivent la vigne ; ils sont plus aisés que les habitants clairsemés des forêts et des tourbières, en Basse Bavière et dans le Haut Palatinat (catholiques également) : ils sont nettement plus exposés au suicide (au moins deux fois autant).

Ainsi, dans toutes les provinces bavaroises, si les protestants se tuent plus que les catholiques, cela peut s'expliquer par les coutumes et dispositions des milieux urbains et ruraux, entre lesquels se distribuent inégalement les membres de ces deux confessions.

Voici comment se répartissent les suicides par confession dans un autre État allemand, le dernier, après la Bavière et la Prusse, pour lequel nous possédions ces chiffres.

Dans l'ensemble du Wurtemberg on trouve parmi les protestants un taux de suicide égal à 182, et, parmi les catholiques, à 126. Ces deux nombres sont dans le rapport de 144 à 100, bien moins élevé qu'en Bavière (240 à 100) et qu'en Prusse (250 à 100). Le Wurtemberg (à cette époque) est plus peuplé que la Bavière : 103 habitants/km^2 au lieu de 71,5. C'est aussi une région plus industrielle. Ce qui retient surtout

1 . « Dans le Palatinat, la population est plus dense que dans toutes les autres contrées montagneuses de l'Allemagne du Sud-Ouest : presque partout 100 habitants/km. Les produits du sol ne suffisent pas à la nourrir : de 35 à 40 % de la population sont occupés dans l'industrie (surtout textile) » (*op. cit.*, p. 248 (tout ceci se rapporte à 1886)).

Tableau XXXIV *bis* – *Les suicides par confession, dans le Wurtemberg (1884-1893)*

Districts	*Sur 100 habitants combien de*		*Nombre des suicides pour 1 million de*		*Nombres relatifs. Taux de suicide des protestants (taux des catholiques = 100)*
	Protestants	*Catholiques*	*Protestants*	*Catholiques*	
Neckar	85	14	184	182	100
Forêt-Noire	74	25	148	122	122
Jagst	69	31	136	74	184
Danube	37,5	62	218	130	168

l'attention, dans le tableau ci-dessus, c'est que dans les cercles du Neckar et de la Forêt-Noire, qui contiennent les deux cinquièmes de la population wurtembergeoise, et où les catholiques sont en très petite minorité, les taux de suicide des deux confessions sont extrêmement voisins, et même égaux dans le Neckar. Or ce sont les provinces où la population est le plus dense (182 habitants/km^2 dans le Neckar, 99 dans la Forêt-Noire, contre 80 et 74 dans les deux autres provinces), et où l'industrie est le plus développée. Dans la vallée du Neckar, sur 100 habitants, de 40 à 45 % sont occupés dans l'industrie : filatures, tissages, construction de machines. Si les catholiques s'y suicident autant que les protestants, ce n'est pas simplement, comme le dit le père Krose, parce qu'ils sont peu nombreux et dispersés. Mais ils vivent dans des milieux industrialisés et urbanisés. « La Forêt-Noire et le Jagst, ajoute-t-il, sont aussi surtout protestants, mais les catholiques n'y forment pas de petites communautés éparpillées dans tout le district. Le plus grand nombre d'entre eux sont groupés dans d'anciennes régions catholiques qui ont été médiatisées, et réunies avec d'assez grandes zones protestantes en une même circonscription administrative. C'est pourquoi ils s'y suicident moins qu'ailleurs, et même que dans le district du Danube qui est en majorité catholique : il est vrai que, dans ce dernier district, le taux de suicide est extraordinairement élevé à Ulm, pour les catholiques comme pour les protestants. »[1] Cependant, presque

1. Krose, *Die Ursachen*, etc., p. 154.

toute la population d'Ulm est protestante, et ne dépassait pas 50 000 habitants en 1885, alors qu'on en comptait 465 000 dans le district du Danube. Il est plus vraisemblable que si, dans le Jagst, le taux de suicide des catholiques est si bas, c'est qu'ils sont exclusivement paysans et que si, dans le Danube, le taux de suicide des protestants est si élevé, c'est qu'ils sont tous occupés dans l'industrie et le commerce. Ainsi, en Wurtemberg, de même qu'en Bavière et qu'en Prusse, lorsqu'on ne s'en tient pas à des moyennes d'ensemble, mais qu'on descend dans le détail, l'explication de l'inégalité des taux de suicide dans les diverses confessions religieuses par la religion, et par elle seule, paraît plus problématique.

Or ces statistiques allemandes sont à peu près les seules sur lesquelles on puisse s'appuyer, lorsqu'on aborde ce problème[1]. Des comparaisons de pays à pays on ne peut tirer à cet égard aucun éclaircissement, car, d'un pays tel que le Danemark ou la Suède à un autre tel que l'Italie, à côté des différences confessionnelles, il y en a beaucoup d'autres.

Le meilleur moyen d'établir que ce qui modifie la tendance au suicide c'est, non pas la religion elle-même, mais les coutumes et le genre de vie, serait d'étudier séparément des catholiques et des protestants distingués d'après leur métier ou leur profession. Les statistiques qui permettraient de faire de telles comparaisons sont assez rares. Celle que nous reproduisons a été établie d'après les chiffres obtenus en Suisse pour la période 1881-1890[2]. On y distingue non seulement les cantons, mais les districts suivant la confession religieuse, le caractère économique (industriel, mixte, agricole) et la nationalité. Nous avons tiré du tableau présenté par Krose les chiffres des colonnes 1, 2, 3 et 5, et calculé nous-même les nombres et les écarts relatifs.

1. L'Autriche a distingué les suicides par confession en 1851-1859 et en 1865. Mais ces données sont antérieures à la réforme introduite dans ce genre de relevés en 1872. D'autre part, en Autriche plus qu'ailleurs, les différences de nationalité, de degré de culture, etc., sont si profondes qu'il n'est pas possible de ne pas en tenir compte, et que tout le problème s'en trouve obscurci. C'est ce qu'a reconnu le père Krose, cette fois, sans doute, parce que l'écart entre les catholiques et les protestants en Autriche paraissait bien faible : 52,4 suicides pour 1 million de catholiques, et 64,2 pour 1 million de protestants, soit un rapport de 100 à 122. À Vienne, en 1869-1878, on trouvait pour les catholiques, 232, pour les protestants, 303, soit un rapport de 100 à 130. Il faudrait voir, là encore, si les protestants ne sont pas proportionnellement plus nombreux dans le commerce et l'industrie.
2. Reproduit par von Mayr, p. 344, et par Krose, p. 158. Durkheim ne connaissait pas ces données. Il a reproduit sous forme résumée (*op. cit.*, p. 152) une statistique des suicides en Suisse, par canton et confession religieuse, où il n'est pas tenu compte du caractère industriel, agricole, mixte, de la population. Il n'indique pas à quelle date se rapportent ces chiffres, qui doivent être assez antérieurs à notre tableau.

Remarquons d'abord (deux premières colonnes) qu'il y a, en Suisse – 180 protestants pour 100 catholiques, et 440 Allemands pour 100 Français. Dans les districts agricoles les catholiques sont en majorité (162 catholiques pour 100 protestants) ; dans les districts mixtes, les deux confessions, sans s'équilibrer exactement, se répartissent moins inégalement (126 protestants pour 100 catholiques) ; enfin, dans les districts industriels, la population protestante est de beaucoup la plus nombreuse (365 protestants pour 100 catholiques). Ainsi l'industrie attire et occupe surtout des protestants, l'agriculture, des catholiques. On peut supposer

Tableau XXXV – *Les suicides en Suisse, 1881-1890*

	Population en milliers d'habitants		*Nombre de suicides pour 1 million d'habitants*				
			Districts protestants		*Districts catholiques*		
Groupes de districts	*Districts protes-tants*	*Districts catho-liques*	*Taux*	*Nombres relatifs*	*Taux*	*Nombres relatifs*	*Écart relatif* (1)
Industriels :							
allemands	818	214	257	100	165	100	156
français	291	91	378	147	309	187	126
Total	1 108	305	289	—	208	—	144
Mixtes :							
allemands	457	296	228	100	116	100	197
français	115	70	429	188	151	130	284
italiens	—	96	—	—	66	57	—
romans	11	—	153	67	—	—	—
Total	584	462	266	—	309	—	240
Agricoles :							
allemands	111	108	209	100	74	100	281
français	47	99	414	198	88	119	470
italiens	—	43	—	—	82	111	—
romans	11	23	213	102	88	119	242
Total	169	273	266	—	81	—	330
Suisse	1 861	1 040	280	—	132	—	212

(1) Les écarts relatifs représentent le taux de suicide des protestants, en égalant à 100 le taux de suicide des catholiques.

que, dans les districts industriels, le plus grand nombre des catholiques vivent dans les campagnes qui entourent les villes et que, dans les districts agricoles, les protestants, se groupent de préférence dans les agglomérations les plus denses.

D'après les nombres de la dernière colonne, dans tous les groupes de districts où les deux confessions sont représentées, les catholiques se tuent moins que les protestants. Mais cet avantage est surtout apparent dans les districts agricoles. Là, si l'on égale à 100 le taux de suicide des catholiques, on trouve 330 pour les protestants : les protestants s'y suicident près de trois fois et demi autant que les catholiques. Il ne s'agit d'ailleurs que d'une population restreinte (15 % de toute la population suisse). La différence est importante encore dans les districts, comprenant 36 % de la population totale, à l'intérieur desquels les agriculteurs et les travailleurs de l'industrie sont mélangés : la proportion de suicides varie, quand on passe des catholiques aux protestants, dans le rapport de 100 à 240 : les protestants cherchent volontairement la mort deux fois et demie aussi souvent que les catholiques. Mais, dans les districts purement industriels, cette proportion ne varie plus que de 100 à 144 : les catholiques sont toujours plus protégés contre le suicide, mais de peu.

Dans les milieux urbains et industriels, et déjà dans les districts mixtes, les catholiques des deux groupes nationaux, mais surtout les catholiques français, perdent en partie leur immunité, tandis que les protestants allemands se tuent un peu plus qu'à la campagne, et que la tendance au suicide ne se modifie guère parmi les protestants français. C'est ce qu'on voit clairement dans le petit tableau suivant :

Proportion des suicides, pour 1 million d'habitants

	Districts agricoles	*Districts mixtes*	*Districts industriels*
Catholiques allemands	74	116	165
Catholiques français	88	151	309
Protestants allemands	209	228	257
Protestants français	414	429	378

L'influence du milieu, urbain ou rural, apparaît donc prépondérante. Ce n'est pas parce qu'ils sont catholiques, mais parce qu'ils vivent dans des milieux paysans traditionnels, que les catholiques de la campagne se tuent si peu : il suffit de les transporter dans les milieux urbains pour qu'ils se rapprochent singulièrement des protestants. Mais ceux que nous appelons protestants sont portés au suicide non parce que protestants, mais parce qu'ils vivent dans des milieux urbains, ou qu'ils subissent l'influence de ces milieux : il se peut, comme les protestants allemands, qu'ils se tuent moins lorsqu'ils sont à la campagne : influences urbaines et rurales se balancent alors dans leur groupe. Mais il arrive aussi que, comme les protestants français, même à la campagne, ils ne soient accessibles qu'aux influences urbaines.

On peut mettre en lumière d'une autre façon encore l'action prépondérante qu'exercent la ville et la campagne, les professions industrielles et agricoles. Qu'on se reporte aux nombres relatifs reproduits dans les colonnes 4 et 6, qui indiquent le rapport des taux de suicide dans les districts français et allemands de chaque catégorie. Ils sont toujours plus élevés dans les districts français que dans les districts allemands. Mais la différence est extrêmement faible entre les catholiques des diverses nationalités, allemands, français, italiens, romans. Visiblement il y a là un ensemble de coutumes traditionnelles très homogènes. C'est le type de civilisation paysanne dans toute sa pureté. Le taux de suicide y est à peu près le même que parmi les catholiques bavarois à la même époque, le même qu'en Westphalie en 1901-1907, qu'en Bretagne et que dans les régions où l'on se suicidait le moins en France avant 1880 (Provence, Languedoc, départements du centre). La différence est plus marquée (de 100 à 147), mais modérée, entre les protestants allemands et français dans les districts industriels. Pour les protestants français, même taux de suicide que dans les régions françaises où l'on se tue le plus à la même époque (Marne, Seine-et-Marne, Seine-et-Oise). Les protestants allemands de ces régions, industrielles ont presque exactement le même taux de suicide qu'en moyenne l'ensemble de protestants allemands en 1901-1907. Au contraire, la différence est très forte entre protestants allemands et français dans les districts agricoles, entre catholiques allemands et français dans les districts industriels : dans les deux cas, les Français se tuent près de deux fois autant que les Allemands. Tout se passe comme si les protestants français (d'ailleurs bien moins nombreux que les Allemands) se différenciaient des paysans catholiques (même à la campagne) bien plus nettement que les Allemands et comme si, dans les villes, les catholiques français perdaient entièrement leur immunité.

Si c'était la religion elle-même, le groupe envisagé comme une communauté religieuse, qui préservait les catholiques, on ne comprendrait pas qu'ils se suicident peu dans les campagnes mais que, dans les villes, leur propension au suicide augmente très rapidement. Le taux de suicide des catholiques allemands, lorsqu'on passe des campagnes dans les milieux industriels, s'accroît de 123 %, et, quant aux catholiques français, l'augmentation correspondante est de 250 %. N'est-ce pas l'action du milieu agricole ou industriel qui passe ici au premier plan ? Dira-t-on que la religion n'exerce toute son action préservatrice que lorsqu'elle est elle-même protégée par une armature de coutumes paysannes ? Mais alors, pourquoi ne pas attribuer à l'armature elle-même un tel pouvoir ? Si les protestants, à la campagne, ne subissent pas au même degré l'influence du milieu paysan, c'est qu'ils ne s'y engagent pas tout entiers : ils représentent dans les régions agricoles des éléments étrangers que leurs occupations et leurs habitudes orientent vers les villes et vers l'industrie. Du reste, les protestants allemands, qui comprennent les trois quarts des protestants qui vivent en Suisse, se tuent moins dans les districts mixtes que dans les districts industriels, et moins encore dans les districts agricoles que dans les districts mixtes. Est-ce que leur groupe religieux prend plus de consistance, est-ce qu'ils y sont plus intégrés à mesure qu'ils s'éloignent des villes ? Non. Mais ils subissent un peu moins fortement l'influence de ces milieux urbains auxquels ils se rattachent sans y baigner entièrement. Il n'y a qu'une différence assez faible entre le taux de suicide des protestants allemands à la campagne et des catholiques allemands à la ville. Si la religion intervenait seule ici, il faudrait dire que ceux-là sont de mauvais protestants, et ceux-ci de mauvais catholiques.

Lorsqu'on étudie séparément, dans l'ensemble de ces districts, quelle influence paraît exercer sur la multiplication des morts volontaires : 1 / la nationalité ; 2 / la profession ; 3 / la religion, on obtient le tableau suivant :

Taux des suicides dans les districts

Protestants	280	213
Catholiques	132	
Industriels	270	178
Agricoles	152	
Français	315	152
Allemands	208	

Les nombres placés à droite indiquent, pour chaque comparaison, le rapport du chiffre plus élevé au moins élevé supposé égal à 100. Examinons d'abord les quatre premières catégories. La différence entre protestants et catholiques est plus forte qu'entre industriels et agriculteurs. Le père Krose en conclut : ce ne sont pas les caractères économiques et nationaux qui expliquent les variations du suicide : la cause essentielle, ici, c'est la différence de religion. Mais parmi les protestants et les catholiques on compte, en proportions inégales, des Français et des Allemands, des hommes occupés dans les professions industrielles et agricoles. Si, à l'intérieur de ces groupes (catholiques et protestants) les différences qui résultent de la profession et de la nationalité s'ajoutent et se renforcent, l'écart entre catholiques et protestants sera le plus grand sans que la religion elle-même exerce une influence distincte. Le groupe religieux ne serait donc que la forme sous laquelle se présente un ensemble d'hommes caractérisé sous d'autres rapports, et ce qu'on appelle l'influence religieuse exprimerait simplement la résultante de ces caractères. Ainsi, dans les districts catholiques suisses on compte 70 % d'Allemands, 30 % de Français. Ils ne comprennent pas 30 % de districts industriels. Les éléments allemands et les éléments agricoles sont chacun peu portés au suicide. Combinez ensemble ces deux tendances, et vous comprendrez que les catholiques aient une proportion si faible de morts volontaires. Près de 60 % des districts protestants sont industriels, et il y a de sérieuses raisons d'admettre que, dans les districts mixtes et agricoles, les protestants sont occupés de préférence dans des professions industrielles. Mais, d'autre part, les districts français ne représentent que 25 % des districts protestants. On retrouvera donc principalement, dans le taux de suicide des protestants, la résultante des forces qui poussent au suicide les hommes occupés dans l'industrie d'une part, les Allemands de l'autre. Il sera élevé, mais moins que si le groupe protestant avait compris plus de Français. En effet, il ne dépasse que de peu le taux de suicide des districts industriels : 280 au lieu de 270. Il n'y a donc aucune raison d'attribuer à la religion comme telle ce qui peut s'expliquer suffisamment par le genre de vie industriel ou agricole, urbain ou rural.

En résumé il est exact, comme l'avaient remarqué les premiers statisticiens qui ont étudié le suicide, que les protestants se tuent plus que les catholiques. Mais pourquoi ? Est-ce la différence de religion qui explique ce fait ? *A priori*, on aperçoit tout de suite des raisons, tirées de la doctrine et des rites tels qu'ils se présentent dans ces deux confessions, qui conduiraient à attribuer au catholicisme comme tel la situation privilégiée des catholiques, et l'aversion particulière qu'ils ont pour l'homicide de soi-même. Le père Krose a reproduit le passage suivant, extrait d'une étude sur le suicide publiée par un protestant, Osiander, au début du XIXe siècle : « S'en aller de ce monde muni des saints sacrements, tel est le vœu suprême d'un catholique croyant. Mais comme le suicide doit le priver nécessairement de ce moyen de parvenir à une bienheureuse éternité, il n'y a qu'un catholique non croyant ou égaré qui puisse se tuer volontairement. » Un autre protestant, J. L. Casper, écrivait en 1846 : « Je dois admettre que le sacrement de la confession et de l'extrême-onction, sans lequel le catholique croyant ne veut pas quitter la terre, est certainement dans beaucoup de cas une arme contre le suicide. » Sans doute, Adolf Wagner ne croyait pas que la fréquence des suicides parmi les protestants s'expliquât exclusivement par la religion. Pour lui, entre le protestant et le catholique il existait des différences anatomiques ou physiologiques congénitales : l'un et l'autre n'avaient pas le même cerveau, la même substance cérébrale... Mais, à côté de ce facteur d'ordre physique, il faisait une part à l'action des pratiques et croyances religieuses, en particulier à la confession. Prinzing a exprimé la même opinion : il ajoutait que la crainte de ce qui viendra après la mort peut retenir même ceux qui ne sont pas très croyants. Le père Krose également pense que le motif décisif qui peut détourner le catholique du suicide, c'est une ferme croyance en la vie d'outre-tombe où les bons seront récompensés et les méchants punis. La confession ne joue d'après lui qu'un rôle secondaire : elle n'a aucune vertu efficace, si l'on ne croit pas à la vie éternelle. C'est pourquoi les protestants eux-mêmes trouveraient un appui dans leur foi lorsqu'elle est forte, et c'est parce qu'elle l'est plus ou moins, suivant les pays et les provinces, que les protestants sont plus ou moins exposés au suicide, et qu'ils se tuent plus en Allemagne qu'en Angleterre, en Écosse et en Hollande.

Le défaut de ce genre d'explication, c'est qu'il n'y a aucun moyen de démontrer qu'elle est juste ou qu'elle est fausse. Il y a eu, nous le savons, des hommes qui se sont exposés à une mort certaine parce qu'ils étaient assurés qu'ils jouiraient ensuite d'un bonheur éternel. Il y a eu des suicides chrétiens, des martyrs volontaires[1]. Si des chrétiens ont recherché et enduré les supplices pour gagner le ciel, pourquoi d'autres ne supporteraient-ils pas les maux qu'ils n'ont pas cherchés, et ne se résigneraient-ils pas à vivre, pour éviter l'enfer ? Il est logiquement absurde, quand on est catholique croyant, de se suicider. Il nous est cependant

1. Sur la question du suicide chrétien, voir Bayet, *op cit.*, p. 227-232.

impossible d'établir que les catholiques croient à l'enfer, ou jusqu'à quel point ils y croient. C'est là toute la question. C'est pourquoi Durkheim a eu raison de ne pas envisager ce genre de motif, non point parce qu'il n'existerait point et ne serait pas assez fort, dans beaucoup de cas, pour détourner de la mort volontaire, mais parce qu'il revêt la forme d'un sentiment individuel qui échappe à toute observation.

Durkheim a cherché la cause de l'aversion qu'éprouvent les catholiques pour le suicide, non pas dans un dogme ou dans une croyance, mais dans la forme de leur groupement religieux. Les catholiques, d'après lui, résistent mieux que les protestants à la tentation de se donner la mort parce que la société dont il font partie est plus intégrée, c'est-à-dire parce que ses membres sont rattachés les uns aux autres par des liens plus étroits. Mais en quoi consiste le genre d'action que ce groupe exerce sur ses membres ? Doit-on supposer que les commandements de l'Église ont plus d'autorité sur les fidèles ? Ou bien Durkheim veut-il dire que la vie en commun avec des hommes qui pensent comme eux, et observent les mêmes pratiques, est pour eux une source de joie et de réconfort, si bien qu'il leur est pénible de s'en séparer ? L'un et l'autre sans doute, car c'est dans l'accomplissement des mêmes devoirs qu'ils prennent le mieux conscience de participer à une même vie collective. La difficulté n'est point là, mais plutôt dans le sens, religieux ou non religieux, où il faut entendre cette « intégration » dont il parle. Or, dans sa pensée il n'est pas douteux que ce soit le caractère religieux de cette association qui passe au premier plan.

Seulement lorsque, comme Durkheim, on s'attache aux pratiques extérieures de la religion pour reconnaître l'existence et mesurer la cohésion d'un groupe confessionnel, il est bien difficile de distinguer les habitudes religieuses et les autres coutumes, parce qu'elles forment le plus souvent un tout indécomposable. Pourquoi le paysan est-il attaché à son église ? Est-ce parce que c'est le lieu du culte, ou parce qu'elle représente à ses yeux son village ? Pourquoi honore-t-il ses morts et entretient-il leurs tombes ? Est-ce parce qu'il songe à la communauté des vivants et des morts, à la vie future, ou parce qu'il garde le souvenir de ceux qui l'ont précédé, dans sa maison, sur sa terre, et par attachement traditionnel à ce qui représente le passé ? Pourquoi le suicide lui fait-il horreur ? Est-ce parce que c'est un péché irrémissible, ou parce que celui qui se tue se singularise, et meurt suivant des formes qui ne sont pas admises dans la communauté paysanne ? Pour qu'on puisse distinguer ici ce qui est proprement religieux et ce qui ne l'est pas, il faudrait que le groupe confessionnel ne se confonde pas avec une société non religieuse, que ses rites et ses cérémonies ne soient point solidaires de coutumes et de fêtes traditionnelles et sans aucune signification transcendante. Telles ont pu être les premières communautés chrétiennes, formées de fidèles qui exerçaient des professions différentes, vivaient d'ordinaire dans des quartiers distincts et qui, sortis de l'église, se trouvaient replongés dans des milieux païens. Mais il n'en est pas ainsi le plus souvent des groupes catholiques. Ou bien, lorsque l'église est en effet sans attaches avec un groupe extérieur à l'église, lorsque les catholiques, hors des cérémonies, vivent dispersés et en contact avec des hommes d'autres religions ou même irréligieux, c'est alors que le catholicisme ne protège plus, ou protège moins, contre le suicide. La communauté catholique ne conserve donc sa vertu efficace que lorsqu'elle se confond avec un groupe qui n'est pas spécifiquement religieux. Mais alors, est-ce dans la communauté religieuse ou dans ce dernier groupe que le catholique doit être, comme dit Durkheim, fortement intégré, pour écarter la pensée de la mort volontaire ?

Telle religion, comme le catholicisme, est plus répandue en fait dans les milieux ruraux pour des raisons traditionnelles. C'est la plus ancienne, et l'on sait que les paysans qui ont été, au commencement de l'ère chrétienne, les derniers à s'y convertir, seront aussi les derniers à s'en détacher. Les circonstances de l'histoire ont pu, dans quelques pays, contrarier ces tendances naturelles qui portaient les populations campagnardes à conserver leurs coutumes religieuses traditionnelles, les populations des villes à préférer un culte nouveau qui se conciliait peut-être mieux avec leurs intérêts et leur genre d'activité. Le père Krose n'hésite pas à le reconnaître : notre religion nous est imposée dès notre naissance, et non point au nom de l'église, mais parce qu'elle a été jusqu'à une époque relativement proche de la religion de l'État auquel nous sommes soumis. La répartition des groupes professionnels dans les États allemands reproduit aujourd'hui encore l'image de l'Allemagne politique aux temps de la Réforme et de la Contre-Réforme. Suivant le principe : « Cujus regio, hujus religio », il fallait bien suivre la religion du prince, mais le prince, dans son choix, suivait des raisons qui, le plus souvent, n'avaient rien de religieux. Dans l'ensemble cependant, et sauf ces exceptions, les catholiques sont en beaucoup plus grand nombre dans les milieux ruraux d'Allemagne, et la plus grande proportion des protestants se rencontre dans les villes ou dans les régions les plus pénétrées de civilisation urbaine.

Il y a des affinités certaines entre les coutumes paysannes et le catholicisme. De même le protestantisme suppose des sentiments individualistes, un goût de l'initiative et de l'activité temporelle, qui ne se développent que dans les milieux urbains de commerce et d'industrie. Si ces deux religions sont bien adaptées à ces deux genres de vie, on devrait s'attendre à ce qu'elles protègent également leurs membres. Pourquoi n'en est-il rien ? C'est que les forces qui poussent au suicide naissent de ces genres de vie, et qu'elles sont plus nombreuses, et sans doute plus intenses, dans les milieux moins organisés ou moins intégrés, comme dirait Durkheim, que dans les autres.

Ce n'est pas autour de conceptions religieuses que les sociétés urbaines s'organisent, et que les groupes paysans se consolident et se perpétuent. Le principe de leur cohésion ne se trouve point là, mais dans une structure sociale faite de coutumes et d'institutions, les unes traditionnelles, les autres plus récentes. Les pratiques religieuses en font également partie. Mais il n'y a aucune raison pour n'envisager que du point de vue religieux des groupes autrement complexes. Ce n'est donc pas la cohésion religieuse des groupes catholiques, c'est la cohésion traditionnelle de groupes dont les membres sont en majorité catholiques, mais qu'unissent bien d'autres traits communs, qui explique qu'on y rencontre moins de suicides que dans des sociétés moins conservatrices.

Au reste l'intégration, comme dit Durkheim, ou la cohésion ne sont pas le privilège des seules classes paysannes. Rien n'empêche que, dans les milieux urbains et industriels également, des coutumes se fixent, des traditions se transmettent, et que la vie y soit aussi fortement organisée qu'ailleurs.

Le conformisme des mœurs, tel qu'il règne dans une grande nation protestante comme l'Angleterre, se concilie parfaitement avec l'individualisme qu'on attribue communément à ses habitants. Or, précisément, les suicides ne sont pas nombreux en Angleterre. On a essayé d'expliquer ce qui paraissait une exception, puisque les Anglais sont protestants. Durkheim a dit qu'elle confirmait la règle, car « l'Église anglicane est bien plus fortement intégrée que les autres églises protestantes... La loi y sanctionne encore beaucoup de prescriptions religieuses... De tous les clergés protestants, le clergé anglican est le seul qui soit hiérarchisé ». Ces remarques sont exactes. Mais suffisent-elles pour expliquer que les Anglais ne se tuent pas plus, en moyenne, que les catholiques prussiens ? Non. En réalité le conformisme religieux se confond avec le conformisme des mœurs, qui est un trait si apparent de la vie anglaise. Malgré le gros développement de l'industrie et du commerce, et les progrès rapides de la civilisation urbaine dans ce pays, des coutumes adaptées à ce genre de vie s'y sont établies de bonne heure. Au moyen de règles précises et traditionnelles, les Anglais ont réussi à construire une civilisation qui assure à la fois leur confort matériel et garantit leur quiétude morale. La religion n'est qu'une pièce de cet ensemble, auquel elle se trouve très bien adaptée : les commerçants, les hommes d'affaires, les employés et les ouvriers s'en accommodent parfaitement, comme les habitants des campagnes, les artisans et cette partie de la population des villes qui est le plus pénétrée d'habitudes traditionnelles, s'accommode en Allemagne du catholicisme. C'est l'organisation des mœurs qui, dans ces deux cas si différents, explique que, malgré la différence des religions, protestants anglais et catholiques allemands soient également protégés contre le suicide. Les protestants allemands le sont beaucoup moins. Est-ce parce que leur foi religieuse est moins forte que dans les Églises anglaises ? Peut-être, en partie. Mais, si la foi est plus chancelante, c'est que la religion n'est pas bien adaptée au genre de vie, et, plus généralement, c'est que la vie est mal organisée, c'est que l'activité de l'homme n'est point soumise à des traditions assez fortes, à des coutumes assez enracinées. Un peuple peut être capable de grandes œuvres collectives dans le domaine matériel et industriel, et incapable, en même temps, d'organiser sa vie pratique et morale, parce que ses membres manquent trop d'initiative individuelle. C'est peut-être le cas des provinces purement protestantes de l'Allemagne du centre, où l'on trouve les proportions les plus élevées de morts volontaires.

Ainsi l'on va sans doute un peu vite lorsque, des seules statistiques allemandes, on conclut que les protestants sont particulièrement exposés au suicide. Le protestantisme allemand présente des caractères particuliers, en raison même de ce qu'il est allemand. Du moment que les influences religieuses varient, suivant le milieu où il s'exerce, il faut prendre garde de ne pas attribuer à la religion ce qui résulte du milieu[1].

1. Il faut compléter les données reproduites ci-dessus, p. 181-219, par les suivantes, parues après que ce chapitre était imprimé. En 1926, en Prusse, les taux de suicide par confession religieuse étaient : catholiques, 148 ; protestants, 294 ; juifs, 505 (*Zeitschrift des Preuss. stat. Landesamt*, 3 et 4 Abt., 1929). Ainsi l'écart entre catholiques et protestants continue à décroître, le rapport des taux de suicide des catholiques et des protestants (voir p. 184) tombe de 250 en 1901-1907 à 190 – tandis que le taux de suicide des juifs augmente toujours très fortement.

X
Le suicide et l'homicide

Les recherches précédentes nous conduiraient à admettre que l'accroissement des suicides, partout où on le constate, est en rapport avec le passage d'un type de civilisation à un autre. L'Italie nous offre un exemple bien remarquable d'une telle évolution. En 1875 encore, les meurtres et les assassinats y étaient beaucoup plus nombreux que les morts volontaires. On y comptait alors 922 suicides seulement, et 3 280 accusations d'homicide, c'est-à-dire que les Italiens tuaient trois fois et demi autant qu'ils se tuaient. Or, en 1913, c'est l'inverse. Le nombre des suicides a plus que triplé : il s'élève maintenant à 3 107. Pendant ce temps les homicides ont diminué de bien plus de moitié : le nombre des accusations de meurtre et d'assassinat est tombé à 1 389. Il y a plus de deux fois autant d'Italiens qui se tuent que d'Italiens qui tuent. En quarante ans l'Italie s'est mise au pas de la civilisation moderne.

Est-il exact cependant que le suicide gagne tout ce que perd l'homicide ? Plusieurs auteurs italiens, en particulier Morselli et Enrico Ferri, ont soutenu qu'en effet le suicide et l'homicide s'opposaient régulièrement, qu'ils formaient deux courants contraires, si bien que l'un ne pouvait progresser sans que l'autre ne recule. Ils voyaient dans le suicide et l'homicide « deux manifestations d'un même état, deux effets d'une même cause, qui s'exprimait tantôt sous une forme et tantôt sous l'autre, sans pouvoir revêtir l'une et l'autre à la fois. Le suicide serait un homicide transformé et atténué ». Durkheim a longuement examiné et discuté cette thèse (p. 386-441).

Enrico Ferri l'a reprise récemment, dans une communication à la XVIe session de l'Institut international de statistique (Rome, 1925), où il a reproduit, pour sept États : Italie, France, Angleterre, Allemagne, Belgique, Irlande, Espagne, les nombres des suicides constatés et des accusations d'homicide simple ou qualifié par année, jusqu'aux années les plus récentes[1].

Examinons d'un peu près ces tableaux, en remplaçant par des nombres relatifs ceux sur lesquels s'est appuyé E. Ferri.

En Italie, les suicides augmentent de 100 en 1861-1865 à 265 en 1871-1875, à 295 en 1923, tandis que les homicides diminuent de 100 en 1871-1875 à 33,5 en 1911-1915. Mais on constate d'autre part qu'après la guerre les homicides ont fortement augmenté, de 100 en 1918 à 160 en 1919, 260 en 1920 et 270 en 1921 (même chiffre qu'aux environs de 1900), tandis que les suicides augmentaient de leur côté[2]. Reconnaissons, d'ailleurs, qu'il faut tenir compte ici de la guerre, et que l'expérience italienne dans son ensemble vient plutôt à l'appui de la thèse criminologiste.

En France, les suicides ont augmenté, de 100 en 1827-1831 à 325 en 1911-1915, tandis que les homicides diminuaient de 100 à 58. Mais la courbe des homicides est très irrégulière. De 1861-1865 à 1906-1910 les homicides ont augmenté, au contraire, de 100 à 140 (et les suicides également, de 100 à 200). Suivant les points de départ et d'arrivée qu'on choisit, il y a opposition ou parallélisme[3].

En Allemagne, de 1891-1895 jusqu'à la guerre, les suicides sont demeurés stationnaires, tandis que les homicides diminuaient de près d'un quart. En Prusse, de 1881-1885 à 1886-1890, suicides et homicides ont décru parallèlement.

En Angleterre, il y a augmentation des suicides : 100 en 1856-

1. Il y a des inexactitudes dans ces tableaux. Par exemple, pour la France, il indique pour 1846, 3 602 suicides (il n'y en a eu que 3 102) ; pour 1906, 9 332 (au lieu de 9 232) ; pour l'Allemagne, il indique, pour 1921, 13 664 (au lieu de 12 764). Ce sont là des erreurs de transcription. Mais pour la Prusse, pour toute la période 1869-1882 les chiffres qu'il indique sont notablement plus élevés que ceux du père Krose (qui a tiré ses données de la *Preussische Statistik*, et ne semble pas avoir fait d'erreur). Pour la période 1869-1874, Enrico Ferri a reproduit les chiffres de Morselli (qui semblent extraits en bonne partie, d'après sa bibliographie, d'ouvrages de seconde main). De 1875 à 1882, nous ne savons d'où il les a tirés : il sont plus élevés d'un septième en moyenne que les chiffres de Krose, qui était bien placé pour aller aux bonnes sources.

2. Tarde remarquait déjà qu'en Italie la dépression de la courbe homicide en 1868 coïncide avec une dépression, et non un relèvement de la courbe homicide, *La criminalité comparée* (1890), p. 166.

3. Quant à la France, écrivait Tarde en 1890, la courbe de l'homicide, horizontale et à peine dentelée, correspond en général et ne s'oppose nullement aux accidents plus accentués de la courbe des suicides fortement ascendante, *loc. cit.*

1860 ; 150 en 1906-1910. Dans la même période, il y a diminution des homicides : de 100 à 22. Il est vrai qu'à deux reprises, de 1856-1860 à 1861-1865, et de 1866-1870 à 1871-1875, les suicides ont diminué nettement en même temps que diminuaient les homicides, et de même de 1906-1910 à 1916-1920.

En Belgique, les suicides augmentent de 100 en 1841-1845 à 225 en 1906-1910, tandis que les homicides diminuent de 100 à 66. Mais, de 1861-1865 à 1881-1885, les suicides et les homicides ont à peu près doublé (comme l'indiquait Durkheim, p. 396).

En Irlande, les suicides ont augmenté, de 1876-1880 à 1906-1910 : 100 et 194, tandis que les homicides diminuaient : 100 et 70. Mais, de 1876-1880 à 1891-1895, les homicides, en même temps que les suicides, ont augmenté nettement[1].

Durkheim remarquait qu'à en juger par ce qui s'est produit en France en 1870 et en Prusse en 1864, les homicides, à la différence des suicides, augmentaient, pendant les années de guerre (et en tout cas, comme en Prusse en 1870, diminuaient beaucoup moins que les autres crimes). Il n'en a pas été ainsi de 1914 à 1918. Dans tous les pays belligérants le nombre des homicides a notablement diminué, plus nettement encore que les suicides. En tout cas, dans la période de guerre, il y a eu parallélisme, et non opposition, entre les variations du nombre des homicides et du nombre des suicides.

La loi formulée par Enrico Ferri comporte bien des exceptions.

1. Pour l'Espagne, les chiffres de Morselli sont peu clairs, et, pour les raisons déjà indiquées, nous ne pouvons guère en tirer quelque parti. Mais nous reproduisons les données suivantes, d'après : Bernaldo de Quiros, *Alrededor de delito y de la pena,* Madrid, 1904 (premier essai : *el homicidio en España,* p. 27).

Périodes	*Nombre moyen annuel* — *Des suicides*	*Des homicides*
1885-1889	514	824
1890-1894	448	369
1895-1899	400	726
1900	551	810

Si ces chiffres sont exacts, de la 1re à la 2e période, suicides et homicides varieraient dans le même sens, et, de la 2e à la 3e, en sens contraire.

Cela pourrait s'expliquer, il est vrai, par le fait qu'Enrico Ferri envisage des pays différents. Déjà, nous l'avons vu, quand il s'agit du suicide, les comparaisons internationales soulèvent bien des objections, puisque les méthodes appliquées au relevé des morts volontaires varient de pays à pays. Mais les statistiques criminelles diffèrent plus encore. C'est pourquoi il vaut mieux s'en tenir à un seul pays.

On trouve, dans le livre de Krose (*Die Ursachen,* etc., p. 23) un tableau où sont indiqués, par États et provinces en Allemagne, le nombre moyen des suicides pour 1 million d'habitants de 1881 à 1900, et le nombre moyen des crimes en général, des blessures dangereuses *(gefährliche Körperverletzungen)* et des vols, de 1883 à 1897. Nous avons comparé l'ordre dans lequel se rangent ces 33 États et provinces, quant aux suicides et quant aux blessures dangereuses (on en compte environ 110 000 par an dans tout l'Empire). Cette comparaison nous a conduit au résultat suivant. L'opposition maxima serait égale à 16,5 et l'indépendance totale à 8,25. On trouve un écart égal à 15,2, très voisin du nombre qui exprimerait l'opposition maxima. C'est un résultat assez remarquable, et qui viendrait à l'appui de la thèse soutenue par Morselli, dans la mesure où les blessures dangereuses résulteraient d'intentions homicides[1].

Mais cette opposition peut résulter, soit de ce qu'il y a peu de suicides et beaucoup d'homicides, soit de ce qu'il y a beaucoup de suicides et peu d'homicides. D'autre part nous savons qu'il y a plus de suicides parmi les protestants que parmi les catholiques, et qu'il y a plus de condamnations pour blessures graves parmi les catholiques que parmi

1. Dans la statistique allemande, on distingue les crimes et délits contre la vie et les blessures. Voici quel en a été le nombre (en nombres absolus). Nous indiquons également le nombre des vols et des détournements pour qu'on se rende mieux compte, par comparaison, de l'importance qu'ont les autres crimes et délits mentionnés, et de leur progression.

	1882-1891	*1892-1901*	*1902-1911*
Crimes et délits contre la vie	1 305	1 518	1 867
Blessures	74 129	114 997	127 811
Vols et détournements	108 405	115 770	132 762

Cependant, d'après le travail d'ensemble publié en 1901 par l'Office de statistique criminelle du Reich, de 1881 à 1901, les meurtres, les grands attentats contre les personnes et même contre les choses ont perdu du terrain : l'accroissement porte surtout sur les petites violences (injures, coups) et la délictuosité astucieuse. Paul Frauenstaedt, *Zwanzig Jahre Kriminalstatistik. Zeitschrift f. Sozialwiss,* 1905.

les protestants[1]. Classons donc ces États et provinces en plusieurs catégories, d'après la proportion des suicides, et des blessures graves, et rappelons pour chacun d'eux (en nombres arrondis) la proportion des catholiques et des protestants.

Ajoutons qu'il y a beaucoup de suicides et un nombre moyen d'homicides en Silésie (écart : 5 ; 55 % de catholiques et 43 % de protestants). En aucune région on ne trouve à la fois beaucoup de suicides et beaucoup d'homicides.

La première catégorie (peu de suicides, beaucoup de blessures) ne comprend presque, on le voit, que des provinces où la population catholique est en majorité. Sauf la Prusse orientale elle n'en comprend pas d'autres. Ce sont toutes les provinces de la Bavière et les deux Prusses. Les provinces bavaroises dans lesquelles l'écart entre le suicide et les blessures graves est le plus élevé sont toutes à l'est, c'est-à-dire au contact de l'Autriche catholique, tandis que les autres, où l'opposition est moins marquée, se trouvent au contact des états protestants du Wurtemberg et de Hesse. La Souabe, à la fois au contact de l'Autriche et du Wurtemberg, occupe une situation intermédiaire. En Prusse orientale et occidentale, les Polonais représentent l'élément catholique. Ils sont plus nombreux à l'ouest (c'est la région qui sera rattachée à la Pologne). Il en est de même de la Posnanie. En raison de ce rapport entre la confession religieuse et la nationalité, l'opposition entre catholiques et protestants est plus tranchée dans ces provinces qu'en Hesse-Nassau, où il y a un peu plus de catholiques qu'en Prusse orientale, et qui fait partie cependant de la seconde catégorie.

Celle-ci (beaucoup de suicides, peu de blessures graves), comprend tous les États et provinces dans lesquels la très grande majorité et quel-

1. C'est ce qui paraît résulter des nombres suivants, tirés d'un tableau reproduit par von Mayr, *op. cit.*, p. 829. En Allemagne, on trouve :

		Pour 100 000	
		Protestants	*Catholiques*
Blessures graves	1882-1891	130,2	227,7
	1892-1901	185,3	314,1
Vol simple	1882-1891	242,6	280,5
	1892-1901	218,6	254,1

Cela fait un écart (en moyenne) de 100 à 172 dans le premier cas, et de 100 à 116 seulement, dans le second.

Tableau XXXVI – *Suicides, blessures graves, et confession religieuse en Allemagne (1881-1900 - 1883-1897)*

États ou provinces	*Écart* (¹)	*Catholiques (%)*	*Protestants (%)*	*États ou provinces*	*Écart*	*Catholiques (%)*	*Protestants (%)*
Peu de suicides, beaucoup de blessures graves							
Basse-Bavière	31	99	1	Souabe	13	85	14
Haut-Palatinat	27	91,5	8	Alsace-Lorraine	13	76	22
Posnanie	25	68	30	Prusse orientale	10	13,5	85
Haute-Bavière	21	92	7	Moyenne-Franconie	9	25	73
Palatinat (r. g. du Rhin)	19	44	54	Haute-Franconie	8	67	22
Prusse occidentale	18	51	46				
Beaucoup de suicides, peu de blessures graves							
Royaume de Saxe	31	5	94	Brandebourg	19	5	93,5
Schleswig-Holstein	29	2	97	Saxe (province)	19	7	92
Brunswick	27	5	94	Hanovre	16	13	86
Berlin	25	10	84	Hesse-Nassau	14	28	69
Oldenbourg	22	22	77	Mecklembourg-Schwerin	11	1	98
Un nombre faible ou moyen de suicides et de blessures graves							
Rhénanie	9	70	29	Wurtemberg	3	30	69
Westphalie	9	50	48	Bade	2	61	38
				Poméranie	1	2	95,5

(¹) Nous avons calculé l'écart entre les rangs que ces États et provinces occupent lorsqu'on les range en deux séries, suivant la proportion décroissante des suicides et des blessures graves qu'on y relève.

quefois la presque totalité de la population est protestante. Le Schleswig-Holstein et la Saxe (royaume) viennent au dernier rang (32 et 33) quant aux blessures graves, au 2ᵉ et au 3ᵉ quant aux suicides (le Brunschwick occupe le 1ᵉʳ). Berlin produit aussi extrêmement peu de blessures graves (31ᵉ rang), mais un nombre assez élevé de suicides (6ᵉ rang). On remarquera que tous ces États protestants sans exception forment une vaste masse compacte et sans enclave.

Enfin la troisième catégorie qui se rapproche de la première en ce qu'on s'y tue peu, et de la seconde en ce qu'on n'y cherche pas davantage à tuer ou à blesser, comprend une province à majorité nettement catholique (la Rhénanie) et une autre (Westphalie) où les catholiques ne l'emportent que de très peu sur les protestants : c'est le prolongement extrême du catholicisme dans le Nord. Elle comprend encore le Wurtemberg et Bade, prolongement extrême du protestantisme allemand au sud, entre l'Alsace et la Bavière catholiques. Ce sont là des régions intermédiaires entre les deux catégories précédentes dans lesquelles s'atténuent la forte tendance à tourner sa fureur contre les autres qu'on remarque dans la première, et la forte tendance à la retourner contre soi, caractéristique de la seconde.

De cette analyse, nous n'entendons d'ailleurs tirer aucune autre conclusion que celle-ci : en Allemagne, on observe deux types de civilisations juxtaposés, qui correspondent géographiquement aux régions où se trouvent les grosses masses catholiques d'une part, les grosses masses protestantes de l'autre. Dans l'une, les instincts violents se donnent cours avec plus de liberté, mais l'on paraît plus attaché à la vie. Dans l'autre, on respecte davantage l'existence et l'intégrité corporelle des autres, mais la mort volontaire y est plus fréquente.

Il y a un rapport entre les coups et blessures graves et les homicides. Cependant ces deux sortes d'actes répondent à des formes et degrés de criminalité qu'il importe de distinguer, de même, peut-être, que les tentatives de suicide et les suicides consommés. L'homicide nous intéresse ici dans la mesure où l'intention de donner la mort existe réellement. Voici un tableau que nous avons établi pour la France, et que nous reproduisons, autant pour permettra aux lecteurs de contrôler nos calculs que parce que les statistiques des suicides par départements en France pour une période de cinq années sont rares. Les nombres de la première colonne sont tirés d'un tableau publié dans le *Rapport sur l'Administration de la justice criminelle en France en 1895,* publié par le ministère de la Justice, indiquant « l'ordre de classement des départements français d'après leur degré de criminalité homicide croissante mesurée par le nombre moyen annuel, pendant les années 1891-1895, de leurs assassinats, meurtres, parricides et empoisonnements ». Les nombres de la deuxième colonne ont été calculés par nous.

Nous avons disposé ces départements suivant l'ordre de leurs taux de suicide croissants, et nous avons comparé les rangs qu'ils occupent dans ces deux classements. Comme il y a 86 départements, l'opposition maxima est mesurée par 43 et l'indépendance totale par 21,5. Nous trouvons, comme écart moyen, 22. C'est un exemple très remarquable d'indépendance totale, qui contraste avec l'opposition totale trouvée tout à l'heure en Allemagne, et qui nous amènerait, pour la France, à rejeter la thèse de Morselli. Il ne semble pas en effet que, dans notre pays, le nombre des suicides soit dans un rapport inverse avec le nombre des homicides. Entre les deux faits, il n'y aurait aucun rapport quelconque.

Tableau XXXVII – *Les homicides et les suicides en France par départements (1891-1895) (nombre des homicides et des suicides pour 1 million d'habitants)*

Départements	*Homicides*	*Suicides*
Jura	2,9	204
Indre	3,4	117
Vendée	3,6	93
Eure	3,7	480
Nièvre	4	178
Saône-et-Loire	4,1	211
Lozère	4,4	70
Hautes-Alpes	5,1	114
Gard	5,2	154
Tarn	5,7	67
Haute-Vienne	5,9	201
Meuse	6,1	288
Cher	6,1	164
Morbihan	6,2	108
Isère	6,3	170
Haute-Garonne	6,3	111
Rhône	6,4	236
Loire-Inférieure	6,5	138
Ardèche	6,5	120
Landes	6,7	115
Vaucluse	6,8	276
Allier	7	140
Drôme	7,1	230
Manche	7,3	152
Corrèze	7,3	129
Ain	7,3	192
Loiret	7,4	335
Lot-et-Garonne	7,4	148
Cantal	7,5	72
Deux-Sèvres	7,5	214
Savoie	7,6	80
Eure-et-Loir	8,5	380
Côtes-du-Nord	8,7	120

Départements	*Homicides*	*Suicides*
Tarn-et-Garonne	8,7	118
Loire	8,7	190
Maine-et-Loire	8,8	255
Hautes-Pyrénées	8,8	72
Ille-et-Vilaine	8,9	112
Pas-de-Calais	8,9	201
Nord	9,2	187
Charente-Inférieure	9,2	257
Ariège	9,7	67
Creuse	9,8	110
Puy-de-Dôme	9,9	132
Meurthe-et-Moselle	9,9	245
Gers	10	110
Sarthe	10	309
Lot	10	97
Orne	10,1	204
Basses-Pyrénées	10,3	90
Dordogne	10,4	171
Gironde	10,5	192
Basses-Alpes	10,8	240
Mayenne	11,4	132
Vienne	11,6	168
Seine-Inférieure	11,7	345
Aisne	11,7	460
Finistère	11,8	118
Côte-d'Or	12,2	286
Haute-Loire	12,6	79
Haute-Savoie	12,6	116
Aube	12,6	484
Yonne	12,7	345
Aveyron	13,5	53
Ardennes	13,5	301
Somme	13,5	370
Loir-et-Cher	13,5	289
Doubs	13,8	228
Haute-Marne	13,8	240
Seine-et-Oise	14,0	540
Pyrénées-Orientales	15,2	149
Marne	15,6	472
Oise	15,9	470
Haute-Saône	16,4	264
Aude	16,4	131
Calvados	17,7	270
Seine-et-Marne	19	530
Indre-et-Loire	19,5	300

Départements	*Homicides*	*Suicides*
Vosges	19,5	216
Charente	20	215
Hérault	23,8	176
Seine	24,4	500
Bouches-du-Rhône	104,6	317
Var	120	349
Alpes-Maritimes	160	290
Corse	220	59

Classons cependant ces départements, comme nous l'avons fait pour les provinces et États allemands, en quelques catégories[1].

Beaucoup de suicides, beaucoup d'homicides
Rang plus élevé que 70 dans les deux séries

Alpes-Maritimes, Var, (Basses-Alpes), Bouches-du-Rhône ; Seine, Seine-et-Oise, Seine-et-Marne, Oise, (Somme), (Seine-Inférieure), (Calvados), (Aisne), (Aube), Marne, (Ardennes), (Loir-et-Cher), Indre-et-Loire, (Yonne), (Côte-d'Or), (Haute Saône).

Beaucoup de suicides, peu d'homicides
Écart de plus de 40 entre les deux classements

Eure, Eure-et-Loir, Loiret, (Nièvre), Saône-et-Loire, Jura, Rhône ; Meuse ; Vaucluse ; (Haute-Vienne) ; Deux-Sèvres.

Peu de suicides, peu d'homicides
Rang moins élevé que 20 dans les deux séries

Morbihan, (Ille-et-Vilaine), (Côtes-du-Nord) ; (Loire-Inférieure), Vendée (Manche) ; (Allier), (Cantal), (Corrèze), Lozère, (Lot), (Lot-et-Garonne), (Tarn-et-Garonne), Tarn, Haute-Garonne, (Hautes-Pyrénées), Landes, (Ardèche), (Gard), (Isère), Hautes-Alpes, (Savoie).

Peu de suicides, beaucoup d'homicides
Écart de plus de 40 entre les deux classements

Corse, (Gers), Basses-Pyrénées, Ariège, Pyrénées-Orientales, Aude, Hérault, Aveyron, Haute-Loire, Haute-Savoie, (Finistère), (Vienne), (Mayenne).

En Allemagne, de beaucoup le plus grand nombre des États et provinces se distribuaient dans les deux catégories où suicides et blessures graves étaient en rapport inverse. Ici, c'est le contraire : des 67 départements ci-dessus, 42 se groupent dans les deux catégories où suicides et

1. Les départements entre parenthèses dépassent de très peu les limites indiquées.

homicides sont à la fois nombreux, ou à la fois rares, et dans 25 seulement les suicides augmentent quand les homicides diminuent et inversement. Des 19 qui restent non classés, le plus grand nombre se rapprochent sans doute des derniers. En France, il y a donc à cet égard beaucoup plus de diversité. C'est ce qui explique qu'entre des faits du même ordre, blessures graves et suicides, homicides et suicides, nous ayons trouvé là une très forte opposition, et ici une indépendance presque totale.

En France, si les divers groupes que nous venons de distinguer se balancent assez exactement, c'est que dans deux d'entre eux homicides et suicides s'opposent, et que, dans les autres, ils paraissent liés. Le fait le plus frappant est celui-ci : en aucune région de l'Allemagne on ne trouvait à la fois beaucoup de suicides et beaucoup de blessures graves ; en France, il y a à la fois beaucoup de suicides et beaucoup d'homicides dans près du quart des départements. Si nous avons fait alterner ensuite les groupes où il y a beaucoup de suicides, peu d'homicides ; peu d'homicides et de suicides ; peu de suicides, beaucoup d'homicides, précisément dans cet ordre, c'est qu'il correspond, à peu près, à la succession dans l'espace de ces groupes, qui se suivent ainsi du nord au sud. La région la plus chargée, puisque l'on s'y tue et que l'on y tue beaucoup, correspond à la zone, déjà signalée, où la proportion des morts volontaires est la plus élevée (le bassin de Paris, et la côte sud-est de la Méditerranée). Il y a là une masse continue de départements qui est, à cet égard, parfaitement homogène. Ensuite, de l'Eure au Jura et au Rhône, comme une sorte de baudrier, s'allonge la ligne des départements où l'on se tue beaucoup et où l'on tue peu. Ils ressemblent, par ce caractère, aux provinces protestantes de la Prusse. Puis viennent, du Finistère à la Savoie, les régions bretonnes, du Centre, du Midi (Garonne et Landes) et des Alpes, qui paraissent les plus privilégiées, puisqu'elles échappent à la fois au suicide et à l'homicide : à peu près comme la Westphalie, la Rhénanie, Bade et le Wurtemberg, pays de transition où le courant de violence et le courant de dépression se neutralisent ou s'atténuent. Aux confins de la France, après cela, au bord des Pyrénées, le long des côtes ensablées de la Méditerranée, à l'extrémité de la Bretagne, et aussi dans la région resserrée entre le Rhône et les Cévennes, se perpétuent des mœurs primitives et simples ; on ignore le suicide, mais les assassins et les meurtriers s'y multiplient, comme dans les régions catholiques allemandes.

En somme, les trois derniers groupes correspondent assez bien à ceux que nous avons distingués en Allemagne.

Mais dans ce pays, nous l'avons remarqué, il n'y a aucune région où l'on relève à la fois beaucoup de suicides et beaucoup d'homicides. Il n'en est pas de même en France.

C'est là un fait que Durkheim n'a pas remarqué. Il écrivait même : « S'il est des pays qui cumulent le suicide et l'homicide, c'est toujours en proportions inégales. Jamais ces deux manifestations n'atteignent leur maximum d'intensité sur le même point. Même c'est une règle générale que, là où l'homicide est très développé, il confère une sorte d'immunité contre le suicide. » L'Espagne, l'Irlande et l'Italie « sont trois pays d'Europe où on se tue le moins... Ce sont les seules contrées où le nombre des meurtres dépasse du triple en Espagne, du double en Irlande, de moitié en Italie le nombre des morts volontaires. Au contraire, la France et la Prusse sont très fécondes en suicides ; les homicides y sont dix fois moins nombreux... Les mêmes rapports s'observent à l'intérieur de chaque pays. En Italie..., en France..., en Autriche... » (*op. cit.*, p. 400-401).

Cependant, en France, il n'y a pas moins de neuf départements qui, sous le rapport des suicides et des homicides, occupent un rang très élevé et égal en moyenne : 78, et 78,2, alors que les neuf départements où l'on tue le plus (et où l'on se tue très peu) occupent, sous le rapport de l'homicide, un rang égal : 78,5 en moyenne. Les premiers ne sont pas dispersés au hasard, mais constituent deux masses très homogènes : Alpes-Maritimes, Var, Bouches-du-Rhône ; Seine, Seine-et-Oise, Seine-et-Marne, Oise, Marne ; l'Indre-et-Loire seule paraît isolée, mais se rattache au groupe précédent par neuf autres départements (signalés entre parenthèses) qui, à un niveau plus bas, occupent sous le rapport du suicide et de l'homicide des rangs encore élevés et assez proches : en moyenne, 71 et 65, et qui forment avec les autres un même ensemble.

Est-ce là une évolution récente ? On peut l'admettre, puisque, d'après Garofalo, Quetelet, limitant ses remarques à la France, croyait pouvoir établir « que les crimes de sang croissent dans les climats chauds et décroissent dans les climats froids ». Despine croyait qu'il y a un rapport inverse entre l'homicide et le suicide : il s'appuyait sur les données françaises ; il constatait que le maximum des assassinats et des meurtres coïncidait avec le minimum des suicides, et inversement. Morselli, qui soutenait la même thèse, a comparé en 1872, par ressorts de cour d'appel, la proportion des condamnés pour crimes contre les personnes et des suicidés. Nous avons calculé, d'après le tableau qu'il reproduit, l'écart moyen : l'opposition totale est mesurée par 13, l'indépendance par 6,5 : on trouve, comme écart moyen, 9,5, c'est-à-dire qu'il y a bien opposition entre les deux faits. Mais ces régions ne se rangent pas à cette époque (quant aux crimes contre les personnes) suivant le même ordre que quant aux homicides en 1891-1895 (vingt ans plus tard). Ainsi, Paris (c'est-à-dire tout le groupe des départements voisins), se trouve compris parmi les trois régions où il y a le moins de crimes contre les personnes. C'est le contraire aujourd'hui. Au reste, le nombre des crimes contre les personnes ne donne peut-être pas une juste idée de la tendance à l'homicide. En tout cas, ni Tarde en 1890, ni Durkheim en 1897 n'ont signalé l'existence d'un groupe de départements, compris dans le bassin de la Seine, où l'on rencontre à la fois beaucoup d'homicides et de suicides.

Les homicides sont, relativement, très peu nombreux. En 1891-1895 on en compte en moyenne, par an, 12,4 pour 1 million, alors que la proportion des suicides s'élève à 241 pour le même nombre d'habitants. C'est pourquoi il nous a semblé utile de contrôler les résultats de cette période en faisant les mêmes calculs pour une période plus rapprochée. Nous trouvions, dans nos notes, les nombres des assassinats, meurtres et parricides, par départements, en 1910, 1911 et 1920. Nous avons calculé la proportion moyenne de ces crimes par rapport à la population des départements en 1911, et l'avons comparée à la proportion annuelle des suicides, dans les mêmes départements, en 1910, 1911 et 1913. L'opposition totale étant toujours mesurée par 43, et l'indépendance totale par 21,5, on trouve un écart moyen égal à 23,5 (au lieu de 22 en 1891-1895). Ainsi les deux faits paraissent encore aussi indépendants. Groupons, comme précédemment, dans une même catégorie, les départements où se produisent à la fois beaucoup de suicides et d'homicides.

Beaucoup de suicides et d'homicides
(1910-1911-1913-1920)

Bouches-du-Rhône, Var, (Alpes-Maritimes), (Vaucluse), (Basses-Alpes) ; Seine, Seine-et-Oise, (Seine-et-Marne), Oise, Somme, Seine-Inférieure, Eure, Calvados, (Aube), (Marne), (Haute-Marne) ; Haute-Saône, (Côte-d'Or) ; (Meurthe-et-Moselle) ; (Loire).

Les dix départements où il y a le plus de suicides et d'homicides (ceux dont les noms ne sont pas entre parenthèses) occupent en moyenne, dans les deux séries, les rangs 76,6 et 76,5, alors que six départements du Midi, où il y a peu de suicides et beaucoup d'homicides, ont, quant à l'homicide, un rang moyen égal à 72. Si l'on compare les départements compris dans cette catégorie durant cette période, et en 1891-1895, on constate qu'ils sont aussi nombreux, et qu'ils sont à peu près les mêmes : Aisne, Loir-et-Cher, et Indre-et-Loire en sont sortis, parce que le nombre des homicides y a diminué ; en revanche, Haute-Marne, Meurthe-et-Moselle, Vaucluse et Loire y sont entrés. Il y a bien toujours un groupe compact de départements distribués dans le bassin parisien qui offrent cette particularité que suicides et homicides y atteignent en même temps des chiffres élevés, et un autre groupe où il en est de même au bord de la Méditerranée, entre le Rhône et les Alpes : au total, près du quart des départements français, mais bien plus du quart de la population en France.

Durkheim, tout en affirmant que, « s'il est des pays [ou des régions] qui cumulent le suicide et l'homicide, c'est toujours en proportions inégales », reconnaissait cependant que « tantôt le suicide coexiste avec l'homicide, tantôt ils s'excluent mutuellement ». La seule manière de concilier ces faits, d'après lui, c'était « d'admettre qu'il y a des espèces différentes de suicides, dont les uns ont une certaine parenté avec l'homicide, tandis que les autres le repoussent ». Il distinguait le suicide égoïste et le suicide anomique. Le premier résulterait d'un état de dépression et d'apathie produit par « une individuation exagérée ». L'individu, détaché de la société, est à lui-même sa propre fin. Comment se laisserait-il entraîner alors par ces passions violentes, qui poussent au meurtre et qui se développent le plus fréquemment dans une société « fortement intégrée », où les sentiments collectifs sont à leur plus haut degré d'intensité ? « Là où les passions sociales sont vives, l'homme est beaucoup moins enclin soit aux rêveries stériles, soit aux froids calculs » de l'égoïsme. Le suicide anomique au contraire s'explique non point par l'apathie du sujet, mais par le fait que les passions individuelles ne rencontrent plus de barrières sociales. Dans une société désorganisée et démoralisée, l'activité des hommes ne connaît plus de règles. L'homme se heurte aux hommes, en même temps qu'aux choses : il est mécontent de lui et des autres. Alors se manifeste « un état d'exaspération et de lassitude irritée qui peut, selon les circonstances, se tourner contre le sujet lui-même, ou contre autrui », quelquefois contre les deux. Cette instabilité sociale, explique, là où elle apparaît, que l'homicide et le suicide se développent parallèlement[1].

Cette distinction psychologique entre deux espèces de suicide est peut-être fondée. Tout ce que nous pouvons dire, c'est que les données nous manquent pour reconnaître si, dans les régions où les meur-

1. Durkheim, *op. cit.*, p. 406-409.

tres et les assassinats se multiplient, on se tue surtout par exaspération, et dans les autres par apathie. En revanche, il semble bien résulter des faits étudiés qu'il existe plusieurs sortes d'homicides qui sont en rapport avec divers états de civilisation. Ces états de civilisation comportent eux-mêmes un développement inégal du suicide. Ainsi s'expliquerait que tantôt homicides et suicides se rencontrent en même temps et au même degré, et que tantôt les uns semblent exclure les autres.

Il est d'abord très remarquable qu'en France, dans la période 1891-1895, quatre départements se distinguent très nettement de tous les autres par la proportion très élevée de meurtres et d'assassinats qui s'y produisent. Alors que la moyenne des homicides, pour les autres, est de 10 pour 1 million d'habitants, et, au maximum, dans la Seine, de 24,4, on en compte 104,6 dans les Bouches-du-Rhône, 120 dans le Var, 160 dans les Alpes-Maritimes et 220 en Corse. L'Italie est le seul grand pays européen où l'on atteigne de tels chiffres. Étant donné que ces départements sont voisins de l'Italie, et comprennent une très forte proportion d'Italiens, naturalisés ou non, il est naturel d'expliquer par là ce fort développement de l'homicide. Au reste, nous l'avons vu, en Italie même meurtres et assassinats décroissent très vite. On peut admettre aussi que l'influence assimilatrice de la France s'exerce de plus en plus dans ces régions où la vie urbaine rapproche étroitement des hommes de race et d'origine différentes. C'est pourquoi, dans ces quatre départements, le nombre des homicides, en quinze ou vingt ans, a diminué extrêmement.

	Homicides pour 1 million d'habitants	
	En 1891-1895	*En 1910-1911 et 1920*
Bouches-du-Rhône	104,6	69
Var	120	50
Alpes-Maritimes	160	34
Corse ([1])	220	135

([1]) En Corse, la diminution, est presque continue

1895	62
1896	54
1897	43
1898	45
1910	56
1911	39
1920	22

Il se peut que, dans cette région, le suicide et l'homicide trouvent un terrain favorable dans deux parties distinctes de la population, juxtaposées l'une à l'autre, c'est-à-dire dans deux types de civilisation qui coexistent sans se confondre. Peut-être l'accroissement sensible de la criminalité homicide dans plusieurs départements du Midi s'explique-t-elle, de même, par l'émigration italienne (dans le Lot, le Lot-et-Garonne, le Tarn-et-Garonne, l'Ardèche, le Gard, l'Isère, la Savoie, le Gers, qui ont passé en moyenne du rang 28,5 au rang 53, dans la série des départements ordonnés suivant la proportion croissante des meurtres et des assassinats). « Les pays de vendetta, la Corse et l'Italie méridionale, écrit Tarde, peuvent être considérés comme des îlots de barbarie survivante au milieu de notre civilisation ; or, par le chiffre extrêmement supérieur de leur criminalité vindicative et sanguinaire, autant que par le chiffre extrêmement inférieur de leur criminalité voluptueuse et astucieuse, ils forment avec les pays tout à fait modernisés un parfait contraste. » Enrico Ferri opposait de même la civilisation (ou, si l'on veut, la barbarie) du Moyen Âge, et la civilisation moderne : là, peu de suicides, beaucoup d'homicides ; ici, l'inverse. L'Italie aurait, en cinquante années, passé d'un âge à l'autre.

À ce compte, et indépendamment de l'influence italienne, un certain nombre de départements français représenteraient encore à cet égard l'état social du passé. La meilleure preuve qu'on en peut donner, c'est, précisément, que la proportion des homicides n'y augmente pas. De 1891-1895 à 1910-1913 et 1920, le rang des 11 départements où il y avait dans la première période beaucoup d'homicides et peu de suicides (sans y comprendre la Corse et le Gers, pour les raisons indiquées ci-dessus) a passé de 61 à 43 ; mais la proportion moyenne des homicides n'y a pas changé sensiblement : de 128, elle ne s'est élevée qu'à 135, alors qu'en 1910-1911 et 1920 les meurtres et assassinats ont considérablement augmenté par rapport à la moyenne de 1895-1898 (nous n'avons de totaux que pour ces années, parmi celles qui suivent immédiatement la première période). L'augmentation d'une période à l'autre a été de 48 % (8 % pour les assassinats, 90 % pour les meurtres). Si, pendant ce temps, dans les départements où l'on se suicide peu, les homicides n'ont pas augmenté, c'est qu'ils résultent sans doute de conditions stables, et que ces régions échappent jusqu'à présent aux forces qui sont liées à un autre type de civilisation. Basses-Pyrénées, Ariège, Pyrénées-Orientales, Aude, Hérault, Aveyron, Haute-Loire, Haute-Savoie, Finistère, Vienne et Mayenne : là se maintiennent sans doute des mœurs plus primitives, et les instincts violents y conservent leur intégrité.

Il en est tout autrement dans les régions plus évoluées, où l'homicide progresse en même temps que le suicide. Les 13 départements qu'elles comprennent ont, en moyenne, conservé leur rang de 1891-1895 à 1910-1911 et 1920, parmi les autres. Mais la proportion des homicides qui s'y commettent a passé d'une période à l'autre, c'est-à-dire en quinze ou vingt ans, de 14,7 à 21 pour 1 million d'habitants, soit une augmentation de 43 %.

Ainsi, il semble que se développent simultanément deux courants de criminalité violente, l'un dans les régions montagneuses et sèches, principalement dans le Midi, l'autre sous un climat plus septentrional, aux bords de la Seine, sur la côte de la Manche ; l'un dont le débit ne change guère, l'autre qui s'enfle assez vite. Le premier coule seul ; un fort courant de suicides accompagne l'autre, comme s'ils s'alimentaient à une même source. Comment expliquer ces deux faits ? Suffit-il, pour rendre compte du premier, d'invoquer le climat ? « On sait, dit Tarde, que le maximum de la criminalité contre les personnes, c'est-à-dire des *crimes de sang,* correspond, dans un même pays donné, au printemps, sinon à l'été... le contraste révèle clairement une provocation indirecte exercée par les hautes températures sur les passions malfaisantes. » Quant au second, s'explique-t-il par l'alcoolisme, étant donné que « c'est dans la saison froide qu'on s'enivre le plus, et c'est aussi dans les climats, froids » ? Faut-il croire que « les populations septentrionales sont aussi fortement poussées aux crimes de sang par leur ivrognerie endémique et traditionnelle que les populations méridionales par leur soleil » ? Mais, si l'on s'en tient à la France, comment expliquer alors que toute une partie du Midi ne produise guère d'homicides, et que les Basses-Pyrénées, l'Ariège, l'Aveyron, soient à cet égard au même niveau que le Finistère, la Haute-Savoie, la Vienne et la Mayenne ? Pourquoi, d'ailleurs, la multiplication des homicides dans les départements plus septentrionaux est-elle récente ? D'où vient que le Nord, l'Aisne, les Ardennes, etc., aient une criminalité homicide inférieure à la moyenne, et que les meurtres et assassinats soient presque inconnus dans la Meuse ?

Tarde, tout en faisant une part à ce genre d'explication, préfère invoquer les influences sociales. Mais il s'en tient à des remarques très générales qui ne vont pas bien loin. Plus intéressantes sont les indications suivantes que nous lui empruntons. « De 1826 à 1830, la cupidité était 13 fois sur 100 le mobile déterminant des crimes d'assassinat, de meurtre, d'empoisonnement et d'incendie. Cette proportion s'est élevée par degrés à 20 % en 1856-1860, puis est redescendue à 17 en 1871-1875, pour se relever en 1876-1880 et atteindre 22 %. À l'inverse, l'amour, qui était 13 fois pour 100, il y a cinquante ans, le mobile des mêmes crimes, ne l'est plus que 8 fois pour 100... Or l'amour n'a pu diminuer, non plus que la haine... C'est donc la cupidité qui a fait des progrès » (Tarde, *op. cit.,* p. 71). C'est bien dans cette voie qu'il faudrait chercher. Il se peut, comme le dit encore Tarde, que la civilisation favorise la criminalité « astucieuse et voluptueuse », décourage la criminalité « violente », qui procède des instincts vindicatifs, de la jalousie ou de la haine, etc. Nous ne pouvons qu'indiquer ici ces problèmes, qu'une étude propre de la criminalité permettrait seule de préciser et peut-être de résoudre.

Nous nous demandions si, comme le soutenaient Morselli et Enrico Ferri, l'homicide et le suicide représentaient deux manifestations alternatives et complémentaires d'un même penchant, ce qui eût permis d'expliquer le fait que, là où les morts volontaires se multiplient, les assassinats et les meurtres sont rares, et inversement. Mais ce fait lui-même nous a paru inexact puisque, dans plus d'un quart de la population française, il y a, à la fois, beaucoup d'homicides et de suicides. Sans doute, nous avons trouvé en France des régions où l'on tue beaucoup et où l'on se tue peu, d'autres ou l'on tue peu et où l'on se tue beaucoup. Mais les premières représentent un type de civilisation ancien et relativement primitif, où le penchant au meurtre existe seul et ne peut servir de dérivatif à un penchant au suicide qui n'existe pas. Les secondes se trouvent dans un état intermédiaire ou de transition. On n'y trouve plus les formes primitives de la criminalité homicide, parce que les mœurs frustes et simples des sociétés peu évoluées ont disparu. Les suicides y sont déjà nombreux. Mais les formes nouvelles du meurtre et de l'assassinat y apparaissent à peine. C'est que de telles régions ne sont pas encore entièrement évoluées. Le suicide ne peut être le dérivatif d'un penchant à l'homicide tel qu'il se développe dans des groupes avancés, puisqu'il n'existe pas encore. Il reste les zones de civilisation urbaine où suicides et homicides sont les uns et les autres très fréquents. Nous en avons distingué deux. Dans l'une, toute pénétrée d'éléments et d'influences italiennes, on peut supposer que ce ne sont point les mêmes parties de la population qui sont portées au meurtre, ou à la mort volontaire. Dans l'autre (qui, nous le répétons, comprend près du quart de la population française, massée dans le bassin de la Seine, ou dans ses environs immédiats) le fait signalé, l'alternance entre les suicides et les homicides, n'existe pas, puisqu'ils se produisent en grand nombre simultanément. Rien ne prouve que ce soient les mêmes hommes, de même tempérament, de constitution physique on psychique comparable, qui soient portés indifféremment à l'un ou l'autre de ces actes, si différents et même opposés à tous égards. Au reste, quand deux courants coulent à plein bord, on ne peut pas dire que l'un déverse le contenu ou une partie du contenu de l'autre.

XI

L'influence des guerres et des crises politiques

Le mouvement des suicides en France

La statistique des suicides en France nous permet de suivre l'évolution de ce phénomène depuis 1827 jusqu'à 1927, c'est-à-dire durant une période de cent un ans, durant un siècle. Il n'y a pas ailleurs, pour un pays d'une telle population, de données valables sur le suicide aussi suivies.

Nous remarquerons d'abord qu'au moment où Durkheim écrivait son livre, c'est-à-dire dans les années qui précèdent 1897, toute la série de ces nombres offrait une gradation ascendante continue. De 50 environ en 1827, le taux de suicide s'élevait à 100 en 1849-1851, à 150 en 1872-1873, à 200 en 1884, à 250 en 1894-1895. Mais, dans les trente années qui se sont écoulées depuis, le taux ne s'est relevé à ce niveau, exceptionnellement d'ailleurs, qu'en 1907, en 1910 et en 1912-1913. Toutes les autres années (jusqu'en 1927) il est demeuré au-dessous de ce nombre, comme si c'était un maximum qui ne pouvait être dépassé[1].

1. Le père Krose, ordinairement plus objectif, reproduit une prédiction formulée en 1882 par le statisticien-moraliste protestant von Œttinben : « L'on n'a qu'à tirer en France toutes les conséquences des principes de Paul Bert, et l'on constatera, dans quelques années, qu'une génération formée par l'école publique laïque fournit un contingent exceptionnel de suicides. » Il ajoute : « Les faits ont vérifié cette prophétie » (p. 143). Or, si l'on admet que l'école laïque, établie en 1882-1883, n'a produit ses premiers effets qu'à partir de 1885, on constate ceci : dans les trente-cinq années antérieures à 1885, c'est-à-dire depuis 1850, le taux du suicide a augmenté de plus de 100 %. Dans les trente-cinq ou trente-sept années qui ont suivi 1885, si l'on prend, non pas les chiffres de la guerre ou d'immédiatement après la guerre qui sont évidemment trop bas, mais les chiffres les plus élevés, on trouve que le taux du suicide n'a augmenté exceptionnellement que d'un quart (de 25 %). Il tend plutôt à se stabiliser.

C'est ce qui ressort du tableau suivant où nous avons calculé dans quelle proportion a augmenté le taux de suicide en France de dix ans en dix ans.

Tableau XXXVIII

	Augmentation (en %)
1827-1836	+ 42
1836-1845	+ 26
1845-1854	+ 16
1854-1863	+ 20
1863-1872	+ 20
1872-1881	+ 23
1881-1890	+ 23
1890-1899	+ 0,4
1899-1908	+ 0,4
1908-1917	– 34 (1)
1917-1925	+ 42

(1) Remarquons que, pour compenser cette diminution de 100 à 66, il faudrait une augmentation de 66 à 100, c'est-à-dire de 100 à 151, ou de 51 %.

Ainsi il apparaît nettement que la courbe des suicides est arrivée à un plateau depuis 1890 et que, depuis cette date et à travers la guerre, les suicides n'augmentent ni ne diminuent au total.

Si nous examinons maintenant dans le détail les points successifs de cette courbe depuis 1890, nous remarquerons d'abord qu'elle baisse très nettement pendant la guerre de 1914-1918, avec un minimum en 1917, pour remonter après jusqu'au niveau où elle était en 1904 (nous n'avons pas de chiffres pour les années qui suivent 1927)[1].

Il serait aussi peu scientifique, d'ailleurs, de prétendre que l'introduction de l'école laïque a eu pour effet de ralentir l'accroissement des suicides. Ajoutons qu'en Allemagne, où il n'y a pas d'écoles laïques, on compte, en 1901-1905, 220 suicides pour un million d'habitants, et, en 1923, 228, chiffres assez voisins de ceux qu'on relève en France dans les quinze années qui précèdent la guerre.

1. Comme on pourrait supposer que la diminution des suicides pendant la guerre porte seulement sur les mobilisés, ou qu'en France, durant cette période, on a été moins en mesure de relever les suicides, nous reproduisons le tableau ci-dessous emprunté à l'ouvrage de John

Les nombres correspondant aux années de guerre sont incomplets. Pour la période 1914-1918 on nous dit, dans le Rapport des *Comptes généraux de la justice criminelle en France* (1919), que les éléments de la statistique n'ont pu être recueillis dans les arrondissements suivants : Laon, Saint-Quentin, Vervins (soit les trois quarts de l'Aisne) ; Péronne (dans l'Oise) ; Avesne, Cambrai, Douai, Lille, Valenciennes (soit la plus grande partie du Nord), Charleville, Rethel, Rocroi, Sedan, Vouziers (Ardennes), Briey, Montmédy et Saint-Mihiel. Or, en 1913, les trois départements : Aisne, Nord, Ardennes réunis comprenaient 7,4 % du total des suicides. La proportion des suicides, calculée par rapport à la population totale (estimée, en tenant compte des pertes de guerre, à 39,8 millions en 1914, à 38,8 en 1915, à 38,2 en 1916, à 37,6 en 1917, à 36,9 en 1918), est donc un peu inférieure à la proportion réelle. Mais, comme il faut tenir compte aussi de ce que tous les hommes mobilisa-

Rice Miner, d'où il résulte que les suicides en Angleterre ont diminué, en 1916 et 1917 (et même dès 1915 pour les hommes), pour les deux sexes et pour toutes les classes d'âge. Remarquons que les relevés des suicides en Angleterre, pendant la guerre, n'ont porté que sur la population civile.

Tableau XXXIX. — *Suicides pour un million d'habitants de chaque sexe et de chaque catégorie d'âge en Angleterre et dans le Pays de Galles*

	1901-1910	*1914*	*1915*	*1916*	*1917*	*Nombre de suicides en 1917 (% en 1901-1910)*
Hommes :						
De 15 à 44 ans	144	145	101	116	103	72
De 45 à 54 ans	397	347	224	215	201	51
De 55 à 64 ans	523	512	365	292	257	49
De 65 à 74 ans	508	502	363	406	285	56
De 75 à 84 ans	383	360	338	318	322	85
Tous les âges	157	150	102	110	97	62
Femmes :						
De 15 à 44 ans	56	53	50	43	43	77
De 45 à 54 ans	109	113	111	80	75	69
De 55 à 64 ans	109	106	123	102	86	79
De 65 à 74 ans	88	94	94	87	76	86
De 75 à 84 ans	51	47	64	64	55	104
Tous les âges	47	45	45	38	35	74

bles et une grande partie de la population civile des régions occupées s'est transportée à l'intérieur, il est peu probable que cette proportion soit affectée d'une erreur en moins de plus de 4 %. Il n'y aurait donc qu'une correction assez faible à apporter aux chiffres que nous allons examiner.

Le minimum de 1917, par rapport à 1913, correspond à une baisse de 100 à 61.

Tableau XL – *Les suicides en France, de 1827 à 1925, pour 1 million d'habitants*[1]

Années	*Suicides*	*Années*	*Suicides*	*Années*	*Suicides*	*Années*	*Suicides*
1827	48,5	1852	102	1877	160	1902	224
1828	55	1853	95	1878	173	1903	225
1829	59	1854	102	1879	174	1904	226
1830	54	1855	106	1880	178	1905	239
1831	64	1856	115	1881	179	1906	235
1832	66	1857	110	1882	192	1907	254
1833	60	1858	108	1883	192	1908	239
1834	63	1859	107	1884	199	1909	245
1835	69	1860	111	1885	207	1910	250
1836	69,5	1861	120	1886	214	1911	244
1837	72	1862	128	1887	215	1912	254
1838	76	1863	122	1888	220	1913	260
1839	81	1864	120	1889	214	1914	210
1840	81	1865	130	1890	220	1915	172
1841	82	1866	135	1891	232	1916	166
1842	83,5	1867	131	1892	241	1917	158
1843	87	1868	146	1893	236	1918	167
1844	85,5	1869	140	1894	253	1919	213
1845	88	1870	113	1895	242	1920	217
1846	88	1871	124	1896	240	1921	228
1847	102,5	1872	146	1897	242	1922	229
1848	93	1873	153	1898	244	1923	222
1849	101	1874	155	1899	230	1924	231
1850	101	1875	150	1900	230	1925	234
1851	100	1876	158	1901	227	1926	232

1. Ces chiffres sont calculés, les départements du Haut-Rhin, du Bas-Rhin et de la Moselle non compris, même pour la période qui suit la guerre. En 1927, le taux de suicide pour la France était de 226,7, soit 227. Avec les trois départements recouvrés (dont on ne tient compte à cet égard qu'à partir de 1926) le taux s'abaisserait : pour 1926 à 230 : pour 1927 à 224. Cela confirme nos visions (voir p. 189). Les statistiques de 1928 n'étaient pas encore préouillées à la fin de janvier 1930.

En 1870, les suicides avaient diminué de 100 à 81. Le taux du suicide a baissé de 1913 à 1914 exactement dans la même proportion que de 1869 à 1870 : l'on ne doit pas oublier d'ailleurs que la guerre a commencé en juillet 1870, et en août 1914. De 1914 à 1915, il a baissé encore à peu près autant, de 100 à 83. Les deux baisses des deux années suivantes sont égales entre elles et bien moindres : de 100 à 96 l'une et l'autre. Le minimum en France se place en 1917. En Allemagne, la diminution des suicides pendant la guerre est à peu près égale (si l'on tient compte de ce que 4 ou 5 % des morts volontaires n'ont pu être relevées en France dans cette période) : de 100 à 67,5 de 1913 à 1918 : le minimum se place cette fois la dernière année dé la guerre ; mais il y a un premier minimum en 1915, suivi d'un relèvement en 1916.

Nous indiquons ci-dessous les proportions de suicides relevées dans les principaux pays belligérants pendant la guerre.

Tableau XLI

	France	*Angleterre*	*États-Unis* (¹)	*Italie*	*Allemagne*	*Autriche* (²)	*Hongrie* (³)
1913	260	96	199	88	232	(209)	214
1914	210	91	215	89	218	269	204
1915	172	78	215	84,5	166	233	174
1916	166	77	185	69	173	225	155
1917	158	67	177	68,5	164	198	131
1918	167	74	152	72	157	177	128
1919	203	90	143	75	184	250	(239)

(¹) Dans les villes de 100 000 habitants et plus.
(²) Nouvelle Autriche, sauf en 1913.
(³) Ancienne Hongrie, sauf en 1919.

Partout, le taux de suicide a nettement baissé pendant la période de guerre, et le taux de diminution est du même ordre dans tous ces pays : de 100 à 70 en Angleterre, de 100 à 66,5 aux États-Unis (de 1915 à 1918), de 100 à 77 en Italie (de 1914 à 1917), de 100 à 66 en Autriche (de 1914 à 1918), de 100 à 60 en Hongrie (de 1913 à 1918), et, rappelons-le, en France, de 100 à 61, en Allemagne, de 100 à 67,5. Quant à la date où l'on relève le minimum, c'est 1917 en France, en Angleterre et en Italie ; dans les pays vaincus, c'est l'année de la défaite, 1918, en Allemagne, en Autriche et en Hongrie. Dans les deux derniers, les suicides augmentent très brusquement, la courbe se relève très haut, dès 1919, ce qui s'explique sans doute par leur détresse économique.

L'influence des guerres sur le mouvement des suicides est incontestable, et les chiffres que nous venons de reproduire nous en apportent la preuve la plus forte qu'on puisse désirer. Mais comment s'explique-t-elle ? D'après Durkheim, « les grandes guerres populaires avivent les sentiments collectifs, stimulent le patriotisme et la foi nationale, et, concentrant les activités vers un même but, déterminent, au moins pour un temps, une intégration plus forte de la société » (*op. cit.*, p. 22). Cette explication n'est pas invraisemblable, et on doit sans doute lui faire une part. Mais il faut cependant remarquer d'abord que, dans les rares pays neutres européens pour lesquels nous disposions de données, pendant la période de guerre, la proportion des suicides a également diminué. Laissons de côté l'Espagne dont les statistiques du suicide ne sont guère utilisables. Reproduisons les chiffres suivants, pour quatre autres pays neutres.

Tableau XLII

	Norvège	*Suède*	*Danemark (les villes seulement)*	*Suisse*
1913	58	179	232	251
1914				
1915	53	153	219	215
1916	38	132	165	204
1917	36	102	150	181
1918	30,5	99	119	197
1919	47	135	114	205
1920	48	147	139	226

Ainsi, les suicides ont également diminué pendant la guerre dans tout ces pays et la baisse, sauf en Suisse, a même été plus forte que pour les nations belligérantes : en Norvège, de 100 à 53 ; en Suède, de 100 à 55 ; au Danemark, de 100 à 49 ; en Suisse, de 100 à 72. Or l'explication proposée par Durkheim ne peut intervenir ici. Certes, le grand conflit qui a éclaté en 1914 intéressait tous les pays européens. Mais l'intégrité de ceux-là n'a été menacée à aucun moment. Force nous est d'admettre que d'autres facteurs ont joué, sans que nous soyons en mesure de les déterminer. À première réflexion, on serait tenté d'admettre que les pays neutres ont développé pendant la guerre une activité industrielle, commerciale et financière plus intense, et d'expliquer la diminution des suicides qu'on y remarque par leur prospérité et leurs profits exceptionnels. Mais, nous le verrons, bien que les suicides diminuent en période de prospérité, ils diminuent dans une proportion relativement faible : entre ces baisses modérées et ce profond fléchissement, il n'y aucun rapport.

Au reste, dans les pays belligérants, les suicides n'atteignent pas leur minimum aux mêmes époques. Dans la dernière année de la guerre, en 1918, le nombre des suicides recommence à augmenter dans les pays vainqueurs ou qui vont l'être, tandis qu'il continue à baisser dans les autres. Peut-on admettre que dans ceux-ci, à mesure qu'ils s'épuisent davantage, et lorsqu'il sentent passer sur eux le vent de la défaite et de la panique, le patriotisme et la foi nationale s'exaltent, que l'intégration nationale se fortifie, qu'ils fléchissent au contraire chez ceux-là, au moment où ils approchent du but et se disposent à donner l'effort suprême, et n'est-ce pas au moment de la victoire que, parmi les vainqueurs, l'enthousiasme collectif unit le plus étroitement tous les citoyens en un sentiment de triomphe ?

Mais la guerre n'a pas seulement pour effet de créer des passions unanimes. Elle transforme aussi la vie et la structure du groupe national. Les vues de Spencer sur l'opposition entre les sociétés du type militaire et industriel paraissent peut-être un peu schématiques. Il n'en est pas moins vrai qu'à beaucoup d'égards la vie est simplifiée et ralentie, lorsqu'on passe du second de ces types au premier. N'est-ce pas là ce qui explique, au moins pour la plus grande part, la diminution du nombre des suicides en temps de guerre ? La guerre multiplie les barrières entre les nations, et, en même temps qu'elle rapproche les hommes d'une même nation, elle les sépare les uns des autres de bien des manières. Non seulement l'activité économique et professionnelle est en partie paralysée, mais les familles, privées d'une partie de leurs membres, témoignent d'une vitalité diminuée. Il se noue moins de rapports d'individus à individus, et les occasions de heurts et de conflits particuliers s'y présentent avec moins de fréquence. Comment les suicides ne diminueraient-ils pas ?

Ce n'est là qu'une hypothèse, mais qui n'est pas moins acceptable *a priori* que l'explication proposée par Durkheim. Elle permettrait en tout cas de rendre compte du fait que les suicides diminuent en temps de guerre dans les pays neutres également. Car ils sont aussi séparés de la communauté européenne. Alors même que certaines branches de leur production industrielle sont stimulées, que leurs banquiers traitent un plus grand nombre d'affaires et voient enfler leur encaisse, tout l'élan qui leur venait auparavant de leurs contacts et communications avec les autres États leur manque. Il n'est guère possible que le niveau social baisse dans tous les grands pays européens sans qu'il descende à l'intérieur des quelques petits États neutres qui, en temps normal, sont avec eux en rapports si étroits. On comprendrait aussi, dans cette hypothèse, que les suicides soient à leur minimum, dans les pays vaincus ou qui vont l'être, la dernière année de la guerre : c'est à ce moment, en effet, que leurs ressources sont le plus réduites et leur vie le plus simplifiée, comme dans une ville assiégée et qui est sur le point de se rendre, les rues sont désertes et silencieuses, les défenseurs et les habitants ménagent leurs dernières forces, font le moins de gestes et prononcent le moins de paroles. C'est moins le rythme des sentiments et passions collectives que le degré décroissant de complexité de la vie et la simplicité croissante de la structure sociale, qui se refléteraient en temps de guerre dans le mouvement des suicides.

Il s'est produit, dans la période 1897-1927, une autre baisse, moins forte sans doute que celle-là, mais très nette, aussi prolongée, et plus remarquable encore parce qu'elle se manifeste pendant la paix, et qu'en ce sens elle est unique : on ne trouve aucune variation de ce genre en France, durant tout le siècle. Elle commence en 1899. Le minimum se place en 1902. Ce n'est qu'en 1905 que le taux du suicide se rapproche du niveau où il se trouvait en 1899. Pour qu'on se rende mieux compte du caractère exceptionnel d'une telle variation, nous avons calculé la somme des taux de suicide (pour 100 000 habitants) de trois années consécutives, pour 32 périodes triennales de 1828 à 1922.

Les deux périodes de guerre 1869-1871 et 1914-1919 mises à part, on voit que l'augmentation est continue durant ces cent années, et qu'elle n'est interrompue que par la baisse de 1899-1904 que nous avions signalée. *Il n'y a aucune autre exception.*

Il y a cependant eu des variations d'une année à l'autre, au cours de toute cette période, que notre calcul a éliminées dans la deuxième partie du tableau ci-dessous, mais qu'il importe à présent d'examiner et de mesurer en les comparant à celle qui nous intéresse. Elles sont peu nombreuses : nous en dressons la liste, en indiquant dans quelle proportion la baisse s'est produite, et en les rapprochant de la baisse de plus longue durée 1899-1902 (dont nous indiquons aussi la valeur).

Tableau XLIII – *France*

Années	*Suicides*	*Années*	*Suicides*
1827-1829	16	1875-1877	46,5
1830-1832	18	1878-1880	52
1833-1835	19	1881-1883	56
1836-1838	22	1884-1886	62
1839-1841	24,5	1887-1889	65
1842-1844	25,5	1890-1892	70
1845-1847	28	1893-1895	73
1848-1850	29,5	1896-1898	72,5
1851-1853	30	1899-1901	69
1854-1856	32,5	1902-1904	67
1857-1859	32,5	1905-1907	72,5
1860-1862	35,5	1908-1910	73
1863-1865	37,5	1911-1913	76
1866-1868	41	1914-1916	55
1869-1871	37,5	1917-1919	55
1872-1874	45	1920-1922	64,5

1829-1830	de 100 à 92
1847-1848	de 100 à 91
1852-1853	de 100 à 93
1862-1863	de 100 à 95
1899-1902	de 100 à 92

Durkheim, s'en tenant aux chiffres absolus, avait déjà signalé (*op. cit.*, p. 215) que les révolutions de 1830, de 1848 et le coup d'État de 1851[1] s'accompagnent d'une baisse des suicides[2]. Mais il est impor-

1. Sans doute, le coup d'État ayant eu lieu en décembre 1851, il semble que les suicides devraient baisser dès 1852. Mais Durkheim remarque que la baisse a eu lieu à Paris dès 1852, et s'y est prolongée en 1853. On peut supposer que le contrecoup de cet événement politique ne s'est fait sentir en province qu'un peu plus tard. En 1863, M. Seignobos signale que « la vie politique recommence... Aux élections de 1863, il y eut 35 députés de l'opposition... Paris n'élut que des opposants », *Histoire politique de l'Europe contemporaine*, p. 163. Rappelons que, d'après Durkheim, de simples crises électorales peuvent avoir pour effet de ralentir visiblement la marche ascensionnelle du suicide (comme en 1877), et de la faire baisser, au moins légèrement : « Ainsi les élections qui, en 1889, mirent fin à l'agitation boulangiste » (p. 217).
2. Dès 1840, Cazauvieilh, à propos de la diminution des suicides en 1830, se demande si « les événements politiques de cette époque ne peuvent pas expliquer cette diminution par la diversion des esprits, la direction vers un autre but... » (*op. cit.*, p. 243). Falret écrivait, en 1822 : « Les commotions politiques... les révolutions... présentent les conditions les plus

tant de remarquer que cette baisse est sensiblement de même grandeur dans les trois cas, et qu'elle est d'ailleurs nettement plus faible que la diminution des suicides aux années de guerre.

Il paraît donc assez naturel de supposer que la baisse de 1899-1902 rentre dans la même catégorie que celles-ci. Demandons-nous, toutefois, auparavant, s'il n'y a pas eu à la même époque quelque transformation ou quelque événement d'ordre économique qui en rendrait compte. Durkheim avait déjà remarqué que la plupart des crises économiques s'accompagnent d'une augmentation notable des suicides (p. 264). C'est ce qu'on vérifie pour la crise de 1846-1847 (augmentation du taux de suicide de 16 %), pour la crise de 1864-1866 (augmentation de 8 % en 1865, de 4 % encore en 1866), pour la crise de 1873 (augmentation de 5 %), pour la crise de 1881-1882 (augmentation de 7 %), pour la crise de 1890-1891 (augmentation de 6 %), pour la crise de 1907 (augmentation de 8 %), alors que l'augmentation annuelle moyenne, pour toute la période 1847-1907, est égale à 1,9 %. Seule la crise de 1857 se place à une année de baisse, mais immédiatement après une année de forte hausse des suicides, et nous ne savons pas si elle n'avait pas commencé dès la fin de 1856. Ainsi, au moment des crises, les suicides augmentent. Or, il y a eu une crise économique en 1900. La période de dépression s'est prolongée jusqu'en 1904[1]. Les suicides auraient dû augmenter. S'ils ont baissé cependant, c'est que la crise économique se heurtait à une crise d'autre nature, qui en neutralisait l'effet[2].

De fait, en 1899-1904, tandis que les suicides baissent si nettement, la France traverse une crise politique extrêmement grave et très prolongée, puisqu'elle s'ouvre avec l'affaire Dreyfus, en 1898, et ne se terminera que par la victoire du parti radical aux élections de 1906. Or nous ne croyons pas qu'il soit possible d'expliquer cette baisse des sui-

favorables à l'explosion de la folie et du suicide. » Il remarquait que « cependant on n'observe presque pas de mort volontaire pendant la durée des temps orageux » et il l'expliquait ainsi : « La vie de chaque citoyen se trouvant en danger, toutes les puissances de notre âme sont dirigées alors vers un but unique, celui de la conservation... Le suicide est plus fréquent lorsqu'il y a imminence de changements politiques, ou lorsque les changements se sont opérés. » Interprétation, on le voit, inverse de celle qu'a proposée Durkheim (Falret, *De l'hypocondrie et du suicide*, p. 75).

1. Ajoutons qu'en 1904 on relève un des maxima périodiques du nombre des faillites. Or ces maxima se placent à des années où les suicides augmentent (1854, 1865, 1873, 1886, 1898).
2. Exactement comme en 1889, année d'exposition universelle. Durkheim a montré que les années, et, plus exactement, les mois d'exposition, les suicides augmentent. S'il y a pourtant baisse des suicides cette année-là, c'est que la crise boulangiste neutralise les effets de l'exposition. Remarquons que 1900 est aussi une année d'exposition. Crise économique et exposition : donc double raison pour que les suicides eussent augmenté. Or ils ont diminué.

cides, aussi importante qu'en 1830, 1848, 1853, et prolongée sur une durée de près de six ans, par une autre cause que cette crise politique qui, par ses péripéties et son dénouement, ressemble en effet à une révolution.

Expérience importante et presque unique jusqu'à présent, parce qu'elle a duré longtemps, qu'elle s'est faite dans un grand pays, et qu'elle ne se place pas en une période de guerre ou d'après guerre, de crise monétaire et financière, de famine ou de détresse économique, comme les révolutions russe, allemande et l'avènement du fascisme en Italie, dont l'action sur les suicides s'en trouvera nécessairement obscurcie.

Il valait donc la peine de l'étudier d'un peu près, dans le détail et avec le plus de précision possible. Comme nous possédons les chiffres du suicide en France par mois, nous allons les mettre en rapport avec les événements politiques les plus notables qui se sont produits en même temps dans cette période. Le lecteur trouvera sans doute que plus d'un de ces rapprochements est contestable ou forcé, et nous reprochera de vouloir retrouver à tout prix dans la courbe des suicides la trace de tous les faits politiques contemporains. Nous croyons en effet que le détail des événements importe moins, ici, que l'évolution politique dans son ensemble. Comme les courants de pensée sociale, les courants politiques n'ont de force et d'élan qu'autant qu'ils viennent d'un peu loin dans le temps. Au reste il nous est bien difficile, avant de lire dans une histoire bien faite le détail d'événements dont nous avons été sinon les témoins, du moins les contemporains, d'apprécier l'influence qu'ils ont pu exercer sur l'opinion, et le degré de leur résonance. Rien n'est plus déconcertant que de constater que tel fait que nous avons à peine remarqué, tel geste, telle parole, telle formule que nous avons à peine retenue, détermine quelquefois dans la masse du peuple, et jusque dans les provinces les plus lointaines, des réactions énergiques et passionnées, et de constater aussi l'inverse. C'est pourquoi nous ne songeons nullement, dans ce qui suit, à établir des rapports de cause à effet entre le détail des événements politiques que nous rappellerons, et les variations mensuelles des suicides. Mettons que nous avons eu la curiosité de noter les cas où des diminutions, assez nettes dans le nombre des suicides, accompagnaient les péripéties les plus dramatiques à nos yeux de la crise qui nous occupe. Si les faits ne paraissent pas assez convaincants, nous admettrons très volontiers que, pour avoir voulu trop démontrer, nous nous sommes quelquefois égarés.

Pour faire ces rapprochements, nous avons calculé des nombres relatifs qui représentent, pour chaque mois de chaque année, pendant la période 1899-1904, le nombre des suicides, en appelant 100 la moyenne des suicides, pour chaque mois, dans les six années précédentes : 1893-1898. Ainsi, quand ces nombres tombent au-dessous de cent, c'est que le nombre des suicides est inférieur pour tel mois à ce qu'il était en moyenne, le même mois, durant les six années qui ont précédé la crise.

On remarquera peut-être que la date que nous assignons au début de la crise est fixée trop tard, et qu'il eût fallu comprendre dans notre période l'année 1898, c'est-à-dire l'année de l'affaire Dreyfus. C'est à dessein cependant que nous l'avons écartée, parce que, à ne considérer que les chiffres d'ensemble, elle ne paraît pas exercer directement une influence quelconque sur les suicides. En 1898, la proportion des suicides (244) est plus élevée que dans les six années précédentes, et notamment qu'en 1896 et 1897, bien plus élevée qu'en 1899. Le procès Zola se déroule du 7 au 20 février : ce mois-là, il y a plus de suicides qu'à chacune des trois années précédentes, qu'en moyenne les six années précédentes. En mai et juin, il est vrai, on se tue moins que les mêmes mois, à chacune des six années précédentes. Mais il y a eu des élections en mai. La découverte du faux Henry entraîne le suicide de son auteur, mais ne s'accompagne pas, d'ailleurs, d'une diminution des morts volontaires. Leur nombre tombe nettement au-dessous de la moyenne mensuelle en octobre. C'est le 25 de ce mois que le général Chanoine, ministre de la Guerre, donne sa démission, et détermine la chute du ministère Brisson. Peut-être est-ce une simple coïncidence. On a d'abord l'impression que comme l'a dit M. Seignobos « l'affaire Dreyfus, compliquée d'incidents, embrouillée par des manœuvres, obscurcie par des récits légendaires, n'intéressa pas la masse du public, qui ne la comprit jamais »[1].

Voici, en nombres relatifs (100 = taux de suicide mensuel en 1893-1898), quels ont été les taux de suicide en France dans les deux premières années de notre période.

	Janvier	*Février*	*Mars*	*Avril*	*Mai*	*Juin*	*Juillet*	*Août*	*Septembre*	*Octobre*	*Novembre*	*Décembre*
1899	99	91	94	94	99	92	90	102	96	96	95	85
1900	103	92	92	92	99	93	93	97	92	93	92	95

1. Seignobos, L'évolution de la Troisième République, dans *L'Histoire de France contemporaine*, de Lavisse, p. 197. C'est cet ouvrage que nous suivons dans notre exposé.

Durant ces deux années, la proportion des suicides reste à 230, au lieu de 244 en 1898, soit une diminution de 100 à 94. En 1899, une forte baisse se produit en février. C'est un mois assez agité : mort de Félix Faure le 16, élection de Loubet le 18, funérailles de Félix Faure le 18 (Déroulède essaie d'entraîner un régiment, etc.). On relève une baisse presque égale en juin : l'arrêt de la Cour de cassation cassant le jugement contre Dreyfus est rendu public le 4 de ce mois : le président est insulté aux courses d'Auteuil le 4, acclamé par les républicains au grand prix de Longchamps le 11 ; le ministère Dupuy tombe le 12 ; le ministère de défense républicaine (Waldeck-Rousseau) est constitué le 26. Une baisse encore plus forte se produit le mois suivant. Le minimum est atteint en décembre, c'est la baisse mensuelle la plus forte dans toute la période 1899-1900. Nous ne voyons d'ailleurs aucun événement sensationnel à signaler ce mois-là.

En 1900, il y a une forte baisse en février, mars et avril, qui reprend en juin, juillet, puis en septembre, octobre, novembre. La lutte contre les congrégations a été engagée par Waldeck-Rousseau, dès les derniers mois de 1899 : dépôt du projet de loi sur les associations, en août ; projet de stage scolaire, fin novembre. C'est le 11 avril 1900 qu'il dénonce « les moines ligueurs et les moines d'affaires », et c'est le 20 novembre, dans son discours de Toulouse, qu'il parle du « milliard des congrégations » et des « deux jeunesses ». Toute cette année est une période de tension (agitation congréganiste, protestations du clergé, etc.).

	Janvier	*Février*	*Mars*	*Avril*	*Mai*	*Juin*	*Juillet*	*Août*	*Septembre*	*Octobre*	*Novembre*	*Décembre*
1901	93	78	83	94	102	99	92	92	95	101	92	96
1902	100	87	90	94	89	91	95	89	92	94	93	90

En 1901 il y a une très forte diminution des suicides, pendant les mois de février et de mars, qui reprend, moins forte, en juillet, puis août et dans les deux derniers mois de l'année. Que se passe-t-il à ce moment ? La discussion du projet de loi sur les associations (dirigé contre les congrégations) commence à la Chambre le 15 janvier et se termine au début d'avril. En mai, le Sénat l'examine et l'accepte à une forte majorité. La loi est promulguée le 2 juillet. « Le confit avec le clergé, dit M. Seignobos, amenait ainsi le Parti républicain à compléter, après vingt ans d'attente, l'ensemble des libertés politiques inscrites à son programme depuis l'Empire, en même temps qu'il lui donnait une arme pour soumettre ou détruire les congrégations. »

1902 est l'année où le taux de suicide atteint son minimum : 224, au lieu de 244 en 1898, soit une diminution de 100 à 92. Ce minimum est dépassé en février et mars, en mai et en août. En mai (27 avril, 11 mai) ont lieu les élections qui amènent au pouvoir le Parti radical. La campagne a commencé dès la fin de janvier (mandement de l'archevêque de Paris le 19 janvier). Le 28 mai, Waldeck-Rousseau donne sa démission. Le 1er juin, Bourgeois est élu président de la Chambre contre Deschanel. Le 11 juin, le ministère Combes se présente devant les Chambres. Le 12 juillet, on décide la fermeture des écoles congréganistes ouvertes avant la loi. À Paris et dans les départements, en août et septembre, il y eut des manifestations dans les églises. Les fidèles s'installent dans les établissements d'où les gendarmes et même la troupe doivent les déloger. Fin décembre, armé d'une nouvelle loi qui punit d'amende et de prison les infractions à la loi de 1901, le gouvernement fit fermer toutes les écoles non autorisées, sauf là où il n'existait pas d'école laïque.

	Janvier	*Février*	*Mars*	*Avril*	*Mai*	*Juin*	*Juillet*	*Août*	*Septembre*	*Octobre*	*Novembre*	*Décembre*
1903	104	95	99	91	98	87	88	90	92	99	97	92
1904	99	94	94	93	99	88	93	90	89	97	97	97

En 1903 et 1904, les taux de suicide restent à peu près au niveau de 1902 : 225 et 226 au lieu de 224. Le ministère Combes reste au pouvoir de juin 1902 à janvier 1905. En 1903 les suicides diminuent aux mois de février et d'avril, plus fortement de juin à septembre et en décembre. En février 1903 la commission de la Chambre propose de réunir toutes les demandes émanant des congrégations en un seul projet de loi et de les refuser en bloc sans passer à la discussion des articles. Du 12 au 18 mars, après trois discussions très vives, la Chambre rejette toutes ces demandes par 304 voix contre 246. La mesure atteint 3 040 prédicateurs, 15 964 religieux enseignants et les Chartreux. Dans les mois suivants « il y eut quelques résistances, des couvents barricadés, etc. ». Les 25-26 juin la Chambre rejette en bloc, par 285 voix contre 269, les demandes d'autorisation de 81 congrégations de femmes pour 517 établissements. L'antagonisme entre les partis est à son maximum. Le gouvernement, appuyé sur le Conseil d'État, introduit une procédure expéditive et révolutionnaire. Il tend à l'extrême les ressorts de sa majorité. Les mesures d'exécution, poursuivies dans toutes les parties du pays, dressent les uns contre les autres défenseurs et adversaires des congrégations. Le 18 décembre, Combes présente un projet de loi qui interdit l'enseignement de tout ordre et de toute nature à tout membre d'une congrégation. Ce projet sera voté en mars 1904.

En 1904, jusqu'en octobre (à l'exception du mois de mai) la proportion des suicides reste faible, surtout de juin à septembre. La lutte continue, sur le terrain du concordat. À la suite de la publication d'une note du Vatican aux souverains catholiques, protestant contre la visite du président Loubet au roi d'Italie au mois de mars, le gouvernement rappelle l'ambassadeur français auprès du pape (fin mai). La rupture définitive se produit fin juillet. Mais le ministère Combes approche de sa fin. La publication des fiches a lieu en octobre. Le ministère n'a plus de majorité. Combes tombera en janvier 1905.

En 1905, le taux des suicides pour toute la France se relève très nettement, de 226 à 239. Il est curieux de noter que le taux mensuel (en nombres relatifs), qui n'a dépassé 100 qu'une seule fois depuis 1898, prend les valeurs suivantes au milieu de 1905 : 100 en avril, 101 en mai, 106 en juin, 113 en juillet, 107 en août, pour retomber ensuite, et ne plus dépasser 100 jusqu'en juin 1906. En avril 1905, Guillaume II a débarqué à Tanger. En juin, Delcassé a démissionné et la France a accepté la proposition allemande d'une conférence internationale sur le Maroc.

Ainsi, les suicides, après plus de six années de baisse remontent à leur ancien niveau et le dépassent au moment où un grave conflit de politique étrangère vient suspendre temporairement la lutte des partis.

Nous le répétons. Ce rappel de faits connus a surtout pour objet de mettre bien en lumière l'intensité des passions politiques qui se donnent cours durant cette période. Ces événements sont les signes extérieurs d'états de pensée et de sentiment que nous ne pouvons saisir directement sous leur forme collective. De ces multiples coïncidences, lesquelles résultent du hasard et lesquelles méritent d'être retenues ? Il faudrait, pour le découvrir, faire d'autres enquêtes sur des expériences du même ordre, et qui comportent encore plus de précision.

Pour compléter cette étude, nous allons cependant examiner encore la marche des suicides, durant ces années, dans quelques régions de la France. Rien ne prouve, en effet, que les différentes parties de la population aient toutes réagi avec la même intensité aux événements politiques contemporains. Tenons-nous-en à, comparer, de ce point de vue, quelques groupes de départements[1] (se reporter au tableau de la page 257). Nous appelons 100 le nombre absolu des suicides dans chaque groupe en 1898[2].

Si l'on s'en tenait aux résultats globaux pour les quatre grandes régions étudiées, on admettrait que la courbe des suicides a baissé le plus nettement dans cette période d'une part dans l'Île-de-France, etc., d'autre part et surtout dans le Midi. Ici et là, pendant cinq années consécutives, les nombres qui représentent les morts volontaires restent inférieurs de 8 à 10 % à ce qu'ils étaient en 1898. Dans le Midi, en 1900, la diminution est même de 13 %. Dans la Bourgogne, la Franche-Comté et le Lyonnais, la baisse est à la fois moins continue et moins forte. L'influence de la crise économique, qui entraîne une augmentation des suicides, se fait nettement sentir en 1900, et, dès 1904, l'influence de la crise politique ne paraît plus s'exercer. Mais, surtout, dans l'Ouest, sauf un fléchissement de 5 % seulement en 1902 et 1903, le taux de suicide, du commencement de la période à la fin, reste au même niveau ; en 1905, il y a une reprise très marquée. M. Seignobos, à propos des élections législatives de 1898, dit : « La répartition régionale (des élus) restait la même : les conservateurs venaient de l'Ouest, quelques-uns du Sud-Ouest. Les gauches dominaient dans les régions anciennement démocrates du Sud-Est, du Languedoc et du Centre, les pays industriels et les grandes villes. Les modérés venaient surtout de la Lorraine, des pays du Nord et de la région du Sud-Ouest récemment acquise à la République. » Est-ce parce que les conservateurs y dominaient, que l'Ouest a si faiblement réagi à la politique du ministère Combes ? Comment s'explique, d'autre part, l'indifférence, du moins la tiédeur de la Bourgogne et du Lyonnais, qui fait un vif contraste avec la sensibilité politique beaucoup plus grande du Midi et des départements qui gravitent autour de Paris ?

1. Ces groupes sont constitués comme précédemment (voir p. 88), avec ces modifications : Île-de-France - Champagne comprend : Île-de-France, Aube, Marne, Aisne et Oise ; Bourgogne et Franche-Comté : sans l'Yonne ; Lyonnais : avec Saône-et-Loire ; Midi - sud-est comprend : Aude, Haute-Garonne, Pyrénées-Orientales, Tarn, Gard, Hérault, Bouches-du-Rhône, Var et Vaucluse ; Midi - sud-ouest comprend : Gascogne et Guyenne sans Aveyron.
2. Si, au lieu des nombres absolus, nous étions partis de la proportion des suicides, comme la population a augmenté (modérément), ces nombres relatifs seraient plus faibles d'environ une unité à partir de 1901.

Tableau XLIV – *Nombre des suicides en France, par région (par rapport à 1898)*

	1897	*1898*	*1899*	*1900*	*1901*	*1902*	*1903*	*1904*	*1905*
Paris	110	100	86	79	86	84	86	70,5	
Seine	104	100	91	88	91,5	90	90	87	90
Île-de-France, Champagne, etc.	101,5	100	93,5	92	90	91,5	90,5	90	93
Anjou, etc.	94	100	102	104	99	94	89	95	100
Poitou, etc.	97	100	94	97	100	87	106	99	102
Bretagne	112	100	104	105	100	102	95	103	118
Ouest	100	100	100	102	99,5	94,5	95	98	106
Bourgogne, etc.	96,5	100	87	90	85	90	99	94	104
Lyonnais, etc.	96,5	100	94	107	98	90	91	104	103
Bourgogne-Lyonnais	96,5	100	91	102	94	90	93,5	102	103
Midi (sud-est)	96	100	91	87	92	91	96,5	96,5	92,5
Midi (sud-ouest)	85,5	100	90	89	89	95,5	90	97	104
Midi	92	100	91,5	87	91	92	93	96	98
France	99	100	95	94,5	93	92	93,5	94	98,5

Mais examinons maintenant les groupes plus restreints en lesquels se décomposent ces régions. Notre impression sera confirmée sur certains points, mais bien modifiée sur d'autres. Dans les deux groupes du Midi, dans la Seine et surtout à Paris, les variations en baisse sont toujours très fortes, surtout en 1900 (période Waldeck-Rousseau). À Paris, cette année, malgré la crise et l'exposition, la baisse est de plus de 20 %[1]. Mais, tandis que le Midi semble se fatiguer plus vite, que le Midi - sud-ouest ne réagit guère en 1902 (début du ministère Com-

1. À Paris, en 1898, les suicides baissent de 110 à 100 pour les deux sexes, mais de 119 à 100 pour les hommes (voir la note 1, p. 261). Nous avons comparé pour chacun des 20 arrondissements le taux du suicide en 1896-1897 et 1901-1902 (il baisse, pour Paris tout entier, de 100 à 75). Dans 8 arrondissements il diminue de plus de 30 %. Ce sont le 2e et le 5e (baisses maxima, de 100 à 64 et à 66), le 19e, le 18e, le 12e, le 7e et le 11e (dans tous, sauf le 11e, la baisse est de 100 à 67-68,5). Dans 4 arrondissements, il diminue de 100 à 85-89 seulement : ce sont le 10e, le 16e, le 13e et le 9e. Dans 2 arrondissements, il ne diminue aucunement : le 8e et le 20e ; et, dans le 1er, il augmente. On remarquera que ces deux derniers groupes (où le taux du suicide diminue peu, ou ne diminue pas) contiennent les 2 arrondissements les plus riches : le 8e et le 16e, et les 2 sans doute les plus pauvres : le 13e et le 20e, en même temps que d'autres, le 9e, et le 1er, qui comptent aussi parmi les plus riches.

bes), et que dès 1904 les suicides y remontent à leur taux normal, dans la Seine et à Paris la baisse continue au-delà même de 1904 et s'accentue cette année-là. En Bourgogne (à la différence du Lyonnais), la baisse, en moyenne, est encore plus forte que dans la Seine, jusqu'en 1901 inclusivement (ministère Waldeck-Rousseau), forte encore en 1902. Au contraire, dans le Lyonnais, jusqu'en 1901 inclusivement, les suicides ne diminuent guère : ils augmentent très nettement en 1900, l'année de la crise. Il y a une baisse assez sensible pendant les deux premières années du ministère Combes, mais qui cesse brusquement : on se tue de nouveau beaucoup dès 1904.

Mais c'est la Bretagne, qui, envisagée maintenant à part, doit retenir notre attention. Si nous nous en tenions à la période 1898-1904, nous pourrions dire que, de toutes les régions, c'est celle où le nombre des morts volontaires paraît être le moins en relation avec la marche des événements politiques. Pendant ces sept années, on n'y relève qu'une faible diminution des suicides en 1903 ; ils sont même en moyenne, les autres années, un peu plus nombreux qu'en 1898. Mais voici un fait bien curieux. Nous avons dit qu'en France, l'année de l'affaire Dreyfus, en 1898, les suicides augmentent. C'est exact pour toutes les régions étudiées, sauf deux : Paris, et, précisément, la Bretagne[1]. En effet, ici et là, de 1897 à 1898, les suicides diminuent, et ils diminuent à peu près dans la même proportion. Mais en Bretagne, à la fin de notre période, les suicides se relèvent à un niveau très élevé, nettement plus élevé qu'en 1897. Tout se passe comme si, dans cette région, se développait avant 1898 un mouvement ascensionnel des suicides, qui a été brusquement interrompu en 1898, et qui n'a repris qu'au lendemain de la démission du ministère Combes, en 1905. Est-ce exact ? Pour nous en rendre compte, calculons (en égalant toujours à 100 le nombre correspondant à 1898) les nombres relatifs de suicides qui s'y sont produits avant 1898 et après 1905.

Bretagne

1893	*1894*	*1895*	*1896*	*1897*	*1898*	*1905*	*1906*	*1907*	*1908*	*1910*	*1911*	*1913*
98	111	104	110	112	100	118	118	134	120	142	138	143

1. Les suicides ne diminuent en Bretagne de 1897 à 1898 que dans trois départements sur cinq. La baisse est très faible dans le Morbihan. Mais, en Ille-et-Vilaine et Loire-Inférieure, elle est très élevée : en nombres relatifs, de 100 à 71 soit de 29 %.

Le mouvement ascensionnel est très net et presque continu[1].

Il faut donc admettre qu'il a été brusquement interrompu l'année même de l'affaire Dreyfus. Mais il en résulte que, par rapport à ce qu'aurait dû être leur niveau, les suicides ont fortement diminué pendant la durée des ministères Waldeck-Rousseau et Combes. Pour mesurer cette diminution, calculons les nombres relatifs des suicides en Bretagne en appelant 100 le nombre absolu des suicides non plus en 1898, mais en 1897. On trouve alors :

Bretagne

1897	*1898*	*1899*	*1900*	*1901*	*1902*	*1903*	*1904*	*1905*
100	89	93,5	73,5	89	90	85	92	104,5

La baisse est en moyenne presque aussi forte que dans la Seine, plus forte que dans le Midi. Le minimum (plus accentué que dans toutes les autres régions, sauf Paris) se place en 1903, comme en Anjou, plus tard que les minima des autres groupes de départements. Mais il y a un premier minimum l'année de l'affaire Dreyfus, qui ne se retrouve dans aucune des régions que nous avons distinguées, sauf dans la Seine et particulièrement à Paris (où il est du reste moins accentué).

Nous pouvons enfin comparer pour toute la France, pendant cette période, les suicides dans la population rurale et urbaine. Voici deux séries parallèles de nombres relatifs. Les premiers (deux premières lignes) représentent le nombre absolu des suicides ruraux et celui des suicides urbains, en égalant à 100 ces nombres pour 1897 ; les derniers (dernière ligne), le nombre absolu des suicides urbains, en égalant à 100, pour chaque année, le nombre absolu des suicides ruraux de cette année[2].

1. Voici, pour les mêmes années, les nombres relatifs qui mesurent les variations du nombre absolu des suicides dans toute la France (par rapport à ce qu'est ce nombre en 1898 = 100).

France

1893	*1894*	*1895*	*1896*	*1897*	*1898*	*1905*	*1906*	*1907*	*1908*	*1909*	*1910*	*1911*	*1913*
96	102	97,5	97,5	99	100	98,5	97,5	106	99	102	104	102	109

Il n'y a pas trace, on le voit, d'un mouvement ascensionnel, du moins jusqu'en 1909.

2. Nous ne trouvions, dans nos notes, que les nombres absolus de suicides urbains et ruraux correspondant à ces années. Encore, pour 1918, n'avions-nous que le nombre de suicides

Tableau XLIV *bis*

	1897	*1898*	*1899*	*1902*	*1905*	*1906*	*1907*	*1908*	*1910*	*1911*
Campagnes (par rapport à 1897)	100	105	101	97,5	106,5	106	110	106	114	111
Villes (par rapport à 1897)	100	94	89	89	92	90	102	95	97	94
Villes (par rapport aux campagnes)	102	92	91	94	88,5	86	95,5	92	87	87

Les deux premières lignes de ce tableau mettent en lumière deux faits importants. D'abord en 1898 (année de l'affaire Dreyfus) les suicides urbains diminuent très nettement, contrairement à ce qui paraissait résulter des deux taux de suicide pour la France entière en 1897 et 1898 : 242 et 244, aussi bien que de notre tableau précédent (tableau XLIV). D'autre part, en 1898 et 1899 ils diminuent bien plus nettement que l'ensemble des suicides urbains et ruraux (nombres relatifs pour toute la France, par rapport à 1897 : 96 et 93), et cette diminution se retrouve en 1905 et 1906 un peu atténuée. Voici enfin un troisième fait. Sauf un fléchissement en 1902, les suicides ruraux paraissent ne pas diminuer. Mais il faut se rappeler que la courbe des suicides dans les campagnes, de 1866 à 1911 (voir le tableau XX) est nettement ascensionnelle. Des chiffres ci-dessus eux-mêmes il résulte que de 1897 à 1910-1911 ils ont augmenté de 100 à 111-114. Or ce mouvement a été interrompu en 1899-1902. Le fléchissement de 1902 est donc en réalité plus accentué qu'il ne paraît. Si nous calculions les nombres relatifs qui correspondraient pour les campagnes à une augmentation suivant un même taux, de 100 en 1897 à 110 en 1910 (ce qui donne 106,15 pour 1905, à peu près comme dans le tableau) nous trouverions, en 1902 : 103,85[1]. La différence entre ce

d'hommes ; nous avons calculé le nombre de cette année pour les deux sexes en admettant que sur 100 suicides d'hommes il y en a 28 de femmes dans les campagnes, et 32 dans les villes, ce qui est la moyenne pour les années 1891-1892 et 1910-1911 (ce nombre a passé de 28,3 à 29,4 dans les campagnes, et de 27,9 à 36 dans les villes, de la première à la seconde période : nous n'avions pas à cet égard de données plus voisines de la période 1897-1904).

1. C'est l'opération qui consiste à éliminer un mouvement de longue durée. On calcule la différence entre les deux termes du début et de la fin, et on la divise par le nombre des intervalles d'une année compris dans la période. On trouve ici un peu moins de 0,77. C'est l'augmentation annuelle moyenne.

nombre et 97,5 mesurerait donc la diminution réelle des suicides dans les campagnes en 1902, soit environ 6 %, de 100 à 94. Elle reste très inférieure (de près de moitié) à la diminution des suicides dans les villes : de 100 à 89.

Ajoutons enfin que, durant toute cette période, le rapport des suicides de femmes aux suicides d'hommes n'a guère varié : de 30 à 30,15 femmes pour 100 hommes, comme les années précédentes. Si la baisse des suicides dans cette période s'explique par la situation politique, il faut admettre que les deux sexes en ont ressenti l'influence au même degré[1].

Bien qu'en 1905 la proportion des morts volontaires remonte à peu près au niveau de 1896, elle baisse de nouveau en 1906 (de 239 à 352). Au reste, qu'on se reporte au tableau XLIV, on remarquera que, dans la Seine et dans le Midi - sud-est, c'est-à-dire dans les régions où la diminution des suicides a été le plus sensible au fort de la crise politique précédente, cette proportion, en 1905, reste aussi faible qu'en 1901-1902. De fait, la crise politique n'est pas terminée. Rappelons en peu de mots les événements les plus importants qui remplissent les deux années 1905 et 1906 : on verra qu'ils n'ont pas moins de portée apparente que les précédents, et que nous n'en sommes pas encore venus au moment où la mer est étale, et où le reflux s'annonce.

1905. Vote de principe sur la séparation des églises et de l'État, 10 février ; dépôt du projet par la Commission, 4 mars. Vote de la loi de deux ans par le Sénat, février-mars. Vote de la loi de séparation à la Chambre, 3 juillet, et au Sénat, 6 décembre. La crise extérieure (visite de Guillaume II à Tanger, et démission de Delcassé) détourne un peu les esprits de la lutte politique contre l'église. Mais si l'on écarte ces cinq mois, durant les sept autres le taux de suicide pour toute la France est égal à 225, c'est-à-dire aussi bas qu'en 1902 et 1903. Ainsi la baisse continue, en même temps que la crise. « Par la loi du 2 décembre 1905 la France rompait avec la tradition européenne des concordats, par lesquels l'État reconnaît officiellement la religion ; elle passait au système américain, qui laisse les cultes organisés par l'initiative privée. C'était une révolution dans le régime ecclésiastique de la France » (Seignobos, *op. cit.*, p. 245).

1. Observons cependant qu'à Paris, où d'ailleurs la proportion des suicides de femmes paraît un peu plus forte, elle s'est élevée en 1898 à 44,5 pour 100 hommes, au lieu de 33,5 en 1897, à 38 en 1902 et à 37,5 en 1904, au lieu de 35,5 en 1901 et 33,1 en 1903, c'est-à-dire qu'elle a sensiblement moins baissé que pour les hommes durant cette période.

1906. Élection de Fallières à la présidence de la République, contre Doumer : « Succès du Bloc contre la coalition des adversaires du ministère Combes. » Les inventaires des églises (protestations des évêques, manifestations, résistances, etc.), février. Ministère Sarrien-Clemenceau-Briand, mars. Élections (triomphe du Bloc qui gagne 60 sièges), avril. Élection de Brisson à la présidence de la Chambre. Ministère Clemenceau, octobre. Conflit avec le Vatican. Le pape interdit les associations cultuelles, août. Briand fait expulser le chargé d'affaires du pape, Montagnini, et saisir ses papiers, décembre.

Ainsi, la crise politique commencée en 1898 s'est poursuivie jusqu'en 1907. On peut dire que durant cette période, sauf durant quatre ou cinq mois en 1905, lorsque l'affaire de Tanger fait surgir un péril de guerre, toute l'attention se reporte sur la lutte contre les congrégations et le Vatican. Pendant tout ce temps, on peut dire aussi (puisque la hausse des quatre ou cinq mois de 1905 semble bien être en rapport avec les préoccupations de guerre), que tant que les préoccupations de politique intérieure sont au premier plan, le taux de suicide baisse, et, même à la fin, ne remonte pas jusqu'au niveau atteint antérieurement.

Nous croyons qu'une expérience bien choisie et étudiée d'assez près peut suffire pour établir un rapport de causalité. C'est pourquoi nous avons insisté sur cet exemple. Mais la France, à d'autres époques (depuis qu'on enregistre les morts volontaires), a déjà traversé des circonstances semblables. Sans entrer dans le même détail, il nous suffira de montrer que les coïncidences qu'on peut relever alors entre la marche des suicides et les événements politiques ne paraissent pas accidentelles.

De 1872 à 1892 la proportion des suicides augmente d'un mouvement rapide et continu. Nous avons calculé que cette augmentation devait être, en moyenne, de 4,7 par an et obtenu ainsi une suite de nombres (calculés), en regard desquels nous plaçons les nombres observés. Nous indiquons enfin la différence entre les nombres calculés et les nombres observés.

Pour un certain nombre d'années prises au début, à la fin, au premier tiers, au second tiers et à d'autres intervalles (en 1872, 1874, 1878, 1882, 1885, 1887-1888, 1891-1892), les différences sont assez faibles pour qu'on puisse être assuré que la courbe théorique (nombres calculés) représente bien la marche d'ensemble du phénomène. Les différences (toutes négatives) représenteraient alors autant d'interruptions plus ou moins prolongées du mouvement ascensionnel. Quelles sont les causes de ces fléchissements ?

Tableau XLV – *Nombre de suicides en France, pour 1 million d'habitants*

Années	*Nombres calculés*	*Nombres observés*	*Différences*
1872	144,8	146	+ 1,2
1873	149,5	153	+ 3,5
1874	154,2	155	+ 0,8
1875	158,9	150	– 8,9
1876	163,6	158	– 5,6
1877	168,3	160	– 8,3
1878	173	173	0
1879	177,7	174	– 3,7
1880	182,4	178	– 4,4
1881	187,1	179	– 8,1
1882	191,8	192	+ 0,2
1883	196,5	192	– 4,5
1884	201,2	199	– 2,2
1885	205,9	207	+ 1,1
1886	210,6	214	– 3,4
1887	215,3	215	– 0,3
1888	220	220	0
1889	224,7	214	– 10,7
1890	229,4	220	– 9,4
1891	234,1	232	– 2,1
1892	238,8	241	+ 1,2

Le premier, de 1875 à 1877, se place dans une période extrêmement agitée, où la France échappe au gouvernement des partis monarchiques, vote la Constitution de 1875 qui établit la République, et où la Chambre républicaine tient tête au président et au Sénat conservateurs (coup d'État du 16 mai 1877, élections républicaines en octobre).

Nouvelle diminution massive des morts volontaires en 1879-1881. « L'année 1878, dit Seignobos, fut une année de calme et d'inaction politique. »[1] Au début de 1879, Mac Mahon donne sa démission. Le Parti républicain l'emporte. Gambetta est président de la Chambre. La lutte contre les congrégations commence. En mars 1879 Ferry dépose un projet de loi qui exclut les évêques du Conseil supérieur de l'Instruction publique (voté à une faible majorité en février 1880), et un autre qui interdit d'enseigner aux membres des congrégations non autorisées : l'article VII, dirigé contre les Jésuites, est voté par la Chambre en

1. *Op. cit.*, p. 47.

juillet 1879, rejeté par le Sénat en mars 1880. « Les décrets », mars 1880, sont suivis de l'expulsion des Jésuites. C'est la rupture entre la République et le clergé. La loi qui établit la gratuité de l'enseignement est votée en juin 1881. Aux élections d'août 1881, le Parti républicain se renforce. Gambetta forme son grand ministère en novembre 1881.

En 1882 les suicides augmentent ; ils diminuent de nouveau en 1883-1884, augmentent en 1885, et diminuent enfin en 1886. Nous disons : enfin, parce que, après deux années de baisse, lorsqu'ils remonteront, la situation politique sera bien transformée. C'est en 1886 que la réforme de l'instruction primaire est achevée par la loi du 30 octobre, qui établit la laïcité de l'école. On pourrait admettre qu'au point de vue politique toute la période 1877-1886 forme un tout, et l'on serait tenté de rattacher aussi toute la série d'années où les différences entre le nombre des suicides et ce qu'il devrait être restent négatives, c'est-à-dire jusqu'en 1886 (ce rapprochement semble naturel, quand on se reporte au tableau). Mais comment s'expliquerait alors que ce mouvement soit coupé à deux reprises, en 1882 et 1885, par des hausses intermittentes ?

En 1882, il y eut en France une crise financière exceptionnelle, qui résultait à la fois de la dépression économique profonde ressentie par tous les pays civilisés (à partir de 1881), et de la spéculation (le krach de l'*Union générale*). Nous étudierons dans un autre chapitre l'influence que les crises économiques paraissent exercer sur le mouvement des suicides, et nous verrons qu'en période de dépression les suicides tendent à augmenter, et en période de prospérité, à diminuer. Disons tout de suite qu'en France, de 1881 à 1913, cette influence semble contrariée et obscurcie, sans doute parce que les circonstances politiques interviennent. Certes, on pourrait mettre en rapport la baisse des suicides que nous avons examinée en premier lieu, de 1875 à 1882 (exclusivement) et la vague de prospérité qui commence en 1875 et va jusqu'à 1881 (exclusivement aussi). Mais comment expliquer alors qu'en période de dépression, de 1881 à 1888, les suicides diminuent cinq années sur sept ? En ce moment, nous fixons notre attention sur les événements politiques. Mais nous devons admettre que l'influence des circonstances économiques, plus faible peut-être en France dans cette période, ne s'en manifeste pas moins lorsqu'elles deviennent exceptionnellement critiques. C'est bien ce qui semble s'être produit en 1882[1].

1. Au reste, cette crise économique et financière eut aussi un aspect politique. L'Union générale des Banques, de Bontoux, se présentait comme une entreprise catholique. « Les nobles, les bourgeois, les ecclésiastiques français, encouragés par les journaux conservateurs, achetèrent les

Durkheim a remarqué qu'en 1889, aux mois d'août et de septembre, c'est-à-dire pendant les élections, les suicides ont diminué de 12 % par rapport aux mois correspondants de 1888, et augmenté de nouveau dès octobre, c'est-à-dire dès que la lutte était close. En réalité, d'après les chiffres de notre tableau, cette diminution porte non pas sur deux mois, mais sur deux ans. D'après ceux mêmes qu'il reproduit, elle est, en décembre 1889, de 16 % par rapport à décembre 1888, en mai 1889, de 14 % par rapport à mai 1888, etc. Mais le trait le plus remarquable de cette baisse, c'est qu'elle commence seulement en 1889, alors que le mouvement proprement boulangiste touche à sa fin. Dès le milieu de 1887 (départ pour Clermont, revue du 14 juillet), la popularité du général Boulanger est très grande. Elle atteint son plus haut degré en 1888 : triple élection dans le Nord, la Somme et la Charente-Inférieure en août, dans la Seine en janvier 1889. Mais, dès février 1889, le Parti républicain s'est ressaisi et a rétabli le scrutin d'arrondissement. Poursuivi devant la Haute-Cour, Boulanger s'enfuit à Bruxelles le 1er avril, et disparaît très vite de la scène politique. De nouveau, conservateurs et républicains sont aux prises. Ce qui est en jeu, ce sont les lois votées depuis 1879. Les républicains l'emportent le 22 septembre. Or, en 1887 et 1888, la proportion des suicides s'est relevée. Elle baisse très fortement en 1889 et 1890. Ce n'est pas le boulangisme, c'est la lutte contre le boulangisme, ou plutôt contre les conservateurs qui ont lié partie avec lui, qui semble avoir recréé une atmosphère politique plus excitante.

M. Albert Bayet, dans le livre que nous avons cité, écrit[1] : « Il ne semble pas que, dans la période héroïque de la Révolution, les suicides soient particulièrement nombreux. D'après une légende répandue par Falret, il y aurait eu à Versailles, en 1793, 1 300 suicides ! Mais Des Étangs relevant à la mairie de Versailles tous les décès constatés en 1793 n'arrive qu'au total de 1 144 ; "et le suicide, ajoute-t-il, n'y figure que pour quelques unités". Pour Paris, je n'ai trouvé nulle part un chiffre quelconque. Les journaux qui publient le nombre des décès

actions de l'*Union*... Leur exemple entraîna la petite épargne, surtout dans la région de Lyon. » D'autre part « la même année le monde financier, inquiet des projets de Gambetta sur la conversion en 3 % et le rachat des grandes compagnies, poussait à la baisse des fonds d'État : la rente baissa de 6 F » (Seignobos, *op. cit.*, p. 88-89). La dépression économique n'est ici que l'envers d'une réaction politique, du moins en partie.

1. Albert Bayet, *loc. cit.*, p. 698-699.

n'indiquent pas celui des suicides. Mais quelques déclarations donnent à penser que les suicides sont plus nombreux en 1790 et après 1794 qu'au fort de la période héroïque... À partir de 1795, journaux et rapports de police s'accordent à signaler l'accroissement du nombre des suicides... Or tandis qu'on se plaint du grand nombre des suicides avant et après la période héroïque de la Révolution, durant cette période elle-même, j'ai cherché en vain une plainte analogue... Le seul chiffre précis, celui qui signale en 1797 60 suicides (à Paris) pour une période de cinq mois, n'indique pas une moyenne supérieure à la moyenne annuelle de 147 indiquée par Mercier pour les années antérieures à la Révolution. Or ce chiffre (de 1797) se rapporte à une période où, d'après plusieurs témoignages, le nombre des suicides est en plein accroissement. Force serait donc bien d'admettre qu'au fort de la Révolution, au moment de la Terreur, la moyenne annuelle des suicides à Paris est moins élevée qu'au cours des dernières années de l'Ancien Régime. »

Tout cela paraît donner raison à Durkheim, et à Rousseau qui disait : « Les émeutes, les guerres civiles effarouchent beaucoup les chefs, mais elles ne font pas les vrais malheurs des peuples... Un peu d'agitation donne du ressort aux âmes, et ce qui fait vraiment prospérer l'espèce est moins la paix que la liberté » (*Contrat social,* livre III, chap. IX).

Cependant ne nous hâtons pas de conclure. Nous avons montré que si, pendant la guerre, les suicides diminuent, la structure de la société se transforme en même temps. La vie se simplifie et s'uniformise. Dans ces conditions il est assez naturel que les hommes ne se comportent pas comme en temps de paix. L'exaltation du sentiment national n'explique peut-être alors que dans une mesure restreinte la diminution des morts volontaires qui résulte, plus généralement, de ce que le groupe a passé du type industriel au type militaire. En période de révolution, ou de crise et d'agitation politique, en est-il de même ?

On pourrait en douter, car, alors, la société n'est pas extérieurement modifiée. Les mêmes organes s'acquittent des mêmes fonctions. L'homme n'est pas séparé de sa famille, il exerce toujours sa profession. La vie économique se poursuit. Rien n'est changé, si ce n'est qu'une partie des membres du groupe se préoccupent davantage de l'activité politique, qu'ils lui consacrent une plus grande partie de leur attention et de leur temps. Ici, l'explication proposée par Durkheim garderait donc toute sa valeur. C'est parce que les hommes sont pris dans un vaste courant collectif que la vie les intéresserait plus. Dominés par le sentiment de ne faire qu'un avec les autres, ils seraient moins sensibles aux motifs de désespoir et de découragement qui s'imposent à la conscience de l'individu isolé.

Nous ne savons pas, toutefois, si les crises politiques n'ont pas d'autres effets que d'intensifier ainsi tout un ordre spécial des sentiments collectifs. Une révolution, comme une guerre, en même temps qu'elle excite les passions, ralentit et paralyse plus ou moins toutes les fonctions de la société. Entre une révolution et une crise politique, il n'y a qu'une différence de degré. Il se peut que, dans un cas comme dans l'autre, les mêmes effets indirects se produisent. C'est une hypothèse, qu'il ne nous est pas possible pour le moment de vérifier, mais que nous devions cependant envisager.

L'essentiel c'est que des expériences que nous avons analysées il résulte qu'en période de crise politique, aussi bien que pendant les guerres, les suicides diminuent. C'est ce fait qu'il faut retenir, quelque explication, d'ailleurs, qu'on en puisse donner.

XII

L'influence des crises économiques

Le mouvement des suicides en Prusse et en Allemagne

Pour démontrer que les crises économiques exercent sur le suicide une influence aggravante, Morselli rappelait qu'en 1873-1874 une crise financière éclatait en Autriche, et que les suicides y augmentaient aussitôt de 40 % et même plus, à Vienne de près de 70 %. En tête du chapitre qu'il consacre au « suicide anomique », Durkheim insiste sur le même fait : « L'augmentation, dit-il, est de 70 %. Cette catastrophe financière est la seule cause de cet accroissement. » Reproduisons maintenant la remarque suivante, du père Krose : « Jusqu'à 1872, le nombre des suicides augmente en Autriche, mais d'un mouvement lent. Cette même année on commence à publier les relevés sanitaires prescrits pas le Conseil supérieur d'hygiène, qui permettent de compléter les données des registres que tenaient les prêtres. Or le nombre des suicides augmente de 1 677 en 1872 à 2 463 l'année suivante, soit de près de 50 %. Sans doute le krach de Vienne, en 1873, peut expliquer pour une petite part cette augmentation. Mais elle résulte principalement de ce que les relevés sont plus exacts, puisqu'elle continue les années suivantes. »

Cet exemple prouve seulement qu'il faut prendre certaines précautions, quand on étudie les statistiques des suicides. Mais, d'autre part, les faits économiques sont assez complexes. Qu'est-ce qu'une crise ? Les économistes entendent par là le passage brusque d'une période de hausse des prix à une période de baisse. Mais les prix des actions et obligations négociées en Bourse, les prix de gros et les prix de détail ne baissent pas en même temps. Une crise financière ne se confond pas avec une crise des prix : elle la précède souvent, si bien que celle-ci peut se produire une autre année que celle-là. Bien des auteurs parlent de crises de cherté. Durkheim parle même de crises de prospérité. Suivant l'état économique d'un pays, suivant qu'il est principalement agricole ou industriel, la baisse des prix sera une catastrophe ou un bienfait. Enfin il y a des nations, et des périodes dans la vie des nations, où le commerce et l'industrie sont les principaux intérêts du peuple. Dans d'autres pays, et à d'autres moments dans les mêmes pays, c'est la politique qui passe au premier plan.

Nous nous en tiendrons, dans l'étude que nous allons faire des rapports entre les crises économiques et les suicides, à un seul pays, l'Allemagne, et à la période qui suit 1870, parce que c'est un grand pays industriel et que, durant les quarante années qui ont précédé la dernière guerre, la vie politique y a été ralentie, tandis que l'activité productrice et commerciale absorbait toutes les forces de la nation. Pour ces même raisons, nous prendrons comme indices de la prospérité et de la dépression en Allemagne le seul mouvement des prix de gros.

Nous allons d'abord comparer les statistiques des suicides en Prusse (ou en Allemagne) et en France, pour toutes les périodes qui se sont succédé depuis 1827, voici pourquoi. C'est entre 1880 et 1890 qu'a commencé l'essor industriel de l'Allemagne, et que son commerce extérieur a dépassé celui de la France. Si l'on constatait qu'à partir du même moment le mouvement d'augmentation des suicides se ralentit en Allemagne et non en France (du moins pas au même degré), cela laisserait déjà supposer qu'il existe un rapport entre l'activité industrielle et les suicides, et que ceux-ci diminuent quand celle-là augmente.

Nous ne devons pas oublier qu'avant 1883 (date où fut réformée la statistique des suicides en Prusse), les relevés, dans ce pays, laissaient échapper un nombre important de suicides, sans doute un sixième (comme en l'année 1883, pour laquelle on put comparer les résultats des deux méthodes). En 1867, il y avait eu une première réforme de cette statistique, mais nous ne savons absolument pas dans quelle mesure le nombre des suicides enregistrés s'en est trouvé augmenté. Nous pouvons, du moins, de 1867 à 1886, augmenter d'un sixième (montant de l'erreur probable en moins, comme, nous venons de l'indiquer) les nombres correspondant aux années 1857-1882[1] : nous obtenons ainsi les proportions moyennes plus élevées que nous avons

1. Notons que le chiffre rectifié que nous obtenons pour la Prusse en 1877-1886 est très voisin du chiffre que la statistique officielle donne pour l'Allemagne pour la période 1881-1886.

Tableau XLVI – *Proportion des suicides en Prusse, en Allemagne et en France de 1827 à 1924 (pour 1 million d'habitants)*

	Prusse	*Allemagne*	*France*
1827-1836	93,5	—	60,8
1837-1846	103,9	—	82,4
1847-1856	115,3	—	101,7
1857-1866 (²)	118 (138)	—	119,1
1867-1876	129,5 (155,5)	—	141,6
1877-1886 (³)	191,2 (213)	210 (¹)	186,8
1887-1896	199,7	206,3	231,3
1897-1906	198,1	206,9	232,2
1907-1913	210	220	250
1914-1918	161,5	175,6	174,6
1919-1924	202,7	212	224

(¹) Pour la période 1881-1886.

(²) Les nombres entre parenthèses représentent les chiffres officiels augmentés d'un sixième. C'est l'augmentation qui résulte de la réforme introduite dans les relevés en 1883.

(³) Au lieu de 191,2, nous trouvons 184,2, d'après les chiffres et publiés dans la *Zeitschrift des Preus. statist. Landesamt,* 3 et 4 Abt, 1929, p. 441.

indiquées sur le tableau entre parenthèses. Si ces chiffres nouveaux sont à peu près exacts, il s'ensuivrait que jusqu'à la décade 1877-1886 inclusivement, et depuis 1827 (car les nombres antérieurs à 1877 sont certainement inexacts par défaut), c'est-à-dire pendant plus de cinquante ans, le taux de suicide aurait été plus élevé en Prusse qu'en France[1].

Il n'en est plus de même ensuite. De fait, à partir de 1887 jusqu'à 1913 pour la Prusse, et pour l'Allemagne jusqu'en 1924 (sauf en 1915 et en 1918), la proportion des suicides est, à toutes les années, inférieure à ce qu'elle est en France. Pendant vingt ans, de 1887 à 1906, elle est de 16 % plus élevée en France qu'en Prusse (de 12 % plus élevée en France qu'en Allemagne), et, respectivement, de 1907 à 1913, à la veille de la guerre, de 19 et de 14 %. Pendant la guerre, et ceci est assez remarquable, elle est égale en Allemagne et en France. Pendant les six années qui suivent la guerre, de 1919 à 1924, elle est, de nouveau, plus élevée en France qu'en Allemagne, mais de 6 % seulement. C'est, très nettement, de 1886 à 1887 que le rapport change de

1. Pour chacune des quatre années précédentes, de 1883 à 1886, le taux du suicide est plus élevé en Prusse et en Allemagne qu'en France.

sens, que le taux des suicides, favorable jusqu'ici à la France, devient favorable à la Prusse et à l'Allemagne[1].

Pour avoir une idée plus exacte du mouvement des suicides dans les deux pays, durant toute la période qui commence en 1867, indiquons dans quelle proportion augmente le taux de suicide dans chaque décade (en augmentant d'un cinquième les chiffres allemands antérieurs à 1883).

Augmentation ou diminution du taux de suicide

	France (%)	*Prusse (%)*
1867 à 1876	+ 20	0
1877 à 1886	+ 27	+ 10
1887 à 1896	+ 12	− 2
1897 à 1906	+ 2	+ 2
1907 à 1913	+ 2	+ 11

Si, à partir de 1887, le taux français dépasse le taux allemand, c'est qu'il s'est considérablement élevé durant les vingt années précédentes. S'il n'en a pas été de même en Allemagne, c'est qu'au lendemain de la guerre de 1870-1871 les suicides, qui avaient beaucoup diminué pendant la guerre, ne sont remontés que lentement au niveau atteint en 1867[2].

1. À partir de 1924, l'Allemagne a de nouveau dépassé la France. Voici la proportion des suicides dans les deux pays pour les dernières années.

	Allemagne	*France*
1919	184	213
1920	217	217
1921	207	228
1922	219	229
1923	214	222
1924	232	231
1925	245	234
1926	261	232

2. Les années 1867-1868 sont des années de crise ; mais l'année 1876 est également marquée par une dépression économique, après la crise de 1874. Si nous avions calculé la variation du taux de suicide en Prusse de 1869 à 1873, au lieu d'un stationnement, nous aurions constaté une diminution de 75 %.

Non seulement la victoire militaire, mais encore la fondation du Reich, annoncent une ère politique nouvelle. Jamais sans doute, depuis le début du XIXe siècle, un courant d'enthousiasme national aussi irrésistible n'a entraîné et soulevé le peuple allemand. Ainsi s'expliquerait cet arrêt prolongé dans le mouvement ascensionnel de la proportion des suicides en Allemagne, dont on ne trouve pas d'autre exemple avant cette période. Afin de mieux montrer à quel point il est exceptionnel, ainsi que le fléchissement qui se produit dix années après, nous avons calculé, comme précédemment pour la France, le taux moyen du suicide pour trois années successives en Prusse, depuis le début de la statistique prussienne, d'après les chiffres officiels (sauf pour la période triennale 1882-1884, où nous avons augmenté d'un cinquième pour les raisons indiquées ci-dessus le nombre correspondant à l'année 1882).

Visiblement, l'augmentation qui se produit de 1848 à 1882-1884 est interrompue, durant les années de la guerre de 1870-1871 et celles qui suivent immédiatement ; il y a une chute brusque et profonde, et une dépression qui s'étend sur six années[1]. Quant à la diminution du taux de suicide relevée ci-dessus durant la troisième période, qui commence en réalité avec l'année 1887, elle est profonde également en 1888 et 1889. Remarquons qu'à partir de cette époque, et durant toutes les périodes suivantes, le taux de suicide tendra à se rapprocher de ce minimum, et, en tout cas, ne s'élèvera jamais beaucoup plus haut.

Cette seconde diminution des morts volontaires (à partir de 1887) ne peut être mise en rapport avec quelque événement politique national qui suffise à en rendre compte. La mort du vieil empereur et l'avènement de Guillaume II en 1888 constituent des événements attendus et secondaires ; ils ne sont pas de nature à émouvoir et passionner de façon durable les masses allemandes. Il faut chercher ailleurs, et porter son attention principalement sur l'évolution économique qui s'accomplit alors au-delà du Rhin. L'essor industriel et commercial de l'Allemagne commence précisément entre 1880 et 1890. Bien que, dans les deux décades qui suivent, et jusqu'en 1913, la richesse et le pouvoir de production s'y soient sans doute développés dans de plus vastes proportions, jamais le changement n'a été plus profond, ni plus

1. Le fléchissement, beaucoup plus faible, qu'on remarque en 1858-1863, doit s'expliquer, nous le verrons, par la crise commerciale de 1857.

profondément senti qu'aux environs de 1887[1]. L'hypothèse que, de même que la transformation politique accomplie pendant et après la guerre de 1870-1871, les débuts de la révolution industrielle en Allemagne y ont abaissé le taux de suicide, gagnerait en vraisemblance, si l'on pouvait établir qu'il existe un rapport entre la succession des périodes de prospérité et de dépression économique, et les variations du nombre des morts volontaires.

Tableau XLVII – *Taux moyen du suicide en Prusse, pour 1 million d'habitants*

Années	*Suicides*	*Années*	*Suicides*
1816-1818	71,1	1864-1866	121,3
1819-1821	77,1	1867-1869	144,3
1822-1824	84,3	1870-1872	117
1825-1827	83,7	1873-1875	120,3
1828-1830	91	1876-1878	163,3
1831-1833	92,3	1879-1881	175
1834-1836	99,8	1882-1884	218
1837-1839	101	1885-1887	211
1840-1842	102,7	1888-1890	192
1843-1845	107	1891-1893	205,3
1846-1848	108,3	1894-1896	200,7
1849-1851	102	1897-1899	192,7
1852-1854	120,3	1900-1902	196,7
1855-1857	127,3	1903-1905	204,3
1858-1860	116	1906-1908	202
1861-1863	118	1909-1911	209

1. Indiquons seulement ici le montant total du commerce extérieur des deux pays, importation et exportation réunies, en millions de francs :

	France	*Allemagne*
1880	8 501	7 074
1890	8 190	9 229
1900	8 807	12 817
1910	13 407	20 266
1913	17 121	25 770

En 1880, le commerce extérieur français dépasse encore le commerce extérieur allemand ; en 1890, c'est l'inverse. C'est entre 1880 et 1890 que le taux du suicide dévient favorable à l'Allemagne.

C'est ce que nous tenterons pour l'Allemagne à partir de 1880. Mais, auparavant, examinons les chiffres prussiens pour la période antérieure à cette date, en insistant sur les années de crise. Nous reproduisons ci-dessous les indices des prix à l'importation, à Hambourg, de 28 articles[1].

De 1849 à 1873, les prix haussent, et, de 1873 à 1896, ils baissent : ce sont deux mouvements de longue durée, dont il faut tenir compte pour apprécier l'importance ou l'amplitude des mouvements cycliques de courte durée. Comme le remarque M. Aftalion, « le mouvement de longue durée prolonge le mouvement cyclique qui s'effectue dans le même sens et écourte le mouvement cyclique qui s'effectue dans le sens contraire ». Jusqu'en 1873, il faut donc admettre que les mouvements de baisse sont atténués, c'est-à-dire qu'ils sont plus importants qu'il n'en ont l'air.

Tableau XLVIII – *Indices des prix de gros en Allemagne de 1850 à 1887*

1850	120	1860	141	1870	135	1879	123
1851	112	1861	139	1871	140	1880	128
1852	118	1862	141	1872	155	1881	127
1853	134	1863	136	1873	160	1882	127
1854	153	1864	140	1874	147	1883	121
1855	161	1865	139	1875	138	1884	114
1856	147	1866	142	1876	134	1885	108
1857	150	1867	143	1877	132	1886	101
1858	130	1868	139	1878	124	1887	103
1859	136	1869	139				

N'insistons pas sur les années qui suivent 1848. La révolution a fait sentir son influence en Allemagne plus tard qu'en France. Les suicides diminuent en Prusse dès 1848, mais surtout en 1849. Nous savons, d'autre part, que les années 1848-1849-1850 furent des années de très bonne récolte. Sans doute faut-il distinguer ici entre les pays principalement industriels et commerçants, qui profitent de la hausse des prix et sont durement ébranlés par leur baisse, et les pays principalement agricoles, qui profitent peut-être moins de la hausse des prix des produits agricoles qu'ils n'en souffrent (car elle s'explique par les mauvaises

1. D'après l'*Annuaire statistique de la France,* qui a recalculé ces indices pour leur donner la même base qu'aux index-numbers des prix français. Voir Index-numbers généraux des prix, dans Aftalion, *Les crises périodiques de surproduction,* Paris, 1913, t. I, p. 21-22.

récoltes), et qu'ils ne sont atteints par la hausse des prix en général. Il ne faut pas oublier qu'à cette époque, l'Allemagne n'est pas encore industriellement et commercialement très développée. Lorsque Durkheim dit qu'en 1850, alors que le cours du blé descend en Prusse au point le plus bas qu'il ait atteint pendant toute la période 1848-1881, les suicides augmentent de 13 %, il ne tient pas compte de l'influence retardée de la révolution de 1848, qui abaisse précisément le taux de suicide de 10 %, de 1848 à 1849. En réalité, le taux du suicide est plus bas, en 1850, qu'il n'a été en moyenne dans toute la période 1842-1848.

Il y a en 1857 une grande crise internationale. Cependant, en Prusse, c'est dès 1854, mais surtout en 1855 et 1856 que les suicides augmentent. En 1854 et 1855, les prix de gros sont exceptionnellement élevés en Allemagne. Ils baissent un peu en 1856. Mais les prix des denrées de première nécessité ont été élevés en 1854-1856. On peut admettre que dans les pays qui ne sont pas encore très industrialisés, c'est moins la crise des prix (passage de la hausse à la baisse) que la cherté de la vie qui crée un état de malaise et de trouble dans la masse du peuple. De fait, en 1858, alors que les prix de gros viennent de baisser de 20 points, le taux de suicide reste nettement au-dessous du niveau qu'il avait atteint en 1855-1856.

L'augmentation extrêmement brusque du taux du suicide en Prusse de 1866 à 1867 a retenu l'attention de Durkheim, qui en tire argument pour soutenir que les crises de prospérité, aussi bien que les crises de misère, ont un effet défavorable à cet égard. « En 1866, dit-il, ce royaume (la Prusse) reçoit un premier accroissement. Il s'annexe plusieurs provinces importantes en même temps qu'il devient le chef de la confédération du Nord. Ce gain de gloire et de puissance est aussitôt accompagné d'une brusque poussée de suicides. » Malheureusement, sur ces années si importantes dans l'histoire de la Prusse, sur les suicides durant ces années, nous ne possédons pas de données bien sûres. Nous avons dit qu'il était très possible et même vraisemblable que les méthodes nouvelles de relevé, officiellement introduites en 1868, aient été déjà employées, au moins à titre d'essai, un an plus tôt. Or rien ne prouve que les chiffres des années antérieures n'aient pas été inexacts par défaut (lors d'une réforme ultérieure, en 1883, rappelons-le, les suicides augmenteront de plus d'un sixième). Nous avons toutes raisons de ne pas chercher plus longtemps le sens d'une variation qui est, peut-être, toute fictive.

Venons-en à la grande crise de 1874. D'après Durkheim, « au lendemain de la guerre de 1870, une nouvelle transformation se produit (en Prusse). L'Allemagne est unifiée et placée tout entière sous l'hégémonie de la Prusse. Une énorme indemnité de guerre vient grossir la fortune publique ; le commerce et l'industrie prennent leur essor. Jamais le développement du suicide n'a été aussi rapide. De 1875 à 1886 il augmente de 90 %, passant de 3 278 cas à 6 212 ».

Le taux d'augmentation du suicide de 1875 à 1886, bien qu'il soit sans précédent jusqu'à cette date, n'est cependant pas aussi élevé que le croit Durkheim. D'abord il ne tient pas compte de ce que, de 1882 à 1883, la réforme introduite dans les méthodes de relevé augmente le nombre officiel des suicides dans la proportion d'un sixième. D'autre part il calcule l'accroissement du nombre absolu des suicides, et non de leur proportion par rapport à la population qui a augmenté. D'après nos calculs, l'accroissement du taux de suicide de 1875 à 1886 (en augmentant d'un sixième les chiffres de 1875), n'aurait été que de 47 % (et non de 90 %).

Cette augmentation n'en est pas moins élevée. « Au lendemain de la guerre de 1870, écrit Durkheim, une nouvelle transformation heureuse se produit. L'Allemagne est unifiée et placée tout entière sous l'hégémonie de la Prusse. Une énorme indemnité de guerre vient grossir la fortune publique. Le commerce et l'industrie prennent leur essor. Jamais le développement du suicide n'a été aussi rapide. » Durkheim veut établir que ce n'est pas la cherté de la vie, ou le ralentissement de l'activité économique, mais que c'est la crise comme telle qui entraîne l'augmentation des morts volontaires. Or il y a, pense-t-il, des crises de prospérité, aussi bien que des crises de dépression. Faut-il croire que l'accroissement des suicides, de 1875 à 1886, est le résultat d'une vague de richesse, et d'une crise qui, si heureuse soit-elle, n'en reste pas moins une crise ?

Mais Durkheim oublie qu'en 1869, 1870 et surtout en 1871, le taux de suicide baisse fortement en Prusse, et qu'il reste à un niveau très bas jusqu'en 1875 (inclusivement). Or cette diminution des suicides semble être en rapport avec l'enthousiasme national et l'essor politique de l'Allemagne à cette date. Tandis qu'en France la courbe des suicides remonte en 1871 et dépasse dès 1872 le niveau où elle s'élevait en 1868-1869, en Allemagne elle se creuse et reste au-dessous du chiffre atteint à la veille de la guerre jusqu'en 1876.

On peut même dire que l'influence qu'exerce sur le taux de suicide cette crise de croissance nationale (qui tend à l'abaisser) est plus forte que la crise économique de 1874 (qui tend à le faire remonter). Mais bientôt l'action de la crise économique est la plus forte. En effet, la période de dépression qui suivit la brusque chute des prix ne dura pas moins de dix années, cependant qu'en 1884-1886 une crise agricole vint s'y ajouter[1].

Nous avons dit qu'en 1883 une nouvelle réforme de la statistique des morts volontaires en a augmenté le nombre d'un sixième : si on augmente dans le même rapport le nombre des suicides dans les années précédentes, on trouve les taux de suicide que voici :

Taux de suicide en Prusse
(chiffres rectifiés de 1876 à 1883)

1876	175
1877	198
1878	210
1879	203
1880	210
1881	217
1882	223
1883	221
1884	210

Sans doute, malgré cette correction, les suicides augmentent ; mais cela s'explique par la baisse des prix qui, de 1873 à 1886, tombent de 160 à 101, d'un mouvement continu.

Au reste, voici quel a été le taux de suicide en Saxe aux mêmes années :

1876	352
1877	403
1878	408
1879	385
1880	396
1881	416
1882	371
1883	391
1884	357

1. D'après un tableau établi par George de Laveleyes, reproduit dans le *Handwörterbuch der Staatswissenschaften*, pendant la période 1871-1901, les années où les États européens ont le plus réduit les émissions de titres (par rapport aux deux ou trois années qui précèdent et qui suivent) furent les suivantes :

1875 et *1876* ; 1880 ; 1883 ; *1885* ; 1887 ; *1892* ; 1895 ; 1897 ; 1901

Nous indiquons en italique les années auxquelles correspondent les chiffres les plus bas.

Bien que les nombres absolus des suicides en Saxe soient moins élevés qu'en Prusse (il y a dans cette période cinq fois plus de suicides en Prusse qu'en Saxe), le taux du suicide, nettement plus élevé en Saxe qu'en Prusse, varie à peu près de la même manière. Or, de 1881 à 1887, il diminue nettement. C'est donc qu'il y a bien lieu de corriger les chiffres prussiens antérieurs à 1881, et qu'il conviendrait même de les augmenter d'un peu plus d'un sixième.

À partir de 1881, nous disposons pour l'Allemagne entière d'un ensemble de données plus importantes que les précédentes, sans que, de 1883 jusqu'à présent, nous ayons à tenir compte, comme en Prusse

Tableau XLIX – *Le taux de suicide, les faillites et les prix en Allemagne*

Années	*Suicides pour 1 million d'habitants*	*Faillites (nombres relatifs)*	*Prix de gros (nombres relatifs)*	*Années*	*Suicides pour 1 million d'habitants*	*Faillites (nombres relatifs)*	*Prix de gros (nombres relatifs)*
1881	198	66	105	1905	213	120	99
1882	198	62	100	1906	204	120	101
1883	223	60	99	1907	206	126	113
1884	210	56	90	1908	219	148	106
1885	215	59	85	1909	223	140	106
1886	216	61	80	1910	216	137	103
1887	210	62	80	1911	217	140	109
1888	194	67	87	1912	225	154	123
1889	198	67,5	96	1913	232	162	113
1890	201	76	102	1914	218	133	120
1891	212	93	109	1915	166	82	161
1892	211	98	96	1916	173	49	173
1893	212	86	89	1917	164	—	203
1894	217	95	82	1918	157	—	246
1895	202	91	80	1919	184	—	471
1896	206	86	81	1920	217	—	1 686
1897	206	89	88	1921	207	—	2 169
1898	199	94	93	1922	219	—	38 799
1899	195	99	94	1923	214	—	—
1900	203	109	100	1924	232	—	139
1901	208	134	93	1925	245	—	148
1902	214	126	93	1926	261	—	142
1903	217	123	92	1927	—	—	157
1904	210	122	95				

en 1867 et 1883, de réformes introduites dans la statistique, qui rendraient difficiles et obscures les comparaisons d'une période à l'autre.

Nous avons mis en regard, dans le tableau ci-dessous, le taux de suicide, le nombre des faillites et le prix des marchandises en Allemagne pour toutes les années de 1881 à 1916[1].

Remarquons d'abord que la courbe des prix de gros durant cette période est coupée, par l'année 1896, en deux parties d'allure opposée et à peu près symétrique[2]. De 1880 à 1896, elle baisse de 110 à 80 (en nombres relatifs). C'est la fin du grand mouvement de baisse qui commence au moment de la crise de 1874, alors que les prix sont à 160. De 1896 à 1912-1913 ils remonteront, en un nombre d'années égal, de 80 à 110-120. Mais cette descente et cette remontée ne sont pas continues : il y a des crises. On peut, en Allemagne, en compter cinq dans cette période, qui se placent aux années 1881, 1892, 1901, 1908 et 1912. Les deux premières sont les plus fortes ; les vagues de baisse sont bien plus amples. En particulier, de 1881 à 1886-1887, les prix tombent plus bas en France qu'en Angleterre, aussi bas qu'en 1896, tandis que, dans ces deux pays, la baisse de 1881 à 1886 est de moitié moins forte. Nous avons calculé, pour l'Allemagne, la moyenne des taux de suicide pour chacune de ces 9 périodes alternatives de baisse et de hausse, et sommes arrivés aux résultats que voici (voir tableau page suivante).

On le voit : à toutes les périodes de baisse des prix correspond un taux moyen plus élevé de suicide, à toutes les années de hausse des prix, un taux moins élevé de suicide. L'unique exception se placerait en 1911-1912 ; mais d'abord, l'année suivante, les prix baissent et le taux de suicide remonte très nettement ; de plus, la crise de 1913 a sans doute commencé dès 1912, car à cette année, le nombre des faillites augmente sensiblement ; enfin, il faut surtout tenir compte de ce qu'à travers ces baisses et ces hausses les suicides, d'ensemble, augmentent : les séries des chiffres qui correspondent aux années de baisse et aux

1. Pour les prix, nous avons reproduit les indices calculés par l'Office de statistique du Reich d'après les prix de 38 marchandises (moyenne 1901-1910 = 100). Publiés dans *Wirtschaft und Statistik*.

2. C'est pour cela qu'il n'y a guère à apprendre d'une comparaison entre deux rangements de ces années, suivant l'ordre décroissant des prix de gros, et suivant l'ordre décroissant du taux des suicides. L'opposition étant égale à 16,5, l'indépendance à 8,25, nous avons trouvé un écart moyen effectif égal à 7,63 (c'est-à-dire que les deux phénomènes seraient indépendants). Mais les mêmes prix et les mêmes taux de suicide peuvent correspondre, suivant la moitié de la courbe où on les prend, à un mouvement de baisse ou de hausse.

Tableau L

Années	*Mouvement des prix*	*Taux moyen du suicide*
1881-1887	baisse	210
1888-1891	hausse	201
1892-1895	baisse	210,5
1896-1900	hausse	201,8
1901-1903	baisse	213
1904-1907	hausse	208,2
1908-1910	baisse	219,3
1911-1912	hausse	221
1913	baisse	232

années de hausse, prises à part, sont toutes deux croissantes. On peut bien dire que la concordance, ou plutôt l'opposition entre le mouvement des prix et le mouvement du taux de suicide est tout à fait remarquable. Elle peut aussi s'exprimer de cette manière : la moyenne des suicides aux années de baisse des prix est de 215,6, et aux années de hausse des prix, de 206.

La comparaison entre le nombre des faillites et le taux de suicide confirme d'une façon très nette ces résultats. Le nombre des faillites a augmenté d'une façon continue, du début de la période, mais surtout à partir de 1887 (l'année même qui nous a paru marquer le point de départ de l'essor économique de l'Allemagne) jusqu'à la fin : il a plus que doublé. On peut distinguer quatre couples d'années où le nombre de faillites est maximum aussi bien par rapport aux années qui suivent qu'aux années qui précèdent, c'est-à-dire quatre maxima : en 1891-1892, en 1901-1902, en 1908-1909 et en 1912-1913. Or ces quatre couples d'années correspondent tous à des augmentations très nettes du taux de suicide, augmentations qui, dans les deux premiers cas, se prolongent une ou deux années après le maximum des faillites : mais la baisse du taux de suicide vient quand même ensuite (au reste, dans le premier cas, il y a un maximum secondaire des faillites en 1884 qui correspond au relèvement retardé du taux de suicide ; dans le second cas, si on calcule le taux moyen de suicide et le nombre moyen des faillites, pour les années 1895-1900, 1901-1903, 1904-1907 on trouve, respectivement : 202, 213, 208 ; 95, 128, 122 : il y a bien deux maxima et deux minima). Les années où le nombre des faillites est maximum ne sont donc pas seulement toujours marquées par une augmentation du taux du suicide : ce sont aussi des années où le taux de suicide est maximum par rapport aux années qui suivent ou qui précèdent (jusqu'à un nouveau maximum en avant ou en arrière).

L'importance d'une telle constatation repose d'abord sur la valeur de la statistique allemande des suicides, qui nous a paru très sûre depuis le début, et qui couvre une des plus grosses populations européennes (15 564 suicides en 1913, au lieu de 10 339 en France). Elle tient aussi à ce que l'expérience qui a donné de tels résultats est faite durant une période où, dans l'ensemble, le taux de suicide n'augmente pas beaucoup, et tend à se stabiliser. De 1881 à 1913, en effet, il a augmenté en Allemagne à peu près de 12 %, tandis qu'en France, dans la même période, l'accroissement était de 32 %. Enfin, durant ces vingt dernières années du XIXe siècle et les douze ou treize premières années du XXe, on ne peut dire qu'il y ait eu, en Allemagne, rien qui ressemble à une révolution ou à une crise politique profonde, et ce pays n'a été engagé dans aucune guerre, même coloniale. Toute l'attention paraît s'être concentrée sur l'activité commerciale et industrielle. C'est pourquoi l'on voit si nettement le rythme de la vie économique se refléter dans le rythme des suicides[1].

Les résultats sont beaucoup moins nets en France. Comme l'augmentation du taux de suicide y est alors bien plus rapide qu'en Allemagne, et que les crises politiques y exercent sur le mouvement des morts volontaires une action bien plus forte, il est difficile d'y découvrir un rapport de même sens entre les variations des prix de gros et du taux de suicide. Calculons cependant les mêmes nombres, pour 9 périodes également.

1. Nous avons calculé plus haut la diminution du taux du suicide en Allemagne pendant la guerre, et indiqué que le minimum se place en 1918, tandis qu'en France c'est en 1917 que ce taux est le plus bas. Nous indiquons les chiffres jusqu'aux plus récents qui aient été publiés. Remarquons seulement : 1 / qu'en 1918 l'armistice ne fut signée qu'en octobre, ce qui fait que, durant la plus grande partie de l'année, l'action directe de la guerre se fait sentir et, durant les derniers mois, l'action de la révolution ; 2 / que le taux de suicide est remonté dès 1924 au niveau où il était en 1913 et l'a nettement dépassé les deux années suivantes ; 3 / que, de 1918 à 1926, le taux du suicide ne remonte pas d'une façon continue, mais qu'il y a deux fléchissements, l'un en 1921 (en Allemagne seulement : année où les 100 marks qui cotent 123,50 F au pair, et qui valaient 24,63 F en 1920, sont encore à 16,32 F), l'autre en 1923 (en Allemagne et en France : c'est l'année de la Ruhr) ; 4 / que la proportion des femmes qui se suicident en Allemagne est anormalement élevée de 1920 à 1924 : au lieu de 31 femmes qui se suicident pour 100 hommes, chiffre moyen pour les années 1907-1912, on en compte alors 46,1, soit 54 en 1920, 47 en 1921, 46,5 en 1922, 48 en 1923 et 37,5 en 1924.

Tableau LI

Années	*Mouvement des prix*	*Taux moyen des suicides*
1881-1887	baisse	200
1888-1890	hausse	218
1891-1896	baisse	240,7
1897-1900	hausse	235,4
1901-1904	baisse	225,5
1905-1907	hausse	244
1908-1909	baisse	242
1910-1912	hausse	249,3
1913	baisse	260

Dans cinq périodes : en 1888-1890, en 1891-1896, en 1897-1900, en 1910-1912 et en 1913, on retrouve le même rapport inverse entre les deux phénomènes qu'en Allemagne : quand les prix sont en hausse, les suicides diminuent ; quand les prix diminuent, les suicides augmentent. Il n'en est pas de même dans les quatre autres. Sans doute de 1881 à 1887 le taux du suicide augmente de 16 % et se trouve nettement supérieur à ce qu'il était aux années de hausse de prix qui précèdent. Mais, même si l'on éliminait le mouvement de hausse de longue durée de 1881 à 1913, le taux du suicide en 1881-1887 resterait moins élevé qu'en 1888-1890[1]. De 1900 à 1909, il faut tenir compte de la baisse du taux du suicide de 1899-1904, qui se prolonge jusqu'en 1906, et qui nous a paru s'expliquer par une importante crise politique équivalente à une révolution. Tenant compte de ces influences d'ordre politique, et aussi de ce que, durant cette période, l'augmentation des suicides est très rapide, on peut dire que la loi formulée pour l'Allemagne se vérifie cependant en France[2].

Ce n'est pas la crise comme telle (passage brusque des hauts prix à des prix plus bas), c'est la période de dépression qui suit la crise, qui détermine une augmentation des morts volontaires. On pourrait s'étonner de ce que les hommes se tuent surtout, quand les prix baissent. Nous avons dit plus haut qu'en 1856, en Prusse, l'augmentation des suicides paraît s'expliquer par les prix élevés, par la période de

1. Au reste, dans cette période 1881-1887, une crise de politique intérieure tend à abaisser le taux des suicides et contrarie le jeu des forces économiques.
2. Elle se vérifie également aux États-Unis. Voir ci-dessous, p. 301-302.

cherté exceptionnelle qui précède la crise de 1857. Mais il faut distinguer entre l'Allemagne d'avant 1860 et d'après 1880. De 1811 à 1861, la population allemande augmente de 13,1 %, et, de 1861 à 1911 (en cinquante ans également), de 26,8 %. L'Allemagne d'avant 1861 offre l'image d'un pays où la vie économique est ralentie. Elle se réveille, s'intensifie et s'accélère au contraire, surtout après 1880-1885. Les dispositions d'esprit des commerçants et des industriels, leurs espoirs, leurs craintes, leurs enthousiasmes et leurs paniques modifient l'atmosphère morale du pays tout entier, comme des nuages ou des éclaircies. Ce n'est pas que la misère des ouvriers qui chôment, les banqueroutes, les faillites et les ruines, soient la cause immédiate de beaucoup de suicides. Mais un sentiment obscur d'oppression pèse sur toutes les âmes, parce qu'il y a moins d'activité générale, que les hommes participent moins à une vie économique qui les dépasse, et que leur attention n'étant plus tournée vers le dehors se porte davantage non seulement sur leur détresse ou leur médiocrité matérielle, mais sur tous les motifs individuels qu'ils peuvent avoir de désirer la mort.

XIII

Le suicide, les maladies mentales et l'alcoolisme

Les données statistiques

« Nous ne voyons point dans les histoires, dit Montesquieu, que les Romains se fissent mourir sans sujet. Mais les Anglais se tuent sans qu'on puisse imaginer aucune raison qui les y détermine ; ils se tuent dans le sein même du bonheur. Cette action, chez les Romains, était l'effet de l'éducation ; elle tenait à leurs manières de penser et à leurs coutumes. Chez les Anglais, elle est l'effet d une maladie. Elle tient à l'état physique de la machine et est indépendante de toute autre cause. Il y a apparence que c'est un défaut de filtration du suc nerveux. » Et il conclut : « Il est clair que les lois civiles de quelques pays ont eu des raisons pour flétrir l'homicide de soi-même ; mais, en Angleterre, on ne peut pas plus le punir qu'on ne punit les effets de la démence. »[1] Ne parlons pas des Anglais et des Romains, mais d'un ensemble d'hommes et d'un autre. Au lieu de : défaut de filtration du suc nerveux, disons : défaut de sécrétion des glandes endocrines. La thèse de Montesquieu pourrait être reprise de nos jours à peu près dans les mêmes termes. Elle correspondrait bien à l'état le plus récent, à cet égard, de nos connaissances médicales : c'est-à-dire que celles-ci n'ont guère progressé.

La lecture des anciens ouvrages sur le suicide est intéressante à plus d'un point de vue. Les auteurs qui ont écrit sur ce sujet dans la première partie du XIXe siècle, bien que la plupart d'entre eux fussent des médecins spécialisés dans l'étude des maladies mentales, n'avaient pas l'esprit trop systématique. S'ils expliquaient un grand nombre de morts dites volontaires par ce qu'ils appelaient l'hypocondrie, la lypémanie,

1. *Esprit des Lois*, livre XIV, chap. XII. Voltaire se demande « s'il n'y a pas quelque autre raison que le climat qui rend ces suicides si communs ».

par la démence, la mélancolie et le délire, ils considéraient cependant que les passions, la honte, la colère, le remords peuvent pousser à la mort des hommes parfaitement sains d'esprit.

Certes, il y avait des exceptions, et, jusque chez les auteurs dont nous parlons, on trouve des textes dont pourraient aujourd'hui se réclamer les partisans de l'explication purement physiologique ou psychiatrique du suicide. Ainsi, Esquirol écrivait déjà en 1838 : « Le suicide offre tous les caractères des aliénations mentales, dont il n'est réellement qu'un symptôme. » Il cite un auteur anglais, le Dr Burrows, qui, en 1820, déclarait : « Il est aujourd'hui généralement reconnu que le suicide est une maladie mentale. » Falret, en 1822, dit de son côté que l'état d'âme qui conduit au suicide « doit être considéré comme un délire ». Mais d'autres passages d'Esquirol peuvent être interprétés tout autrement. Par exemple : « Il est certain qu'au moment de l'exécution, celui qui attente à ses jours ressemble presque toujours à un homme désespéré et dans le délire. » Ou, encore : « L'opinion générale qui fait regarder le suicide ou comme une action indifférente [au point de vue moral], ou comme l'effet d'une maladie... »[1] Quant à Falret, il énumère parmi les causes du suicide l'amour, la jalousie, l'ambition, la colère, les chagrins domestiques, les revers de fortune, etc.[2]. Il est vrai, comme le remarque M. Bayet, que l'idée que le suicide n'est qu'une maladie n'a cessé de gagner du terrain dans toute la première moitié du siècle. En 1845, le Dr Bourdin affirme catégoriquement : « Le suicide est toujours une maladie et toujours un acte d'aliénation mentale. »[3]

Aujourd'hui, pour un psychiatre philosophe qui n'ignore pas tout ce que les statistiques nous ont appris sur ce phénomène et ses rapports avec les conditions sociales, tout sujet qui se donne la mort n'est pas un malade ; mais le suicide le plus fréquent, le suicide type n'en reste pas moins l'acte d'un déprimé ou d'un déséquilibré. Sans doute il existe des morts proprement volontaires. Mais ce ne sont pas des faits du même ordre. Mieux vaudrait ne pas faire entrer dans une même catégorie des

1. Esquirol, *Des maladies mentales*, 1838, t. 1. M. Bayet reproduit ainsi le même texte : « L'opinion qui fait regarder le suicide comme l'effet d'une maladie ou d'un délire aigu semble avoir prévalu, etc. », sans doute d'après une première édition (1821) que nous n'avons pu consulter.
2. Falret, *De l'hypocondrie et du suicide*, 1822.
3. Bourdin, *Du suicide considéré comme maladie*, 1845, p. 9. Il dit encore : « Obligé de faire l'histoire du meurtre volontaire de soi, je me trouvai naturellement amené à traiter une question qui appartenait essentiellement à mon sujet, je veux parler du diagnostic différentiel entre le suicidé et l'aliéné. À ma grande surprise je reconnus alors qu'il n'existait aucune différence saisissable entre ces deux espèces de suicides » (p. 8).

démarches qui résultent tantôt d'une maladie nerveuse ou d'un affaiblissement mental, et tantôt de la réflexion et de la volonté s'exerçant normalement chez un homme sain d'esprit. C'est là le point de vue de ceux qui défendent la thèse psychiatrique avec modération. Mais d'autres, nous le verrons, vont beaucoup plus loin et soutiennent, non pas seulement que le plus grand nombre, mais que presque tous les suicides sont pathologiques. Ceux-là trouveront plaisant le regret exprimé par Voltaire, que « tous ceux qui prennent le parti de sortir de la vie ne laissent pas par écrit leurs raisons avec un mot de leur philosophie », parce que « cela serait utile aux vivants et à l'histoire de l'esprit humain ». Pour eux, certainement, c'est le suicide réfléchi et délibéré qui représente une sorte de monstruosité, et qu'il vaudrait mieux désigner d'un autre nom.

Il faudrait admettre alors que les hommes se sont trompés de tout temps, lorsqu'ils ont parlé du suicide, et qu'il n'y eut rien de plus absurde que de condamner, d'excuser ou d'approuver un acte qui ne dépendait ni de la société, ni de l'individu. M. Bayet a recherché dans les textes de lois, dans les codes, dans le droit canonique et civil, mais principalement dans la littérature comment, en fait, dans notre pays, le suicide a été apprécié au cours des siècles écoulés depuis l'époque romaine. Tantôt il a été condamné par l'Église, par l'État, par l'opinion populaire. C'est le signe que la société en souffrait comme d'un mal certain, mais qu'elle ne croyait point fatal. Elle pensait au contraire qu'il était en son pouvoir de l'éliminer ou de le réduire. Tantôt, principalement sous l'influence des classes cultivées, elle a témoigné de plus d'indulgence pour les morts volontaires. Non qu'elle ait pensé que le suicidé était irresponsable. C'est, au contraire, au moment et dans les milieux où le sentiment de la liberté et des droits de l'individu était le plus fort. En tout cas, même alors, la société a cru qu'il dépendait d'elle ou de le tolérer, ou de le supprimer. Les arguments qui ont été présentés soit contre, soit pour le suicide étaient peut-être mauvais. Peut-être n'ont-ils pas exercé l'action qu'on en attendait. Mais, du moment qu'elle les a formulés, ou qu'on les a formulés en son nom, la société était convaincue que le suicide ne résultait pas toujours d'une maladie mentale ou d'un délire. Il est peu probable qu'une telle illusion ait duré aussi longtemps, si elle ne reposait sur rien.

L'opinion contraire, défendue par les psychiatres, s'explique en partie par le fait qu'ayant vu beaucoup de suicidés fous, et psychasthéniques, ils sont naturellement portés à croire que tous les suicidés relèvent de la pathologie mentale. Cette thèse s'appuie, en même temps, sur un préjugé populaire. Le suicide semble un acte si anormal qu'on n'admet pas volontiers qu'il ait pu être accompli par quelqu'un d'autre qu'un malade. Serait-il donc possible d'établir qu'il existe un rapport constant entre la marche du suicide et les variations du nombre des affections mentales ? Le Dr Burrows, dont nous avons parlé, s'appuyait sur le nombre des suicides à Paris et à Londres, pour conclure que le nombre des aliénés devait être plus grand à Paris qu'à Londres. C'est donc qu'à ses yeux il y avait un rapport étroit entre l'aliénation et le suicide. Mais ce rapport n'est pas évident. Il n'est pas certain, tant qu'on n'a pas démontré qu'il existe.

Durkheim, qui a consacré le premier chapitre de son livre à l'étude du suicide et des états psychopathiques[1], aurait pu trouver l'indication de l'état physique et mental des suicidés dans les statistiques des motifs, qui sont très nombreuses et que la plupart des pays publient. Mais il a refusé catégoriquement de recourir à de telles données. « Ce qu'on appelle statistique des motifs de suicide, écrit-il, c'est en réalité une statistique des opinions que se font de ces motifs les agents, souvent subalternes, chargés de ce service d'information... Nous nous faisons une règle de ne pas faire intervenir dans nos recherches des renseignements aussi douteux » (p. 144-148).

Comme ce genre de statistiques s'est multiplié depuis que Durkheim écrivait son livre, et que la plupart des auteurs en ont fait état, nous indiquerons cependant quelques chiffres, à seule fin de montrer à quel point varie, suivant les pays, la proportion des suicides attribués à l'état mental pathologique du sujet, et, alors qu'il y a tant de raisons qui expliquent qu'on en grossisse le nombre, quelle part importante, même dans ces estimations arbitraires, en est rattachée à d'autres motifs.

En Prusse, en 1906-1908, les maladies nerveuses et mentales seraient la cause du suicide dans 25 % des cas pour les hommes, et de 42 à 47 % pour les femmes. En Bavière, de 1881-1890 à 1906 la proportion se serait élevée, pour l'ensemble de la population, de

1. On a reproché à Durkheim d'être parti d'une classification des suicides d'aliénés qui est périmée et qui, à l'époque même où il écrivait, ne correspondait plus aux résultats où étaient parvenus les aliénistes et les psychiatres. Il ne parle même pas de la psychose périodique, de la cyclothymie, qui, d'après le Dr de Fleury, expliquerait le plus grand nombre des suicides. Mais existait-il, au moment où il écrivait, quelque ouvrage de psychiatre où les suicides fussent étudiés à la lumière des connaissances nouvellement acquises dans le domaine des troubles nerveux ? On ne peut faire grief à l'auteur de la *Division du travail* de s'en être tenu aux seules sources d'information écrites qui étaient à sa portée sur le sujet spécial qu'il étudiait, et de ne pas s'être substitué aux psychiatres dans une tâche dont eux seuls pouvaient convenablement et auraient dû s'acquitter.

32,5 % à 40. En Saxe, en 1905-1908, elle aurait été de 30,4 % pour les hommes et de 50,7 pour les femmes (von Mayr) (voir les chiffres donnés par Durkheim pour la Saxe en 1854-1878 et 1880). En France et en Italie, pour la période 1878-1887 : en France, la proportion aurait été de 30 % pour les hommes, de 40 % pour les femmes[1] ; en Italie, de 25,3 % pour les hommes, de 44,2 % pour les femmes (voir les chiffres donnés par Durkheim pour les périodes 1856-1860 et 1874-1878, en France). En Serbie, en 1902-1906, on n'attribue que 11,60 % des suicides aux maladies mentales : il est vrai qu'il y a une proportion extraordinairement forte de « motifs inconnus ». Au contraire, au Japon, la proportion des suicidés pathologiques est très forte : 50,5 % des suicides en 1897, et 48,5 % en 1906, s'expliqueraient par des maladies mentales. Les femmes l'emportent très peu sur les hommes, de 2 points seulement (Schnapper-Arndt et von Mayr.)

Contrairement à ce qu'on pouvait prévoir, la proportion des suicidés de ce genre est plus forte à la campagne que dans les grandes villes : en Bavière (1902 à 1906), de 26,5 à 35,9 dans les villes, de 41,5 à 49 dans les districts campagnards. Au Danemark (1896-1900), 23 % des suicidés hommes, et 39,3 % des femmes dans les grandes villes, 30 % des hommes et 48,1 % des femmes dans les campagnes se tuaient, nous dit-on, par suite de mélancolie, délire, etc. Tandis qu'en Prusse, en 1908, 32,9 % des hommes et 54,6 des femmes qui se suicident passent pour être atteints de maladies nerveuses ou mentales, à Berlin ces proportions tombent à 21,2 et 33,3 %. Il est curieux de noter que, d'après les actes officiels du ministère prussien, sur 350 écoliers qui se sont tués de 1883 à 1905 on en compte seulement 42 qui étaient atteints d'un trouble ou d'une maladie mentale. Mais, pour 277 d'entre eux, on ne connaissait pas quel motif les avait déterminés. Est-il bien certain que, dans les autres relevés, la proportion des causes véritablement inconnues ait été beaucoup plus faible ?

Les statistiques des motifs n'inspirent pas confiance, parce qu'elles résultent de déclarations acceptées ou d'enquêtes effectuées par une quantité de médecins différents, médecins de l'état civil ou médecins privés, inégalement consciencieux, inégalement préoccupés d'atteindre la cause véritable du suicide et dont un grand nombre, sans doute, rem-

1. D'après deux tableaux des suicides dans le département de la Seine, en 1817 et 1818, reproduits par Falret, la proportion des suicides attribués aux motifs suivants : « Maladies, dégoût de la vie, faiblesse et aliénation d'esprit, querelles et chagrins domestiques », aurait été de 36,5 % et de 45,5 % (sur 351 et 330 suicides au total), Falret, *op. cit.*, p. 95-96.

plissent les fiches officielles comme on s'acquitte d'une tâche administrative. Plus sérieuse au contraire et plus instructive nous paraît une enquête médico-sociologique faite récemment à Paris, pour le dispensaire de prophylaxie mentale que dirige le Dr Toulouse, par le Dr Suzanne Serin, médecin, des asiles d'aliénés[1]. « Cette enquête, qui a porté [du mois de janvier 1925] jusqu'au mois de juillet 1926 sur 307 cas, 420 jusqu'à octobre 1926, a été conçue de la façon suivante : en ce qui concerne les suicides suivis de mort, une assistante sociale, spécialement formée en vue de ce travail, s'est rendue immédiatement au domicile du désespéré et a recueilli auprès de l'entourage, des voisins, de la famille, tous les renseignements pouvant éclairer sur ses antécédents, son attitude durant les jours qui ont précédé le suicide, les motifs qu'il avait pu donner de son acte. Pour les autres, nous nous sommes rendue, dit toujours l'auteur, soit au domicile du rescapé, soit à l'hôpital, afin de procéder à un examen psychiatrique. » Il s'agit, on le voit, des tentatives de suicide aussi bien que des suicides consommés (on ne nous indique pas les chiffres proportionnels de ces deux catégories)[2].

On a réparti tous ces cas en cinq grandes catégories, d'après leur cause : psychopathie, alcoolisme, chagrins intimes, maladies incurables, misère. Nous reproduisons page 291 le tableau qu'on en peut dresser.

Ainsi, un tiers des suicides étudiés paraissent être le fait de psychopathes. Un peu plus de la moitié d'entre eux « présentaient avant le suicide des troubles mentaux bien caractérisés qui auraient dû motiver une observation spéciale. Nous avons relevé, par ordre de fréquence, la dépression mélancolique, les troubles mentaux qui accompagnent l'intoxication alcoolique, l'involution sénile, la démence précoce, l'épilepsie, les psychoses traumatiques, l'obsession-suicide, les délires chroniques, les démences organiques, la paralysie générale, la puerpéralité,

1. *La Presse médicale*, Paris, 6 novembre 1926, p. 1404 sq.
2. Comme il y a eu environ 1 000 suicides consommés à Paris durant la période janvier 1925 - octobre 1926, on voit que les cas sur lesquels l'enquête a porté représentent une fraction importante de l'ensemble des suicides et tentatives de suicides parisiens, peut-être le cinquième. Observons que ces 420 suicides (et tentatives) se décomposaient ainsi : 200 célibataires, 138 mariés, 41 veufs, 24 divorcés, alors que d'ordinaire le nombre absolu des suicidés mariés est nettement plus élevé que le nombre des suicidés célibataires. De même, la proportion des femmes est de 75 pour 100 hommes, c'est-à-dire nettement plus élevée que lorsqu'on ne retient que les suicides consommés. Il faut tenir compte de ces remarques lorsqu'on se reporte aux motifs, puisqu'il est possible que les célibataires, et qu'il est très vraisemblable que les femmes sont plus exposées aux troubles mentaux, psychoses, etc., que les mariés et que les hommes. Notons d'autre part que les suicidés ou rescapés du suicide dont il s'agit sont presque tous Français.

Tableau LII

Causes	*Suicides et tentatives*
Chagrin intime (aucun signe de déséquilibre)	72
Misère ou revers de fortune	50
Maladies douloureuses	44
Pour échapper à des peines infamantes	3
Total des suicides non psychopathiques	169
Troubles mentaux bien caractérisés	78
Déséquilibrés (ni délirant, ni démentiel ; le suicide a en général des motifs plausibles, mais en disproportion avec cet acte)	72
Total des suicides psychopathiques	150
Suicides de l'ivresse : au cours d'accès d'ivresse, en dehors de tout raptus, de tout épisode onirique, de toute idée délirante, chez des sujets où ne s'est manifesté aucun signe de déséquilibre	130
Total général ([1])	449

([1]) On trouve un total supérieur au chiffre de 420. A-t-on compté quelques sujets à la fois dans deux catégories ? C'est possible. Notons que 19 suicides d'aliénés ou de déséquilibrés ont été collectifs ; 32 sujets seulement présentaient une hérédité psychopathique. On n'a pu établir l'hérédité du suicide que dans 8 cas.

les délires fébriles, les séquelles d'encéphalite léthargique ». L'autre moitié « est constituée par des déséquilibrés, parfois alcooliques, parfois épileptiques, mais dont le suicide n'est pas en rapport direct avec l'alcoolisme ou l'épilepsie ». Ils ne se tuent pas sous l'influence d'une idée délirante ou au cours d'un raptus ; « leur geste n'est ni inconscient, ni démentiel ». Seulement, bien que leur acte ait des motifs plausibles, ceux-ci sont hors de proportion avec le suicide qu'ils paraissent déterminer : c'est une querelle, une réprimande, etc. Il semble que l'auteur range dans cette catégorie les suicides de sujets très émotifs, ceux qui se laissent impressionner par un exemple, un fait divers rapporté dans quelque journal, les suicides par imitation. Un autre tiers des suicides relevés paraît avoir pour cause l'alcoolisme. Nous y reviendrons un peu plus tard.

Ce qui nous frappe, d'abord, quand nous examinons les résultats de cette enquête, c'est que les suicides incontestablement psychopathiques ne représentent qu'un sixième de l'ensemble : de 16 à 18 %. Cette fois, nous sommes en présence d'une classification des troubles mentaux qui s'inspire de tout ce que nous connaissons actuellement de ces états et de la diversité de leurs formes. Il est regrettable d'ailleurs que, tout en observant que le plus grand nombre de ces suicides psychopathiques *stricto sensu* s'explique par la dépression mélancolique, l'auteur ne nous dise pas quel est ce nombre ou cette proportion. C'est « la période de dépression de la psychose périodique », par laquelle le Dr de Fleury veut expliquer tous ou presque tous les suicides. C'est la cause du « suicide mélancolique », dont parle Durkheim quand il dit : « Très souvent l'homme normal qui se tue se trouve lui aussi dans un état d'abattement et de dépression, tout comme l'aliéné [disons : comme le périodique ou le cyclothymique]. Mais il y a toujours entre eux cette différence essentielle que l'état du premier et l'acte qui en résulte ne sont pas sans cause objective, tandis que, chez le second, ils sont sans aucun rapport avec les circonstances extérieures. » C'est une entité clinique sur laquelle s'est concentrée de plus en plus l'attention des psychiatres[1]. L'auteur de l'enquête n'a pu se tromper, lorsqu'elle rattache à ce genre de troubles un nombre de suicides qui ne peut dépasser 10 à 15 % de tous ceux qu'elle a répartis dans des cadres bien définis.

Nous remarquerons, en second lieu, que l'on établit une ligne de démarcation très nette entre les suicides résultant de « troubles mentaux bien caractérisés » et ceux qu'on explique par un déséquilibre ou par la suggestibilité du sujet, et qui représentent, eux aussi, un sixième de l'ensemble. L'auteur distingue en effet ces suicides de ceux dont nous venons de parler en ce que, tandis que ceux-là « sont plus difficiles à secourir », pour prévenir ceux-ci, il faudrait « une mise en observation, un internement opportuns ». « La prophylaxie de ces suicides est une œuvre de longue haleine, pour une part extra-médicale, et qui agirait d'autant plus efficacement qu'elle serait commencée dès l'enfance. Une orientation professionnelle judicieuse, la transplantation dans un milieu favorable – alors que le milieu familial est presque toujours mauvais – en apparaissent les moyens les plus sûrs. » C'est dire que ces suicidés, à la différence des autres, restent soumis à l'influence des conditions sociales dans une mesure plus ou moins large.

1. Esquirol connaissait déjà cette forme de psychose. À propos de certains cas de dépression qui s'accompagnent d'impulsions au suicide : « J'ai vu cette maladie persister pendant plusieurs mois, pendant deux ans ; je l'ai vue alterner avec la manie, avec la santé parfaite. Quelques malades étaient, pendant six mois, maniaques ou bien portants, et, pendant six mois, accablés par le sentiment de leur impuissance physique, intellectuelle et morale qui leur faisait désirer la mort » (*Des maladies mentales*, etc., 1838, p. 556).

Mais surtout, considérant cette seconde catégorie de suicides dits psychopathiques (ils ne le sont sans doute qu'en attribuant un sens assez large à ce mot), nous nous demandons s'il est possible et facile, dans tous les cas, de les distinguer de ceux qu'on pourrait appeler normaux. On reconnaît en effet, nous dit-on, le déséquilibre, à ce qu'il y a disproportion entre le motif du suicide et le suicide lui-même. Mais c'est là une notion bien relative. Sans doute, lorsque quelqu'un se tue à la suite d'un échec à un examen, d'un reproche ou d'une contrariété qui nous paraît légère, nous pensons qu'il devait être anormal, puisque toute personne normale n'aurait pas agi de la même manière dans les mêmes conditions. Mais s'il n'avait pas subi cet échec, si on ne lui avait pas fait de reproche, se serait-il tué ? Il y a des natures sensibles, extrêmement sensibles, comme il y a des natures insensibles, extrêmement insensibles. Il y a des natures concentrées, susceptibles, impressionnables. Il est probable que presque tous les suicidés sont plus impressionnables que la moyenne des hommes, puisque, dans les mêmes conditions, un petit nombre d'hommes seulement se tuent, tandis que le plus grand nombre ne se tuent pas. On passe en réalité par une série de transitions insensibles des cas anormaux aux cas normaux, de l'impressionnabilité maladive à ce qui n'est qu'une très vive sensibilité. La ligne de séparation qu'on trace entre les uns et les autres est nécessairement arbitraire. Rien ne le montre mieux que l'impossibilité où l'on est quelquefois, entre plusieurs motifs possibles, tous sans proportion apparente avec un suicide, d'indiquer lequel d'entre eux en rend compte réellement. C'est que nous ignorons l'état de la sensibilité du sujet, la vivacité et l'orientation de ses pensées, la force de son imagination et l'importance relative que prennent à ses yeux diverses circonstances.

En l'absence d'indications suffisantes sur l'état mental des suicidés, on a cherché s'il y avait un rapport entre le nombre des aliénés et le nombre des suicidés dans un même pays[1]. C'est ainsi que Durkheim a

1. Quelques anatomistes ont examiné les cerveaux de suicidés. Citons seulement les résultats auxquels arrivait Heller sur 300 cerveaux : pas de lésion : 8 % ; lésion modérée qui n'atténue pas la responsabilité : 21,8 % ; fortes lésions, mais qui n'influencent pas directement la responsabilité : 9,6 % ; lésions modérées qui influencent peut-être, etc. : 18 % ; fortes lésions limitant la responsabilité : 43 %. Avant d'accepter ces conclusions, il faudrait, comme le remarque von Mayr, qu'on eût pu faire la contre-épreuve, c'est-à-dire qu'on eût examiné assez de cerveaux de personnes qui ne se sont pas suicidées pour qu'on fût en mesure d'affirmer qu'il y a un rapport constant entre tel ordre de lésion et le suicide. Au reste, ces observations portent sur un bien petit nombre de cas. Voir aussi le livre de Brosch, *Die Selbstmörder*, etc., qui repose sur 327 autopsies de suicidés militaires. Sur les cas où l'autopsie a révélé une affection organique quelconque, il y en aurait 40,7 % où le cerveau paraissait atteint.

établi les deux tableaux VI (p. 41) de son livre : rapports du suicide et de la folie dans les différents pays d'Europe (presque toutes ces données sont antérieures à 1871).

L'opposition entre ces deux faits étant mesurée par 4,5, leur indépendance par 2,25, on trouve un écart moyen de 3,3. Il y a donc plutôt opposition. Elle est plus marquée encore dans le second des deux tableaux : opposition = 6,5 ; indépendance = 3,25 ; écart moyen = 5,53. Durkheim avait donc le droit de dire : « Les pays où il y a le moins de fous sont ceux où il y a le plus de suicides. »

Krose a établi un tableau analogue, pour un plus grand nombre d'États (20 au lieu de 9 ou 13), sur des données un peu plus récentes (mais dont aucune ne dépasse 1885). Il s'agit cette fois de comparer non pas l'aliénation, mais les maladies mentales et le suicide. Nous avons calculé les mêmes indices que ci-dessus. Nous trouvons : opposition = 10 ; indépendance = 5 ; écart moyen effectif = 6,8. Il y aurait donc, là encore, plutôt opposition. Mais ces chiffres, recueillis dans des pays différents, sont de valeur inégale. Si on prend un même État, la Prusse et ses 12 provinces, on trouve, par notre calcul, que l'opposition, étant mesurée par 6, l'indépendance par 3, l'écart moyen effectif est égal à 3 exactement. Il y a indépendance totale des deux phénomènes. Même résultat pour les 17 provinces autrichiennes (opposition = 8,5 ; indépendance = 4,25 ; écart effectif = 4,70). Au reste, sous le terme : maladie mentale, on confond avec la folie bien des troubles, tels que l'idiotie et le crétinisme, qui ne paraissent point prédisposer au suicide (voir Durkheim, p. 43).

Durkheim écrivait enfin : « Comme la folie passe pour croître régulièrement depuis un siècle, et qu'il en est de même du suicide, on pouvait être tenté de voir dans ce fait une preuve de leur solidarité » (p. 44). Il ajoutait, en note : « La preuve, il est vrai, n'en a jamais été faite d'une manière tout à fait démonstrative. En tout cas, s'il y a progrès, nous ignorons le coefficient d'accélération. » Krose a comparé, pour la France, le rapport (à la population totale) des malades enfermés dans des établissements d'aliénés, par périodes quinquennales, de 1835 à 1893 (données publiées dans l'*Annuaire statistique de la France*, vol. XV, 1892-1894), et la proportion correspondante des suicides. Il y a un certain parallélisme entre ces deux ordres de faits, puisqu'ils ont augmenté de façon continue dans toutes les périodes, l'un de 100 à 449,4 (aliénés dans les asiles), l'autre (suicides) de 100 à 317,1. Mais le taux d'accroissement est bien différent. De 1835-1839 à 1865-1869, l'accroissement est de 180 % pour l'aliénation, de 77,6 % seulement pour le suicide. De 1865-1869 à 1891-1893, de 160 % pour le nombre des aliénés et de 179 % pour les suicides. Il est vrai que les deux derniers accroissements sont très voisins, ce qui est d'autant plus à considérer que le nombre des malades *internés,* par rapport à la totalité des malades, paraît avoir notablement augmenté depuis le début jusqu'en 1876 (et peut-être au-delà)[1]. Mais il faut peut-être ne pas trop se hâter de conclure de ce que, durant une période de vingt-cinq ans, aliénation et suicide témoignent d'un même taux d'accroissement, qu'il y a un rapport entre ces deux faits. Si l'on rapprochait des chiffres du suicide d'autres séries de nombres en accroissement continu au cours du siècle, par exemple l'augmentation du trafic des chemins de fer, ou du nombre de tonnes de houille extraites, on trouverait certainement bien des parallélismes de ce genre[2]. On ne peut rien en conclure tant qu'on n'a pas, au préalable, comparé le suicide avec tous les autres faits qui peuvent être en rapport avec lui, et qu'on n'a pas établi qu'il n'y a pas, entre leur évolution et celle du suicide, des analogies plus étroites et plus constantes encore.

Prinzing, dans l'étude qu'il a publiée en 1895 sur les rapports entre le suicide et l'ivresse, tend à expliquer par l'abus plus ou moins grand des boissons alcooliques un certain nombre des particularités que les statistiques du suicide nous révèlent[3]. Par exemple si les juifs (il y a quelques dizaines d'années) se suicidaient peu, c'est parce qu'il y a peu de juifs alcooliques. Si les femmes se suicident généralement moins que les hommes, c'est qu'elles ne s'enivrent guère. Si la proportion des sui-

1. D'après Levasseur, *La population française,* I, Paris, 1889, p. 347, il y avait en France, au recensement de 1861, 2 250 personnes affectées de troubles mentaux pour 1 million d'habitants, dont 844 seulement étaient dans des asiles, tandis qu'en 1876 les deux nombres correspondants seraient 2 420 et 1 218. Cité par Krose, p. 46-47.
2. D'un tableau reproduit par Niceforo (*Les indices numériques de la civilisation et du progrès,* 1921, p. 90) nous tirons ces chiffres, qui prouvent que notre supposition n'est pas absurde :

Années	*Consommation de la houille*	*Suicides*
1873-1877	100	100
1878-1882	114	113
1883-1887	122	131
1888-1892	138	138
1893-1897	153	150

Il n'y a évidemment rien à en conclure.
3. Prinzing, *Trunksucht und Selbstmord,* Leipzig, 1895.

cides féminins est un peu plus élevée dans les pays septentrionaux (Angleterre, Norvège, Suède et Danemark : sur 100 suicides, il y avait 25,9 suicides de femmes en Angleterre, en 1872-1876, 23,6 %, 23,2 % et 23,1 % dans les trois autres pays, au lieu de 21,3 % en France, 18,5 % en Prusse, 15,4 % en Belgique), c'est qu'elles s'enivrent plus que dans les pays centraux ou méridionaux. Si, dans les grandes villes, on se détruit plus que dans les campagnes, c'est, en partie, parce que l'alcool y opère plus de ravages.

Au reste, ceux des suicides qu'on explique par la détresse économique ou les chagrins domestiques seraient souvent des effets indirects de l'ivresse, ou bien l'ivresse interviendrait en même temps que ces autres motifs. Car la misère, ou la désunion des époux peuvent être l'effet, ou bien, dans certains cas, la cause de l'abus habituel des boissons alcooliques. En résumé, Priuzing déclare que, si on s'en tient à la catégorie des hommes de 30 à 60 ans, l'ivresse est le motif le plus fréquent du suicide[1] : « Plus du quart des suicides masculins, et, si l'on n'envisage que les hommes pleinement adultes, un tiers d'entre eux devraient être attribués à l'alcool. »[2]

Il est curieux que le Dr Serin, l'auteur de l'enquête parisienne dont nous avons parlé ci-dessus, arrive à la même conclusion. « Un tiers de nos suicides, dit-elle, paraît avoir pour cause l'alcoolisme. Nous n'envisageons pas dans cette catégorie ceux qui sont dus aux troubles mentaux engendrés par l'imprégnation alcoolique, les suicides survenus au cours de raptus panophobiques, d'épisodes oniriques, ou commandés par une idée délirante d'origine toxique. Ces suicides ont été rangés parmi les suicides d'aliénés. Nous groupons ici le geste de ceux qui ont "le vin triste", qui se noient ou se pendent sans motif appréciable au cours de libations trop copieuses, et sont ensuite, si on les sauve, bien incapables d'expliquer pourquoi ils voulaient mourir. » S'ils ne sont vraiment pas capables d'expliquer pourquoi ils voulaient mourir, il ne s'ensuit pas que leur acte ait été inconscient. Ils étaient

1. Falret disait au contraire : « On a attribué une grande influence sur la production de la folie et du suicide en particulier à l'abus des boissons alcooliques, et moi-même j'y ai cru longtemps d'après des relevés généraux. » Mais il pense qu'on a accordé beaucoup trop d'importance à cette cause. « Presque constamment j'ai pu remonter à une affection morale, véritable source de ces maladies mentales » (*De l'hypocondrie et du suicide*, 1822, p. 60).

Cazauvieil fait la même remarque : « On est généralement convaincu que l'abus des boissons alcooliques a une grande influence sur la production de la folie et du suicide. Je pense, avec quelques auteurs, qu'on a attribué une trop grande part à l'action de cette cause » (*Du suicide*, etc., 1840, p. 78).

2. *Ibid.*, p. 79.

peut-être sous le coup d'une tristesse indéfinissable, d'un sentiment de douleur organique confus et cependant intense, ou bien ils agitaient dans leur esprit des pensées qui tiraient toute leur consistance d'états affectifs. Il n'y a rien qu'on oublie aussi vite que de tels états. Regrettons d'autre part qu'on ne nous dise pas avec plus de précision à quel moment se sont tués les ivrognes. Car il faut distinguer de l'ivresse proprement dite la période de dépression qui suit l'ivresse, et qui se prolonge quelquefois jusqu'à ce que l'on recommence à boire. Quand nous discuterons des rapports de l'ivresse avec la psychasthénie, nous verrons que Prinzing, décrivant plus en détail les conditions diverses dans lesquelles un buveur se tue, rattache à cette période de dépression le plus grand nombre des suicides accomplis sous l'influence de l'ivresse.

Durkheim avait comparé, d'après les chiffres reproduits par le Dr Lunier pour les départements français en 1872-1876, les suicides, les délits d'ivresse, les cas de folie alcoolique et la consommation de l'alcool (voir *Suicide,* p. 47, et planche I, p. 48-49). Nous nous en tiendrons à comparer la consommation d'eau-de-vie par tête et la proportion des suicides dans différents pays, d'après les tableaux établis par Prinzing p. 58 à 75. Dans le tableau ci-dessous, dont nous avons calculé nous-même tous les chiffres, la comparaison s'établit (sauf indication contraire en note) entre des séries de nombres qui se rapportent à des périodes décennales, quinquennales, ou à des années successives. Les chiffres des suicides en Russie, Angleterre et Hollande étant peu sûrs, nous n'en avons fait état que dans les deux premières expériences.

N'insistons pas sur les deux premières expériences, d'où résulterait qu'il y a indépendance, c'est-à-dire qu'il n'existe aucun rapport entre les deux faits comparés. Les statistiques des divers pays sont trop différentes, à beaucoup de points de vue, pour qu'on puisse tirer de ce rapprochement rien d'autre qu'une indication assez vague. Il y a, en revanche, correspondance, dans les expériences 3 (Norvège), 6 (Autriche-Hongrie), 7 et 8 (Italie), 9 (France, comparaison entre des années successives séparées par des périodes de cinq ans, de vingt ans pour les deux premiers chiffres). En France, depuis 1830, alcoolisme et suicide augmentent en même temps : il y a une correspondance très exacte. Le cas de la Norvège est le plus frappant : alcoolisme et suicide y décroissent d'un mouvement parallèle et continu, du début de la période à la fin. Mais, comme le remarquait déjà Durkheim, et comme il ressort nettement de notre tableau, en Suède il y a opposition,

Tableau LIII – *Comparaison entre la consommation d'eau-de-vie et le taux du suicide*

		Oppo-sition	*Indépen-dance*	*Corres-pon-dance*	*Écart moyen effectif*
1	13 pays (1884-1891) (¹)	6,5	3,25	0	2,8
2	13 pays (1886-1892) (²)	6,5	3,25	0	3
3	Norvège (1831-1890)	5	2,5	0	0,8
4	Suède (1821-1888)	4,5	2,25	0	4
5	Finlande (1869-1888)	2,5	1,25	0	2,4
6	Autriche-Hongrie (1873-1877) (³)	7	3,5	0	1,6
7	Italie (1871-1882)	4	2	0	1
8	Italie (1871-1877) (⁴)	4,5	2,25	0	1,8
9	France (1830-1885)	4	2	0	0,25
10	France (1872-1876) (⁵)	7,5	3,75	0	4,7
11	France (1872-1876) (⁶)	7,5	3,75	0	4,9
12	Allemagne (1881-1890) (⁷)	11,5	5,75	0	6,8

(1) Danemark, Suisse, France, Allemagne, Autriche-Hongrie, Belgique, Suède, Grande-Bretagne, Norvège, Hollande, Italie, Finlande, Russie.

(2) Calculés pour les mêmes pays, pour des périodes un peu différentes, par Krose (*Die Ursachen*, etc., p. 127).

(3) Comparaison entre 14 provinces.

(4) Comparaison entre 9 provinces.

(5) Comparaison entre les 15 départements où l'on consomme le plus d'eau-de-vie.

(6) Comparaison entre les 15 départements où l'on consomme le moins d'eau-de-vie.

(7) Comparaison entre 23 provinces prussiennes et États allemands.

presque une opposition maxima, entre les deux faits : l'alcoolisme diminue, le suicide augmente. Et il en est de même en Finlande.

Au reste, comme nous l'avons signalé déjà, il ne suffit pas que suicides et consommation d'alcool par tête augmentent parallèlement pour qu'il soit démontré que ceci explique cela. Si l'on rapprochait des suicides d'autres faits, tels que la population globale d'un pays, le montant de ses exportations, etc., on trouverait plus d'un parallélisme de ce genre.

Plus importantes sont les trois dernières expériences, puisque nous y rapprochons des régions diverses d'un même pays, dans une même période. Or, en France aussi bien qu'en Allemagne, l'écart moyen réel reste assez voisin du coefficient d'indépendance, et, en tout cas, n'indique aucune correspondance. Sans doute, en France, il y a quelques départements qui occupent à peu près le même rang, quant à la consommation de l'alcool et quant au suicide : l'Eure, l'Orne, le Pas-de-Calais, le Finistère. En revanche, dans la Seine, la Seine-et-Oise, la Mayenne, l'écart entre les deux phénomènes, alcoolisme et suicide, est très grand. Il se peut qu'en quelques endroits les suicides d'alcooliques soient plus nombreux qu'ailleurs. Mais nous devons nous en tenir aux chiffres globaux, d'où il ne résulte nullement que le nombre des suicides soit en rapport avec l'abus de l'eau-de-vie. En Allemagne, Durkheim remarquait déjà que, dans la province de Posen, qui vient au premier rang quant à la consommation de l'alcool, on trouve moins de suicides, proportionnellement, que dans toutes les autres régions du Reich. Prinzing explique ce qu'il considère comme une exception par le fait que la population de Posen est slave, et que les Slaves sont moins portés au suicide que les Allemands. Écartons aussi Hohenzollern, où il y a très peu de suicides, mais dont on n'indique pas quelle est la consommation d'alcool par tête (si bien que nous avions supposé qu'elle était nulle). On trouve alors qu'en Allemagne, sans Posen ni Hohenzollern, l'opposition = 10,5 ; l'indépendance = 5,5 ; la correspondance = 0 ; et l'écart effectif moyen = 4,7. Il y a toujours indépendance des deux faits comparés. Sans doute, dans les provinces de Saxe et de Brandebourg (Berlin compris), il y a à la fois beaucoup de suicides, et une forte consommation d'alcool. Mais c'est l'inverse dans le royaume de Saxe et dans le Schleswig-Holstein, qui ont le taux le plus élevé de suicide en Allemagne, et une consommation d'alcool inférieure à la moyenne. Ici encore, il faut nous en tenir aux résultats d'ensemble.

Ainsi, en Allemagne comme en France, si l'on compare le nombre des suicides et la consommation d'alcool par tête dans les divers États ou provinces (en France dans les départements), ces deux faits paraissent indépendants.

Les lois qui soumettent à des limitations assez strictes la fabrication et le débit de l'alcool ont pour effet de diminuer l'alcoolisme. Dans les pays où elles sont en vigueur, constate-t-on un recul du suicide ? En Europe, on a invoqué à cet égard l'exemple de la Norvège, qui est un des rares pays dans lesquels, depuis le milieu du XIXe siècle, la proportion des suicides se soit très nettement abaissée. Or, à partir de la même date, on a réussi à réduire considérablement l'importation et la fabrication de l'alcool. Il se peut qu'il y ait un rapport entre les deux faits. Durkheim remarquait déjà cependant qu'en Suède, où l'alcoolisme a également diminué et dans les mêmes proportions, les suicides n'avaient cessé d'augmenter. Examinons cependant les chiffres reproduits par Prinzing, sans remonter au-delà de 1850.

Tableau LIV – *Norvège*

Périodes	*Consommation d'alcool par tête (en litres)*	*Proportion de suicides pour 1 million d'habitants*
1850-1854	3,2	107
1855-1857	2,7	98
1860-1864	2,2	86
1865-1869	2,4	77
1871-1875	2,8	75
1876-1880	2,4	72
1881-1885	1,7	67
1886-1890	1,5	66

La consommation d'alcool a diminué, de 1850 à 1890, de 100 à 47, et la proportion des suicides, de 100 à 62. Cependant le parallélisme n'est pas exact, car de 1860-1864 à 1871-1875 la consommation d'alcool a augmenté, tandis que les suicides continuaient à diminuer. De 1871-1875 à 1886-1890, la consommation d'alcool a diminué de 100 à 54 et les suicides de 100 à 88 seulement. Ces irrégularités ne sont pas négligeables, car, si l'on consomme moins d'alcool et si l'alcoolisme est la cause du suicide, c'est immédiatement que les morts volontaires devraient diminuer. Nous connaissons trop mal la Norvège et son évolution sociale durant cette période pour être en mesure de dire si la diminution de l'alcoolisme d'une part, la diminution des suicides d'autre part, ne résultent pas simultanément d'un troisième fait, par exemple d'un accroissement général du bien-être qui réduirait les motifs de suicide, et, en même temps, laisserait aux habitants de ce pays assez de loisir et de liberté d'esprit pour organiser la lutte contre l'ivrognerie habituelle. Mais c'est possible. Au reste, il s'agit d'un bien petit nombre de suicides : 144 par an en 1901-1905, au lieu de plus de 8 000 en France.

Nous ne pouvons négliger une expérience qui se poursuit sur une bien plus vaste échelle au-delà de l'Atlantique. Aux États-Unis, 27 États avaient déjà proscrit l'alcool, quand le Parlement (Chambre et Sénat) vota en 1918, sous la forme d'un amendement à la Constitution, la prohibition de la fabrication, de la vente, de l'importation et de l'exportation des boissons alcooliques. Dans une étude publiée en 1922 sous le titre *La prohibition de l'alcool aux États-Unis. Histoire et résultats sociaux,* M. Jean Appleton écrivait : « Les arrestations pour ivresse publique ont diminué, depuis, de 70 %. La criminalité a baissé de 45 %. » Voici un tableau des suicides aux États-Unis que nous avons établi d'après quatre sources : les chiffres de la 1re colonne sont empruntés à John Rice Miner, ceux de la seconde, au *Handwörterbuch der Staatswissenschaften* : ils se rapportent à l'ensemble des États-Unis. Les deux autres séries de chiffres sont reproduits d'après le *Statistical Abstract for the United States*, 1922 et 1924 : les premiers se rapportent à 100 grandes villes (94 à partir de 1921), et les seconds, aux cités ayant 100 000 habitants et plus en 1900 (de 24 à 28 millions d'habitants pour les premiers, de 20 à 24 pour les seconds). Nous mettons en regard les nombres indices des prix de gros *(Bureau of Labor statistics)*.

Tableau LV – *Proportion des suicides aux États-Unis pour 1 million d'habitants, et prix de gros*

	J. R. Miner	*Handwörterbuch*	*Selected cities*	*Villes de 100 000 habitants et plus*	*Indice des prix de gros*
1913	158	163	197	199	100
1914	166	161	209	215	98
1915	167	164	208	215	101
1916	142	149	180	185	127
1917	134	146	167	177	177
1918	122	133	146	152	194
1919	114	120	143	143	206
1920	—	111	123	127	226
1921	141	148	157	160	147
1922	—	—	—	153	149
1923	—	—	—	153	154
1924	—	—	—	157	150
1925	—	—	—	160	159
1926	—	—	—	168	151

Les nombres reproduits par le *Handwörterbuch* sont un peu plus élevés que ceux de John Rice Miner, nous ne savons pourquoi. D'autre part les suicides sont plus nombreux dans les grandes villes, surtout dans les villes de plus de 100 000 habitants que dans l'ensemble des États-Unis pour toutes les années comme on pouvait s'y attendre. Mais les variations de tous ces nombres sont les mêmes d'une année à l'autre : ils diminuent et augmentent en même temps. Si nous ne tenions pas compte du mouvement des prix, nous dirions : les suicides diminuent à partir de 1916 ; c'est la conséquence de la guerre. Ils continuent à diminuer à partir de 1918. Est-ce l'effet de la législation contre l'alcool ? Mais ils remontent nettement à partir de 1921. Cependant le régime sec dure toujours. Considérons, à présent, le mouvement des prix. Les prix baissent légèrement en 1914 : les suicides augmentent (sauf l'indication contraire du *Handwörterbuch*). Les prix augmentent par une série de mouvements de hausse très accentués les années suivantes jusqu'à un maximum en 1920 : les suicides baissent très fortement, jusqu'à la même année, de 100 à 68, ou à 59, ou à 64 (dans les trois dernières colonnes) par rapport à 1913. Il est probable que l'influence de la prospérité économique et de la guerre s'exercent en même temps. Il y a une chute brusque et profonde des prix en 1921 : c'est une année de dépression économique après la crise de 1920, les suicides augmentent (de 34,28 ou 26 %). Les prix remontent légèrement à partir de 1921 : les suicides baissent légèrement. Si la suppression de l'alcool a exercé une influence, elle est entièrement masquée. Comme nous l'avions constaté en Allemagne, les suicides aux États-Unis, dans toute cette période et sans une exception, diminuent en période de prospérité et augmentent en période de dépression économique.

Tableau LVI – *Pologne.*
Suicides et arrestations pour ivresse en 1927.
Nombres relatifs (100 = nombres correspondant à la moyenne mensuelle)

	Suicides	*Arrestations pour ivresse*	*Numéros d'ordre*	
			Suicides	*Arr. ivr.*
Janvier	79	76	11	11
Février	82	73	10	12
Mars	112	85	4	10
Avril	99	94	6	8
Mai	120	102	3	5
Juin	130	92	1	9
Juillet	122	96	2	7
Août	106	112	5	3
Septembre	98	124	7	2
Octobre	85	134	9	1
Novembre	92	108	8	4
Décembre	74	98	12	6

Enfin, le tableau ci-dessus que nous avons établi d'après les données polonaises et qui permet de comparer les suicides (y compris les tentatives) constatés par les enquêtes de police et le nombre des personnes arrêtées pour ivresse dans les lieux publics, par mois. Tous ces nombres ont été calculés par moi.

L'opposition maxima est égale à 6, l'indépendance à 3, la dépendance à 0. Nous trouvons comme écart moyen : 4. Il n'y a donc aucun rapport entre les deux faits.

Ainsi, de la comparaison entre le suicide et l'aliénation dans plusieurs pays, il résulterait que ces manifestations sont indépendantes ou s'opposent. En France cependant, de 1865 à 1893, le nombre des fous et le nombre des suicidés augmentent parallèlement. De la comparaison entre le suicide et la consommation d'alcool par tête, il résulterait que dans plusieurs pays européens (la Norvège, l'Autriche-Hongrie, l'Italie et la France) alcoolisme et suicide augmentent ou diminuent en même temps. C'est l'inverse en Suède et en Finlande. Si nous comparons entre elles sous ce rapport d'une part les provinces prussiennes et les États allemands, d'autre part les départements français, on constate qu'il n'y a aucune correspondance entre les deux faits.

La thèse que l'alcoolisme est une des causes principales du suicide trouverait donc un appui dans quelques-unes (mais quelques-unes seulement) de ces expériences. Encore s'agit-il uniquement de pays où, pendant une période assez longue, la, consommation de l'alcool et les morts volontaires augmentent parallèlement. Mais, nous le remarquions plus haut, de ce que deux faits varient toujours dans le même sens, on n'a pas le droit de conclure immédiatement qu'il y a entre eux un rapport de causalité. Si, au cours du XIXe siècle, la consommation moyenne d'alcool a beaucoup augmenté dans la plupart des pays occidentaux, cela implique qu'une part croissante du revenu, en particulier dans la classe ouvrière une proportion plus élevée du salaire est consacrée à l'achat de vin, de bière, de spiritueux. Comme, à d'autres égards, le niveau de vie des travailleurs dans la grande industrie, c'est-à-dire leur dépense en nourriture, en vêtements, etc., n'a certainement pas diminué, les salaires ont dû augmenter pour que le salarié puisse en consacrer une part plus grande à l'achat de spiritueux. Si l'on comparait l'augmentation des salaires et l'accroissement des suicides dans les cinquante dernières années, on découvrirait entre les deux mouvements bien des rapports. En conclurait-on que plus les salaires augmentent, plus on se tue ?

De même, parce que les suicides augmentent en période de dépression économique, on pourrait supposer que les ruines et échecs commerciaux de toute nature sont le facteur principal du suicide. Ainsi le suicide augmenterait en même temps que le nombre des commerçants et des tractations commerciales. Comparons en effet le nombre absolu des suicides et le montant (en valeur) du commerce spécial, c'est-à-dire de l'importation et de l'exportation réunies, en France, à différentes époques. Appelons 100 les deux nombres correspondant à l'année 1870 :

France

	Nombre des suicides	*Commerce spécial*
1870	100	100
1880	160	150
1900	215	176
1910	237	236

Ces nombres se correspondent assez bien. Pourtant les suicides accomplis par les commerçants ne représentent qu'une faible proportion de l'ensemble des morts volontaires. Mais le développement du commerce extérieur, et l'accroissement de la consommation d'alcool sont peut-être deux conséquences distinctes et indépendantes d'une même civilisation industrielle et urbaine.

Ni des statistiques de l'aliénation, ni des statistiques de l'alcool on ne peut donc tirer la preuve que le plus grand nombre ni même un nombre très élevé des hommes qui se tuent sont des fous ou des ivrognes.

XIV

Examen de la thèse psychiatrique

L'aspect pathologique et l'aspect social du suicide

On ne lit pas sans un peu de surprise, dans un ouvrage publié il y a deux ou trois ans par le Dr de Fleury[1], des phrases de ce genre : les suicides, *tous* les suicides, à bien peu d'exceptions près, s'expliquent par « l'accès d'angoisse qui se produit dans la période de dépression de la psychose périodique, chez des sujets » ayant une constitution émotive. « Les suicides accomplis dans le calme, pour des motifs tout à fait discernables, sont extrêmement rares, on n'en rencontre guère. » L'auteur ne s'avance-t-il pas un peu trop ? Le nombre des cas individuels de suicide qu'il a pu connaître ne représente qu'une bien faible proportion de ces faits dispersés sur tout le territoire. Sans doute une expérience peut suffire pour établir une loi. Encore faut-il qu'elle soit décisive et qu'on connaisse assez exactement les facteurs mis en jeu pour que l'on puisse conclure avec certitude qu'à tel moment tel effet s'ensuivra. Mais quel psychiatre a jamais prévu à coup sûr qu'un malade se tuerait, et à quel moment ? Cela fait penser au médecin de Molière qui aurait pu dire : « L'angoisse produit le suicide, parce qu'il y a en elle une certaine vertu suicidogène. Et voilà pourquoi votre fille s'est tuée... »

L'opinion du Dr de Fleury est cependant assez courante parmi les médecins. Elle semble difficilement conciliable avec ce que nous apprennent les statistiques du suicide. Mais ce sont, paraît-il, les statistiques qui ont tort. Ou plutôt, voici comment on prétend les interpréter. Il est vrai qu'on se tue plus en France, en Prusse et au Danemark qu'en Italie, en Belgique et en Angleterre. C'est qu'il y a plus de psychopathes dans les premiers pays que dans les seconds (mais rien n'autorise à

1. Dr de Fleury, *L'angoisse humaine*, 1926, p. 100 à 158. Voir aussi le compte rendu de cet ouvrage par M. Georges Dumas, dans le *Journal de psychologie*, 15 décembre 1926, p. 1059.

le supposer). Il est vrai que les célibataires, à égalité d'âge, se suicident une fois et demi plus souvent que les gens mariés. On peut admettre que le célibat prédispose à la neurasthénie, ou que les neurasthéniques ne se marient pas volontiers (mais cela aussi il faudrait le prouver ; remarquons que la règle s'applique déjà aux célibataires de moins de 25 ans, dont le plus grand nombre se marieront plus tard ; elle s'applique aussi aux veufs, qui se tuent deux fois plus que les gens mariés)[1]. On se tue moins en période de guerre et d'agitation politique qu'en temps normal ? C'est que, durant de telles périodes, le nombre des psychopathes diminue (mais pourquoi, au contraire, n'augmenterait-il pas ?) Les protestants se tuent deux ou trois fois plus que les catholiques ? C'est, peut-être, parce que les protestants sont proportionnellement plus nombreux dans les villes que dans les campagnes, et que les maladies mentales sont moins fréquentes ici que là (mais le second fait tout au moins n'est pas évident). C'est aussi que les catholiques tiennent cachés la moitié ou les deux tiers des suicides qui les concernent (mais, pour diverses raisons que nous avons indiquées, c'est bien invraisemblable). Cela fait, on le voit, bien des suppositions.

Elles ne seraient pas nécessaires si l'on pouvait établir qu'il existe deux catégories de suicides nettement distinctes, dont les uns s'expliquent par des conditions sociales et les autres résultent de troubles mentaux. Disons d'avance que nous ne croyons pas qu'il en soit ainsi. Mais c'est bien de ce principe que s'est inspiré l'auteur de l'enquête parisienne que nous venons d'analyser, lorsqu'il classe les suicides en psychopathiques, et non psychopathiques. C'est à cette thèse que paraît aussi se rallier M. Georges Dumas, lorsqu'il écrit : « De ce que les causes biologiques jouent un grand rôle dans la détermination des suicides, on ne saurait conclure, à notre avis, que les causes sociales ne jouent aucun rôle, ni même qu'elles n'en jouent pas un aussi considérable que les causes biologiques. Il est très vraisemblable, au contraire, que, pour les suicidés exempts de tares psychopathiques, l'explication sociale de Durkheim garde toute sa valeur, que, chez beaucoup de psychopathes qui vont jusqu'au suicide, il faut faire une part à l'explication sociale en même temps qu'à l'explication biologique, et que, dans certains cas dont le décompte est assez difficile à faire, le suicidé ne relève que d'un état paroxystique d'angoisse si intense, si obnubilant pour la conscience

1. Cette objection, fondée sur ce que l'immunité des gens mariés quant au suicide serait due « à ce qu'on peut appeler la sélection matrimoniale », a été prévue et discutée par Durkheim (*Le suicide*, p. 186).

que les freins sociaux ne fonctionnent plus. »[1] Opinion modérée d'un psychologue qui, dans beaucoup de cas, n'écarte pas l'explication sociologique, et lui réserve sans doute une place dans le plus grand nombre. Enfin, Durkheim lui-même se plaçait à peu près au même point de vue : il semble bien que, d'après lui, si on avait pu démontrer que le plus grand nombre des suicidés étaient des aliénés ou des psychopathes, il n'y aurait pas eu lieu de chercher dans une autre voie l'explication du suicide. S'il l'y a cherchée, c'est parce qu'il lui apparaissait que le nombre des suicides psychopathiques était très faible, si bien qu'ils se perdaient dans l'ensemble, de même que quelques impuretés disséminées à travers la masse d'un corps homogène n'altèrent point ses propriétés. Il n'en distinguait pas moins deux espèces de suicide : entre lui et M. Dumas il n'y eût eu, sans doute, de désaccord qu'au sujet de la proportion des uns et des autres.

Admettrons-nous donc, comme M. Dumas, qu'il existe deux catégories de suicides, les uns normaux, les autres, pathologiques ? Et ajouterons-nous seulement que, parmi les suicidés du premier type, il y en a qui n'échappent point aux influences dites sociales, qui n'oublient ni leur famille, ni leur groupe confessionnel et qui, parce qu'ils y pensent et s'en préoccupent, peuvent renoncer à se tuer ?

Mais M. Dumas, en même temps, nous accorde trop et pas assez.

Il admet en effet que, seuls, les suicides pathologiques s'expliquent par un déterminisme physique ou physiologique. Un déterminisme social expliquerait les autres. Le plus grand nombre de ceux qui se tuent sont des fous ou des déséquilibrés. Mais il y a aussi quelques suicides qui ont pour cause une perte d'argent, un deuil, etc. Ici, le psychiatre n'aurait rien à voir.

Est-il vrai cependant qu'il y ait des suicides qui n'intéressent pas le psychiatre, ou le psychophysiologiste ? Nous ne le croyons pas.

Si nous n'acceptons pas qu'on sépare ainsi l'ensemble des suicides en deux espèces aussi différentes l'une de l'autre, si différentes qu'on ne

1. M. Georges Dumas écrit, dans le compte rendu cité ci-dessus : « Je me suis demandé ce que mon expérience personnelle m'apprenait sur la question (du suicide), et, après avoir soigneusement éliminé tous les suicides que j'ai connus professionnellement parce que je m'occupe de psychiatrie... j'ai compté dans mon expérience, depuis quarante ans, 13 suicides que, directement ou non, j'ai connus d'assez près pour avoir une opinion sur l'état nerveux ou mental des suicidés... J'en trouve quatre dont ou peut dire... qu'ils paraissent avoir été exempts de troubles psychopathiques... J'en compte trois qui étaient des hyperémotifs et qui se sont suicidés sous l'influence d'un accès d'angoisse. Les six autres étaient tous des périodiques qui se sont suicidés dans une période de dépression anxieuse. »

voit pas même comment et pourquoi on les réunirait dans un même genre, c'est, d'abord, parce que nous ne croyons pas que, s'ils étaient différents de nature et essentiellement, on leur donnerait le même nom et que la société réagirait de la même manière en présence des uns et des autres. On peut prétendre qu'elle réagit autrement lorsqu'il s'agit du suicide d'un fou ou du suicide délibéré d'une personne normale. Mais la différence est au fond secondaire. Ce qui passe au premier plan, c'est un sentiment bien défini, qui, dans un même milieu, à la même époque, est le même, quels que soient les motifs du suicide. À côté du jugement qu'on porte sur le suicidé, qui peut varier, le sentiment qu'on éprouve à la pensée ou au spectacle de tout suicide ne varie pas dans une même société. De même, on pourrait distinguer les morts qui résultent de l'introduction violente dans le corps d'un couteau, d'un poignard, etc., toutes causes inorganiques puisque le métal est une substance physique, et les morts produites par une cause organique quelconque. Or, sans doute, on réagit différemment en présence d'un assassinat, ou du dénouement fatal d'une maladie. Mais la mort est toujours la mort, comme le suicide est toujours le suicide. Il y a une impression particulière, qui est produite par la mort comme telle sur chaque type de société. Ainsi tous les suicides, comme toutes les morts, sont compris dans un genre unique, dont l'unité n'a rien d'artificiel. Mais si tous les suicides sont au fond de même nature, s'ils sont autant d'espèces ou de variétés d'un même genre, ils doivent s'expliquer par des causes du même ordre. En effet, on ne peut admettre qu'un même effet résulte, suivant les cas ou les circonstances, de deux sortes de causes différentes. C'est là un principe sur lequel nous nous excusons d'insister. Mais, toutes les fois qu'on prétend qu'un même phénomène s'explique tantôt par un facteur, tantôt par un autre, il n'y a que ceci qui soit clair, et qui puisse être considéré comme établi ; c'est qu'on n'a pas encore trouvé la cause de ce phénomène.

Or, du moment qu'on sait qu'une proportion importante des suicides, que ce soit 20 %, ou 30 %, ou plus encore, ont des causes psychopathiques, il faut admettre que tous les suicides résultent de causes analogues. Nous irions donc beaucoup plus loin, que M. Dumas dans le sens de la thèse psychophysiologique ; car nous admettrions sans peine que chez tout individu qui se tue on trouverait, au moment où il se suicide, et peut-être dans les quelques heures et même les quelques jours qui précèdent, un trouble plus ou moins profond, mais toujours effectif, des fonctions nerveuses et cérébrales, d'où doit résulter un état psychique voisin de ceux que l'on constate dans la névrose d'angoisse, la dépression, etc.[1]. Une grande douleur physique ou morale, qu'il s'agisse d'un choc et d'un ébranlement soudain, ou d'une longue succession de petits ennuis qui s'accumulent, un désespoir profond, un accès de fureur contre soi-même ou contre les autres, la crainte de la souffrance qui naît soit de maux corporels, soit du déshonneur, soit du déclassement social, toutes ces causes déterminent, à la longue ou brusquement, un état de déséquilibre nerveux. L'opinion commune ne s'y trompe pas : l'on dira de quelqu'un qu'il est égaré par la passion, aveuglé par le chagrin, ivre de fureur, hors de lui, fou de douleur, etc. Les états affectifs violents et profonds s'accompagnent d'une perturbation organique qui, sinon par ses origines, du moins dans son développement, ses phases, son expression et ses effets, ne se distingue guère de l'agitation ou de la dépression nerveuse de nature pathologique[2]. Dès lors, si l'on explique le suicide par l'état organique dans un cas, pourquoi n'invoquerait-on pas la même cause dans tous les cas ?

On dira qu'il y a toutefois cette différence entre le suicidé normal et le suicidé psychopathe, que, chez celui-ci, le déséquilibre résulte d'une cause intérieure au corps, lésion, intoxication ou trouble fonctionnel en rapport avec l'état des organes, cause telle qu'elle entraîne son effet indépendamment des circonstances du dehors[3]. Chez le sui-

1. « Lorsque l'âme est fortement ébranlée par une affection violente et imprévue, les fonctions organiques sont bouleversées, la raison est troublée, l'homme... est dans un vrai délire. » À propos de l'homme « sourdement miné par la haine et la jalousie, par les mécomptes de l'ambition et de la fortune » : « Quoique agissant lentement, les passions n'en affaiblissent pas moins les organes ; plusieurs (désespérés) ont assuré qu'ils ne se souvenaient point de ce qu'ils avaient fait : plusieurs avaient eu des hallucinations singulières. C'est là cependant le suicide volontaire... Il est certain qu'au moment de l'exécution, celui qui attente à ses jours (il s'agit toujours du suicide volontaire) ressemble presque toujours à un homme désespéré et dans le délire » (Esquiral, *loc. cit.*, p. 532, 536-537).
2. « On parle trop de la mélancolie comme d'une maladie qui doit se prolonger un certain temps et conserver une certaine unité... Je ne vois pas pourquoi les individus dont parle Durkheim, épuisés par les efforts et les craintes que font naître de mauvaises affaires, par des ruines et des responsabilités terribles, ne tomberaient pas dans des états mélancoliques de courte durée, capables d'amener des suicides considérés à tort comme des actes normaux. Les troubles pathologiques ne doivent pas être séparés des fonctionnements que l'on considère assez arbitrairement comme normaux » (Pierre Janet, *De l'angoisse à l'extase*, t. II : *Les sentiments fondamentaux*, 1928, p. 369). Pour M. Janet, le suicide est toujours « une forme morbide de la réaction de l'échec ».
3. « La vie des individus normaux est pleine d'incidents semblables à ceux que l'entourage des malades et les malades eux-mêmes allèguent pour expliquer leur état. Dans l'immense majorité des cas ils ne provoquent heureusement que des émotions normales, dont les conséquences se déroulent normalement. Si donc l'émotion qu'ils produisent entraîne l'apparition de troubles mentaux, c'est qu'elle est elle-même morbide et qu'elle tient ce caractère non de l'événement dont elle résulte, mais du terrain sur lequel elle a germé » (Dr Charles Blondel, *La conscience morbide*, 1914, p. 335).

cidé normal, au contraire, le trouble organique ne serait préparé dans le corps que comme le déséquilibre l'est dans l'équilibre : la cause qui le détermine est extérieure à l'organisme ; même lorsque quelqu'un se tue pour échapper aux souffrances physiques, c'est l'idée de souffrances à venir, c'est-à-dire de quelque chose qui en ce moment est lors de lui, qui met en mouvement son pouvoir d'agir. Entre celui-ci et celui-là, il y aurait donc toute la distance qui sépare un homme parfaitement sain de corps, et un homme malade, qui porte depuis longtemps en lui une tare organique.

Mais la distinction entre la santé et la maladie, l'équilibre et le déséquilibre, est toute relative. Est-il certain qu'il y ait chez les suicidés que nous appelons psychopathes une lésion déterminée, qu'on puisse découvrir à l'autopsie et qui explique leurs troubles nerveux ? Peut-être. Mais savons-nous si l'on ne trouverait pas des lésions de ce genre, moins graves peut-être, mais non moins réelles, chez des hommes sains en apparence, mais dont le système nerveux est assez impressionnable ? Entre une lésion bien déterminée et l'absence complète de lésion, il y a tous les intermédiaires. On n'est jamais en droit d'affirmer qu'il existe une différence tranchée entre la constitution organique d'un suicidé dit psychopathe et d'un suicidé dit normal. Cette différence peut n'être que de degré. Mais ne parlons plus de lésion, puisque, après tout, la matière est assez obscure. Ne considérons que la manière d'agir ou de réagir d'un homme qui est psychopathe, et d'un homme qui ne l'est pas. La santé est un état d'équilibre instable, qui comporte bien des oscillations. Ce qu'on observe chez le psychopathe n'est souvent qu'une exagération, en intensité et en fréquence, de troubles auxquels la plupart des organismes, malgré leur santé apparente sont aussi exposés. Sans doute il y a une différence en ce que le malade est mal adapté aux conditions du milieu normal, qu'il en souffre et que cette souffrance est assez forte pour le pousser dans certains cas jusqu'au suicide. L'homme normal, au contraire est adapté au milieu normal. Mais que le milieu change, pour quelque raison que ce soit ; ce sera un milieu anormal, auquel l'homme normal ne sera plus adapté. Il sera dans la situation même où était, et où sans doute est resté, le psychopathe. On dira cependant qu'il y a cette différence, que la cause pour laquelle il n'y a plus adaptation, mais déséquilibre, n'est pas et n'a jamais été en lui. Mais alors où serait-elle ? Quand nous disons qu'un homme adapté au mariage ne l'est plus à état de veuvage, nous paraissons abandonner le plan organique. Nous parlons d'une adaptation morale ou psychique. Mais existe-t-il un état psychique auquel ne corresponde pas un état organique ? La tristesse d'un veuf qui ne peut se consoler se manifeste par un état de dépression, de même que la dépression d'un cyclothymique s'accompagne d'un état de tristesse. Un organe peut être paralysé soit parce qu'une lésion interne développe en lui ses effets, soit parce que le milieu extérieur l'oblige à un effort de réaction dont il n'est pas capable. Il n'en est pas moins paralysé dans les deux cas. Le psychiatre pourra constater qu'à un moment donné un facteur de déséquilibre manifeste son action dans l'organisme. L'origine de ce facteur ne modifie en rien la nature de ces troubles. Il n'y a donc pas à en tenir compte.

Ce n'est pas, il est vrai, un point de vue où l'on se place naturellement et, pour le sens commun, bien qu'il désigne tous les suicides d'un même nom et les accueille par la même réaction, il y a peut-être, comme pour les psychiatres, deux façons d'expliquer le suicide : ou bien par un accès de folie, ou par une résolution réfléchie. C'est que le sens commun aime les distinctions nettes et les types bien tranchés. Or ces types existent sans doute. La tradition de l'Antiquité nous a transmis le souvenir de suicides héroïques, accomplis délibérément, sans que leur auteur parût être en proie à un délire, à quelque agitation désordonnée, ni même ressentir l'aiguillon d'une douleur physique interne. Et, d'autre part, les exemples ne manquent pas de suicides qui, par leur soudaineté, leur caractère imprévu, et tous les symptômes d'égarement qui les précèdent, ressemblent à des accès de folie furieuse. Dans le premier cas, l'homme agit volontairement sous l'influence d'un désespoir moral, et, dans l'autre, c'est un désordre organique profond qui détruit en lui tout pouvoir de contrôle. Aux uns, on rattachera toutes les morts volontaires qui paraissent s'expliquer par un motif sérieux. Un homme ruiné, déshonoré, dont l'existence est ravagée par un chagrin ou par un deuil, décide de mourir avec la même résolution froide qu'en d'autres circonstances il accepterait de se soumettre à une opération grave qui lui offre à peine quelques chances de s'en relever. Il est aussi maître de lui lorsqu'il abandonne son corps à l'action des instruments qu'il a choisis, ou des éléments auxquels il a décidé de s'exposer, qu'un patient qui s'étend sur le table d'opération. On fera entrer, d'autre part, dans la catégorie des suicides de fous ou de malades mentaux tous ceux auxquels on ne peut trouver que des motifs insignifiants, et qui paraissent relever du psychiatre plutôt que du moraliste. Si la volonté et l'égarement se rejoignent ainsi dans le suicide, ce n'est pas qu'il y ait entre eux toute une série d'anneaux intermédiaires. C'est au contraire parce que les extrêmes se touchent et que, pour affronter la mort, il faut beaucoup de résolution et des raisons très fortes, ou bien il faut qu'on la regarde sans la voir.

Mais le sens commun a tort de considérer comme typiques ces formes de suicide, qui, en réalité, sont rares, sinon tout à fait exceptionnelles. Ce sont des extrêmes, mais la masse des cas se trouve dans l'intervalle, et ne se prête pas à une distinction aussi nette. Au fond, tout revient à dire que tantôt l'homme se tue parce qu'il souffre moralement, et tantôt parce que son organisme lui pèse et qu'il ressent une souffrance physique diffuse et imprécise mais qui n'en est que plus intolérable. Mais, entre la douleur morale, qui a sa cause dans les idées et pensées, c'est-à-dire qui est déterminée en nous par le changement de nos rapports avec le monde, et cette souffrance physique enfermée aux limites de notre corps, il n'y a opposition que quand on ne considère que des cas extrêmes. Une douleur morale n'est une douleur que dans la mesure où elle s'installe en nous, et trouble le jeu de nos fonctions corporelles. Une souffrance physique n'est irrémédiable que lorsque nous nous représentons que le monde conspire avec notre corps pour nous l'imposer.

« Je vois, dit Rousseau, un homme frais, gai, vigoureux, bien portant ; sa présence inspire la joie, ses yeux annoncent le contentement, le bien-être : il porte avec lui l'image du bonheur. Vient une lettre de la poste ; l'homme heureux la regarde, elle est à son adresse, il l'ouvre, il la lit. À l'instant son air change ; il pâlit, il tombe en défaillance. Revenu à lui, il pleure, il s'agite, il gémit, il s'arrache les cheveux, il fait retentir l'air de ses cris, il semble attaqué d'affreuses convulsions. Insensé ! Quel mal t'a donc fait ce papier ? Quel membre t'a-t-il ôté ? Quel crime t'a-t-il fait commettre ? Enfin qu'a-t-il changé dans toi-même pour te mettre dans l'état où je te vois ? Que la lettre se fût égarée, qu'une main charitable l'eût jetée au feu, le sort de ce mortel, heureux et malheureux à la fois, eût été, ce me semble, un étrange problème. Son malheur, direz-vous, était réel. Fort bien, mais il ne le sentait pas. Où était-il donc ? Son bonheur était imaginaire. J'entends ; la santé, la gaieté, le bien-être, le contentement d'esprit ne sont plus que des visions. »[1] Nous sentons bien que ce raisonnement est paradoxal. Car la santé, le bien-être, le contentement de cet homme résultent précisément de ce qu'il n'éprouve pas d'inquiétudes, de ce qu'il jouit d'un sentiment de sécurité, de ce que ses affaires vont bien, de ce qu'aucun signe ne lui laissait

1. *Émile*, livre II.

prévoir une catastrophe. C'est parce qu'à une représentation du monde s'en substitue brusquement une autre qui appelle de sa part d'autres réactions qu'il sombre dans le désespoir. Mais les réactions précédentes étaient aussi en rapport avec l'idée qu'il se faisait du monde extérieur et de la place qu'il y occupait. L'homme est bien obligé de s'adapter au monde, et le paradoxe c'est de vouloir que le monde change sans que lui-même, c'est-à-dire son attitude en face du monde, change aussi.

Voici, maintenant, un autre homme qui a toutes raisons de se trouver heureux. Il est riche, considéré. Il réussit dans tout ce qu'il entreprend. Il ne trouve, dans sa vie domestique, que des motifs de satisfaction. Ses amis l'entourent de leur affection. Rien ne lui manque. Dans le passé, il ne voit que des images riantes. Aucun nuage n'obscurcit l'avenir. Un jour cependant on observe qu'il s'absorbe en lui-même et s'assombrit. Un trouble organique qui se préparait depuis quelque temps vient de prendre consistance et il traverse une crise grave de dépression. Ce n'est pas un mal qui l'expose à la mort, ni même qui détermine en lui des souffrances locales définies. Ce vide, ce néant qu'il sent en lui n'altère en rien le monde autour de lui, est sans rapport avec l'état de sa fortune, sa situation sociale, les sentiments de ceux qui l'entourent. Ne pourrait-on pas lui dire. « Insensé ! Ton mal n'existe que dans ton imagination. Détourne ton attention de ce fond obscur de ton être, de ces régions où la conscience normale n'atteint pas. N'ouvre pas ce message qui te parvient des régions obscures de la vie organique. Porte ton attention sur ce qui constitue la trame solide de ton existence. » « Ô homme ! resserre ton existence au-dedans de toi », disait Rousseau. Nous pourrions dire aussi, au déprimé qui s'absorbe en lui : « Ô homme ! Étends ton existence hors de toi. » Mais l'homme ne peut suivre ni l'un, ni l'autre conseil. Le dedans et le dehors sont trop étroitement liés, comme la face et le revers d'un même objet. Le malade mental ne voit plus les choses et les hommes tels qu'ils sont. La représentation qu'il se fait du monde se transforme. Il projette autour de lui ses inquiétudes, ses soupçons, ses craintes, ses pressentiments. Il y cherche et il y trouve en effet les motifs de ses souffrances. À partir de ce moment, où découvrir une différence entre lui et un homme sain d'esprit mais qu'un malheur réel bouleverse et égare ? C'est le même état d'inadaptation et de déséquilibre à la fois organique et mental.

Mais si tout suicide relève théoriquement de la psychopathologie étendue jusqu'à ses extrêmes limites, inversement il n'est guère de suicide, même psychopathique, qui ne relève de la sociologie. En ce sens, on va trop loin, beaucoup trop loin, et on ne nous accorde pas assez quand on affirme que la plupart des suicides d'angoisse, de dépression, d'intoxication alcoolique, accomplis en état d'ivresse, etc., constituent une catégorie bien tranchée, et qu'ils diffèrent de nature de tous les autres.

Considérons en effet quelques-unes des causes par lesquelles on explique ordinairement le suicide, et qui ne mettent pas en jeu des facteurs morbides mentaux : les souffrances physiques, les peines d'amour, la jalousie, les soucis d'argent, la honte, la crainte du déshonneur, la crainte des punitions, le chagrin causé par un deuil. Durkheim a hésité à voir dans ces motifs des causes véritables du suicide envisagé comme fait social : d'abord parce qu'ils sont très hétérogènes et qu'on ne comprendrait pas que des causes si différentes puissent rendre compte d'un même effet ; ensuite parce que ces événements ou circonstances sont trop individuelles pour déterminer un fait qui se reproduit avec une telle constance et dont les variations paraissent être en rapport avec des facteurs plus généraux[1]. Pourtant si, à eux seuls, ils ne suffisent pas à expliquer les suicides, peut-on supposer qu'ils ne jouent aucun rôle dans leur production ? N'est-il pas possible de découvrir sous leur diversité des forces de nature semblable, et, traduisant ces faits individuels en termes sociaux, de signaler en eux autant d'obstacles à l'intégration de l'individu dans la société ? N'est-il pas possible, en même temps, de montrer qu'à cet égard l'autre catégorie de motifs qu'on en distingue, savoir les facteurs morbides mentaux, jouent exactement le même rôle et tendent à agir dans le même sens ?

Un homme coupable et responsable de quelque acte qui porte atteinte à son honneur se sent diminué aux yeux des membres de son groupe, et retranché de celui-ci. L'honneur repose sans doute sur des considérations différentes, suivant les sociétés. Frazer raconte quelque part qu'un jeune sauvage va, volontairement, se faire enterrer vivant, parce qu'il est trop maigre et chétif et qu'on le tourne en dérision dans sa tribu. Ici c'est le point d'honneur professionnel, là c'est le point

1. « Les mobiles qui sont ainsi, à tort ou à raison, attribués aux suicides, n'en sont pas les causes véritables... Les raisons que l'on donne au suicide, ou que le suicidé se donne à lui-même pour s'expliquer son acte, n'en sont, le plus généralement, que les causes apparentes... Elles marquent, peut-on dire, les points faibles de l'individu » (Durkheim, *op. cit.*, p. 144 et 147). Durkheim s'appuie surtout sur ce que la proportion des mobiles ne varie guère, quand, dans un même pays, le nombre des suicides augmente, ou qu'on passe d'une profession à l'autre, pour refuser de voir en eux les causes véritables du phénomène.

d'honneur aristocratique, c'est l'honneur du commerçant, qui intervient. Un homme qui a été insulté, une fille-mère abandonnée, un joueur qui ne peut payer une dette de jeu, perdent la considération de ceux qui les entourent, et à l'opinion desquels ils attachent le plus de prix : ils sont violemment rejetés hors du milieu social loin duquel ils ne peuvent vivre. Mais il en est de même du commerçant qui se ruine, de l'homme riche qui perd sa fortune, du père de famille dont les ressources sont brusquement réduites[1]. Tous voient s'abaisser leur niveau social. Ils sont dans une certaine mesure des déclassés. Or qu'est-ce que se déclasser ? C'est passer d'un groupe qu'on connaît, qui vous estime, dans un autre qu'on ignore et à l'appréciation duquel on n'a aucune raison de tenir. On sent alors se creuser autour de soi un vide. Ceux qui vous entouraient autrefois, avec qui vous aviez tant d'idées communes, tant de préjugés en commun, dont tant d'affinités vous rapprochaient parce que vous vous retrouviez en eux comme eux en vous, s'éloignent soudain. Vous disparaissez de leurs préoccupations et de leur mémoire. Ceux au milieu desquels vous vous retrouvez ne comprennent ni votre dépaysement, ni votre nostalgie et vos regrets. Détaché d'un groupe par un ébranlement soudain, vous êtes incapable, ou, du moins, vous vous croyez incapable de retrouver jamais dans un autre quelque appui, ni rien qui remplace ce que vous avez perdu. Mais lorsqu'on meurt ainsi à la société, on perd le plus souvent la principale raison qu'on a de vivre.

Tournons-nous maintenant vers ceux qui se sont tués parce qu'ils ont perdu un être qui leur était cher, ou vers ces suicides passionnels qui suivent la séparation ou la menace d'être séparé de l'objet aimé[2].

1. « La misère, dit le Dr Serin, auteur de l'enquête analysée ci-dessus, est une grande pourvoyeuse de la mort volontaire. » Sur 169 cas de suicides non psychopathiques, elle en trouve 50 imputables à la misère ou aux revers de fortune. « Quelquefois, cette misère est la conséquence de l'alcoolisme et de la psychopathie ; beaucoup de sans-travail sont des instables. » Pourtant, c'est bien par suite de leur détresse qu'ils se tuent. « Elle l'est quelquefois aussi de la maladie, plus souvent de la vieillesse, vieillesse infirme, vieillesse solitaire ou abandonnée. Beaucoup plus rarement, la mort est le fait d'une ruine brusque, d'une spéculation malheureuse d'une faillite qui apparaît inévitable. » Si l'enquête eût été faite une année de crise économique, il est probable que cette dernière catégorie eût été plus importante. Au reste, on peut se déclasser à partir d'un niveau social inférieur comme d'un niveau plus élevé.
2. Dans l'enquête du Dr Suzanne Serin, sur 169 suicides non psychopathiques, 72 s'expliqueraient par des « chagrins intimes ». « Ce sont des suicides de veuf ou de veuve à la mort du conjoint, de mari ou d'amant abandonné..., de parents qui ne peuvent survivre à la mort d'un enfant. » Il semble que « certains suicides dits passionnels soient simulés en vue d'un chantage sentimental. [Mais alors il s'agit de tentatives]. D'autre part il est quelquefois difficile de savoir si, sous ces chagrins tragiques, ne se dissimule pas un déséquilibre constitutionnel ou une psychose méconnue à son début ».

De tels désespoirs résultent aussi de ce qu'un lien s'est brisé. Mais est-ce bien un lien social ? L'affection ou l'attachement passionné qui unit deux personnes est de l'ordre des sentiments individuels. Que l'un vienne à manquer à l'autre. Il n'y a rien là qui puisse isoler l'homme ou la femme du groupe de ses semblables. Au contraire, il se peut que le sentiment où ils s'absorbaient ait été un obstacle à ce qu'ils entrent en union plus étroite avec les autres. Peut-être après tout formaient-ils une petite société, puisqu'ils avaient un langage et des conventions qui leur étaient propres, mais une société en même temps très exclusive et très restreinte. Une fois ce groupe dissous, rien n'empêche plus que chacun des deux individus qui le composaient se rattache à d'autres milieux qu'il avait oubliés, retrouve ses parents, ses amis, et resserre avec eux des liens qui s'étaient détendus. Mais les sentiments de ce genre, lorsqu'ils sont assez intenses, survivent quelque temps à la disparition de celui qui en était l'objet. Pour se rappeler les autres, il faut oublier celui-ci. C'est dans l'intervalle qu'on se désespère de ce qu'on a perdu, sans imaginer que rien puisse en tenir lieu. Racontant l'histoire d'une jeune fille séduite et abandonnée, Goethe dit : « Transie, éperdue, elle se trouve sur le bord d'un précipice. Tout ce qui l'environne n'est que ténèbres. Nulle perspective, nulle consolation, nul pressentiment. Car celui qui, seul, lui faisait sentir son existence, l'a quittée. Elle ne voit point le vaste monde, ni tant d'êtres qui pourraient remplacer ce qu'elle a perdu. Elle se sent seule, abandonnée par tous. L'avenir se referme devant elle. »[1] Comme un courant entraîne un nageur au large, la passion a emporté l'individu loin de tous les groupes. Quand l'être aimé disparaît, il le cherche là où il ne peut plus l'atteindre, et n'a plus le courage ou la volonté de se retourner vers la société[2]. Ainsi s'explique qu'un désespoir d'amour révèle brusquement à l'homme sa solitude.

Tous les motifs présumés du suicide normal, si différents qu'ils nous paraissent, ont le même caractère. Ce sont des faits ou des circonstances, des sentiments ou des pensées qui isolent l'homme de la société. Certes on pourrait soutenir au contraire que, dans bien des cas, si l'homme se tue, c'est qu'il n'est pas assez détaché de sa famille et de

1. *Die Leiden des jungen Werthers*, édition du jubilé, p. 55.
2. Souvent il n'en a même pas le désir. Dans *La Nouvelle-Héloïse*, Mylord Edouard réfute les arguments rassemblés par Saint-Preux en faveur du suicide. « On dit : la vie est un mal. Mais tôt ou tard on sera consolé. Mais justement, dit-on encore, c'est ce qui redouble mes peines de songer qu'elles finiront » (cité par Bayet, *op. cit.*, p. 625).

son milieu et qu'il attribue trop d'importance aux préjugés, croyances et coutumes de son groupe. La crainte d'être déshonoré, le désir de ne point déchoir, de ne pas voir les siens aux prises avec les difficultés de l'existence, l'ambition déçue et même le chagrin que causent certains deuils, ce sont là autant de sentiments qui supposent la vie sociale et un certain degré de culture. Ils seraient étrangers à un homme qui se désintéresserait des autres. Mais il est trop évident qu'un homme ressent d'autant plus douloureusement la rupture de certains liens sociaux qu'ils l'enserraient plus étroitement. L'homme lié ou devenu égoïste cédera moins que les autres à ces motifs de désespoir parce que son principal intérêt, c'est lui-même. Chez lui, les préoccupations les plus personnelles occupent le vide que laisse l'absence des sentiments altruistes. Tant qu'il réussit à se tromper ainsi lui-même, en se prenant, par un habile dédoublement, pour l'objet unique de ses affections, il ne sent pas son isolement. Mais Silas Marner n'aurait plus qu'à se pendre, lorsqu'il trouve sa cachette vide, si un être humain ne venait pas aussitôt ramper à ses pieds. Mettons si l'on veut que ce n'est pas l'isolement, mais le sentiment qu'on a soudain d'être seul, qui, dans tous ces cas, pousse au suicide.

L'égoïsme du plaisir n'est pas accompagné, peut-être, d'un sentiment pénible de solitude, parce qu'en réalité lorsqu'il croit ne penser qu'à lui l'égoïste pense tout de même aux autres. Dans la course aux jouissances, il se dit qu'il l'emporte sur eux, qu'on l'envie, que beaucoup voudraient l'imiter. C'est là aussi un sentiment qui a ses racines dans la société. Mais il y a un égoïsme de la douleur, par lequel l'homme, au contraire, prend conscience d'être définitivement rivé à lui-même et muré loin de ses semblables. La douleur physique bien souvent ne se supporte qu'à condition qu'on puisse sinon la partager, du moins l'exprimer, la communiquer et sentir que les autres la comprennent. Un malade trouve un allégement dans la pensée que ses souffrances ne sont pas uniques en leur genre, qu'elles rentrent dans le lot commun de l'humanité, et que les hommes qui se penchent sur lui en connaissent l'étendue et l'intensité. Tant qu'il en est ainsi, le malade n'a point perdu pied. Dans l'intervalle de ses souffrances, et même au moment où elles l'accablent, il reste membre d'une société dont la présence invisible le soutient et l'encourage. Mais quand la douleur devient continue, ou lorsqu'elle dépasse certaines limites, surtout quand il n'a plus d'espoir qu'elle cède, sa pensée se retire du monde, se détourne des autres et se concentre sur lui-même. Alors, il est et se sent seul. C'est pourquoi la douleur et la maladie ont déterminé plus d'un suicide.

Mais n'est-ce pas pour une raison analogue que les délirants et les déprimés se tuent ? Certes, à la différence de beaucoup de malades, les psychopathes en période de dépression ne font pas appel à la sympathie compréhensive des autres. Ils cachent plutôt leur maladie et leur souffrance, comme s'ils en éprouvaient quelque honte. Il semble que, comme des patients désespérés, ils se sentent d'emblée retranchés du reste du monde. Ce sont bien des isolés. En ce sens, et bien que les états psychopathiques paraissent n'avoir que peu de rapports avec les autres causes examinées jusqu'à présent qui conduisent les hommes au suicide, ils ne représenteraient qu'un cas particulier d'un phénomène général. Les psychopathes, eux aussi, se tueraient parce qu'ils sont en marge de la société et qu'ils ne peuvent plus trouver ailleurs qu'en eux-mêmes un point d'appui.

M. Blondel, après avoir observé pendant des années et de façon très approfondie plusieurs sujets soignés à la Salpêtrière, a bien mis en lumière tout ce qu'il entre d'inadaptation sociale dans les états mentaux de certaines catégories d'anxieux, d'hypocondriaques et de persécutés. « La mentalité morbide, dit-il, est une mentalité aberrante, elle est une mentalité asociale. »[1] Nous ne pouvons passer ici en revue toutes les formes de l'aliénation, de la psychasthénie, de la débilité mentale. Mais il n'est guère douteux que toutes soient caractérisées par une interruption au moins partielle et une altération souvent profonde des rapports qui existaient ou devraient exister entre le malade et son milieu[2].

Certes la maladie, quelle qu'elle soit, singularise le patient qui en est atteint. Les malades, surtout lorsqu'ils souffrent beaucoup, sont un

1. Ch. Blondel, Psychologie pathologique et sociologie, *Journal de psychologie morale et pathologique*, 15 avril 1925, XXII, 4, p. 345. « Plus la mentalité morbide s'accuse, plus elle se montre incapable de contribuer à la constitution d'une collectivité quelconque » (*ibid.*, p. 345). Esquirol écrivait déjà : « Ceux qui ne sentent plus le bien de vivre [il s'agit d'hypocondriaques]... n'ont plus de sensations ni de désirs, ils ont épuisé les sources de la vie, ils éprouvent un vide affreux, sont *dans un isolement complet au milieu du monde*, ce qui les jette dans un état qu'ils préfèrent échanger contre la mort » (*loc. cit.*, p. 598).

2. C'est la thèse de M. Blondel, qui l'a opposée à l'interprétation de M. Janet, pour qui la psychasthénie résulte d'un sentiment d' « incomplétude ». « Pour M. Janet l'activité mentale tire tout de son propre sein. Rien d'essentiel et d'irremplaçable ne nous vient du dehors et de notre milieu social. Pour expliquer que notre activité n'ait plus son rendement normal... il est obligé d'invoquer l'existence d'un déficit psychique. » Pour M. Blondel, au contraire, il n'y a pas déficit, mais surabondance et richesse excessive, en ce sens que « les cadres collectifs ne s'appliquent plus aux états de la conscience morbide », si bien que les éléments purement individuels de celle-ci, n'étant plus refoulés ou éliminés, passent au premier plan. Ce qui est supprimé, c'est ce qui vient du dehors, ce sont les apports habituels avec le milieu social (*op cit.*, p. 303).

peu des incompris. C'est pourquoi, dans les sanatoriums et les villes d'eaux, ils se recherchent et forment de petites sociétés originales sur la base d'une compréhension mutuelle de leurs maux. Dans la vaste société humaine, ceux qui se sentent plus exposés à la douleur et à la maladie font partie, qu'ils s'en doutent ou non, d'une communauté silencieuse et secrète, dont sont exclus les gens bien portants. Cependant, lorsque son mal est localisé, sa maladie définie et classée, le patient rentre dans la norme. Si c'est lui qui souffre, il admet cependant que le médecin sait aussi bien et mieux que lui quelle est la cause et la nature de l'état où il se trouve. Livré à lui-même, il en inventerait et proposerait une explication. Mais, du moment que sa maladie est connue, il entre dans une catégorie, il a sa place dans le système d'idées de la société ; même s'il doit traîner longtemps avec lui sa souffrance, il s'avancera dans des chemins fréquentés, et qu'on a éclairés pour lui à l'avance. Il se remet, corps et âme, entre les mains de la société, parce que c'est d'elle qu'il attend à la fois des secours et des explications.

Il en est tout autrement du malade mental ou du déprimé. Chez lui les états affectifs qui se trouvent en un rapport si étroit avec le fonctionnement nerveux, sont d'abord et directement altérés. Des sentiments d'angoisse, d'inquiétude, de terreur se succèdent en lui, angoisse sourde, inquiétude vague, terreur aveugle, et c'est en cela précisément que consiste son mal. Ce mal n'a pas un siège défini, il n'est pas localisé[1]. Il se manifeste seulement par des états internes tels que ceux où nous nous trouvons quand un malheur qui nous arrive nous rend tristes, quand un malheur que nous voyons venir nous rend inquiets. Seulement, ici, c'est une tristesse et une inquiétude dont on ne peut trouver la cause au-dehors. Du moins, le médecin et l'entourage du malade ne peuvent l'y trouver, et ils s'évertuent à lui démontrer qu'il s'inquiète et s'attriste sans cause. Mais le malade sait bien, de son côté, qu'il est tourmenté. Aucune démonstration ne vaut contre ce fait. Le fait est d'ailleurs si réel, il passe tellement au premier plan de sa conscience qu'il faut bien l'expliquer. C'est le malade lui-même qui construit cette explication. Nous avons dit que, le milieu extérieur restant le même, l'attitude du patient vis-à-vis du monde peut changer à tel point qu'il y ait entre l'un et l'autre un déséquilibre. Mais, comme le délirant ne peut plus se réadapter au monde, il faut que le monde se réadapte à

1. « La douleur, disait Montesquieu, est un mal local qui nous porte au désir de voir cesser cette douleur ; le poids de la vie est un mal qui n'a point de lieu particulier, et qui nous porte au désir de voir finir cette vie » (*Esprit des lois*, livre XIV, chap. XII).

lui. C'est pourquoi il projettera dans son milieu les causes présumées de son inquiétude. C'est-à-dire qu'il interprétera dans le sens de ses préoccupations des signes et circonstances insignifiantes, ou qui n'ont pas cette portée. Il se figurera voir ce qui n'est pas, se souvenir de ce qui n'a jamais eu lieu. Si les événements donnent un démenti éclatant à ses prévisions, il ne se déconcertera pas et imaginera très vite un autre système d'explication qui s'accordera ou non, ou qui ne s'accordera qu'en partie avec le précédent.

Dans ces conditions, comment pourrait-il s'entendre avec les autres et se faire comprendre d'eux, ou les comprendre ? D'abord, il arrive qu'en principe ils lui soient tous suspects, y compris ses parents et surtout le médecin. Si le malheur qui le menace est caché, c'est qu'il résulte d'une conspiration. Mais quels sont ceux qui y entrent et qui n'y entrent pas ? Les arguments qu'on lui oppose se heurtent chez lui à une si forte et entière conviction que les contradicteurs ne peuvent être à ses yeux que les complices ou les dupes de ceux qui ont monté contre lui une si redoutable machination. Ainsi, il n'y a personne à qui il puisse se confier, ni qui soit en mesure de le comprendre. C'est sans doute la situation où se trouve plus d'un artiste, plus d'un inventeur, plus d'un réformateur qui se croit méconnu. Mais eux, à la rigueur, peuvent attendre, et ce n'est pas leur vie même qui est en cause. Ce qu'il y a de cruellement contradictoire, dans le cas de l'anxieux ou du cyclothymique déprimé, c'est qu'il aurait besoin de se décharger tout de suite de son terrible secret sur les autres, et que les autres se dérobent, qu'aucun ne peut comprendre ce qui est pour lui si clair et admettre la réalité de ce qui lui impose de telles tortures. Qu'importe que lui et eux parlent le même langage, aient tant d'idées communes, et puissent par conséquent se mettre d'accord sur tout ce qui n'est pas le thème actuel de son angoisse ? Car rien d'autre ne compte pour lui. Quand on met la conversation sur un autre sujet et qu'il répond d'un air ennuyé, derrière les mots on n'entrevoit que des pensées ternes, sans résonance, des pensées engourdies parce qu'elles ne reçoivent plus aucune chaleur du foyer central que ses visions alimentent. Quand un homme ne s'accorde pas avec les autres sur ce qui lui tient le plus à cœur, et que leur représentation des êtres et des choses et la sienne ne coïncident plus sur aucun point qui l'intéresse, il est pleinement isolé au milieu d'eux, isolé moins parce qu'il ne les comprend point qu'en ce qu'eux ne veulent pas entrer dans ses idées, isolé en vertu de ce qu'il y a en lui de singulier et d'unique. Dieu aussi est seul, parce qu'il est unique. Du moins n'a-t-il jamais vécu dans une société d'autres dieux, si bien qu'il ne sent pas son isolement. Le neurasthénique au contraire se fait de tous les souvenirs qu'il a emportés de la vie sociale autant d'armes qu'il retourne contre lui-même, car chacun d'eux lui fait sentir à quelle distance il est maintenant de tous les autres. Il souffre tellement de ne plus être accordé sur eux qu'il s'imagine qu'ils sont tous d'accord contre lui.

Ainsi les états psychopathiques produisent le même effet que les autres motifs du suicide. Il n'y a rien qu'une pensée formée par la société soit moins capable de regarder en face que le vide social. C'est cet état d'angoisse et de terreur qui importe seul, et en deçà duquel il n'y a pas lieu de remonter, quand on veut expliquer le suicide. Entre le déprimé psychasthénique, l'homme ruiné, exposé au déshonneur, gravement atteint dans son amour-propre, privé d'un être qu'il aime, il y a sans doute bien des différences, pour qui examine le genre spécial de trouble qui s'est emparé de chacun d'eux. Il y a cependant un trait qui leur est commun. Tous n'aperçoivent plus de la société que ses aspects hostiles, ses bords les plus escarpés. Il faut conserver le nom de motifs à ces événements : maladie mentale, perte d'argent, deuil, peines d'amour, puisque ce sont autant de formes particulières différentes sous lesquelles se cache un même état. Mais cet état lui-même, c'est-à-dire le sentiment d'une solitude définitive et sans recours, est la cause unique du suicide. Il est trop facile de dire : tel homme s'est tué parce qu'il était cyclothymique, tel autre parce qu'il a fait de grosses pertes d'argent, etc. C'est là une sorte de narration un peu grosse, où l'on s'attache seulement aux faits les plus apparents et les plus singuliers. De telles explications n'auraient un sens que si ce qui déterminait le suicide c'était, dans le trouble nerveux, ce qui le distingue précisément de la perte d'argent, c'est-à-dire si l'on en retranchait l'état d'angoisse et de dépression où se trouve également l'homme exposé à la misère et à la déchéance. Mais, si cet état ne l'accompagnait point, il est trop évident que le trouble nerveux ne conduirait pas au suicide. C'est parce que dans les deux cas le même état apparaît que le suicide a lieu.

C'est là un point de vue auquel ne s'était point placé Durkheim. Il ne paraît pas avoir soupçonné que les états délirants s'accompagnent d'un manque d'adaptation entre l'individu et son milieu. Bien plus, dans son dernier livre, étudiant les cérémonies religieuses et les fêtes dans les sociétés sauvages, il était frappé au contraire de ce qu'au moment où le groupe est le plus concentré, où ses membres sont envahis par les mêmes sentiments, dominés par les mêmes images, alors se manifeste une exaltation de la vie psychique proche du délire. « Une vie sociale très intense, dit-il, fait toujours à l'organisme comme à la conscience de l'individu une sorte de violence qui en trouble le fonctionnement normal. » Il développait l'idée que « la vie religieuse ne peut atteindre un certain degré d'intensité sans impliquer une exaltation psychique qui n'est pas sans rapport avec le délire. C'est pour cette raison que les prophètes, les fondateurs de religions, les grands saints, en un mot les hommes dont la conscience religieuse est exceptionnellement sensible, présentent très souvent des signes d'une nervosité excessive et même proprement pathologique : ces tares physiologiques les prédestinaient aux grands rôles religieux ». Ainsi tandis que, d'après M. Blondel, le déséquilibre mental correspondrait à une insuffisance ou à une déficience, d'après Durkheim, c'est une intensité excessive de la vie sociale qui ouvrirait les voies au délire.

On pourrait croire que les deux explications se rejoignent. Il y a en effet différentes sortes de troubles mentaux, et, surtout, il y a des psychasthéniques qui passent plus ou moins périodiquement par des phases alternatives de suractivité et de dépression, de joie et d'expansion, de tristesse et de repliement sur soi. Quand il rapproche le délire de l'exaltation collective, Durkheim a raison en ce sens que, dans l'un et l'autre cas, l'homme déploie plus d'activité, une activité plus fébrile et désordonnée qu'en temps normal : il s'exalte, comme s'il pouvait échapper aux limites étroites de son corps, ou comme s'il sentait en lui une source de forces brusquement jaillie et qui ne s'épuise pas. Mais n'y a-t-il que cette forme du délire, et toutes les autres en dérivent-elles ? Durkheim ne s'est pas posé la question. Nous savons cependant qu'il n'en est rien, et que dans d'autre cas, dans d'autres phases, le délirant est déprimé, condamné à l'isolement mental et qu'il faudrait plutôt le comparer aux habitants de ces villes antiques, ravagées par la peste ou quelque fléau, qui se sentaient abandonnés par leurs dieux, n'osaient plus sortir de leurs maisons et se traînaient le long des rues pour implorer en vain quelque secours. C'est dans ces cas seulement que le délire conduit au suicide[1].

1. Sans doute le déprimé est aussi, d'ordinaire, un agité. Mais « il ne faut pas confondre l'agitation avec l'excitation. L'excitation consiste essentiellement en une élévation rapide de la tension psychologique au-dessus du degré qui était resté le même pendant un certain temps... L'agitation consiste tantôt dans une activation complète de certaines tendances très inférieures, tantôt dans une activation très incomplète de certaines tendances un peu plus élevées mais encore au-dessous de celles que le sujet devrait utiliser » (Pierre Janet, *Traité de psychologie du Dr Dumas*, t. I, p. 935 sq.).

Il y a cependant une grande différence entre ces périodes d'exaltation et de dépression, par lesquelles passent tous les membres d'une société, et les troubles semblables qui se développent chez un individu seul, au milieu d'une société normale. Certes, il y a des délires collectifs. « Si l'on appelle délire, dit Durkheim, tout état dans lequel l'esprit ajoute aux données immédiates de l'intuition sensible et projette ses sentiments et ses impressions dans les choses, il n'y a peut-être pas de représentation collective qui, en un sens, ne soit délirante. Le milieu social tout entier [en effet] nous apparaît comme peuplé de forces qui, en réalité, n'existent que dans notre esprit. » Or, pour nous élever à ce genre de représentations, pour participer à ce délire, pour nous mettre au ton d'un milieu effervescent et surexcité, nous avons besoin d'une certaine quantité de force supplémentaire. Où la trouverons-nous ? Dans le milieu lui-même. Décrivez-moi une assemblée dans laquelle les passions dictent les gestes et les paroles. Considérant l'état de calme et d'indifférence où je me trouve, je croirai ne pas pouvoir y tenir ma place, je m'y rendrai en spectateur. Dès que j'aurai franchi la porte de la salle, je me sentirai soulevé au-dessus de moi-même par le spectacle des hommes assemblés, par leurs mouvements et par leurs voix, j'adopterai leur attitude, je jouerai mon rôle dans la pièce sociale comme si les autres acteurs et les spectateurs eux-mêmes me soufflaient ce que je dois dire. Il en est de même, lorsqu'on est obligé d'aller dans le monde. On a l'esprit ailleurs, c'est une corvée dont on se dispenserait volontiers, on s'ennuiera, on n'ouvrira pas la bouche, on n'y rencontrera que des indifférents. Pourtant, lorsque vous êtes parmi les autres, l'animation de la soirée vous gagne. Vous entrez dans une sorte de ronde où la musique rythme vos pas : de même les propos de ceux qui vous entourent, leurs questions et leurs réponses, l'attention qui se fixe sur vous, communiquent à votre esprit une sorte d'élan dont vous aviez besoin pour briller dans ce cercle et que vous recevez de lui-même. Il y a un tel contraste entre l'isolement relatif où nous passons une partie de nos journées et ces milieux sociaux où il faut se dépenser que, si nous ne comptions que sur nos forces individuelles du moment, nous ne les rechercherions pas, et n'essaierions point de nous mêler aux autres. Mais nous savons par expérience qu'à leur contact nous puiserons en eux les forces nécessaires pour penser comme eux et nous mettre au ton de leur vie affective.

Il en résulte qu'à ces périodes d'activité et d'exaltation sociale n'en succèdent pas nécessairement d'autres où les hommes qui ont participé à ces réunions et ces cérémonies se sentent épuisés et déprimés. C'est que les forces qu'ils ont dépensées ils ne les ont pas tirées d'eux-mêmes et de leur substance. Certes les sauvages australiens, après ces solennités et ces fêtes où ils se sont livrés pendant plusieurs jours et plusieurs nuits consécutives à toutes sortes de danses et de contorsions sont physiquement épuisés. Mais il leur suffit d'un peu de repos et de sommeil pour que ce genre de fatigue soit oublié.

Il en est tout autrement du malade mental. Celui-là ne se met pas au diapason de son milieu, mais, au cours de ses crises, ou bien il n'atteint pas, ou bien il dépasse le degré d'intensité où s'élève la vie sociale autour de lui. Est-il déprimé ? il s'isole, se terre comme dans une cachette et se replie sur lui-même[1]. Il explique ses angoisses, son atonie par l'attitude des autres hommes qui le détestent et le méprisent. Car du moment qu'il n'est plus sensible aux bienfaits de la vie en société, il est naturel qu'il lui attribue toutes les souffrances internes qu'il endure. Lorsqu'une société traverse une crise de dépression collective, ses membres ne sont pas entièrement détachés l'un de l'autre. La communauté de la souffrance les tient rapprochés : « Enfants, dit Œdipe, jeune postérité de l'antique Cadmus, pourquoi vous pressez-vous sur ces degrés ? Pourquoi ces rameaux suppliants que je vois dans vos mains ? L'encens fume dans toute la ville, qui retentit à la fois d'hymnes plaintifs et de gémissements. » Ils mêlent leurs lamentations et leurs prières. Le déprimé mental, au contraire, est seul à supporter son mal. On le comparerait plutôt à quelque membre d'une communauté religieuse qui traverse une crise de sécheresse et de doute, qui n'est plus capable de se mettre à l'unisson des autres fidèles et de s'ouvrir aux impressions, ni d'accueillir les visions qui les exaltent. « J'étais malade à l'infirmerie, écrit Luther parlant du temps où il était moine. Les tentations les plus cruelles (les tentations de l'esprit) épuisaient mon corps et le martyrisaient, de sorte que je pouvais à peine respirer et haleter. Aucun homme ne me consolait. Tous ceux auxquels je me plaignais répondaient : "Je ne sais pas." Alors je me disais : "Suis-je donc le seul qui doive être si triste en esprit ?" Oh ! que je voyais des spectres et des figures horribles. »[2] Luther s'en prendra à la papauté et à l'Église, comme le déprimé accuse la société. Cependant la société conserve ses forces intactes. Mais il n'est plus en communication avec elle. Il ne peut plus puiser dans le réservoir commun.

1. Ch. Blondel, « L'isolement matériel et moral dans lequel vivent entre eux les psychopathes constitutionnels est bien connu des aliénistes... Chacun reste solitaire et, comme on dit, enfermé dans son délire » (art. cité, p. 341).
2. *Mémoires de Luther*, traduits et mis en ordre par Michelet, 1837, I, p. 10.

Lorsque le psychasthénique est dans la phase d'exaltation et d'euphorie, peut-on dire qu'au contraire il est plus que les autres hommes en contact avec la société ? Est-ce d'elle qu'il tire les forces qu'il sent déborder en lui ? Est-il exact qu' « une vie sociale intense fasse alors, à son organisme comme à sa conscience, une sorte de violence qui en trouble le fonctionnement normal ? » Certes, dans cette période, loin de s'accommoder de la solitude, il n'attend pas que les autres viennent à lui. Il va les trouver. Il pousse toutes les portes entrouvertes, il recherche les assemblées des hommes, réveille des amitiés presque mortes, renoue des relations interrompues, s'en crée de nouvelles chaque jour et témoigne du même appétit de vie sociale que quelqu'un qui en aurait été privé pendant bien longtemps. Au reste, cette activité tournée vers les autres, fébrile, trépidante, superficielle et vaine, donne souvent l'impression d'un moteur qui tourne à vide. L'excité se fait illusion sur la portée de l'effervescence d'idées et du déploiement apparent d'énergie dont il est le siège et la source. Il se fait illusion également sur l'attitude qu'ont les autres vis-à-vis de lui. Il se trompe, comme il se trompait lorsqu'il était déprimé, mais en sens inverse. Comme il sent en lui une capacité presque illimitée de s'adapter aux groupes divers qui sont proches de sa personne ou compris dans son horizon, il n'est plus sensible à aucun des obstacles qui l'écartent de tel foyer de vie sociale, et ne s'aperçoit d'aucun des désaccords qui subsistent entre lui et ceux qui l'entourent. Les objections des autres ou leurs réserves, leurs défiances et leurs antipathies, c'est-à-dire les barrières naturelles qui empêchent que les hommes, lorsqu'ils entrent en contact, se fondent entièrement les uns avec les autres, n'existent plus pour lui. Comme il ne lui coûte aucun effort pour se transporter d'un groupe à l'autre, il oublie dans celui-ci les déceptions qu'il a pu éprouver dans celui-là. Aussi aime-t-il les autres hommes, il les aime trop, non seulement parce qu'épris de vie sociale il s'intéresse réellement à eux, mais parce qu'il n'est sensible qu'aux aspects bienveillants, généreux et réconfortants des groupes.

Toutefois ce pourrait n'être là qu'une illusion de vie collective intense. Entre les cas où la société elle-même crée dans son sein, par des moyens appropriés, tels états d'exaltation auxquels participent le plus grand nombre de ses membres, et celui-ci où un seul homme promène son excitation à travers les groupes, il y a bien des différences. L'excité, bien qu'il se répande ainsi au-dehors, ne reste-t-il pas aussi bien enfermé dans son moi morbide que le déprimé ? Sans doute les crises de mégalomanie qu'on observe chez un cyclothymique en période d'excitation, si semblables qu'elles paraissent parfois au délire des grandeurs, qui est une forme de l'aliénation, s'en distinguent en ce qu'il reste en rapports avec les autres hommes, qu'ils peuvent agir sur lui, quand ce ne serait qu'en modifiant les fins qu'il poursuit et en lui présentant de nouveaux sujets d'excitation, que lui-même enfin agit sur eux, moins qu'il ne croit, mais plus peut-être qu'un homme normal ou moyen. Le plus souvent ils n'ont pas inventé les thèses qu'ils développent, imaginé de toutes pièces les plans qu'ils construisent, conçu spontanément les sympathies, les haines, les enthousiasmes qui se développent en eux. On ne peut dire cependant que leur excitation résulte des circonstances, et que cette flamme qui les consume ait été allumée par la société. Même si, autour d'eux, tout était calme, ils ne s'en agiteraient pas moins. Ce n'est pas de la société, mais d'eux-mêmes qu'ils tirent leurs imaginations. Ils sont aussi peu adaptés à leur milieu en période d'excitation que de dépression.

Mais, il n'y a rien là qui distingue les psychasthéniques des autres candidats au suicide. On pourrait décrire entièrement la cyclothymie en termes d'adaptation au milieu. Mais on décrirait à peu près de la même manière les phases par lesquelles passe tel homme qui est conduit à la mort volontaire par un chagrin d'amour ou par la ruine. La courbe parcourue par César Birotteau, depuis que sa femme le surprend la nuit en train d'échafauder de vastes spéculations, jusqu'au moment où sa fortune s'écroule, où il n'entend plus qu'un « bruit de cloches mortuaires » et songe au suicide, pourrait représenter les phases successives par lesquelles passerait une maladie mentale qui commencerait par un délire euphorique et se terminerait par une crise grave de dépression. Birotteau, religieux, père de famille, et d'ailleurs tête faible, ne se suicide pas. Il remontera la courbe, sera réhabilité et mourra d'un excès de joie. Sauf ce dénouement, on peut prévoir qu'un grand nombre de désespérés, s'ils pouvaient résister quelque temps à la tentation de se tuer, retrouveraient des raisons de vivre. Il en serait de même d'un grand nombre de déprimés. Nous ne prétendons pas d'ailleurs qu'il en soit ainsi dans tous les cas. Il nous suffit d'avoir montré que le trouble nerveux ne joue pas ici un autre rôle que les événements : ruine, chagrin intime, etc., auxquels on rattache d'ordinaire le suicide.

Les motifs étudiés jusqu'ici n'expliquent qu'en partie l'état d'inadaptation sociale qui nous paraît être la cause du suicide. D'autres facteurs de désintégration interviennent : l'affaiblissement du lien qui rattache les uns aux autres les hommes à l'intérieur d'un groupe religieux, domestique ou national. Or il n'y a pas de différence de nature entre les états de déficience sociale qui résultent des premières circonstances, et des secondes : ils se superposent et s'ajoutent l'un à l'autre, comme l'affaiblissement produit par la maladie à l'affaiblissement produit par le surmenage. Si Durkheim a porté son attention sur les secondes (religion, état civil, etc.) c'est qu'il est possible de les mesurer au moyen des statistiques, tandis qu'il ne l'est guère de compter, dans chaque société, le nombre des déshonneurs, des pertes d'argent, des chagrins d'amour, des souffrances physiques intolérables, des maladies mentales ou nerveuses, etc. Mais nous devons nous demander maintenant si les suicidés psychopathiques se distinguent nettement de tous les autres en ce qu'au moment de leur crise ils sont entièrement inaccessibles aux influences sociales qui s'exercent sur les membres d'une confession religieuse, d'une famille, etc. Comme une partie importante des suicides paraissent être commis sous le coup de l'ivresse, il faut poser la même question en ce qui les concerne.

Les psychiatres raisonnent à peu près ainsi. Ils ne contestent pas les faits qui résultent des statistiques, savoir que les membres de telles religions, les personnes de tel état civil, etc., se tuent proportionnellement moins que les autres. Ils croient seulement que les facteurs sociaux n'agissent point sur les psychopathes et que, si on écartait les suicidés psychopathes, si l'on ne retenait que les suicidés normaux, leur action apparaîtrait encore beaucoup plus grande. Mais, remarquons-le tout de suite, si les psychopathes échappent tout à fait en apparence aux influences sociales, il est fort vraisemblable qu'en apparence aussi une quantité de sujets dits normaux n'y seront pas soumis davantage. Car une douleur physique, un grand désespoir, et même une ruine ou un déshonneur doit déterminer chez beaucoup d'hommes un état de stupeur, une concentration de la pensée sur l'événement qui les atteint assez intense pour qu'ils oublient entièrement tout ce qui n'est pas leur préoccupation du moment. Il ne resterait dès lors qu'une très faible proportion de désespérés qui demeureraient perméables à ce genre d'action, trop faible pour rendre compte des régularités très nettes que révèlent à cet égard des statistiques qui portent sur l'ensemble de tous les suicides.

Mais sur quoi se fonde-t-on pour soutenir qu'un malade mental en état de dépression n'est plus sensible à aucune des influences sociales qui s'exercent sur l'homme normal ? Suffit-il de déclarer qu'il était psychopathe, ou qu'il s'est tué sous le coup de l'ivresse, pour que tout soit dit ? Il est bien regrettable que les psychiatres ne nous indiquent pas avec précision à quel moment il s'est tué, si c'était au début de la crise, au moment où elle était à son paroxysme, dans une période d'agitation, ou d'atonie, etc.[1]. Nous ne croyons pas en tout cas que, le plus souvent le suicide suive immédiatement l'impulsion, sans que le malade ait le temps de réfléchir, de même que l'homme saisi de vertige tombe soudain. Il y a sans doute des cas de « raptus » de ce genre, où la vue de l'eau, la rencontre d'une arme agit instantanément sur un sujet qui paraissait jusqu'alors maître de lui et en équilibre[2]. Mais les anxieux, les mélancoliques laissent s'écouler un certain temps entre le moment où ils songent à se tuer et le moment où ils se tuent. L'acte du suicidé ne se produit pas par une sorte de déclenchement automatique. Ce n'est pas un processus purement organique, ni une réaction machinale. Mais il suppose une activité consciente, si confuse soit-elle. Rien ne nous permet d'admettre que le malade ne sait pas qu'il se donne la mort au moment où il se tue.

On dira, peut-être, qu'il a en effet conscience de l'impulsion à laquelle il cède, mais qu'il n'en est pas moins « hors de lui » en ce sens que toutes les pensées et tous les sentiments qui occupent d'ordinaire sa conscience s'en sont retirées, qu'une sensation unique envahit son esprit, sensation d'un état interne anormal et intolérable[3], avec les idées

1. Il faut encore se reporter à Esquirol, pour trouver quelques indications à cet égard. « Les maniaques se tuent aussi au début de la maladie, poussés au désespoir par *l'affection morale* qui a causé le délire, ou qui a coïncidé avec son explosion, *le souvenir de cette affection n'étant pas détruit par le délire qui n'a pas encore envahi toute l'intelligence*. Ces malades se tuent aussi *parce qu'ils ont le sentiment de la maladie qui commence*, ce qui les plonge dans le désespoir. Il en est qui se tuent *pendant la convalescence de la manie*, désespérés des excès qu'ils ont commis, ou honteux d'avoir été fous. » C'est nous qui soulignons.
2. « Les maniaques se tuent, la réflexion n'est pour rien dans cet acte ; ils se précipitent ordinairement, ce qui prouve qu'ils obéissent à une impulsion aveugle... Les maniaques vivent d'illusions, saisissent mal les rapports... Ils sont le jouet de leurs sensations ou des hallucinations... L'un, croyant ouvrir la porte de son appartement, ouvre la croisée et se précipite, ayant voulu descendre par l'escalier. Un autre, calculant mal les distances, se croit de plain-pied avec le sol et se jette par la fenêtre. Celui-ci veut faire violence à une femme qui le sert, et se précipite du troisième étage de l'escalier, espérant qu'il arrivera au bas avant cette femme échappée à ses poursuites... D'autres croient avoir quelque corps étranger dans le crâne, ils espèrent le faire sortir *en s'ouvrant la tête* » (Esquirol, *loc. cit.*, p. 541). Voir aussi, p. 542, trois exemples de suicides déterminés par des hallucinations mystiques. On peut se demander si la plupart de ces cas ne sont pas plutôt des accidents que des suicides.
3. « J'ai questionné plusieurs hypocondriaques et un grand nombre de lypémaniaques qui avaient fait des tentatives de suicide. Tous m'ont assuré qu'ils étaient entraînés à la mort volontairement... Mais tous ont ajouté qu'ils étaient dans un état ou physique ou moral tel que rien n'était plus affreux que cet état... et que la mort s'était offerte à eux comme le seul moyen de s'en délivrer » (Esquirol, *loc. cit.*, p. 597).

qui ont pu se greffer sur elle, idée d'une persécution, d'un péril, d'une catastrophe à laquelle il ne peut échapper qu'en disparaissant. Il y aurait là un automatisme d'un autre genre, non plus organique, mais psychologique et qui, toutefois, ne laisserait non plus aucune place à toute pensée étrangère au malaise actuel du sujet et à l'unique issue qui s'offre à lui.

Voilà ce qu'on peut *supposer* : car nous ne pouvons atteindre l'état de conscience du psychopathe qu'à travers les paroles qu'il prononce, à travers ses gestes et son attitude. Or il faut bien reconnaître, comme l'a montré M. Blondel, que les états de conscience de ces malades sont trop singuliers et exceptionnels pour qu'ils puissent les exprimer au moyen d'un langage qui n'est pas fait pour eux. Il serait donc peu scientifique de prendre au pied de la lettre ce qu'ils nous disent et d'interpréter leur conduite comme si elle était celle d'un homme normal. Par exemple, quand le psychopathe déclare qu'il ne s'intéresse plus aux siens, qu'il ne ressent plus pour eux aucune affection, quand il n'exprime pas le désir de les voir, quand il ne demande pas de leurs nouvelles, toutes ces paroles et cette manière d'être qui, chez un homme normal, révéleraient simplement un état d'indifférence totale, n'ont peut-être point la même signification chez un malade mental. Peut-être veulent-ils dire, seulement, que personne ne peut comprendre le genre de mal dont ils souffrent, que personne ne peut les aider dans leur détresse, et qu'ils ne se sentent plus la force de penser à autre chose[1]. Ce qui est étrange, c'est que quelquefois, en même temps, ils déclarent que la faute (inconnue ou illusoire) dont ils se sentent coupables va rejaillir sur leurs parents, leurs amis, les membres de leur confession religieuse, et les entraîner tous dans une même catastrophe ; ils s'en affligent et s'en accusent, ils ont peur pour les leurs aussi bien que pour eux, ils s'humilient devant eux et leur demandent pardon, si bien qu'au moment même où l'on peut croire que tous les liens sont

1. C'est là un exemple du « paradoxe affectif » que M. Blondel a si bien mis en lumière. « C'est une question de savoir s'il faut prendre cette inaffectivité (dont se plaignent les malades mentaux) à la lettre... Peut-être sont-ce ici surtout les formules négatives qu'affectionnent les malades qui viennent compliquer le problème », p. 160. Et, plus loin : « L'irréductibilité des états affectifs morbides à l'expérience conceptuelle [et collective] entraîne la négation de la sensibilité physique et morale. Quand le malade fait effort de réflexion et d'analyse, comme il ne trouve plus dans sa conscience rien de pleinement adéquat à nos impressions physiques, à nos plaisirs et à nos peines, et comme, à ses propres yeux, ces impressions, ces plaisirs et ces peines, tels qu'il les a antérieurement conçus avec nous, constituent toutes les formes normalement imaginables de la sensibilité, il en conclut que ce qu'il éprouve n'a plus rien à voir avec ce qu'il a éprouvé et qu'il est anesthésié physiquement et moralement » (*op. cit.*, p. 302-303).

rompus entre eux et leur groupe, ils prennent conscience au contraire de la solidarité qui les unit, et ils se la représentent même comme plus étroite à la fois et plus étendue qu'elle ne l'est.

Mais, surtout, là où les psychiatres vont trop loin et affirment beaucoup plus qu'ils ne savent, c'est quand, de ce qu'il ne leur est pas possible d'atteindre les influences sociales qui s'exercent ou ne s'exercent pas sur les malades, ils concluent qu'elles ne s'exercent point. Ces influences sont, en effet, peut-être très faibles et à peine sensibles. Mais cela n'empêche pas qu'elles ne puissent jouer un rôle décisif. Après tout, tous les psychopathes ne se tuent pas. Il est probable que beaucoup d'entre eux se trouvent, à certains moments, dans un état tel qu'entre l'impulsion qui les pousse à mourir et les forces internes de conservation qui les retiennent à la vie il y a exactement équilibre. Le moindre petit poids additionnel suffira à faire pencher la balance d'un côté plutôt que de l'autre. Parmi ces forces infinitésimales, supposons qu'il faille compter l'influence qu'exerce sur le malade, de très loin, à travers l'espèce de mur qui le sépare maintenant du monde, sa famille, ou tout autre groupe dont il fit partie jusqu'à présent. Cette influence, d'aucune manière, avec ses moyens d'observation, le psychiatre ne pourrait la déceler[1]. Mais la statistique permet de découvrir ce qu'aucun observateur qui examine un sujet individuel ne serait capable d'atteindre. Tandis qu'un médecin ou un psychologue ne sait pas, en présence d'un psychopathe qui n'a pas obéi à une impulsion au suicide, s'il a résisté parce qu'il n'était pas au dernier degré de la dépression, ou parce que les « freins sociaux » l'ont retenu, des statistiques étendues de suicides de psychopathes distingués par exemple d'après leur religion, leur état civil, etc., permettraient de mesurer l'action que les forces sociales exercent sur les déséquilibrés mentaux, ou de constater qu'elles n'en exercent pas. Sans doute ces statistiques n'existent pas. Mais il en résulte que les psychiatres ne peuvent pas établir que le psychopathe déprimé est entièrement soustrait à l'influence de ses parents, de son groupe confessionnel, etc., puisque seule la méthode statistique permettrait de mesurer cette influence. Pour qu'on ait le droit de dire que

1. Ce n'est point que les suicides soient trop nombreux pour que les médecins puissent soumettre chaque suicidé à un examen individuel. John Rice Miner dit que les suicides représentent de 0,2 à 1,4 % de toutes les morts (suivant les pays), et qu'ils ont produit aux États-Unis, en 1919, un peu plus de morts que la fièvre typhoïde, mais moins que l'appendicite. Seulement on ne voit pas comment on pourrait mesurer et même apercevoir cette sorte d'influences, puisque, nous l'avons vu, le sujet lui-même est incapable de nous expliquer, et, sans doute, de comprendre lui-même, quelles actions du dehors s'exercent ou ne s'exercent pas sur lui.

les résultats des statistiques qui portent sur tous les suicidés ne prouvent rien quant aux malades mentaux, il faudrait qu'en effet ceux-ci forment une catégorie à part, et qu'ils se distinguent de tous les autres en ce qu'ils échappent aux influences sociales. Mais, cela, il ne suffit pas de l'affirmer.

On est assez étonné, lorsqu'on examine certaines statistiques, du nombre élevé des suicides qu'on attribue à l'alcoolisme et à l'ivrognerie. La psychasthénie est un état morbide durable, une perturbation organique profonde. Mais l'ivresse semble créer un état d'excitation et un trouble mental passager et superficiel. Entre l'ivresse et le suicide il y a autant de disproportion qu'entre la honte qu'éprouve un enfant à qui l'on a fait un reproche, ou l'accès de colère provoqué par une cause insignifiante, et l'acte de se tuer. On s'en étonne moins quand on examine dans quelles conditions les ivrognes se suicident.

« L'ivrognerie, dit M. Prinzing, conduit à la mort par différents chemins[1]. Il arrive qu'on attente à sa vie sous le coup de l'ivresse, parce qu'on s'imagine être alors plus malheureux qu'on n'est, et que l'esprit troublé par l'alcool grossit exagérément les objets réels. L'ivrogne est quelquefois en proie à des hallucinations, ou bien l'ivresse le rend mélancolique. Il arrive aussi que des hommes ivres tentent de se suicider (et y réussissent quelquefois) sans avoir aucune conscience de ce qu'ils font, en sorte que, s'ils échappent à la mort, ils ne comprennent pas qu'ils aient pu se porter à un tel acte. » Mais ces cas, où il peut s'agir aussi bien de personnes qui s'enivrent accidentellement que d'ivrognes habituels, sont les moins fréquents. « Dans le *délirium tremens,* des hallucinations terrifiantes peuvent provoquer le suicide. Les formes monstrueuses qui menacent le malade l'excitent à tel point que, sous le coup de l'angoisse, il se jette par la fenêtre, ou met fin à sa vie de quelque autre façon. » Il en est de même dans les psychoses alcooliques. « Le malade voit des images redoutables, il entend des voix qui l'insultent, il croit qu'il est poursuivi, qu'il est un criminel et qu'il doit être exécuté, etc. » Mais « *la plupart des suicides causés par l'ivresse s'expliquent autrement.* L'humeur maussade où se trouve le buveur lorsqu'il est dégrisé, ou qu'il n'a pas bu depuis quelque temps, déterminent souvent chez lui un intense dégoût de la vie », soit que l'excitation périodique à

1. Prinzing, *Trunksucht und Selbstmord*, Leipzig, 1895.

laquelle il s'est habitué lui manque, soit qu'il ait des remords, quand il s'aperçoit qu'il ne peut renoncer à son vice. C'est alors que la pensée de la mort lui vient.

D'où l'on peut conclure qu'il y a d'étroits rapports entre ceux qui s'adonnent à la boisson et ces psychopathes dont nous avons parlé, qui passent alternativement par des phases d'excitation et de dépression. Nous avons relevé, dans le livre de M. Prinzing, bien des remarques qui autorisent un tel rapprochement. Non seulement les buveurs se croient souvent persécutés, mais « ils ne trouvent aucun repos, aucun bien-être, tant qu'ils ne sont pas sous le coup de l'excitant et du stimulant qui leur est devenu nécessaire » (p. 9). « Durant les heures où il ne boit pas, l'ivrogne habituel est mal disposé, découragé, déprimé et silencieux, incapable de fixer sa pensée, souvent rempli d'angoisse, si bien que des idées de mort surgissent dans son esprit » (p. 10). Pourquoi beaucoup d'ouvriers boivent-ils ? C'est pour oublier leur intérieur désordonné, leurs ennuis domestiques, et pour reprendre courage. Mais, surtout, c'est parce qu'ils s'imaginent que « l'alcool donne des forces ». Dans nos sociétés, où l'organisme humain est souvent obligé à des dépenses excessives, où le travail est à la fois monotone et exténuant, ils cherchent dans l'alcool un stimulant. Nous ne savons jusqu'à quel point la neurasthénie est le privilège des hautes classes. Mais on en trouverait sans doute l'équivalent, sous la forme de l'ivrognerie habituelle, dans la classe populaire. Or tout ce que nous avons dit des suicidés psychopathes s'appliquerait aux buveurs habituels qui se tuent. Eux aussi, aux heures de dépression, se sentent mal adaptés à leur entourage, et désaxés par rapport aux groupes dont ils sont membres. Ils ne peuvent pas rester chez eux, à l'atelier, au bureau. Ils se sentent mal à l'aise dans un milieu qui ne les comprend point, et auquel ils ne s'intéressent plus. Il y a trop de malentendus entre eux et ceux qui les entourent. Leurs facultés sociales sont paralysées et faussées. Elles se réveillent lorsqu'ils sont en état d'ébriété et elles s'exagèrent, comme chez le psychopathe excité. À ce moment, en général, le buveur se réconcilie avec la vie et ne songe plus à la quitter. Mais, d'autre part, même lorsqu'il est abattu et d'humeur sombre, même en période de dépression, rien ne prouve que la famille et la religion ne comptent plus pour rien à ses yeux, et qu'il n'est point capable de se rattacher à l'existence parce que toute préoccupation des autres n'est pas morte en lui. Ce n'est point seulement par égoïsme, sous l'influence d'un malaise ou d'une tristesse qu'ils ne s'expliquent pas, que des alcooliques se tuent. Mais le sentiment de leur déchéance sociale, les reproches de leurs parents, la honte vis-à-vis de leurs amis peut s'ajouter, dans des périodes de lucidité, à cette souffrance obscure qui a au fond la même origine, puisque la cause de ce sentiment comme de cette souffrance n'est autre que la situation fausse et anormale où ils se trouvent dans la société. Pourquoi, dès lors, la pensée de leurs proches et des liens qui les rattachent à eux ne persisterait-elle pas, comme une lumière vacillante, au moment où leur conscience est près de sombrer ? Pas plus que dans le cas du psychopathe, l'observateur n'est capable de distinguer et de mesurer toutes les influences qui s'exercent sur l'alcoolique et qui peuvent le retenir ou le précipiter sur la pente du suicide. Ici encore, il faudrait des statistiques, pour qu'on ait le droit de séparer les suicidés alcooliques de tous les autres, et d'affirmer que les mobiles sociaux n'ont absolument aucune prise sur eux.

Il ne suffit pas cependant d'établir que les maladies mentales, comme toutes les autres circonstances qui poussent au suicide, détachent l'homme de la société, c'est-à-dire produisent des effets sociaux. Mais, elles-mêmes, s'expliquent-elles par la société ? Certes un trouble psychique ne reste pas enfermé à l'intérieur de la conscience où il se développe. L'individu ne se représente le mal qui est en lui qu'en en reportant la cause imaginaire au dehors, soit qu'il se détourne d'une société dont il n'attend plus rien, soit qu'il s'irrite contre elle. D'autre part, du fait qu'un membre du groupe s'en sépare violemment, celui-ci n'est plus exactement ce qu'il était. Il n'est pas seulement diminué d'une unité. Mais la trace laissée par celui qui a disparu, et l'ébranlement communiqué à la pensée collective par son acte, subsiste quelque temps. Toutefois la maladie mentale elle-même, dans sa nature et dans ses causes organiques, n'est cependant pas un fait social. Ce n'est pas une circonstance comparable aux autres accidents d'où résulte ordinairement la mort volontaire. Ceux-ci se produisent dans le milieu où est plongé l'individu, celle-là à son siège dans son corps. En d'autres termes, il y a des suicidés qui succombent à une sorte de fatalité sociale ; d'autres, en particulier les malades mentaux, semblent être victimes d'une fatalité physiologique ou physique.

Admettons que les états de dépression nerveuse ne résultent que de causes organiques, et que si les malades mentaux représentent autant de points morts dans le groupe, c'est parce que, là où ils se trouvent, le courant social se heurte à un obstacle qui est quelque chose de matériel et d'inerte. Mais n'en est-il pas de même des autres circonstances qui déterminent, chez des sujets normaux, les mêmes états d'angoisse et de détresse intérieure ? Il ne faut pas nous laisser impressionner par le mot : organique ou physique, comme si l'on entendait par là une sorte d'influence positive nouvelle, celle de la matière, qui s'introduirait dans la société. En réalité, si nous demeurons sur le plan sociologique, on peut parler de matière partout où se découvre une sorte de non-être social, un intervalle où la vie collective se résorbe. Mais les forces de nature organique, telles que celles qui déclenchent un trouble nerveux et mental, ne représentent qu'une partie de ce domaine où l'action du groupe expire et n'atteint pas. Lorsque, dans la société elle-même, il se produit de ces accidents qui laissent un individu désemparé et à la dérive, c'est qu'en cet endroit le mécanisme social ne fonctionne plus bien, ou ne fonctionne plus. L'industrie, le commerce, toutes les professions lucratives ont pour objet de faire vivre et peut-être d'enrichir tous ceux qui les exercent. Si quelques-uns se ruinent, c'est que la société ne fait pas tout ce qu'elle veut et qu'il y a des limites à son pouvoir de prévision et d'organisation. Si les coutumes favorisent ou admettent jusqu'à un certain point les relations entre hommes et femmes, dans le mariage et hors du mariage, ce n'est pas en vue de les rendre malheureux : les chagrins d'amour sont des accidents qu'il ne dépendait pas de la société de prévenir et de supprimer. En ce sens on peut dire que la vie sociale se heurte à des impossibilités matérielles. Il est matériellement impossible que tous les hommes s'enrichissent et que la richesse des uns n'entraîne pas la ruine des autres, que plusieurs concurrents obtiennent un même poste, que les gens qui s'aiment meurent au même moment, etc. Mais il est aussi matériellement impossible que sur tant d'hommes si divers, comme il faut qu'ils le soient pour qu'il y ait une assez grande diversité d'aptitudes, il n'en naisse pas quelques-uns qui soient mal adaptés à leur milieu. Ici et là, les impossibilités sont du même ordre. Tous ces accidents sont matériels au même degré.

Mais s'il en est ainsi, si ces accidents mesurent, pris d'ensemble, l'impuissance de la société à tout prévoir et à tout prévenir, leur nombre, leur distribution dans l'espace et dans le temps, ainsi que leur intensité, qu'il s'agisse d'ailleurs des maladies mentales aussi bien que des autres circonstances qui poussent au suicide, résultent de la structure des groupes. Durkheim ne s'est pas demandé d'où ils provenaient, quelle était leur origine ; il a refusé de les étudier, parce qu'il n'y voyait que des accidents individuels. Ces accidents, il semble qu'il les envisageait comme autant d'obstacles distribués à peu près au hasard dans une plaine où courent des chevaux. Ceux-ci, pour les franchir, doivent posséder assez de vigueur et d'élan. Il faut que la société qui préside aux courses les ait suffisamment entraînés. Ceux qui manquent d'entraînement se heurteront aux obstacles et seront renversés. Mais, d'après lui, la nature de l'obstacle et sa place importent peu. Un cheval mal entraîné tombera nécessairement en tel endroit si ce n'est pas en tel autre.

Cependant ces obstacles ne sont pas distribués au hasard. On peut supposer que la société s'est efforcée d'aplanir le terrain, mais qu'elle n'a pas eu peut-être assez de temps ni disposé d'assez de travailleurs pour venir à bout de toutes les inégalités du sol, pour combler toutes les crevasses et arracher toutes les broussailles. Par conséquent la disposition, le nombre et la difficulté de ces obstacles sont imputables aussi à la société de courses. Si un cheval tombe, c'est peut-être parce qu'elle ne l'a pas assez nourri et dopé, mais c'est aussi qu'elle n'a pas recouvert un fossé, ou bien écarté un tronc d'arbre où il s'est heurté. Il en est de même de ces événements que Durkheim réduit au rôle de simples motifs, mais qui, en réalité, sont des causes. Ils ne se produisent point par hasard. Ils résultent, à chaque endroit et à chaque époque, de conditions sociales bien définies.

Y a-t-il une différence à cet égard entre les troubles mentaux et les autres circonstances ? Certes on n'aperçoit pas tout de suite qu'il y ait un rapport entre la structure d'une société et le nombre des psychasthéniques qu'on y rencontre. Quelle prise le groupe aurait-il sur les phénomènes qui s'accomplissent mystérieusement dans l'organisme et dont les médecins eux-mêmes ne constatent l'existence que lorsque le trouble éclate ? Autant dire que la mort est un fait social, c'est-à-dire qui s'explique par la société. On pourrait donc soutenir que les troubles mentaux se distinguent des autres causes du suicide autant que la mort naturelle des autres causes ; mariage, migration, etc., qui détachent un membre de son groupe : là, c'est le social, ici, qu'il s'agisse de mort ou de maladie mentale, c'est l'organique qui passerait au premier plan.

Mais il n'est nullement absurde de soutenir que la mort s'explique par la société, car la mort résulte de la vie qui est telle que la fait le milieu. Le taux de mortalité varie d'une nation à l'autre, d'un groupe professionnel à l'autre, et il s'élève ou s'abaisse d'une période à l'autre parce que la société se transforme. Quant aux troubles mentaux, même si l'on suppose qu'ils résultent non pas du milieu où vit le malade, mais de propriétés ou tares congénitales, il ne faut pas oublier que les naissances proviennent des mariages et que, suivant les règles fixées pour les unions matrimoniales, les rejetons pourront être plus ou moins prédisposés aux altérations cérébrales. Durkheim a rappelé lui-même que, de certaines observations, il semble bien ressortir que la consanguinité accroît la tendance aux affections nerveuses. « Ainsi, dit-il, l'incontestable tendance des juifs à toutes les variétés de la neurasthénie est peut-être due, en partie, à une trop grande fréquence des mariages consanguins. »[1] Cette fréquence résulte, partout où on la retrouve, de lois et de coutumes propres à un peuple. Que lois et coutumes changent : la fréquence des mariages consanguins et la fréquence des affections nerveuses variera. Ajoutez que certains milieux sociaux attirent ou repoussent des hommes que leur organisation nerveuse complexe ou instable pousse de préférence vers telles professions ou prédispose à tel genre de vie, et favorisent dès lors plus ou moins les unions qui perpétuent, multiplient ou renforcent certains types de déséquilibrés mentaux. Ainsi, même si l'on suppose que le milieu n'exerce pas une influence directe sur ces malades qu'il ne crée ni n'aggrave leur maladie, c'est par lui que s'explique en dernier ressort leur fréquence et leur distribution. C'est en ce sens qu'on peut dire que les suicides d'anormaux, comme les autres, résultent de conditions sociales.

Il dépend, de même, de la société de réduire la somme des perturbations que l'abus des boissons alcooliques introduit dans les rapports qui unissent ses membres. Il n'est pas moins certain que le nombre des ruines, des faillites, des revers de fortune augmente en période de dépression économique et que, même en période de prospérité, les mêmes effets résultent de causes propres à telles industries, à telles branches du commerce ou des habitudes de spéculation qui caractérisent certains milieux. Mais il en est de même de ce qu'on appelle les chagrins intimes. Deux êtres qui s'aiment ou qui se sont aimés, et qui souffrent l'un par l'autre, s'imaginent que leur passion ou leur désespoir s'explique par eux seuls, comme si la société qui les entoure n'existait pas. C'est une illusion. Il y a longtemps que les statisticiens ont signalé l'étonnante régularité que présentent d'une année à l'autre dans un même pays, dans une même région un peu étendue, les nombres des hommes de tel âge qui épousent des femmes de tel âge, les nombres des adultères, des divorces, des crimes passionnels. Dans les grandes ou les moyennes villes, ou les agglomérations de la campagne, aux diverses époques de l'année caractérisées par une intensité plus ou moins grande

1. Mémoire sur l'inceste, *Année sociologique*, t. I, p. 35.

de la vie sociale, les jours de fête, les années d'exposition, ou de guerre, ou de révolution, ces nombres augmentent ou décroissent, si bien qu'on peut dire, sans parti pris sociologique, que jusque dans ce domaine les facteurs sociaux font sentir leur action. De tout cela nous pouvons conclure que ces diverses causes ou motifs particuliers du suicide ne résultent point d'accidents individuels, et que leur fréquence relative, si on pouvait la mesurer, nous révélerait très exactement les variations de la température sociale dans les groupes.

On a dit que la vie était une lutte contre la mort. De même la vie sociale nous offre le spectacle d'un effort perpétuel accompli par les groupes humains en vue de triompher des causes de désintégration qui les menacent. Les armes de la société, dans cette lutte, ce sont les coutumes et les croyances collectives. Lorsqu'elles sont affaiblies ou ébranlées, on peut dire que le ressort vital du groupe se détend. D'autre part, les causes de désintégration, ce sont les troubles de fonctionnement tels qu'il s'en produit dans toute machine un peu complexe, dans tout organisme un peu délicat, et qui s'expliquent par la structure de l'organisme ou de la machine. Que ces troubles se multiplient, ou que l'effort de la société fléchisse – et l'un et l'autre peut se produire à la fois, surtout lorsqu'on passe d'un genre de vie ancien et traditionnel à un type de civilisation nouveau et plus complexe –, alors on verra se former dans la société des lacunes. C'est à l'intérieur de ces lacunes qu'il faut chercher les suicides.

L'observateur social, penché sur le groupe, peut constater qu'elles apparaissent, s'élargissent, se multiplient ou disparaissent, suivant que la structure de l'organisme collectif se transforme, suivant que sa vitalité diminue ou augmente. Le psychiatre, lui, concentre son attention sur ce qui se passe à l'intérieur de la lacune, et, comme il y a là une sorte de vide social, il est tout naturel qu'il explique le suicide par le suicidé, et non par le milieu dont celui-ci est détaché. Il ne s'aperçoit pas que la cause véritable du suicide, c'est le vide qui s'est fait autour du suicidé, et que, s'il n'y avait pas de semblables lacunes, il n'y aurait pas de suicides.

Il ne faut pas croire qu'il y a deux catégories de suicides, dont chacune s'explique par un déterminisme différent, que tantôt, et suivant les individus, c'est le déterminisme organique qui joue, et tantôt le déterminisme social. En réalité le suicide, tout suicide peut être envisagé de deux points de vue. Suivant qu'on se place à l'un ou à l'autre, on y verra l'effet d'un trouble nerveux, qui relève de causes organiques, ou d'une rupture de l'équilibre collectif, qui résulte de causes sociales.

Auguste Comte dénonçait déjà ce qu'il appelait le matérialisme scientifique, d'essence non moins métaphysique que le spiritualisme, qui consiste en ce que « chaque science tend à absorber la suivante au nom d'une positivité plus ancienne ». Il mettait les savants en garde contre le matérialisme sociologique qui prétend « tout expliquer en sociologie par des influences purement secondaires de climat et de race », nous pouvons ajouter : et par la constitution organique et nerveuse des individus. Ainsi s'explique le conflit qui met aujourd'hui aux prises sociologues et psychiatres, et qui dépasse singulièrement, on le voit, le problème particulier qui en est l'occasion.

XV
Conclusion

I. La définition du suicide. Suicide et sacrifice

Les résultats où nous a conduits l'étude des statistiques gardent leur valeur, quelque idée qu'on se fasse du suicide. Nous n'avons pas été cependant, au cours de nos recherches, sans nous demander quelle était la nature de ce phénomène. Avant d'indiquer le sens général de nos conclusions touchant ses causes, essayons de voir ce que signifie le suicide lui-même. Est-ce un fait unique en son genre ? Ne trouve-t-on pas, dans des sociétés anciennes, chez des peuples différents de nous, des institutions et des coutumes qui s'en rapprochent et qui aident à le comprendre ?

Rappelons la définition qu'en proposait Durkheim : « On appelle suicide tout cas de mort qui résulte, directement ou indirectement d'un acte, positif ou négatif, accompli par la victime elle-même et qu'elle savait devoir produire ce résultat. » Il est plus facile de la critiquer que de lui en substituer une autre. Elle nous paraît à l'épreuve assez remarquable, en ce qu'elle embrasse tous les actes qui, de près ou de loin, ressemblent à un suicide. N'est-elle pas trop large cependant ?

Durkheim n'a point dit : « L'acte accompli par la victime avec l'intention ou en vue de se donner la mort », d'abord parce qu'il ne nous est pas possible bien souvent de scruter les intentions, ensuite parce qu'on exclurait ainsi bien des actes qui cependant, d'après lui, sont des suicides. Or, sans doute, on ne connaît pas toujours les intentions, mais on peut les présumer, et il est certain que la société les présume. C'est pourquoi elle attache, plus d'importance qu'on ne croit à la forme de l'acte, au choix de l'instrument, c'est-à-dire au mode de suicide. Durkheim distinguait le choix de l'instrument et le suicide lui-même, parce qu'ils lui paraissaient résulter de causes différentes. Il n'en est pas moins vrai que ce qui distingue extérieurement un suicide de tout autre cas de mort c'est qu'il a été accompli avec des instruments ou par des moyens qui laissent supposer que le sujet avait l'intention de mourir. Si l'on hésite, quand on retire de l'eau un noyé, à le classer comme suicidé, c'est que l'immersion peut résulter d'un accident. Au contraire, la plupart des moyens choisis par ceux qui veulent se tuer sont tels qu'on ne peut se tromper sur le sens de leur acte. Non seulement ils savaient qu'ils allaient à la mort, mais, de plus, ils voulaient y aller.

Mais d'autre part, il paraît à Durkheim assez indifférent de savoir si la mort a été acceptée comme une condition nécessaire à laquelle il fallait bien se soumettre pour atteindre ce qu'on désirait, ou si elle a été voulue et recherchée pour elle-même. Dans l'un et l'autre cas, il y aurait suicide. « Le soldat qui court au-devant d'une mort certaine pour sauver son régiment ne veut pas mourir. Pourtant n'est-il pas l'auteur de sa propre mort ?... On en peut dire autant du martyr qui meurt pour sa foi. »

Nous approchons ici d'un ordre de faits qui ressemblent au suicide. Pourtant, l'opinion les en distingue. D'une personne qui refuse de suivre un régime et d'être sobre, par gourmandise ou par intempérance, et qui sait cependant que c'est le seul moyen pour elle de reculer l'échéance de la mort, on dira peut-être qu'elle se tue, non qu'elle se suicide. Le soldat tombé sur le champ de bataille, et qui a été au-devant d'une mort certaine, n'est pas un suicidé. C'est aussi user d'une expression impropre que d'appeler suicide chrétien l'acte d'un martyr qui va renverser des idoles, sachant qu'il sera puni de mort[1]. Éprouve-t-on, en face de leurs restes, la même impression de terreur et de répulsion que lorsqu'on découvre le cadavre d'un suicidé ?

« Le 22 floréal an X (12 mai 1802), nous dit M. Bayet, ayant appris qu'un de ses grenadiers "s'est suicidé par amour", le premier consul fait lire à la Garde assemblée un ordre du jour... qui flétrit la mort volon-

1. M. Bayet sur ce point est du même avis que Durkheim, dont il accepte la définition. Il s'étonne de ce que « dans la conversation courante, il suffit d'objecter aux adversaires de la mort volontaire l'exemple des marins du *Vengeur*, ou des martyrs allant braver les magistrats, pour qu'ils répondent sans hésiter : ce ne sont pas là des suicides » (Bayet, *op cit.*, p. 92). Est-ce seulement parce que « le mot suicide est pris en mauvaise part », et n'y a-t-il pas une différence bien apparente, indépendamment de toute appréciation morale, entre ces deux ordres de faits ?

taire. » « Il y a autant de courage à souffrir avec constance les peines de l'âme qu'à rester fixe sous la mitraille d'une batterie. S'abandonner au chagrin sans résister, se tuer pour s'y soustraire, c'est abandonner le champ de bataille avant d'avoir vaincu. »[1] Mais d'autre part, « l'officier qui s'ensevelit sous les ruines d'un fort plutôt que de se rendre, le soldat qui accepte de mourir dans une explosion, pour faire sauter l'ennemi avec lui, ne soulève qu'approbation et admiration »[2]. On juge de même du commandant qui reste le dernier à bord et ne survit pas à son bâtiment. Il n'y a là nulle contradiction, car ces deux ordres de faits paraissent bien distincts. Dans un cas, la mort était la condition d'un bien plus important que l'individu qui s'est tué. Dans l'autre, elle ne servait à rien. Elle était à elle-même sa propre fin. Quant au suicide chrétien, il existe, à vrai dire, mais il se distingue de la mort acceptée et subie pour éviter le péché. Saint Augustin condamne les chrétiens qui cherchent la mort pour braver les païens, les chrétiennes qui se tuent pour échapper au viol, ou par honte d'avoir été violées. Ce sont bien là des suicides. Mais il dit : « Il vaut mieux mourir de faim que de manger des viandes consacrées aux idoles. » S'il admet que, quand vient la persécution, il faut « fuir dans une autre ville », puisque rester serait chercher la mort, il ajoute que cette règle ne s'applique pas aux évêques, car « le bon Pasteur donne sa vie pour ses brebis ». Le concile d'Elvire, qui condamne aussi le suicide chrétien « ne souffle pas mot de ceux qui, *en temps de persécution,* vont se livrer aux tribunaux, ni des chrétiennes qui préfèrent la mort au déshonneur ». C'est qu'à ce moment les chrétiens sont comme des combattants, et que les exemples qu'ils donnent sont utiles à tous[3].

Il y aurait donc là deux ordres de faits et comme deux espèces différentes, puisque la société ne réagit pas de la même manière en présence des uns des autres.

Mais ces deux espèces font peut-être partie d'un même genre. Durkheim désignait du nom de suicides altruistes et opposait aux autres

1. Bayet, *op. cit.*, p. 754.
2. M. Bayet a été très frappé de ce que la mort héroïque de Beaurepaire (pendant la révolution) qui se tua après la reddition de Verdun, « a été l'objet de réserves équivalant à des critiques ». Il ne s'est trouvé que quelques officiers allemands pour vouloir le traiter comme un suicide ordinaire et faire jeter son corps à la voirie. Mais la section Beaurepaire a changé de nom, et, dans un rapport à la Convention, on exprime le regret « que cet officier, au lieu de se donner la mort ne l'ait pas reçue de la main d'un ennemi sur la brèche ou dans la citadelle ». La mort volontaire de Beaurepaire n'eût pas été un suicide s'il eût fait sauter Verdun, et lui en même temps, *ibid.*, p. 158.
3. Bayet, *op. cit.*, p. 336 sq.

tous ceux qui résultent de ce que l'individu est étroitement fondu dans la société. Entièrement subordonné au groupe, il n'hésite pas à lui sacrifier sa vie. C'est un sacrifice en effet que l'acte par lequel le soldat ou le martyr s'offrent à une mort certaine, l'un pour sa patrie, l'autre pour son groupe confessionnel. Durkheim n'hésite pas à rapprocher de ces actes le sacrifice des veuves à la mort de leurs maris, des serviteurs à la mort de leurs chefs. Le sacrifice représente lui-même une espèce assez vaste. Il peut être, par exemple, facultatif ou obligatoire. Mais on passe de l'un à l'autre par une série d'intermédiaires. Envisageons donc les sacrifices dans leur ensemble, et voyons ce que peut nous apprendre une comparaison entre le sacrifice et le suicide[1].

À Delphes, une très vieille légende racontait que le peuple, pressé par la famine, assiège la demeure du roi. Le roi distribue des vivres aux personnages considérables. Une jeune orpheline, Charila, l'implore. Il refuse, lui jette sa pantoufle au visage et l'enfant, « battue et chassée, va se pendre dans un vallon écarté. La famine redouble et, pour que la prospérité revienne, il faut pendre une poupée représentant Charila ». Une fête annuelle, instituée sur l'ordre de la Pythie, était célébrée en son honneur. Elle commençait par une distribution de blé. Puis on fabriquait une image de Charila, on la frappait, on la pendait et on l'enterrait. On retrouve aisément le sens du mythe, dit M. Bayet. « Il y a famine. Une jeune fille se pend. La pendaison est évidemment destinée à faire cesser la famine. La pantoufle sur la tête est peut-être un geste rituel consacrant la victime à une divinité agraire. »[2] Peut-être aussi, ajouterons-nous, sa qualité d'orpheline la prédisposait-elle à s'offrir ainsi en sacrifice. Si la légende a confondu sacrifice et suicide, n'est-ce point parce qu'entre l'un et l'autre il existait d'étroites analogies ?

Certes, entre le sacrifice humain et le suicide il semble qu'il y ait cette différence essentielle que, dans un cas, la mort de la victime résulte d'une décision du groupe, tandis que le suicide est une mort volontaire. Mais d'abord jusqu'à quel point le suicide résulte-t-il d'un acte de volonté individuelle ? Remarquons que, lorsque Durkheim

1. Dans ce qui suit, nous prendrons l'expression : *sacrifice humain* dans son sens le plus large, y comprenant la crémation des veuves sur le bûcher de leur époux, la mise à mort des esclaves du défunt, l'exécution des captifs, et même des criminels. La théorie du sacrifice distingue ces faits, et en exclut un grand nombre. Ils ont cependant deux traits communs : c'est qu'ils résultent d'une décision collective explicite, et qu'ils s'accomplissent suivant des formes rituelles.
2. Bayet, *op. cit.*, p. 297, n. 3. Voir aussi Hubert et Mauss, Essai sur la nature et la fonction du sacrifice (*Année sociologique*, t. II), p. 122. « La mythologie grecque connaît des déesses "pendues" : telles Artémis, Hécate, Hélène. » Charila est du même type.

définit le suicide : un acte que la victime sait devoir produire la mort, il ne dit pas que cet acte est volontaire. Sans doute a-t-il été préoccupé de ne pas exclure, puisque les statistiques ne les distinguent pas des autres, ceux qui résultent d'un mouvement impulsif, sous l'influence de l'égarement on de la folie[1]. Mais, quand le suicide est délibéré, quand les suicidés se tuent « à leur escient », comme disent les vieux coutumiers du Moyen Âge, leur volonté, si elle se propose un but différent, est cependant de même nature et ne s'exerce pas autrement que lorsqu'il n'est pas question de vie ou de mort, c'est-à-dire que chez les autres hommes, et chez eux-mêmes avant qu'ils n'en soient venus là. Bien que l'acte de se tuer s'accompagne le plus souvent d'un sentiment d'abandon et de solitude, et qu'avant de quitter la vie, un désespéré se soit d'abord retiré de la société, dans cette sorte d'antichambre où il séjourne durant un temps plus ou moins court, entre les hommes qu'il a déjà quittés et la mort dont il va s'approcher, il conserve cependant sa nature d'être social, il retourne dans son esprit des pensées qui lui viennent du groupe, et sa volonté reste ce qu'elle était. C'est dans la société qu'il a appris à vouloir, et, même lorsqu'il en est retranché moralement, et qu'il croit ne plus participer à sa vie, il suit encore en partie son impulsion. D'un être qui réfléchit avant d'agir, on peut dire qu'il se retourne un moment vers le milieu humain dont il fait ou dont il a fait partie jusque-là, et qu'il lui faut bien penser avec les autres et se décider avec eux, avant d'accomplir tout seul l'acte qu'ils auront choisi pour lui. Dans nos sociétés individualistes nous oublions trop souvent tout ce qu'il entre de contenu collectif dans une activité réfléchie et délibérée. Le suicide nous impressionnerait beaucoup moins si derrière lui nous n'apercevions pas en réalité une pensée qui, comme la nôtre, a été formée dans les milieux humains.

D'autre part, si nous considérons les sacrifices dans lesquels des hommes sont les victimes, il n'est pas facile de dire jusqu'à quel point ils résultent d'un décret de la tribu, de la société religieuse ou de la nation qui s'imposerait à l'individu malgré lui, par une forme de contrainte purement matérielle, et ce qu'il entre, dans l'attitude intérieure du sacrifié, de résignation, d'acceptation, et même d'adhésion tacite.

> Je saurai s'il le faut, victime obéissante,
> Tendre au fer de Calchas une tête innocente,

1. La définition de Durkheim n'en exclut pas moins un certain nombre de suicides de fous, qui ne savent même pas que leur acte entraînera la mort, tel celui qui se jette du haut d'un escalier pour arriver plus vite en bas. Mais ce ne sont sans doute pas, en effet, des suicides.

dit l'Iphigénie de Racine. Il y a en effet des victimes qui obéissent, et même il semble bien que la vertu du sacrifice ne soit entière qu'à condition que l'être immolé, homme ou animal, ne résiste pas, ou résiste le moins possible. À l'oreille des animaux, avant de les abattre rituellement, on murmure des paroles caressantes et flatteuses, comme pour désarmer leur colère, et les persuader qu'on ne leur veut point de mal[1]. Pourquoi tant d'onctions, de lustrations, des couronnes et des guirlandes de fleurs, et les prodiguerait-on si l'on ne croyait pas que la victime en tire honneur, qu'elle les accepte et s'en réjouit ? Mais, surtout, l'homme peut bien résister, sous la poussée de l'instinct vital, à ceux qui l'entraînent à la mort. Les croyances en vertu desquelles on le sacrifie n'en sont pas moins les siennes. Il les a adoptées de tout temps et il s'est engagé à s'y conformer. Si le sort était tombé sur d'autres, il applaudirait à leur sacrifice. Du moment qu'il a été désigné lui-même, on a le droit de supposer qu'il accepte. Savons-nous si les captifs et les vaincus qu'on exécutait, si les veuves qu'on brûlait, les esclaves qu'on enterrait vivants, avaient le sentiment de souffrir une violence injuste, contre laquelle leur volonté se fût dressée si elle n'avait pas d'avance été liée et enchaînée[2] ? Le sacrifice humain ne se confondait pas avec un meurtre pur et simple, en ce qu'il était inévitable, et qu'il résultait de règles non moins nécessaires pour ceux qui y participaient que ne le sont à nos yeux les lois de la nature. Les victimes désignées, non par un choix arbitraire, mais par quelque décret mystérieux des puissances sacrées, pouvaient bien se plaindre de leur destinée, accuser les dieux, maudire l'heure où elles étaient nées. Mais comment eussent-elles imaginé un autre dénouement que la mort ? Les dieux les avaient abandonnés, le ciel s'était déclaré contre eux, la vertu qui résidait dans leur race et dans leur cité se révélait trop faible, épuisée, périmée. Les puissances qui règlent l'ordre du monde leur étaient décidément hostiles. La captivité, la défaite mettait sur eux un signe fatal. Qu'ils laissent d'ailleurs à leurs ennemis le soin

1. Hubert et Mauss, *loc. cit.*, p. 64. « Mais surtout il s'agit de l'induire (la victime) à se laisser sacrifier paisiblement pour le bien des hommes, à ne pas se venger une fois morte. » Voir aussi Oldenberg, *La religion du Véda*, p. 306. « Comme chez maints autres peuples, l'acte meurtrier est désigné par des euphémismes... On dit à la victime qu'elle ne meurt point : "Tu ne mourras pas, on ne te fait aucun mal, tu t'en vas aux dieux par beaux chemins" » (Rig Véda, I, 162, 21). L'abattage s'appelle : « obtenir le consentement de l'animal ».
2. Oldenberg dit (*op. cit.*, p. 311, n. 2.) : « La crémation de la veuve, qui transparaît encore vaguement dans le Véda n'est pas un sacrifice. On envoie au défunt, dans l'autre monde, son épouse, au même titre que tout le reste de son avoir, par l'intermédiaire du feu du bûcher. » Nous avons indiqué ci-dessus (p. 342, n. 1) pour quelle raison nous prenons le mot : sacrifice, en un sens beaucoup plus large.

d'en tirer la conséquence, ou qu'ils se sacrifient eux-mêmes, avant que de se laisser prendre, ou d'être conduits à la mort, ils se résignent également à un destin qu'ils ne peuvent conjurer.

Mais la mort du maître ou de l'époux produisait les mêmes effets que la défaite. Durkheim dit qu' « en 1817, 706 veuves se suicidèrent dans la seule province du Bengale, et qu'en 1821 on en compta 2 366 dans l'Inde entière. Ailleurs, quand un prince ou un chef meurt, ses serviteurs sont obligés de ne pas lui survivre. En Gaule, les funérailles étaient de sanglantes hécatombes. On y brûlait solennellement leurs habits, leurs armes, leurs chevaux, leurs esclaves favoris, auxquels se joignaient les dévoués qui n'étaient pas morts aux derniers combats. Jamais un dévoué ne devait survivre à son chef. Chez les Achantis, à la mort du roi, c'est une obligation pour ses officiers de mourir. Des observateurs ont rencontré le même usage à Hawaï »[1].

Sacrifice ou suicide rituel ? Sacrifiés à demi consentants, ou suicidés en partie par persuasion ? Tant que l'époux, le maître vivait, les femmes, les esclaves n'avaient guère d'autre personnalité que la sienne. Lui mort, sa volonté, la leur n'était-elle pas qu'ils l'accompagnassent dans le trépas ? C'était en même temps la volonté du groupe, dans lequel ils n'avaient plus de place définie. Dans d'autres cas encore, un crime, un contact impur, une souillure les retranchait de la communauté. Objets d'horreur à leurs propres yeux comme pour les autres, ils n'avaient plus qu'à disparaître. Sur quelle base eût pu s'appuyer une volonté individuelle de résistance, alors que les lois, les coutumes, les vivants et les morts s'accordaient à ne pas leur ménager d'autre issue ? Admettons qu'ils marchaient au sacrifice sans enthousiasme. Ils n'avaient pas voulu la cause, mais ils se résignaient à l'effet.

Retrouve-t-on une semblable attitude chez ceux qui se suicident ? En apparence, ils se décident tout seuls. Ils ne consultent personne. Ceux qui les connaissent le mieux sont tout étonnés d'apprendre qu'ils poursuivaient un tel projet. Ce qui offense le plus la société dans le suicide, c'est que son auteur n'a pris conseil que de lui-même, qu'il a donné un déplorable exemple d'initiative individuelle. Le Moyen Âge mit le suicide sur le même pied que l'homicide et inventa même l'expression : homicide de soi-même[2]. Le suicidé avait attiré dans un

1. Durkheim, *op. cit.*, p. 235.
2. D'après M. Bayet, au Moyen Âge « non seulement le suicidé est considéré comme un assassin, mais certains traits donnent à penser que le suicide excite encore plus d'horreur que l'assassinat ». Non seulement on les pend aux fourches patibulaires (et, s'il s'agit des femmes, on

guet-apens une créature de Dieu qu'il avait tuée, entourant sa préméditation du même secret que le meurtrier. Mais tandis qu'on pouvait châtier celui-ci, corriger dans une certaine mesure son action, en discuter après coup les motifs et en préciser la nature au cours d'un débat avec le criminel, les peines au cadavre n'étaient qu'une parodie sans portée, une manifestation dérisoire d'impuissance. Tandis que le sacrifice apportait une preuve éclatante de la toute-puissance de la société, le suicide était la seule affirmation d'indépendance sur laquelle elle n'eût aucune espèce de prise. Ici, une multitude de rébellions éparses et sans lien, c'est-à-dire nettement individuelles, là une société assez forte, ayant assez d'autorité pour obtenir de ses membres le don de leur vie.

Pourtant ces volontés individuelles obéissent à des lois, puisque à l'intérieur d'un même groupe le nombre des suicides demeure constant d'une année à l'autre. Tout se passe comme si la société fixait elle-même d'avance l'étendue du sacrifice auquel elle consent d'une partie de ses membres. C'est donc que le suicidé ne décide ou ne choisit de mourir, d'une volonté propre, qu'en apparence. Le choix est fait sans qu'on le consulte. Il cède à des puissances plus fortes que lui, et s'il paraît leur donner son adhésion, puisqu'il exécute leur commandement, c'est comme le sacrifié. Lui aussi prend conscience de se trouver dans une situation telle qu'il n'y a pas d'autre issue. Qu'il succombe à la ruine de ses affaires, qu'il soit trompé dans ses ambitions, accablé par des chagrins domestiques, qu'il sente cruellement son humilité, son abandon, sa solitude, qu'il découvre en lui un vide qu'il est incapable de combler, qu'il soit victime d'ailleurs de son imagination ou des circonstances, dans la lutte que livrent les hommes pour atteindre à la richesse, aux honneurs, au pouvoir, au bonheur, il s'aperçoit soudain qu'il n'est qu'un vaincu. Les avantages qu'offre l'existence, il n'est pas donné à tous de les conquérir. Du moment qu'il les a poursuivis et qu'il a échoué, c'est que le sort s'est déclaré contre lui. Il ne trouve plus en lui assez de confiance et de ressort pour tenir tête à l'adversité. Les vaincus de la vie forment ainsi une longue cohorte de captifs que la société traîne derrière son char.

les brûle), mais on traîne leurs corps aux champs « le plus cruellement qu'il se pourra », et « les pierres de dessoubz les yssues des chaussées par où il faut qu'il passe et sorte de la maison doivent être arrachées » (*op. cit.*, p. 441). En revanche, les peines qui frappent la tentative de suicide sont peu graves : le fouet ; quelquefois, si le coupable s'est repenti, une pénitence spirituelle suffit. Ainsi, ce que la société déteste, dans le suicide, c'est moins l'intention que le fait accompli, qui ne lui laisse aucune possibilité d'intervenir (*ibid.*, p. 445).

Cependant, si la plupart des désespérés peuvent rejeter sur les circonstances, telles qu'elles résultent de la vie sociale, la responsabilité de leur malheur, ils sont victimes de la société en ce qu'ils sont malheureux, mais elle n'exige pas qu'ils meurent. Bien plus, elle tient à ce qu'ils vivent, et, si elle excuse quelquefois ceux qui n'ont pu supporter une détresse trop accablante, ou un trop grand désespoir, elle n'en condamne pas moins le suicide. Il y a, à cela, une raison assez apparente. On dit quelquefois que les sociétés modernes se distinguent de toutes celles qui les ont précédées parce qu'elles sont plus individualistes. Il en devrait résulter que l'on respecte davantage toutes les libertés, et qu'on reconnaît à l'homme en particulier le droit de disposer de lui-même. Mais d'autre part, si l'individu est considéré comme ce qui a le plus de valeur, il est tout naturel, au contraire qu'on blâme tout acte qui a pour effet non pas seulement de le détruire, mais surtout d'amoindrir le culte qu'on lui rend. Il s'agit, en somme, moins de liberté que de bonheur et de l'exercice de toutes les activités qui sont la raison de vivre des hommes. C'est pourquoi les hommes heureux, même moyennement heureux, à quelque classe d'ailleurs qu'ils appartiennent, ressentent comme une offense l'acte de celui qui manifeste qu'à ses yeux la vie ne vaut pas la peine d'être vécue. Certes, on pourrait dire qu'au contraire il rehausse la valeur de ces biens, puisqu'il se tue par désespoir d'en être privé. Mais la vie n'en est pas moins le bien essentiel puisqu'elle est la condition de tous les autres. Elle est sacrée, et celui qui la rejette, qui n'est pas prêt, pour la conserver, à supporter toutes les souffrances, commet un véritable sacrilège. Il n'y a pas de culte sans sacrifice. C'est pourquoi la société prétend imposer à ses membres les plus malheureux cette forme de sacrifice qui consiste à supporter la vie, quand ils auraient tant de raisons de s'en décharger. Tel est le sens véritable de ces arguments souvent invoqués : qu'il est lâche de préférer la mort à la souffrance, que le suicide est une désertion. On pouvait dire de même à la victime qui eût été tentée de se dérober au sacrifice par la fuite, que la vertu essentielle est la patience, et qu'on pêche contre la divinité en n'acceptant pas de jouer le rôle qu'elle vous a assigné. Ainsi, dans nos sociétés, ceux qui se donnent volontairement la mort seraient non des résignés, mais des révoltés.

Mais la société n'est pas simple ; elle n'est pas une. Nous avons dit qu'elle condamne le suicide parce qu'elle croit que la vie est la condition du bonheur, et qu'elle ne veut pas qu'on remette en question la valeur des biens auxquels les hommes sont attachés. Mais, à côté de cette réprobation générale vis-à-vis du suicide, répandue dans toute la société, on voit se faire jour, en bien des milieux, à bien des occasions, des sentiments d'une tout autre nature. D'autre part, il y a suicides et suicides. Non seulement les circonstances particulières sont différentes d'un cas à l'autre, mais encore les morts volontaires peuvent se répartir en quelques grandes catégories suivant l'attitude et la disposition intérieure dont elles s'accompagnent. Envisageons-les donc successivement et demandons-nous comment, en présence de chacune d'elles, réagit non pas la société tout entière, mais les milieux qui en sont le plus affectés, ou qui sont le mieux préparés à les comprendre.

Il y a d'abord des suicides qui s'apparentent de très près aux sacrifices expiatoires. On sait qu'il arrive que l'on tue avant de se tuer soi-même et que l'homicide est suivi quelquefois d'une mort volontaire. Comment expliquer que se succèdent, et s'engrènent en quelque sorte l'un sur l'autre, deux actes à ce point différents ? Durkheim voyait là l'effet d'un de ces états d'exaspération et de lassitude irritée qui peut, suivant les circonstances, se tourner contre le sujet lui-même, ou contre autrui. Quelquefois, disait-il, la fureur du sujet est telle que, pour le soulager, il lui faut deux victimes. Mais quelle est la direction que suit cet accès de fureur ? Il semble qu'il n'y en ait qu'une qui soit possible et que le suicide peut venir après l'homicide, non l'homicide après le suicide. Cependant, il y a bien lieu de distinguer deux cas. Tantôt, c'est la pensée du suicide qui donne le branle. Lorsqu'un homme tue sa femme, ses enfants, ou d'autres personnes qui lui tiennent de plus ou moins près, avant de se tuer lui-même, souvent c'est parce qu'il croit que la même menace pèse sur eux et sur lui, que la vie leur est également à charge et qu'ils ont autant de raisons que lui d'en sortir. Dans la même pensée, il entraînerait au néant, s'il le pouvait, le monde tout entier. Tantôt l'homicide passe au premier plan. Mais le suicide, qui vient immédiatement après, ne résulte pas alors nécessairement d'un même mouvement de fureur qui se prolonge. L'homme qui a tué se fait justice. C'est cette forme du suicide qui rappelle le sacrifice en vue d'une expiation. Mais le meurtre n'est pas le seul acte qui appelle un châtiment, et bien des hommes coupables ou qui se croient coupables de crimes ou de fautes moins graves se tuent pour se punir. Dans les statistiques des motifs, on attribue une forte proportion des suicides d'enfants, près de la moitié dans les classes élémentaires, à la crainte des punitions. Est-ce parce qu'ils redoutent une sanction pénible, n'est-ce point parce qu'ils ont le sentiment d'avoir commis une faute grave qu'ils se donnent la mort ? Un alcoolique qui s'aperçoit qu'il est responsable de la détresse où sont les siens, un déprimé que tourmente un remords maladif, se tuent pour expier. Mais il en est de même de ceux qui se suicident pour échapper au déshonneur. Or, loin de se révolter contre la société, ceux qui décident de mourir pour de tels motifs lui obéissent[1]. L'homme qui a tué cédait à une impulsion individuelle. Lorsqu'il venge son crime en se supprimant, il devient l'instrument de la justice sociale[2]. La société condamne le suicide en général. Mais en même temps elle ordonne au coupable d'expier son crime. Il suffit que ce commandement réponde à des sentiments plus intenses, pour qu'il se fasse mieux obéir ou respecter que cette condamnation.

Mais ces cas sont peut-être exceptionnels. N'est-il pas vrai que, bien souvent, le suicide s'accompagne au contraire d'un sentiment d'exaspération, de fureur et de révolte ? « Ce sont, dit Durkheim, tantôt des blasphèmes, des récriminations violentes... et tantôt des menaces et des plaintes contre une personne en particulier à laquelle le sujet impute la responsabilité de ses malheurs. » Le suicide prend la forme d'une sorte de bravade, de malédiction et de vengeance. Il semble que le désespéré veuille alors, par le caractère atroce ou inattendu de son acte, provoquer un effet de scandale, terrifier et torturer ceux qui restent, les accabler sous le poids des remords, rejeter clairement sur eux la responsabilité de sa mort, les persuader qu'ils sont coupables et que son suicide est leur crime.

1. « Pour ceux qui veulent, en se tuant, sauver leur honneur, dit M. Bayet, le droit contemporain est tout indulgence. Si un commerçant se frappe, au moment où il se voit réduit à suspendre ses paiements, il n'y a pas déclaration de faillite. De même, si un accusé se tue, il ne peut y avoir ni verdict de culpabilité, ni sentence de condamnation... La doctrine romaine, selon laquelle le suicide n'éteint pas le crime, était, depuis la Renaissance, familière à tous les juristes français. En refusant de l'adopter, les hommes de la Révolution surent sans doute ce qu'ils faisaient » (*op. cit.*, p. 82).
2. Il n'en est pas ainsi lorsqu'un criminel se tue pour échapper aux poursuites, et à une partie au moins du châtiment qu'il a encouru. « Le droit romain, sous la République et au début de l'Empire, institue une véritable prime au suicide en admettant que celui qui se tue sous le coup d'une poursuite ou au cours d'un procès échappe à toute condamnation... Au début de l'Empire, le *mortis arbitrium* (faculté de se suicider) est une faveur que le Prince accorde aisément, au moins quand l'accusé est d'un certain rang. Mais il ne fut pas maintenu dans le droit classique. Un texte du *Digeste* expose une doctrine toute contraire. Ceux qui se tuent sous le coup d'une poursuite, ou pris en flagrant délit, n'ont pas d'héritier. Toutefois si le suicide est dû au remords d'avoir commis un crime, mais non pas à la crainte d'être poursuivi, il n'y a pas confiscation » (Bayet, *op. cit.*, p. 276, 277 et 289). Remarquons aussi qu' « au XVIIe siècle, la majorité des jurisconsultes tient qu'il n'y a lieu à procès (contre le suicidé) que quand celui qui se défait est sous le coup d'une accusation » (*ibid.*, p. 607).

Voici donc des hommes qui ne se tuent plus pour obéir à certaines conventions et croyances collectives. Ils se tuent « contre la société » ou contre tel ou tel qui la représente à leurs yeux. La cause de leur détresse est bien dans le groupe, qui les a offensés, maltraités, traités injustement et cruellement. Mais le groupe ne voulait pas leur mort. Il voulait même qu'ils vivent, comme s'il ne mesurait pas la portée de la blessure qu'il leur a faite. Il faut donc qu'il soit averti par les conséquences qu'aura l'offense ou le traitement injuste, de toute la méchanceté inconsciente qu'il y avait mise. Il n'a pas voulu la conséquence. C'est le blessé qui la veut, d'une volonté qui est bien à lui, puisqu'elle va contre les intentions du groupe. Ces exaspérés ou ces forcenés ressemblent fort peu à des victimes résignées et passives, et moins encore à des hommes qui expient un crime. Mais de tels suicides n'en font pas moins penser à certaines formes de sacrifices, aux sacrifices d'imprécation et de vengeance, dont l'Antiquité nous offre plus d'un exemple.

« En Attique deux Erigonè se pendent, l'une parce qu'on lui a tué son père Icarios, l'autre, pour venger sur les Athéniens l'acquittement d'Oreste. » Sans doute ce sont peut-être des mythes inventés pour rendre compte d'anciens sacrifices qui avaient un autre objet, s'il est vrai qu'on pendait des victimes pour obtenir une heureuse moisson. Mais l'invention même du mythe suffit à prouver que les suicides imprécatoires, envisagés comme des sacrifices de vengeance, existaient, et que la notion en était familière. « Les filles de Skédasos, violées par des Spartiates, se tuèrent en maudissant la patrie des coupables, et leur père, n'ayant pu obtenir justice, invoqua Erinys et les suivit dans la mort. De là, bien longtemps après, la défaite de Sparte à Leuctres. » De même « l'Argien Mélissos demande inutilement réparation à Corinthe pour le meurtre de son fils tué par un Bacchiade. Après avoir imploré l'aide des dieux, il se précipite du haut d'un rocher et attire sur la cité complice des calamités qui ne cessent que par l'éloignement du coupable ». Un suicidé des temps épiques, Ajax, avant de se jeter sur son épée, fait appel aux Erinnyes contre les Atrides, qu'il rend responsables de sa mort, et contre toute l'armée. « Le suicide, vengeance des faibles, dit M. Glotz, devenait ainsi un attentat contre la communauté. Individu, famille, tribu, cité, tout ce qui était menacé par le spectre devait donc chercher à briser ses menaces. La mutilation des suicidés n'a pas d'autre cause, à l'origine. Dans toutes les sociétés primitives où l'on croit que déchirer un cadavre, c'est dompter un vampire, on s'ingénie à enlever toute force au suicidé par des supplices posthumes. Tantôt on le cloue au sol avec un pieu ; tantôt on le décapite ; tantôt on l'ampute des extrémités. Au IVe siècle les Athéniens lui coupaient la main qui était enterrée à part. »[1]

Par une curieuse inversion, ici, c'est la victime qui devient le démon, et qui reviendra après sa mort tourmenter les vivants. Mais, pour cela, elle aura besoin de l'appui des dieux, des dieux supérieurs ou inférieurs, dont l'horizon s'étend au-delà d'une seule cité, et c'est pourquoi il leur offre sa mort, et demande leur aide pour se venger, comme prix de son sacrifice[2].

On retrouve dans nos sociétés cette forme du suicide imprécatoire, qui s'inspire d'une pensée de vengeance. Or, celui qui veut, par un acte désespéré, obliger les hommes à reconnaître le tort qu'ils lui ont fait, et créer de l'irréparable pour les mettre en posture de coupables, les appelle devant un tribunal. Mais un tribunal suppose une société, qui peut être différente de celle qui a fait le mal, ou supérieure à elle, qui peut aussi être la même, édifiée, éclairée et capable de se condamner elle-même.

Un enfant, à la suite d'une réprimande, d'une punition qu'il juge imméritée ou excessive, décide de se tuer. Il est susceptible, ombrageux, irritable. Il traverse une période de lassitude. Des ennuis et vexations multiples l'ont indisposé et, petit à petit, exaspéré. La dernière offense est plus cruellement sentie et l'enfant médite maintenant un acte qui soulignera aux yeux de ses parents ou de ses maîtres la noirceur de leur injustice, et sa propre sensibilité ou son ressentiment. Il imagine leur saisissement, leurs regrets, leurs remords, leur douleur aussi qui sera comme un châtiment. L'enfant, en apparence, est seul à décider ou préméditer son acte. Pourtant, il en appelle secrètement de ses parents injustes à ses parents mieux éclairés.

Les sentiments d'Anna Karénine sont plus complexes : elle aime et elle hait Vronskï, elle le hait parce qu'elle croit qu'il ne l'aime plus. Elle est en même temps dégoûtée de la vie : « Pourquoi ne pas éteindre la

1. Gustave Glotz, *La solidarité de la famille dans le droit criminel en Grèce*, 1904, p. 65-66.

2. De nombreux suicides de ce genre en Chine, à l'époque féodale, sont mentionnés par M. Granet (*La civilisation chinoise. La vie publique et la vie privée*, 1929). « On envoie, pour *lier* le combat, des braves dévoués à la mort... Au contact de l'adversaire, ils devront se couper la gorge en poussant un grand cri. Une âme furieuse s'exhale de ce suicide collectif. Elle s'attache comme un sort néfaste à l'ennemi », p. 313. Le vassal expatrié : « Tout le temps qu'il porte des vêtements de deuil et se soumet à l'abstinence, il tient son seigneur sous la menace d'un geste de suicide. Cette menace a une puissance horrible, et suffit, même adressée à un étranger, à contraindre les volontés », p. 353. « La menace de suicide, caractéristique des rapports de vassal à seigneur et toujours incluse, quoique latente, dans la procédure du désaveu qu'est la remontrance », p. 403. Aujourd'hui encore « le suicide est très souvent une manifestation du moi offensé, c'est une forme indirecte de la vendetta. Même les suicides commis par les mendiants sont des actes de vengeance » (Matignon, *Le suicide en Chine*, Archives d'anthropologie criminelle, t. XII, n° 70).

lumière quand il n'y a plus rien à regarder, quand tout ce qu'il y a à voir est laid. » Mais l'intention de se venger est présente en elle dès le début, lorsqu'elle ne songe encore que très vaguement à se tuer, et elle est encore là quand elle se jette sous les roues d'un train en marche. « La mort se présenta à son esprit comme l'unique moyen de faire revivre en son cœur son amour pour elle, pour le punir... Une seule chose était nécessaire, le punir. » Et, plus loin : « Là-bas, se dit-elle, regardant l'ombre du wagon, et le sable mêlé de charbon qui couvrait les traverses, là, au milieu même, ainsi je le punirai et me délivrerai de tous et de moi-même. » Elle confie le soin de sa vengeance à Vronskï lui-même, non tel qu'il est, mais tel qu'il était autrefois, quand il formait avec elle un petit groupe aux conventions duquel il n'obéit plus, mais qui renaîtra, invisible, par la vertu de son sacrifice.

« Ah ! pays damné ! Terre du dédain ! sois maudite à jamais ! » s'écrie Chatterton, au moment où il va s'empoisonner. Cette fois, c'est une société élargie dans l'espace et dans le temps, c'est la postérité ; c'est la justice qui est invoquée, c'est un monde où l'on n'offrirait pas à l'homme de génie un bas emploi de mercenaire. La vie et les hommes pourraient et devraient être autres qu'ils ne sont. Il y a des puissances justes et bonnes entre les mains desquelles le désespéré remet sa cause. Il s'incline devant elles, s'il s'insurge contre la société méchante. Une volonté qui prend son point d'appui sur un monde collectif, même imaginaire, n'est pas purement individuelle.

Envisageons maintenant ceux qui se tuent, non pour expier ni pour se venger, mais par lassitude, découragement, désillusion. C'est la grande masse des désespérés qui se trouvent, comme dit Durkheim, « dans un état de langueur mélancolique qui détend les ressorts de l'action », dans la disposition d'esprit passive d'hommes qui renoncent et s'abandonnent, qui reconnaissent qu'il est inutile de lutter. Dira-t-on que ceux-là d'aucune manière ne prennent conseil de la société et qu'ils s'en détachent comme des feuilles desséchées tombent d'un arbre sans que les branches aient même besoin d'être agitées ? Pourtant, si rien ne venait les solliciter du dehors, si, du milieu qui les entoure, aucune suggestion ne leur parvenait, pourquoi ne resteraient-ils pas là où ils sont, et ne se résigneraient-ils pas à leur sort[1] ? Admettrons-nous

1. Le droit romain de l'époque impériale ne porte pas de peine contre le suicide, et il indique expressément sept cas dans lesquels le suicide n'entraîne pas la confiscation des biens. C'est lorsqu'il y a : dégoût de la vie *(taedium vitae)*, désir de se dérober à la maladie, à la souffrance, chagrin causé par la mort d'un fils, honte de ne pouvoir payer ses dettes, etc. Ce qui est dit du *taedium vitae* se retrouve dans le *Digeste*, Bayet, *op. cit.*, p. 275.

qu'ils ont perdu la volonté de vivre ? Mais Schopenhauer remarquait très justement que la volonté de mourir, du moment qu'elle est une volonté, suppose qu'on se rattache encore à la vie. Un être qui s'abîmerait dans l'inconscience serait incapable de franchir ce pas. Pour sentir son isolement, il faut être resté capable de réfléchir, c'est-à-dire de se représenter dans quel rapport on se trouve avec le reste du monde. En effet, le désespéré réfléchit, il interroge silencieusement les êtres et les choses qui l'entourent, il reçoit des réponses négatives et décourageantes qui ne sont que l'écho de sa tristesse, et il les interprète comme un encouragement à quitter la vie. Alors seulement il se tue. C'est que la société a ses côtés d'ombre aussi bien que de lumière, et qu'à un homme désespéré, elle ne montre que les images les plus sombres d'elle-même. Toute la tristesse et la mélancolie collective prend corps en lui, s'élève, par lui, à une plus haute conscience d'elle-même. « Tous nous sommes nés pour souffrir, nous le savons, et nous inventons le moyen de nous tromper... Tout est faux, tout est mensonge, tromperie, tout est mal... Dans les maisons toujours des gens et des gens, il y en a sans fin, et tous se haïssent les uns les autres. »[1] On ne découvre si clairement les aspects décourageants du monde que lorsqu'on n'est plus capable de voir les autres. Ce n'est pas en lui, c'est dans la société, que l'homme qui souffre aperçoit le mieux l'image de son propre destin.

Il est vrai que le spectacle des imperfections, des injustices et des misères répandues dans le monde peut conduire plutôt un malheureux à moins sentir sa propre détresse. L'infortune qu'on partage avec les autres est moins dure à supporter. Puisque les hommes en général se résignent à vivre alors qu'ils auraient tant de raisons de mourir, pourquoi ne les imiterait-il pas ? Mais, lorsqu'il interroge la société, elle ne lui répond pas seulement que la vie est mauvaise, et qu'il faut une grande force d'illusion pour s'y attacher. Elle lui fait comprendre aussi qu'il est plus malheureux que les autres, et qu'il n'y a même aucune commune mesure entre l'état misérable où le sort l'a placé et les tristesses de toute nature auxquelles ils sont exposés. Ce n'est pas que les hommes sachent reconnaître toujours le malheur et la souffrance. Il ne suffit pas, en effet, que l'un d'eux se trouve dans une situation que l'on considère d'ordinaire comme tragique et désespérée, puisque suivant qu'il est énergique, ou insouciant, ou faible, scrupuleux, impression-

1. Tolstoï, *Anna Karénine*, *in fine*.

nable, il en sera inégalement affecté. Il y a des détresses cachées devant lesquelles on passe sans les remarquer. Mais plaçons-nous au point de vue de celui qui est accablé par un malheur réel ou imaginaire. Quelqu'un cherche un emploi et se désespère de n'en pas trouver. Il fait une dernière tentative. S'il échoue cette fois encore, ce sera le signe que personne ne veut s'occuper de lui. Celui à qui il s'adresse ne lui veut aucun mal. Il l'encouragerait plutôt à chercher encore et lui donnerait des raisons d'espérer. Mais il n'a besoin, en ce moment, de personne. Pour le solliciteur, cette réponse négative est le dernier mot de la société, qui lui signifie qu'elle le repousse, qu'elle lui refuse tout moyen de vivre. Lorsque le train va s'arrêter à la station où elle se suicidera, Anna Karénine ne sait pas encore ce qu'elle doit faire. Dans le compartiment où elle est assise, une dame un peu pédante dit tout haut, s'adressant à son mari : « La raison est donnée à l'homme pour se débarrasser de ce qui le tourmente. » Ces paroles paraissaient répondre à la pensée d'Anna. « Se débarrasser de ce qui le tourmente, pense-t-elle... Oui, cela me tourmente, et la raison nous est donnée pour nous débarrasser... alors il faut se débarrasser. » C'est la société qui a parlé. Elle ne songeait pas à donner un conseil. Mais il suffit d'une suggestion de ce genre, d'un assentiment involontaire, pour que celui qui pense à la mort se persuade qu'on lui en montre le chemin.

Pourquoi refuse-t-on de le retenir ? Pourquoi lui laisse-t-on entendre qu'il doit disparaître ? C'est parce qu'il est trop malheureux. Certes, le malheur est un élément nécessaire de la vie sociale. Les douleurs servent à mettre mieux en valeur les joies. C'est un lieu commun que l'on jouit davantage du bonheur, et qu'on apprécie un état même indifférent, quand on le compare à certaines misères. Mais, d'autre part, ce n'est pas sans un sentiment de malaise, de répulsion et même d'effroi que les hommes s'approchent des désespérés. Nous avons appris à respecter la souffrance, et, lorsqu'elle n'est pas irrémédiable, nous considérons comme un devoir (si nous ne nous en acquittons pas toujours) de faire ce qui dépend de nous pour l'atténuer. Mais, en face de détresses qu'elle se sent impuissante à réduire, quel parti peut prendre la société, sinon localiser le mal, détourner sa vue d'un spectacle qui affaiblirait en elle l'élan vital, tenir à l'écart ceux qui ne peuvent être pour elle qu'une cause de tristesse inutile ? Plaçons-nous de nouveau au point de vue du désespéré. Lui sait, ou croit savoir mieux que personne, que son mal est sans remède. Comment n'éprouverait-il pas les mêmes sentiments que ces hommes qui étaient voués au sacrifice parce qu'en eux étaient concentrés tous les principes maléficients que recèle la société ? Et comment ne s'imaginerait-il pas que, bien qu'ils ne l'avouent point, ceux qui l'entourent de près ou de loin considéreront sa mort comme une délivrance ?

Nous pouvons comprendre maintenant pourquoi ce qui nous paraît le plus mystérieux et le plus contraire à la nature dans le suicide, c'est qu'un homme trouve en lui et en lui seul la force de vouloir mourir. Mais les volontés qui semblent le plus individuelles ne le sont qu'en apparence. Comme l'écrivait M. Blondel, avec qui nous nous rencontrons encore sur ce point, « il n'y a volonté que parce qu'il y a présent à la conscience un système d'impératifs collectifs de tout ordre, devant lequel notre conduite, si elle ne s'y conforme pas, a tout au moins à se justifier... La seule présence [et nous ajouterons : seule, la présence] des représentations collectives suffit à faire de notre activité une activité volontaire... Si la volonté est intelligence, raison, attention, prévision, anticipation, c'est que l'homme, en agissant, se voit agir et prévoit comment il agira. Mais ce spectateur, cette conscience qui est en nous pour organiser notre action, la prévoir et la juger, tout en étant en nous, n'est pas nous-mêmes... Ce spectateur, c'est la conscience du groupe installée en nous avec ses principes de connaissance et d'action, devant laquelle, comme juge, se déroule le cours de nos pensées aussi bien que de nos actions »[1]. Appliquons cette idée à l'explication du suicide.

Les raisons qu'on se donne à soi-même, et qu'on donne quelquefois aux autres, pour expliquer qu'on se tue sont très diverses. Il y en a que nous comprenons, et dont nous sentons la force. D'autres paraissent plus discutables. Il y en a que nous trouvons absurdes. Mais, d'abord, ce ne sont là, en général, qu'autant d'expressions incomplètes de pensées inhabiles à s'analyser ou se décrire. Les raisons du suicide sont en nous, mais aussi hors de nous. Lorsqu'un homme se suicide, il a le sentiment d'être entraîné dans un courant de pensées où il n'est plus capable de distinguer ce qui vient de lui, et ce qui vient d'ailleurs. C'est qu'étant un être social, formé et discipliné par la société, au moment même où il s'en détache, il obéit à ses conseils, à ses impulsions, à ses suggestions. Dans cet ensemble d'influences, comment discernerait-il celles qui jouent le rôle principal ? Lorsqu'il dit : « Je désire mourir parce que la vie m'est à charge », il traduit dans le langage le plus clair pour lui, c'est-à-dire en termes individuels, une

1. Chap. V, « Les volitions » du *Traité de psychologie* (Dumas), p. 397-398.

conviction qui lui a peut-être été dictée par son milieu et qui s'exprimerait mieux ainsi : « Je me tue, parce que les autres sont d'avis qu'un homme, dans la situation où je me trouve, n'a plus qu'à mourir. » D'autre part, si certains suicides nous paraissent absurdes, c'est qu'ils ne s'expliquent pas du point de vue de ce que nous appelons la raison, c'est-à-dire du point de vue des hommes avec lesquels nous pensons en commun. Mais il n'y a pas qu'une seule raison de ce genre, car la société non seulement se décompose en un certain nombre de groupes, mais encore on trouve juxtaposés en chacun d'eux des points de vue et façons de penser différentes et même contraires. Or, suivant qu'il se trouve lui-même en telle ou telle disposition, un homme, dans ce concert d'opinions qui se contredisent, n'entendra que ce qu'il est capable de comprendre.

Faut-il expier ? demande-t-il. Oui, mais il y a une autre expiation que le suicide, et l'on approuve aussi ceux qui, ayant commis un crime ou une faute grave, vivent pour subir la punition qu'impose la loi ou l'opinion. Dois-je me venger ? Oui, ou non. Et tu peux d'ailleurs te venger sans disparaître. Vais-je retirer de la vue des hommes un malheureux dont la présence leur est une peine et un souci ? Oui, mais il suffit aussi que tu te résignes et que tu te taises. Mais, à côté ou peut-être en même temps, d'autres voix répondront qu'il n'y a pour lui qu'un moyen de se venger, ou d'expier, ou de s'effacer, c'est de se donner la mort. La société est comme une sibylle dont les réponses peuvent s'interpréter en plus d'un sens, et d'ailleurs, qui profère plusieurs réponses à la fois[1]. Mais, de quelque manière qu'il les entende, celui qui s'en inspire n'en obéit pas moins aux oracles d'un Dieu. Il a remis sa volonté entre les mains d'une puissance qui le dépasse : elle ne lui appartient plus.

Ce rapprochement entre le sacrifice et le suicide ne doit pas nous conduire néanmoins à les confondre. Ce sont, nous l'avons dit, deux espèces d'un même genre. En quoi se distinguent-ils ? Le suicidé, pas plus que le sacrifié, ne prend conseil que de lui-même. L'un, comme l'autre, exécutent un acte dont les raisons se trouvent dans des représentations ou impératifs collectifs. Mais, tandis que la société préside au

1. M. Bayet oppose ainsi une autre série de réponses simultanées et contradictoires : « Le suicide est une lâcheté ; c'est une preuve de courage ; c'est la solution des petites âmes ; c'est le recours d'une grande âme ; c'est affaire de "grisette", ce n'est pas affaire de "petite femme" ; c'est lamentablement banal ; c'est beau et poétique ; on ne doit pas se tuer quand on a des enfants ; on doit se tuer pour sauver l'honneur de ses enfants » (*op. cit.*, p. 118).

sacrifice, qu'elle l'organise publiquement, tandis qu'elle en prend la responsabilité, elle ne veut pas qu'on puisse dire qu'elle est intervenue dans le suicide. Si elle l'a conseillé et suggéré, l'acte une fois accompli, loin de le revendiquer comme une manifestation de sa volonté, comme un résultat de ses suggestions, elle ne le reconnaît pas, elle le répudie : « Ce n'est pas elle qui a voulu cela. »

Cette différence ressort déjà de ce que le sacrifice s'entoure généralement de formes rituelles, s'accomplit au milieu d'un concours de peuple, que des personnages consacrés en règlent la marche suivant des règles fixées par la tradition. On ne trouve rien de semblable dans le suicide. Sans doute, il y a des types de morts volontaires, soit qu'on envisage leurs causes apparentes, ou l'instrument et le moyen qui a été choisi, dont on peut dire qu'ils sont consacrés par l'habitude et fixés aussi par la tradition. Il y a des suicides exemplaires et il y a une publicité du suicide. Il ne s'ensuit pas cependant que la mort volontaire soit un acte rituel. Le rite, c'est la forme que prend une volonté collective lorsqu'il est nécessaire, pour qu'elle parvienne à ses fins, qu'elle se manifeste explicitement, qu'elle devienne visible et sensible, de façon à créer chez les assistants et les participants une communauté de sentiment, et une décision unanime. Cette nécessité s'impose à elle dans le sacrifice. Même lorsqu'un soldat se fait tuer volontairement pour son pays, ou un chrétien pour sa foi, si les gestes, l'attitude, le milieu ne présentent pas un aspect cérémonial, pour que cet acte produise ce qu'on en attend il faut que la société se l'approprie, qu'elle le consacre par une commémoration qui s'entourera nécessairement de formes conventionnelles : prières aux martyrs, culte de leurs reliques, honneurs militaires exceptionnels, etc. Mais le suicide n'a pas besoin de se manifester au dehors. Le suicidé se cache pour accomplir son acte. S'il pouvait disparaître sans laisser aucune trace de son suicide, il obtiendrait exactement ce qu'il veut dans la plupart des cas, c'est-à-dire s'éliminer, se retirer d'un monde où il n'y a pas de place pour lui. S'il se tue pour expier, il suffit que ceux que son acte a lésés, ou qui l'ont connu, soient avertis qu'il est mort. Il ne devrait expier publiquement que si un procès criminel et des poursuites engagées avaient prolongé dans d'autres milieux les conséquences de son crime : mais en se tuant il a ôté tout prétexte à cette procédure. S'il se tue pour se venger, il suffit que le souvenir de sa mort demeure, comme un remords vivant, dans l'esprit de ceux qui l'ont offensé, c'est-à-dire d'un petit nombre de personnes, qui le touchaient de trop près pour qu'elles n'en soient pas averties. Si sa fureur se tourne contre la société tout entière, elle est représentée par quelques hommes, ceux avec qui il est le plus directement en contact : ses rivaux, ses concurrents, ceux qui l'emploient ou qui lui commandent, ses créanciers : ceux-là seront forcés d'apprendre que leur injustice et leur méchanceté ou leur dureté de cœur l'ont poussé à bout. Ainsi un sacrifice humain tel que celui des veuves sur la tombe de l'époux cesserait d'être un sacrifice, il deviendrait un suicide s'il perdait sa forme rituelle.

La société revendique le sacrifice comme son œuvre propre, où elle s'est mise tout entière, parce qu'elle l'a voulu, en effet, d'une volonté unanime. Quelque objet qu'il ait en vue, une oblation, une purification, une expiation, une communion, l'acte sacrificiel ne peut s'accomplir qu'au sein d'une communauté dont toutes les forces spirituelles convergent vers un même foyer. Il perdrait nécessairement sa vertu, si une partie du groupe s'y opposait et doutait de son efficacité. La communauté peut comprendre des groupes distincts sous d'autres rapports ; toutes les tendances divergentes sont refoulées, lorsqu'ils se rapprochent autour du sacrifice, et il n'y a aucune partie de la communauté qui n'y engage pas toute sa volonté. Mais, nous l'avons vu, il en est tout autrement du suicide, en particulier dans nos sociétés si complexes et où subsistent côte à côte, où se pénètrent même partiellement tant de milieux et courants d'opinion distincts. Certes, la pensée du suicide, la décision du suicide aussi, ont pris naissance dans ces milieux. En recherchant les racines des motifs, on les retrouverait solidement engagées dans le monde des opinions communes, mais singulièrement entremêlées. Il y a en effet des groupes religieux qui condamnent sans réserves le suicide. Il y a une morale commune qui lui est hostile. Ailleurs, on le juge avec plus d'indulgence : on l'excuse, on l'admet, on le trouve légitime et même nécessaire dans certains cas. Suivant qu'il s'agit d'un ami, ou d'un étranger, d'un père de famille, d'un célibataire, d'un homme âgé, d'un malade, ou que la nature du malheur est telle ou telle, la ruine, le déshonneur, le deuil, etc., les réponses ne seront pas les mêmes. Celui qui est tourmenté, à qui la vie semble un fardeau trop lourd, traverse, au moins par la pensée, une partie de ces milieux. Quand bien même, en effet, il ne les interrogerait pas à nouveau, il lui suffit, pour qu'il sache ce qu'on y pense, de se souvenir, et l'écho de bien des conversations anciennes lui parviendra. Il a passé, écoutant l'un, un autre, un autre encore. Il a lui-même réfléchi, alors qu'il était loin de penser qu'il examinerait la question pour son compte, à l'occasion de certains suicides, qui se sont passés non loin de lui, qui, pour quelque raison, ont occupé son esprit, et il suffit qu'il se rappelle comment il les jugeait alors, pour qu'il sache comment d'autres hommes tels que lui jugeraient aujourd'hui l'acte qu'il projette. Mais la société en général, c'est-à-dire celle qui ne le connaît point particulièrement, ne peut que constater qu'il s'est tué. Elle ignore de qui il a pris conseil, et dans quelles parties d'elle-même il a trouvé peut-être des exemples et des raisons de s'y résoudre. Quoi d'étonnant, après cela, si elle considère le suicide comme un acte qui n'émane d'elle en aucune manière, dans lequel elle n'a eu nulle part ? C'est un enfant naturel, il a tous les attributs d'un bâtard, puisqu'on ne sait à quel moment il a été conçu. Aucun de ceux qui pourraient être son père n'est disposé à le reconnaître. Il est naturel que la société le traite comme un produit illégitime, un produit du hasard, né dans des conditions trop obscures pour qu'on n'en rejette pas toute la faute sur celui qui l'a mis au jour, c'est-à-dire sur le suicidé. Si elle peut affirmer qu'elle a été absente de pensées et de délibérations qui n'eussent pas été concevables sans elle et loin d'elle, c'est qu'il lui est facile d'invoquer plus d'un alibi.

Reprenons maintenant la définition que Durkheim proposait du suicide, dont nous avons modifié la dernière partie : « Tout cas de mort qui résulte d'un acte accompli par la victime elle-même, avec l'intention ou en vue de se tuer. » N'y aurait-il pas lieu et moyen, d'après ce qui précède, de la préciser davantage ? Ne pourrait-on pas ajouter : « Et qui n'est pas exigé ou approuvé par la société ? » Mais, nous l'avons vu, il y a des suicides qu'une partie de la société au moins exige (suicides d'expiation). D'autre part, l'approbation collective ne se présume pas. Ce qui serait exact dans les pays et aux époques où la loi civile interdisait et punissait tous les suicides ne l'est plus lorsque l'opinion est incertaine à cet égard, et qu'elle varie d'un milieu à l'autre. Substituerons-nous à une telle formule cette autre : « Et qui n'a pas une fin altruiste ? » Mais les sacrifices imprécatoires sont égoïstes. D'autre part, lorsqu'on se tue pour expier, on pense aux autres aussi bien et peut-être plus qu'à soi-même. Enfin, nous retrancherions ainsi des suicides tous ces cas où l'on quitte la vie pour ne pas être à charge aux siens, ou parce qu'on sent qu'on est un obstacle au bonheur de quelqu'un ou de quelques-uns. Il reste donc à distinguer explicitement le suicide du sacrifice, en disant : « On appelle suicide tout cas de mort qui résulte d'un acte accompli par la victime elle-même, avec l'intention ou en vue de se tuer, et qui n'est pas un sacrifice. » Cette restriction n'est pas sans importance, parce qu'il y a, en effet, des sacrifices qui sont accomplis volontairement par la victime.

Nous ne songeons pas surtout aux sacrifices humains, qui n'existent plus dans nos sociétés, bien que dans tel pays comme les Indes, où l'on relève un très grand nombre de suicides de femmes, il puisse ne pas être sans intérêt de savoir si tous sont véritablement des suicides. Mais la définition de Durkheim s'applique, aussi bien qu'aux suicides véritables, à des actes tels que la mort d'un soldat qui se fait tuer volontairement pour son pays, d'un croyant qui meurt pour sa foi, dont il est d'ailleurs difficile de distinguer les mêmes actes accomplis par des hommes qui s'exposent seulement à un danger de mort, et qui meurent en effet, pour les mêmes causes. Or tous ces faits ne sont pas des suicides. Nous croyons qu'une définition sociologique doit tenir compte principalement de l'attitude de la société, et des jugements différents qu'elle porte sur des actes extérieurement semblables. Du moment qu'elle se déclare l'inspiratrice et l'auteur responsable de ceux-ci, et qu'elle considère les autres, alors même qu'elle les a peut-être suggérés, conseillés, approuvés, comme des actes purement individuels, ils entrent dans deux catégories différentes. C'est pourquoi il était utile, quelles que soient les affinités réelles entre le sacrifice et le suicide, de montrer pour quelles raisons il y a lieu de ne les point confondre. C'était aussi le meilleur moyen de bien reconnaître la nature de l'un et de l'autre.

II. Les causes du suicide

« Le suicide est un élément de la constitution normale des peuples, disait Durkheim. Dans toute société, il y a des milieux particuliers où les états collectifs ne pénètrent qu'en se modifiant. Ils y sont, suivant les cas, ou renforcés ou affaiblis. Pour qu'un courant ait, dans l'ensemble du pays, une certaine intensité, il faut donc que, sur certains points, il la dépasse ou ne l'atteigne pas. » Il remarquait que le penchant à la mélancolie, qui a sa raison d'être à côté du courant optimiste, se développe plutôt à mesure qu'on s'élève dans l'échelle des types sociaux. « Ainsi, c'est un fait tout au moins remarquable que les grandes religions des peuples les plus civilisés soient plus profondément imprégnées de tristesse que les croyances plus simples des sociétés antérieures. » Il faut qu'il y ait un groupe d'individus qui représentent plus spécialement cette disposition de l'humeur collective : c'est là qu'il y aura le plus de suicides.

Mais s'il est normal que, dans toute société, on rencontre des morts volontaires, encore faut-il qu'elles ne se multiplient pas trop, ni trop vite. « Le penchant collectif à la tristesse n'est sain », et n'est justifié, il ne remplit un rôle utile dans le corps social « qu'à condition de n'être pas prépondérant ». Or, depuis un siècle, observait Durkheim, le suicide a énormément augmenté : « De 411 % en Prusse, de 1826 à 1890 ; de 385 % en France, de 1826 à 1888 ; de 318 % dans l'Autriche allemande, de 1841-1845 à 1877 ; de 238 % en Saxe de 1841 à 1875 ; de 212 % en Belgique, de 1841 à 1889 ; et, en Italie, depuis 1870, c'est-à-dire en moins de vingt années, de 190 %. »

Durkheim a calculé l'augmentation du nombre absolu des suicides, sans tenir compte de la population. Ce n'est pas une très bonne méthode. Voici les chiffres que nous trouvons, dans quelques-uns de ces pays, pour la même période, en calculant l'accroissement de la proportion des suicides à la population totale : de 140 % en Prusse, de 1826 à 1890 ; de 355 % en France, de 1827 à 1888 ; de 92 % en Saxe, de 1841 à 1875 ; de 78 % en Italie, de 1870 à 1888. Encore, pour la Prusse, faut-il tenir compte de ce qu'il y a eu dans cette période deux réformes des méthodes de relevé, ce qui ramènerait l'augmentation réelle aux environs de 90 %. En France, si au lieu des deux années : 1827 et 1888, nous comparons les proportions moyennes en 1827-1836 et 1879-1888, nous trouvons qu'en cinquante années le taux du suicide a augmenté de 230 %.

Ces accroissements, moins grands que Durkheim ne le supposait, restent cependant assez forts. Est-ce la civilisation, est-ce la constitution propre aux sociétés supérieures qui les explique ? Durkheim écarte cette hypothèse. La culture romaine a pu se propager dans toute l'Europe, les sociétés se sont élevées à un haut niveau de civilisation, et pourtant, « jusqu'au XVIIIe siècle, le suicide ne fut que faiblement développé ». Il n'y a aucune raison historique d'admettre qu'avec la civilisation la vague des suicides monte de plus en plus. S'ils se sont multipliés à ce point, ce n'est pas dû au progrès comme tel, mais aux conditions dans lesquelles il s'effectue de nos jours, et qui doivent être anormales, puisqu'une telle aggravation ne peut résulter que de circonstances pathologiques.

Durkheim a-t-il établi cependant que la fréquence accrue des suicides dans les pays européens, de notre temps, est un phénomène anormal ? N'insistons pas sur les exemples et précédents historiques qu'il invoque. Nous n'avons aucun moyen de savoir si l'on se tuait beaucoup ou peu au XVIIIe siècle et auparavant[1]. Durkheim rapproche l'état actuel de l'Europe et l'époque où, à Rome, l'Empire atteignit son apogée. « Alors, dit-il, on vit se produire une véritable hécatombe de morts volontaires. » Mais ce n'était là qu'une crise. Car « la culture romaine a produit ses fruits les plus brillants, alors que cette épidémie de morts volontaires n'était plus, depuis longtemps, qu'un souvenir ». Citons maintenant M. Bayet : « Ni dans les livres des historiens, ni dans le reste de la littérature latine, je n'ai trouvé un seul texte déclarant ou donnant à penser que, sous la République ou l'Empire, les Romains se soient tués en masse. Dire qu'en général la société romaine devait être encline au suicide parce qu'elle était gagnée aux idées stoïciennes, parce qu'elle supportait impatiemment la tyrannie, parce qu'elle était, à la fin de l'Empire, énervée, rongée par l'ennui, ce sont des hypothèses qui ne s'appuient sur aucun témoignage. »[2]

Certes, on peut rapporter un grand nombre de suicides de Romains illustres ou considérables. Mais, quand le Dr Lisle déclare : « Une véritable épidémie de suicides, qui gagna de proche en proche pour s'étendre à tout le monde romain, dura plusieurs siècles et moissonna tous les ans des millions de victimes », il n'est ici que l'écho d'une légende imaginée par les historiens. Résignons-nous donc à ne rien savoir, quant à la fréquence des suicides avant le XIXe siècle.

L'accroissement des suicides au cours du XIXe siècle a été exceptionnellement fort. Mais, que l'on considère la rapidité ou l'amplitude de cette augmentation, à partir de quel moment a-t-on le droit de dire qu'elle est anormale ? Que les suicides aient doublé ou triplé en trente ou quarante années, c'est un fait qui surprendrait, s'il s'était produit dans des pays qui n'ont guère changé à d'autres égards. Mais, que l'on fixe son attention, par exemple, sur le développement des grandes villes, ou le progrès de l'industrie : c'est par des chiffres du même ordre qu'on les mesurerait. Pourquoi n'y aurait-il pas, entre ceci et cela, un rapport de cause à effet ?

Durkheim disait lui-même que le signe le plus certain auquel on

1. Au XVIIIe siècle, nombre d'écrivains répètent qu'on se tue de plus en plus en France. « Mercier, en 1782, dit qu'on se tue (beaucoup) à Paris depuis environ vingt-cinq ans. » D'après M. Bayet, « si les écrivains de la seconde moitié du siècle ont l'impression que le nombre des suicides va croissant, c'est peut-être en partie parce que ceux qui tiennent des statistiques hésitent moins à inscrire des suicidés sur leurs listes depuis que la justice "arrange" les affaires de suicide » (*op. cit.*, p. 681).
2. Bayet, *op. cit.*, p. 290.

reconnaît qu'une coutume, une institution, une manière d'agir collective est normale, c'est qu'elle est générale, c'est-à-dire qu'elle existe dans toutes les sociétés d'une même espèce. Or, qu'une fréquence relativement élevée des suicides s'observe dans tous les groupes qui ont atteint un niveau comparable de civilisation, c'est ce que nous avons pu établir de différents points de vue, en Europe, à la fin du XIXe siècle, et au commencement du XXe.

Considérons d'abord l'évolution de ce phénomène dans le temps. Nous avons montré que, de 1840 à 1877, soit en trente-sept ans, le taux moyen du suicide dans 11 pays a augmenté de 64 % et que, de 1877 à 1912, soit en trente-cinq ans, l'accroissement n'a été que de 14 %. L'accroissement de la population a été à peu près le même dans une période que dans l'autre. Ce ralentissement notable dans l'augmentation des morts volontaires est peut-être le signe que la tendance au suicide tend à se stabiliser. En tout cas, elle se consolide. Lorsqu'un même phénomène se retrouve, non seulement dans un grand nombre de sociétés, mais encore, dans chacune d'entre elles, pendant une durée si prolongée, on peut dire qu'il est général à la fois dans l'espace et dans le temps. Toutes les sociétés européennes sont-elles malades ? Une même société peut-elle demeurer dans un état pathologique pendant trois quarts de siècle ?

Dira-t-on, que ce qui est anormal, ce n'est pas le taux élevé du suicide, mais la rapidité avec laquelle il a augmenté. Alors puisque, dans les trente dernières années qui précèdent la guerre, cette rapidité a diminué des trois quarts, elle aurait perdu dans une large mesure son caractère pathologique. Encore faudrait-il démontrer que la vitesse accélérée du développement antérieur était anormale, et qu'elle ne résultait pas de ce que la société passait d'une structure qui comportait peu de suicides à une autre qui en comportait beaucoup. Lorsqu'on compare la taille d'un enfant de 5 ans et d'un adulte de 20 ans, on pourrait aussi bien s'effrayer de ce qu'elle a doublé, triplé, quadruplé. Pourtant, l'adulte n'est pas condamné à devenir un géant. S'il a grandi vite, c'est qu'il a passé en peu de temps d'une phase de son développement qui comportait une taille médiocre à une autre à laquelle correspond d'ordinaire une stature élevée.

Nous avons remarqué, d'autre part, que dans plusieurs pays, en particulier dans ceux où le taux de suicide s'est élevé le plus et le plus tôt, il tend à se stabiliser. En d'autres termes, loin d'augmenter sans cesse, il ne s'éloigne guère du niveau qu'il a atteint il y a plus ou moins longtemps. Mais, surtout, lorsqu'on observe les diverses régions d'un même pays, ce qui frappe, c'est que l'accroissement du taux de suicide du pays tout entier s'explique surtout par l'augmentation des morts volontaires dans les régions où elles étaient jusqu'alors le moins nombreuses. Tout se passe comme dans un groupe d'enfants et de jeunes gens, dont les plus petits grandissent le plus vite, tandis que l'accroissement des plus grands se ralentit de plus en plus.

Notre étude, en effet, nous a mis à même d'établir, par une comparaison des taux de suicide régionaux à différentes époques successives, qu'ils se rapprochent de plus en plus, et tendent tous à s'élever à un même niveau. C'était bien le meilleur moyen, le seul moyen sans doute de démontrer que l'augmentation très forte du nombre des morts volontaires, qui paraissait anormale à Durkheim, est un phénomène très général, puisqu'il se rencontre partout où le même genre de vie, le même type de civilisation parvient à s'implanter.

Durkheim croyait que c'était le passage trop brusque d'un état à un autre qui expliquait l'accroissement du taux de suicide. On peut affirmer, dit-il, qu'ils résultent « non d'une évolution régulière, mais d'un ébranlement maladif, qui a bien pu déraciner les institutions du passé, mais sans rien mettre à la place. Car ce n'est pas en quelques années que peut se refaire l'œuvre des siècles ». Pourtant, le passage rapide d'un état à un autre n'est pas nécessairement un phénomène pathologique. Il y a, dans le corps social comme dans l'organisme individuel, des crises de croissance qui ne sont nullement morbides. Il arrive, d'autre part, que la société doit s'adapter brusquement à des circonstances nouvelles, lorsqu'elle passe, par exemple, de l'état de paix à l'état de guerre, ou lorsqu'une région agricole se couvre soudain de cités industrielles. Croit-on qu'il faille tant de temps pour que les hommes s'habituent à ces conditions qu'ils ne connaissaient pas ? Pourquoi, dans le premier cas, les suicides diminuent-ils, et augmentent-ils dans le second ? Est-ce parce qu'ils ont passé rapidement d'un état à un autre ? N'est-ce pas plutôt parce que l'état de guerre, comme tel, s'accompagne de moins de suicides que l'état de paix, tandis que l'état industriel en comporte plus que l'état agricole ?

Mais surtout si, en effet, le changement brusque de l'organisation sociale avait déterminé un ébranlement maladif, les conséquences ne s'en seraient fait sentir que pendant quelques années, tout au plus durant l'intervalle d'une génération. Or on ne constate point pourtant que, dans les régions qui ont été les premières et le plus anciennement transformées, le nombre des suicides décroisse. Il n'augmente plus aussi vite, mais il ne diminue plus. Cependant il s'agit de populations qui ont eu tout le temps de s'adapter aux conditions nouvelles. Attribuons donc la plus grande fréquence des suicides à ces conditions elles-mêmes, qui demeurent, et non au changement, qui est depuis longtemps oublié.

Si en France on calcule la proportion des suicides par rapport au nombre des décès des habitants âgés de 20 ans et plus, on trouve environ 2 % (exactement 18,6 ‰). Ce chiffre peut s'élever jusqu'à 3, et au plus 4 %, dans le groupe de départements où l'on se tue le plus. Il est assez impressionnant. Sait-on que, sur 30, 40, 50 personnes, suivant les lieux, il y en a une qui ne mourra pas de mort naturelle, ni par accident[1] ? Cependant, si fréquents que soient aujourd'hui les suicides, et même en supposant qu'ils augmentent encore, ils ne représentent qu'une bien minime fraction des décès. Considérons que, parmi ces désespérés, il en est un grand nombre qui, malades ou âgés, n'ont devancé que de peu la date où ils auraient figuré sous une autre rubrique dans le tableau des causes de mort. Au reste, combien d'entre eux étaient ou auraient été à charge à leur famille et à leur groupe, non pas surtout matériellement, mais par la contagion de leur tristesse, ou parce que leur déséquilibre se propageait autour d'eux ?

Il n'y a donc, à première vue, rien de pathologique ou d'anormal, dans le fait qu'un nombre très restreint des membres d'une société, en particulier ceux dont l'existence est pour elle une charge, une gêne, une cause de tristesse et d'affaiblissement de sa vitalité, s'en retranchent plus ou moins volontairement. Le fait qu'un groupe met à mort ses vieillards, ses infirmes, ses enfants mal venus, n'est pas non plus nécessairement l'indice d'une constitution sociale morbide.

Mais nous ne pouvons pas nous en tenir à cette conclusion utilitaire un peu trop simple. Il ne suffit pas de savoir combien d'hommes se tuent et de constater qu'après tout ce n'est là qu'une perte limitée de substance, et d'une substance qui n'est peut-être pas saine. Le suicide est aussi un symptôme. Quelle est l'étendue et la nature du trouble social qu'il nous révèle ?

« Si la vie en elle-même était un bien véritable, écrivait Schopenhauer, s'il fallait décidément la préférer au néant, alors il ne serait pas nécessaire de placer aux portes de la mort de si terribles gardiens. Mais,

1. Cette proportion serait nettement plus élevée, si l'on ne considérait que les hommes. Elle augmente aussi avec l'âge. Rappelons que le rapport des suicides des hommes aux suicides des femmes est de 3 à 1, et que, de 40 à 50 ans, on se tue à peu près deux fois autant que de 20 à 30.

étant donné que la vie est ce qu'elle est, quels hommes s'obstineraient à ne pas la quitter, si la mort était moins redoutable ? »[1]

Il faut que l'homme soit parvenu à un degré de souffrance assez élevé pour qu'il se décide à franchir ces portes. Combien d'autres sont exposés à peu près aux mêmes tourments, et restent cependant sur le seuil ? Il est, naturellement, impossible d'en fixer le nombre. Comme il n'y a guère de raisons pour supposer que la terreur qu'inspire la mort est plus ou moins grande à une époque qu'à une autre, dans une société que dans une autre, on peut admettre que le nombre des suicides est un indice assez exact de la quantité de souffrance, de malaise, de déséquilibre et de tristesse qui existe ou se produit dans un groupe. Lorsqu'il augmente, c'est le signe que la somme des désespoirs, des angoisses, des regrets, des humiliations et des mécontentements de tout ordre se multiplie. C'est donc bien l'état général, heureux ou malheureux, de l'ensemble, que ces morts volontaires plus ou moins dispersées nous font connaître. On ne s'inquiète pas sans raison lorsqu'elles dépassent un certain taux. Or nous avons constaté qu'il y a, à cet égard, une différence très marquée, du simple au double et souvent de plus, entre les régions où se maintiennent les genres de vie traditionnels et les établissements urbains, les aires où une civilisation plus récente a pris racine. L'évolution, au cours du XIXe siècle et jusqu'à présent, déplace les hommes de la campagne à la ville, des petites villes dans les grandes cités. Dans quelques pays étendus, elle s'est accomplie avec une extrême rapidité, et rien n'indique qu'elle doive s'arrêter. Certes, une société peut vivre dans le trouble et dans la souffrance. On peut supposer qu'elle est encore dans une période transitoire et qu'un jour elle s'appuiera elle aussi sur des traditions, qu'elle s'installera dans un cadre de coutumes bien réglées qui lui manquent encore. Malgré tout, lorsqu'on compare le chiffre des suicides dans les principaux pays aujourd'hui et il y a cinquante ou soixante ans, et qu'on imagine, derrière les désespérés qui se tuent, la masse des autres qui, sans doute, ne souffrent pas beaucoup moins, on est assez disposé d'abord à croire, comme Durkheim, que les sociétés modernes n'ont pas encore trouvé leur équilibre.

Mais, dans toute comparaison entre le genre de vie d'aujourd'hui et d'autrefois, il faut tenir compte, en même temps que des souffrances,

1. *Die Welt als Wille und Vorstellung*, 4e livre, chap. XLVI, 662. C'est un peu la même pensée qu'exprimait déjà Érasme : « Et enim cum videamus et hodie tam multos sibi manus adferre, quid censes futurum, si mors nihil haberet horribile ? » Colloques FUNUS. Ce texte nous a été signalé par M. Febvre.

des joies et des satisfactions. Les hommes des sociétés anciennes ou à demi primitives étaient au fond guidés par un sentiment assez juste lorsqu'ils offraient aux dieux des sacrifices, même sous la forme de victimes humaines. Ils croyaient que les biens doivent s'acheter au prix de peines et de privations, et cette conviction reposait peut-être sur l'expérience d'une compensation et d'une alternance inéluctable entre les périodes de prospérité et de disette, de puissance et d'humiliation. Ce que l'on appelle le progrès social, c'est-à-dire l'augmentation des moyens dont nous disposons pour satisfaire nos besoins, la multiplication aussi et l'accroissement des besoins que nous pouvons satisfaire, entraîne comme contrepartie une existence plus compliquée, plus de déceptions et de souffrances individuelles. Morselli, Durkheim, le père Krose, signalent comme un phénomène inattendu et surprenant l'accroissement rapide, depuis un siècle, du nombre des suicides. C'est de ne pas les voir augmenter qu'il eût plutôt convenu de s'étonner. Mais ce n'est pas nécessairement le signe qu'il y ait, relativement aux joies et satisfactions, plus de douleurs et de privations aujourd'hui qu'autrefois. Car les premières ont pu à la fois s'intensifier et se multiplier.

Durkheim, il est vrai, ne se plaçait pas à ce point de vue. Dans le dernier chapitre de son livre, il s'efforce de démontrer que, si les hommes cèdent davantage, dans nos sociétés modernes, à la tentation de quitter la vie, c'est que les liens qui les rattachaient à la société se détendent. Il ne s'agit pas de savoir si, affranchis de leurs obligations traditionnelles, débarrassés des contraintes et des limitations que leur imposaient la famille et la religion, ils se sentent ou se croient plus heureux. Pour le groupe, dans son ensemble, l'affaiblissement des coutumes et croyances anciennes représente une perte qui n'est compensée par aucun gain.

N'examinons cette thèse qu'en tant qu'elle se présente comme une explication de la fréquence accrue des suicides. Durkheim a établi, en effet, qu'à égalité d'âge, les célibataires se tuent plus que les gens mariés, et que les époux avec enfants se tuent plus que les époux sans enfants. Nous avons montré que des statistiques plus récentes confirment ces conclusions, et même qu'il paraît bien établi également qu'à mesure qu'augmente le nombre de leurs enfants, la tendance des époux au suicide diminue fortement. Mais rien ne prouve que cette action préservatrice de la famille ait diminué, depuis un demi-siècle ou depuis plus longtemps. Durkheim lui-même le reconnaît. « Si les époux, dit-il, ont une moindre tendance à se tuer, cette tendance va en augmentant avec la même régularité et selon les mêmes proportions que celle des célibataires. L'augmentation, de 1863-1868 à 1887, a été, en France, de 57 % pour les époux. Pendant le même temps, le taux de suicide des célibataires ne s'élevait pas beaucoup plus : de 67 %. *L'augmentation qui s'est produite au cours du siècle est donc indépendante de l'état civil* » (c'est Durkheim qui souligne). De même, rien ne prouve que la différence sous ce rapport entre les célibataires et les gens mariés soit plus forte dans les régions où l'on se suicide peu que dans les autres. C'est possible. Mais on n'en sait rien. On n'a donc pas démontré que si les suicides sont plus fréquents, cela tient à ce que la famille exerce sur ses membres une influence moins forte.

Mais, d'autre part, est-il vrai que la religion catholique préserve du suicide parce qu'elle « impose à ses fidèles un vaste système de dogmes et de pratiques, et pénètre aussi tous les détails de leur existence même temporelle », et que si, dans les sociétés modernes, l'on se tue plus, c'est que le catholicisme y est en recul ? Tous les auteurs, ainsi que Durkheim, ont affirmé que les suicides sont plus fréquents parmi les protestants que dans les groupes catholiques. Mais nous avons vu qu'on peut interpréter tout autrement les statistiques, d'ailleurs peu nombreuses, qui permettent d'étudier la distribution des suicides par confession. Lorsqu'on compare deux régions, l'une à majorité catholique, l'autre à majorité protestante, il ne faut pas oublier qu'elles diffèrent sous d'autres rapports qu'au point de vue religieux. Tantôt les catholiques et les protestants se rattachent à des nationalités différentes : dans les provinces de l'est de l'Allemagne les catholiques sont polonais, les protestants prussiens. Ailleurs, les catholiques sont des paysans, les protestants vivent dans les villes ou dans des régions très urbanisées et se trouvent engagés dans les professions industrielles et commerciales. La religion n'est pas sans jouer un rôle, mais, sans doute, un rôle assez restreint. En tout cas, il est impossible d'étudier séparément l'influence de la religion et l'action des autres facteurs. Que les diverses confessions religieuses produisent, comme telles, plus ou moins de suicides, c'est une des conclusions de l'étude entreprise par Durkheim qui impressionnent le plus, mais c'est peut-être aussi la plus discutable.

Mais alors, où chercher l'explication de l'accroissement des morts volontaires, et aussi d'un autre fait, qui nous a intéressé davantage, bien que les statisticiens ne s'en soient guère occupés, savoir de la distribution de plus en plus uniforme des suicides à l'intérieur d'un même pays ou d'une même région étendue ?

Les statistiques nous indiquent combien il y a eu de suicides dans un groupe. Mais elles ne nous font pas connaître à quel ordre de faits sociaux, domestiques, religieux, politiques, économiques chaque catégorie d'entre eux se rattachent. Un ensemble de suicides est donc une donnée très complexe qu'on ne peut mettre en rapport qu'avec un ensemble complexe de causes. C'est ce que l'on tend à appeler aujourd'hui « un fait de sociologie totale », qui s'explique non point simplement par un facteur, mais par un système d'influences. Ces ensembles complexes de facteurs et de circonstances peuvent être des régions, des régions définies non pas du point de vue géographique, mais comme des zones de civilisation. Elles se distinguent l'une de l'autre non seulement en ce qu'on y rencontre des genres de vie différents, mais encore en ce qu'un même type de civilisation y présente un degré de développement plus ou moins avancé. Il y a en effet des régions plutôt rurales, traditionnelles, où les coutumes anciennes conservent toute leur force, mais où la vie sociale est à la fois ralentie et dispersée. Il y en a d'autres, plutôt urbaines, progressives, industrielles et commerçantes, où la population est plus mobile, la circulation plus intense, la vie collective, à la fois plus concentrée, plus rapide et plus déréglée. Et il y a, entre les unes et les autres, tous les intermédiaires. Or, en observant les suicides dans ces cadres, nous avons trouvé que, de l'un à l'autre, ils variaient le plus nettement, et qu'à l'intérieur de chacun d'eux ils se répartissaient ou tendaient à se répartir avec le plus d'uniformité. C'est dans cette voie qu'il faut poursuivre l'étude de ce phénomène, si l'on veut le mettre en rapport avec le groupe de causes qui permettent le mieux de l'expliquer.

Lorsqu'on envisage, les suicides dans une région (définie comme nous venons de le dire), quand on retient tout le milieu où ils apparaissent, on est assuré, en tout cas, de ne laisser échapper aucune des circonstances qui peuvent les expliquer. Certes, parmi ces causes, la famille et la religion tiennent leur place, mais en même temps que d'autres organisations et d'autres coutumes dont on ne peut pas les détacher, et qui contribuent d'ailleurs à les fortifier, à les affaiblir, à les modifier. Lorsqu'une communauté campagnarde ou provinciale est ébranlée et tend à se dissoudre, en même temps que les sentiments domestiques et les croyances ou pratiques religieuses, toutes les habitudes collectives de vie et de pensée se transforment. Une vie commune circule dans ce réseau étroitement lié de coutumes et de mœurs. On ne voit pas suivant quelles lignes on pourrait le décomposer. Il faut donc l'envisager comme un ensemble, dont les pratiques familiales et religieuses représentent d'ailleurs un aspect. Mais, d'autre part, chaque type de civilisation, chaque genre de vie ne comprend pas seulement des manières d'agir habituelles, des règles et comme une discipline sociale. Il comporte aussi des accidents, des irrégularités, et toutes ces circonstances particulières imprévisibles où Durkheim ne voyait que des motifs ou des prétextes du suicide et que, pour cette raison, il négligeait. Pourtant, bien que ces accidents se manifestent sous la forme de situations ou circonstances individuelles, ils n'en résultent pas moins de la structure du corps social. L'individu dépend de la société aussi bien en ce qu'il obéit ou n'obéit pas à telles règles religieuses et familiales qu'en ce qu'il est plus ou moins exposé à la ruine, au déclassement et aux douleurs et contrariétés qui résultent de ses contacts avec les hommes, et qui ne sont sans doute pas aussi nombreux dans les divers milieux de vie collective. Par conséquent il y a lieu de considérer comme causes du suicide, en même temps et au même titre que l'affaiblissement des coutumes traditionnelles, toutes ces occasions de heurts, de conflits et de déceptions qui se multiplient sans doute à mesure que la complexité de la vie sociale augmente. Pris à part, chacun des accidents peut paraître individuel et même unique en son genre. Mais tous, même ceux qu'on appelle les chagrins intimes, même les troubles morbides de la sensibilité et les crises de dépression des psychasthéniques, n'apparaissent avec tel degré de fréquence qu'en raison de la nature ou de la constitution du groupe à l'intérieur duquel on les observe. Pris d'ensemble, ce sont donc des faits sociaux.

Or nous retenons tous ces accidents et leur degré de fréquence ; ils sont compris dans les genres de vie que nous distinguons, ils en font partie. Un type de civilisation, c'est un agencement déterminé de la vie sociale, qui comprend d'une part de grandes fonctions générales relativement simples, lois et mœurs, d'autre part tout un ensemble de réactions et accidents locaux, en rapport avec ces fonctions et avec la structure générale de l'organisme collectif. Lorsqu'on ne porte son attention que sur la famille ou la religion, on s'en tient aux fonctions générales, qui expliquent sans doute la fréquence des suicides pour une part, mais pour une part seulement. Il faut tenir compte aussi de ces réactions et accidents particuliers, qui manifestent d'une autre manière, mais non moins énergique ni moins efficace, les tendances et l'état du milieu. Cela n'est possible, et l'on ne réussit à éliminer aucun de ces aspects de la réalité collective, que si, au lieu d'isoler un facteur, on s'attache à une forme de vie, qu'on embrasse dans sa complexité.

Que la fréquence des suicides soit en rapport avec la complication plus ou moins grande de la vie sociale, qui multiplie ou rend moins nombreuses les raisons particulières qu'on peut avoir de se tuer, c'est ce qui aiderait à comprendre pourquoi des événements tels que les guerres et les révolutions politiques d'une part, et les crises de dépression économique d'autre part, se reflètent si exactement dans la courbe des morts volontaires. Certes, si en période de guerre ou de révolution les suicides diminuent, on peut l'expliquer par une exaltation collective. Les hommes pensent moins à eux-mêmes et se passionnent pour des intérêts qui les dépassent. Mais tout en faisant une part, une large part à ce genre d'influence, il faut bien observer aussi qu'en de telles circonstances la vie se simplifie. Une grande partie de l'effort national se dépensant sous des formes qui, par elles-mêmes, ne déterminent point beaucoup de froissements individuels, il en reste moins pour exercer ce genre d'activité quotidienne qui entretient la vie économique, ou qui est l'occasion pour les hommes de confronter leurs mérites et leurs rangs. Une partie des membres du groupe est séparée de l'autre, soit matériellement, soit moralement. La pensée de chaque homme se détourne non point seulement de lui-même, mais des autres individus avec lesquels il est d'ordinaire en rapports d'intérêt ou de sentiment. Quoi d'étonnant si, les occasions de contrariété individuelle étant réduites, les suicides diminuent ?

Mais on observe un phénomène inverse lorsqu'on passe d'un temps de prospérité économique à une période de dépression. Certes, on peut dire qu'une crise économique détermine dans la société un état de désorganisation et de déséquilibre. La baisse des prix est le signe que les consommateurs se dérobent devant les producteurs et les marchands. Le chômage laisse inoccupés et dans le besoin beaucoup de travailleurs. Les hommes sont moins à même de satisfaire leurs besoins. Chacun est davantage préoccupé de lui-même. Oui, mais en même temps cette somme d'activité brusquement disponible s'emploie d'une autre manière, dans un autre domaine que la production ou la consommation des richesses. Dans la sphère économique, c'est l'accalmie, la lourdeur et la stagnation. Mais les individus, entraînés jusqu'à ce moment dans le courant de la vie économique, se retrouvent maintenant en face l'un de l'autre, et toutes sortes de rapports nouveaux naissent entre eux, qu'ils n'avaient pas le temps de former, et auxquels ils ne songeaient pas lorsqu'ils étaient tout occupés à produire et à dépenser. Ainsi se multiplient les occasions d'ennui, d'humiliation, de déception et de souffrance par le fait des autres. Il est donc tout naturel que, dans ces périodes, un plus grand nombre d'hommes recherchent la mort.

Rien ne prouve mieux, d'ailleurs, que le social ne se confond pas avec une somme de relations d'individus à individus, ou, comme disait

Tarde, de rapports intra-individuels, puisque la diminution de l'activité collective a pour contrepartie une augmentation des rapports ou contacts entre individus, et inversement. Tout se passe comme dans une foule en marche vers quelque lieu de réunion. Elle déborde de force et d'exubérance. Tous ses membres ne songent qu'à la distraction qui les attend, qu'à l'activité qu'ils vont dépenser. Qu'un obstacle leur barre la route, qu'un contretemps les oblige à rebrousser chemin. Le sentiment commun qui les animait s'évanouit. Chacun n'aperçoit plus que des individus différents de lui, qui le pressent et le gênent, et il est surtout sensible à ce qui le sépare et l'éloigne d'eux. De même, au moment où ils ne sont plus pris dans un courant de pensée ou d'action collective, les hommes se trouvent en face d'autres hommes comme autant d'égoïsmes en face d'autres égoïsmes. C'est alors qu'ils ont le plus d'occasions de se heurter, et que les plus faibles ou les plus malchanceux succombent.

La société, à mesure qu'elle évolue et se complique, rassemble et rapproche dans l'espace un plus grand nombre d'hommes et multiplie entre eux les contacts. C'est là une sorte de matière, à quoi s'ajoute une forme, c'est-à-dire qu'entre ces hommes des coutumes et croyances tendent à établir une communauté de vie collective. Supposons maintenant que la société se retire temporairement d'une partie de cet édifice, qu'un certain nombre de ces hommes n'obéissent plus à l'action des forces sociales. Ils ont aussi moins de force pour résister à l'impulsion au suicide. Mais, cependant, ils demeurent rapprochés et en contact. C'est pourquoi ils sont exposés à beaucoup plus de risques, de conflits et de heurts que s'ils avaient toujours vécu dispersés. La société, qui les prive de son appui, les maintient pourtant dans une situation où les chances de dommages et de blessures de toutes sortes sont multipliées. Ils auront donc plus d'occasions de songer au suicide.

La complication des sociétés urbaines ne se confond pas avec ce que Durkheim appelait l'anomie. Qu'entendait-il par là ? D'après Durkheim, « la société n'est pas seulement un objet qui attire à soi, avec une nécessité inégale, les sentiments et l'activité des individus. Elle est aussi un pouvoir qui les règle ». Or cette action régulatrice ne s'exercerait plus, elle se trouverait en tout cas très limitée aujourd'hui, en particulier dans le domaine économique. D'une part, les crises industrielles où financières augmentent les suicides, non parce qu'elles appauvrissent, mais parce qu'elles sont des crises, c'est-à-dire « des perturbations de l'ordre collectif ». D'autre part, « depuis un siècle, le progrès économique a consisté à affranchir les relations industrielles de toute réglementation » ; la religion, qui consolait les ouvriers et les pauvres, et qui modérait les maîtres et les riches, « a perdu la plus grande partie de son empire » ; le pouvoir temporel ou gouvernemental, qui maintenait les fonctions économiques dans un état relativement subalterne et en limitait l'essor, en est devenu l'instrument et le serviteur ; enfin « les corps de métiers, en réglementant les salaires, le prix des produits et la production elle-même, fixaient indirectement le niveau moyen des revenus sur lesquels se règlent au moins en partie les besoins » : mais le régime corporatif a disparu. C'est pourquoi « l'industrie, au lieu d'être regardée comme un moyen en vue d'une fin, ce qu'elle était autrefois, est devenue la fin suprême des individus et des sociétés ». La préoccupation du gain a passé de plus en plus au premier plan. D'où résulte une extension des appétits et un déchaînement des désirs qu'aucune discipline ne vient plus diriger et limiter.

Sur ces conclusions pessimistes, nous ferions, pour notre part, plus d'une réserve. Il n'est pas évident que, dans les sociétés anciennes, la vie économique et sociale se déroulait sans heurts, qu'elle ne traversait pas des périodes critiques, et que les appétits, les rivalités et les passions individuelles n'y produisaient pas, relativement, une même quantité de découragement et de tristesse. Nous disons : relativement, c'est-à-dire en ayant égard à la somme d'activité qui s'y dépensait et aux besoins qui pouvaient s'y satisfaire. Les règlements corporatifs paraissent avoir été introduits au moment où le monopole des métiers était menacé, et nous savons que bien des luttes mirent aux prises les artisans des métiers les plus humbles et les autres, les artisans et les marchands, les compagnons et les maîtres. D'autre part, comment n'auraient-ils pas tous subi le contrecoup des guerres, des épidémies, des famines qui dépeuplaient les campagnes et les privaient de leur clientèle et de leur base économique, s'il est vrai, comme le disait Adam Smith, que « la ville vit du surplus de la campagne » ? Eût-on édicté contre le suicide des lois si sévères et les eût-on appliquées avec une telle rigueur, si la vie n'eût pas été dure et pénible à supporter dans beaucoup de cas ? Savons-nous si la raison d'être des lois et institutions qui retenaient chaque homme dans sa classe n'est pas à chercher dans une inégalité sociale dont on ne souffrait pas moins parce qu'on l'acceptait contraint et forcé ? Si la société dans son ensemble était trop pauvre, et si elle offrait trop peu d'occasions de gains élevés pour stimuler l'appétit des biens de fortune, c'était pour beaucoup un grave problème que de se maintenir à un niveau social donné, et les détresses que déterminait la simple lutte pour l'existence n'étaient pas moins douloureuses que les déceptions de ceux qui aujourd'hui voudraient s'élever à la richesse. Tout est relatif, et, si nous appelons aujourd'hui dérèglement la recherche du luxe et des satisfactions de vanité, le même terme pouvait désigner autrefois le simple désir d'un minimum de confort et de sécurité dans les milieux humbles et même dans les classes d'un niveau moyen, lorsque ces biens n'étaient réservés qu'à un petit nombre. Parce que les sociétés anciennes ont ignoré les espèces particulières de désordre et de déséquilibre qui résultent de notre civilisation plus évoluée, nous nous figurons à tort « le bon vieux temps » comme un âge pacifique et discipliné, où chacun était satisfait de son sort. Nous oublions que ces corps sociaux avaient aussi leurs maladies et leurs fièvres, leurs périodes d'agitation et d'instabilité, et que, sans doute, les appétits de toute nature, l'ambition, l'esprit de rivalité, la passion du lucre n'y étaient pas moins déchaînés et n'y faisaient pas moins de victimes que parmi nous. C'est ainsi que l'habitant des villes se figure quelquefois que le paysan est plus heureux que lui, parce qu'il échappe au surmenage de la vie urbaine, comme si des préoccupations, des soucis et des ennuis non moins pénibles à supporter ne naissaient pas à la campagne. Mais il suffit qu'ils se présentent sous des formes qui ne nous sont pas familières, et nous ne les distinguons pas, de même que l'oubli atteint surtout les sentiments et émotions anciennes qui ne s'accordent plus avec le cours actuel de notre vie.

D'autre part, il n'est pas non plus évident que dans nos sociétés modernes l'activité économique et la vie sociale soient entièrement désordonnées. Il est curieux qu'on puisse reprocher à plus d'un programme modéré d'organisation étatiste (si on le lui reproche, et si on ne lui en fait pas précisément un mérite) de n'être que la mise en formules de règles qui existent dans le monde d'aujourd'hui à l'état de coutumes ou de pratiques habituelles, et qui s'imposent dès maintenant aux hommes. L'économie monétaire généralisée impose à tous ceux qui échangent des biens ou des services l'obligation d'évaluer, d'après un instrument de mesure uniforme, leurs prestations, leurs travaux et leurs efforts. La loi du marché règle les conditions des achats et des ventes. Dans les agglomérations ouvrières, les salaires sont fixés par les tarifs. Des niveaux de vie uniformes tendent à s'établir dans les divers groupes, d'autant plus impératifs que ceux-ci ont plus de densité et d'étendue. Il n'est pas jusqu'aux crises qui ne jouent un rôle régulateur. Sans doute, les commerçants et les industriels, les ouvriers aussi en ressentent péniblement les effets. Mais ce ne sont des perturbations que dans la mesure où un remède est une cause d'agitation parce qu'il secoue le patient. Elles rétablissent l'équilibre troublé. Il n'est nullement anormal que dans une société organisée en vue de la production, le désir du gain s'intensifie. Au reste, il se heurte assez vite à des limites qui résultent de la nature des choses. Loin d'être déréglée et anarchique, la vie sociale, dans nos civilisations modernes, comporte donc une sorte de discipline spontanée qui restreint singulièrement le libre jeu des activités individuelles. Elle a son rythme propre, par lequel nous sommes entraînés, ses formes conventionnelles, auxquelles nous devons nous plier. Il n'en est pas qui élimine plus impitoyablement les originalités dont elle ne s'accommode pas, qui réglemente plus tyranniquement les gestes, les manières de penser et de sentir des hommes, qui émousse et coule davantage dans un même moule leurs passions. Elle est, sans doute, trop morcelée et sujette à trop de fluctuations pour donner naissance à ces vastes courants collectifs qui enveloppent les hommes et les soutiennent. Il lui manque, en ce moment du moins, cette autorité, ce prestige et aussi cette vertu apaisante et consolatrice qui n'appartient qu'aux traditions. En tout cas, si elle n'étend pas son action à tous les détails de la vie et à toutes les situations qui se rencontrent, il en était certainement de même des vieux types de réglementation, et rien ne nous permet d'affirmer qu'il y ait, relativement, plus d'anomie maintenant qu'autrefois.

En revanche, la vie sociale moderne est plus compliquée qu'elle ne l'a jamais été. À ce point de vue, nous avons dit à plusieurs reprises que les milieux urbains et les milieux ruraux nous paraissent s'opposer comme deux genres de vie ou deux types de civilisation. Mais qu'est-ce qu'un genre de vie ? Bien que cette notion résulte d'expériences évidentes et familières, elle est en elle-même mal définie. Ce n'est pas qu'on n'ait essayé de la préciser. Vidal de la Blache entendait par là : « Un ensemble d'habitudes organisées et systématiques, creusant de plus en plus profondément leur ornière, s'imposant par la force acquise aux générations successives, imprimant leur marque sur les esprits. »[1] Mais il les envisageait surtout dans leur rapport avec le sol, sa structure, ses qualités et propriétés, c'est-à-dire du point de vue géographique. Tenons-nous-en aux hommes et aux groupes, et définissons le genre de vie ou le type de civilisation : « Un ensemble de coutumes, de

1. Dans deux articles des *Annales de géographie*, t. XX, 15 mai et 15 juillet 1911. Voir aussi Lucien Febvre, *La Terre et l'évolution humaine, introduction géographique à l'histoire*, p. 288, Paris, 1922.

croyances et de manières d'être, qui résulte des occupations habituelles des hommes et de leur mode d'établissement. »

Cette définition est très générale. Mais nous nous placerons à un point de vue plus général encore. Deux genres de vie ou deux types de civilisation, quelque différence qu'il y ait entre eux, se ressemblent en ce qu'ils comportent un nombre plus ou moins grand d'occasions pour les hommes d'entrer en rapports les uns avec les autres, rapports amicaux, rapports indifférents ou rapports d'hostilité. Remarquons, en passant, que, de ces trois sortes de rapports peuvent naître également des motifs de suicide. Or, si le nombre de ces contacts entre individus humains est plus grand en moyenne dans les milieux urbains que dans les communautés paysannes, c'est que le genre de vie y présente un degré de complication plus élevé. Voici, nous semble-t-il, pour quelles raisons.

Le genre d'existence paysan se distingue de la vie urbaine en ce que le travail s'accomplit dans le cadre du groupe domestique. Il n'y a pas, à la campagne, une distinction aussi tranchée qu'à la ville entre les heures consacrées aux occupations professionnelles et le temps qu'on passe au milieu des siens ou de ses amis. Lorsque des paysans se rencontrent, qu'ils échangent des réflexions, se communiquent des nouvelles, lorsque des sentiments divers les unissent ou les opposent, les deux ordres de préoccupations se rapprochent et s'enchevêtrent, alors même qu'il n'y a point entre eux de rapports de parenté, puisque le village est, en un sens, une famille élargie. Il en résulte que les liens qui se nouent de l'un à l'autre sont plus forts, que les heurts, les oppositions creusent entre eux des abîmes plus profonds, et qu'ils infligent des blessures plus cuisantes. Mais, en même temps, les occasions de conflit et de rapprochement sont moins fréquentes qu'à la ville, où elles peuvent naître sur les deux terrains séparés des affaires ou de la profession, de la famille ou des relations. La vie du groupe paysan est profondément engagée, et tout entière, dans la nature. Elle y puise une saveur et une âpreté particulières, plus de spontanéité, d'élan primitif et de sauvagerie. Mais elle s'y alourdit de tout le poids de la terre, elle s'y déroule suivant le rythme ralenti des travaux campagnards. C'est une vie collective à la fois très forte et très simple, ou très simplifiée. Les coutumes y puisent leur force à la fois dans les sentiments de parenté et dans les occupations et préoccupations professionnelles communes. C'est ce qui fait aussi leur stabilité et leur continuité. Mais elles ne s'étendent qu'à des groupes limités, elles ne s'appliquent qu'à des actes espacés. Ces deux grandes puissances collectives : la famille, la religion, y sont plus intactes qu'ailleurs. Leurs prescriptions simples s'adaptent sans peine à des actes peu nombreux et assez uniformes. La vie paysanne tourne sur elle-même et se meut dans un cercle d'occupations et d'événements assez restreints.

On a dissocié progressivement les deux domaines de l'activité professionnelle et de la vie familiale ou de la sociabilité, que la campagne réunissait, mais ça n'a pas été sans se heurter à des résistances. Avant de se laisser enfermer dans des bureaux, des offices et des usines, ceux qui allaient devenir les employés du commerce et les ouvriers de l'industrie sont demeurés aussi longtemps qu'ils l'ont pu dans leurs boutiques, leurs échoppes et leurs ateliers domestiques, où l'on sentait la famille toute proche, où les rapports de maître à patron gardaient l'aspect patriarcal. Les coutumes des métiers ne regardaient pas seulement le côté technique de la vie professionnelle ; tous les événements qui se déroulaient au sein de la famille, les réunions de voisins et d'amis, les mariages, les deuils en recevaient l'empreinte. Elles retenaient le travailleur dans la zone des relations humaines, elles modéraient son activité en lui proposant des buts limités. Ainsi, entre les divers ateliers et boutiques, la société s'interposait, elle empêchait les contacts trop directs entre les uns et les autres, elle faisait obstacle à l'esprit de rivalité et de concurrence.

L'industrie et les villes, jusqu'au début du XIXe siècle et même plus tard, plongeaient encore plus qu'à demi dans les milieux de la campagne sur lesquels elles avaient poussé. Là aussi la force des coutumes et la simplicité de la vie nous eussent semblé grandes, et non seulement dans les groupes de compagnons, d'artisans et de boutiquiers, mais dans la bourgeoisie des notaires, des hommes de loi et de finance. Alors, la parenté, les alliances, les relations qualifiaient pour les offices. Comment n'eût-on point pensé à ses ascendants, à ses enfants, lorsqu'on exerçait une charge héréditaire ? Comment, aux préoccupations techniques, ne se fussent pas mêlés des sentiments, préjugés, partis pris de famille et de classe ? Mais, d'autre part, entre la famille et le patrimoine ou la charge il y avait des rapports si étroits que toute la pensée du groupe domestique se concentrait quelquefois sur un problème de droit, l'histoire d'un procès, la valeur d'un titre. Elle se simplifiait alors, puisque toute l'attention qu'elle y consacrait ne pouvait s'employer ailleurs, de même que l'activité du juge ou de l'homme d'affaires se ralentit, dans la mesure où les soucis de famille et de relations viennent l'encombrer. Ajoutez que des barrières innombrables séparaient les groupes. Barrières provinciales, barrières des villes, barrières des classes, plus nombreuses et plus rigides qu'aujourd'hui. Les communications étaient plus difficiles. On vivait sur place, adaptés les uns aux autres, se connaissant trop pour être exposés fréquemment à ces heurts qui se produisent, lorsqu'on passe d'un lieu, d'une situation, d'une profession, d'un monde à un autre. Le commerce, plus restreint et plus facile, comportait moins de risques. Les ambitions étaient moins éveillées, les humiliations plus rares. On pensait et on sentait en commun. Les chagrins et les ennuis, au lieu de se concentrer dans les limites d'une conscience individuelle, se dispersaient et s'amortissaient au sein du groupe. La division des fonctions et des activités n'était pas poussée assez loin pour laisser chaque homme isolé, en face de son plaisir ou en face de sa tâche.

Dans les sociétés urbaines modernes, un tout autre spectacle s'offre à nous. Non seulement les lieux où se déroule l'activité professionnelle sont distincts et d'ordinaire éloignés dans l'espace des maisons qui constituent le cadre matériel de la vie domestique, mais encore les périodes consacrées à ces deux modes d'existence se trouvent nettement séparées et n'empiètent pas l'une sur l'autre. Lorsqu'il a terminé sa tâche professionnelle quotidienne, ou lorsqu'il s'y rend, l'homme a conscience de changer de groupe et de milieu. Les occupations se sont dégagées d'un courant de vie sociale générale où elles étaient prises, pour se rapprocher et se grouper suivant leurs affinités, et se constituer leurs cadres propres. Du même coup, les relations de toutes sortes qui n'ont pas un caractère professionnel se sont organisées de façon indépendante.

On pourrait supposer que, du moment que, dans chacun de ces deux milieux, les hommes n'obéissent plus qu'à une espèce de préoccupation et qu'ils pensent soit à leur travail, soit à leur famille ou à leurs relations, leur vie s'en trouve allégée et simplifiée. Il en serait ainsi si toutes les conditions étaient demeurées les mêmes, et s'ils dépensaient au total la même somme d'activité qu'autrefois. Mais l'effet d'une telle différenciation est au contraire d'accroître l'intensité des deux fonctions d'abord confondues, maintenant distinguées. Les travaux se rapprochent et se combinent suivant des règles qui correspondent aux seules nécessités de la profession ou de la production. Du moment qu'un plus grand nombre de travailleurs sont juxtaposés ou mis en contact, les rapports se multiplient entre eux. Des opérations de même nature se règlent plus exactement l'une sur l'autre, elles forment une chaîne qui se déroule plus vite que si elles devaient s'adapter à des activités qui n'auraient ni le même caractère, ni la même fin. Mais il en est de même de tout cet ordre de relations qui s'établissent entre les hommes dans cette partie de l'existence qui n'est point consacrée à l'exercice d'une profession. La famille est maintenant détachée de la terre, de la ferme, de l'atelier, de la boutique. Il faut bien la replacer ailleurs, c'est-à-dire dans l'ensemble des autres familles auxquelles s'impose la même nécessité. N'étant plus enfermée dans les limites de la communauté villageoise ou artisane, la vie de famille tend à regagner en étendue ce qu'elle perd peut-être en profondeur. Sans doute, elle se heurte à des limites : de même que les travaux se groupent dans des industries, des administrations et des professions différentes, de même les familles ont surtout des chances de se rapprocher et de se rencontrer à l'intérieur d'une même classe. Il n'en est pas moins vrai que ces rapprochements et rencontres sont plus nombreux que dans ces milieux campagnards où les communications de village à village sont rares. En même temps qu'ils se multiplient, ils se serrent davantage dans le temps. Ainsi, non seulement dans le domaine de l'activité professionnelle, mais aussi à l'intérieur des familles et dans les relations qui s'établissent de l'une à l'autre, un courant plus rapide entraîne les hommes. Le passage d'un genre de vie à l'autre, et le progrès qui en résulte, consiste surtout en ce qu'un plus grand nombre d'actes et de démarches, une plus grande diversité de situations plus ou moins durables, se concentrent dans un même temps, comme si le réseau de l'existence sociale était plus serré, parce que les fils s'y croisent à intervalles plus rapprochés.

Il est donc naturel que, dans une société où les contacts entre les hommes se multiplient, les occasions de suicide soient plus fréquentes. Mais cela n'empêche pas que les diverses espèces de motifs qui poussent les hommes à se tuer se distribuent suivant les mêmes proportions dans ces deux types de société. Il peut très bien y avoir, pour un même nombre d'hommes, deux ou trois fois plus de revers de fortune à la ville qu'à la campagne, bien que ces occasions de suicide soient à toutes les autres, ici et là, dans le même rapport.

Durkheim s'étonnait cependant de ce qu'en France, lorsqu'on compare deux professions aussi différentes l'une de l'autre que l'agriculture et les fonctions libérales, l'importance relative des diverses raisons qu'on donne du suicide dans l'une et dans l'autre soit presque rigoureusement la même. « La vie d'un artiste, disait-il, d'un savant, d'un avocat, d'un officier, d'un magistrat ne ressemble en rien à celle d'un agriculteur... Ce sont des forces très différentes qui poussent au suicide le laboureur et le raffiné des villes. »[1] Il en concluait que les

1. Durkheim, *op. cit.*, p. 145 sq.

motifs n'étaient que des circonstances accidentelles, et qu'il fallait chercher ailleurs les causes véritables des morts volontaires. Certes, les statistiques des motifs du suicide appellent bien des réserves. Ce n'est point pourtant par hasard que leur répartition demeure si uniforme. Pourquoi les diverses circonstances qui exposent au suicide ne se distribueraient-elles pas de même (au moins pour le plus grand nombre de ces espèces) à la ville et à la campagne ? Il y a ici et là une même proportion de morts volontaires attribuées à la perte d'un emploi, aux revers de fortune, à la misère. Mais, ici et là, il faut bien que l'on gagne sa vie, et il y a partout des hommes qui sont misérables, c'est-à-dire qui ne parviennent pas à se maintenir au niveau social de leur classe. Pourquoi les préoccupations économiques ne joueraient-elles pas le même rôle dans les deux milieux ? Mais il en est de même des chagrins de famille. La vie domestique n'occupe-t-elle pas la même place relative dans les groupes urbains et ruraux ? Aime-t-on plus les siens à la campagne qu'à la ville, et les deuils y sont-ils plus cruellement ressentis ? Pourquoi l'amour contrarié, la jalousie n'interviendraient-ils point partout avec la même fréquence parmi les causes de désespoir ? Et en quoi paraît-il invraisemblable que les maladies mentales déterminent également dans les deux milieux le tiers des suicides ? Les genres de vie rural et urbain sont en réalité deux systèmes à peu près en équilibre, et l'on trouve dans l'un et l'autre, sous bien des diversités, deux grandes fonctions qui se complètent et se balancent : organisation économique, organisation familiale. Qu'il y ait dans l'ensemble un même rapport entre les désadaptations qui se produisent dans ces deux fonctions, ce n'est pas invraisemblable, si l'une et l'autre se développent et se compliquent simultanément.

Mais la différence entre les genres de vie est d'une autre nature. Elle consiste en ce que, dans les groupes qui se sont élevés au niveau de la civilisation urbaine, les circonstances diverses qui exposent au suicide, bien que, comparées les unes aux autres, elles restent à peu près dans le même rapport, sont toutes, comparées au chiffre de la population, plus fréquentes que dans les groupes paysans, et dans tous ceux qui s'en rapprochent. Il en est ainsi parce que les sociétés urbaines font tenir, dans une même durée, une quantité plus grande de contacts entre les hommes.

Reprochera-t-on à cette conception d'être insuffisamment sociologique, parce que nous ne fixons pas notre attention de façon exclusive sur les grandes forces collectives qui prennent naissance et se développent à l'intérieur du groupe religieux, de la famille, de la nation, et dont le fléchissement expliquerait seul que l'individu livré à lui-même se détache plus facilement de la vie, et parce que nous attribuons le rôle de causes à des circonstances individuelles, qui ne seraient que des occasions ou des prétextes indifférents ? Durkheim, en effet, s'est représenté parfois que, dès que ces grands intérêts collectifs s'imposent moins à notre attention, tout se passe comme si de puissantes personnalités surnaturelles, jusque-là penchées sur les hommes et qui, d'en haut, répandaient sur eux leurs bienfaits, brusquement se détournaient et les abandonnaient à eux-mêmes. Alors, suivant que ces forces bienfaisantes sont plus ou moins éloignées, il se produirait dans le groupe une tendance au suicide d'une intensité déterminée, et telle qu'on pourrait calculer d'avance quels en seront les effets. Elle trouvera toujours des individus assez faibles et des circonstances assez douloureuses pour se réaliser. « Les raisons que l'on donne au suicide ou que le suicidé se donne lui-même pour s'expliquer son acte n'en sont, le plus généralement, que les causes apparentes. Elles marquent, peut-on dire, les points faibles de l'individu, ceux par où le courant qui vient du dehors l'inciter à se détruire s'insinue le plus facilement en lui. »[1] D'après Durhheim il n'est pas de société où il ne se produise naturellement assez de circonstances plus ou moins exceptionnelles pour expliquer et justifier après coup des suicides qui ont en réalité une toute autre cause. Mais elles se produisent en vertu des lois du hasard, et s'opposent aux grandes forces collectives comme le règne de la contingence et de l'imprévisibilité à celui de la nécessité, des lois et de l'ordre.

Reproduisons encore une liste de ces circonstances, et énumérons les « causes du suicide » d'après la statistique française moderne : « Perte d'emplois, revers de fortune, misère, chagrins de famille, amour contrarié et jalousie, ivresse et ivrognerie, suicides d'auteurs de crimes ou délits, souffrances physiques, maladies mentales, dégoût de la vie, contrariétés diverses. » Nous pouvons tout de suite, parmi ces motifs, distinguer et réunir dans un même groupe ceux qui résultent ou semblent résulter directement de la constitution physique et mentale individuelles : souffrances physiques, maladies mentales, ivresse et ivrognerie peut-être, peut-être aussi dégoût de la vie, mais en partie seulement. Là, nous serons dans le domaine des tendances organiques,

1. Durkheim, *op. cit.*, p. 147.

des impressions matérielles aveugles, c'est-à-dire aux antipodes de la vie sociale. Bichat affirmait déjà que tout ce qui est de l'ordre des passions relève de la vie organique et ne dépend pas de la société. Durkheim dit, de son côté : « Pour ce qui est des propriétés individuelles, celles-là seules peuvent jouer un rôle qui se retrouvent chez tous. Car celles qui sont strictement personnelles ou qui n'appartiennent qu'à de petites minorités sont noyées dans la masse des autres. De plus, comme elles diffèrent entre elles, elles se neutralisent et s'effacent mutuellement. Il n'y a donc que les caractères généraux de l'humanité qui peuvent être de quelque effet. Or ils sont à peu près immuables. Du moins, pour qu'ils puissent changer, ce n'est pas assez des quelques siècles que peut durer une nation. Par conséquent les conditions sociales dont dépend le nombre des suicides sont les seules en fonction desquelles il puisse varier. Car ce sont les seules qui soient variables. »[1] Ainsi se légitimerait une méthode qui, pour expliquer le suicide, ne tient aucun compte des caractères de l'individu.

Mais cette séparation est sans doute trop tranchée. Est-il exact que la façon dont se distribuent entre les groupes les diverses particularités organiques ne dépende en rien des conditions de la vie sociale ? Durkheim lui-même n'en restait point là. Presque aussitôt après le passage que nous venons de citer, il ajoute : « Les causes qui déterminent le courant social agissent en même temps sur les individus et les mettent dans les dispositions convenables pour qu'ils se prêtent à l'action collective. Il y a entre ces deux ordres de facteurs une parenté naturelle, par cela même qu'ils dépendent d'une même cause et qu'ils l'expriment. C'est pourquoi ils se combinent et s'adaptent mutuellement. » L'hypercivilisation qui développe la tendance au suicide en ébranlant la famille, la religion, etc. « a aussi pour effet d'affiner les systèmes nerveux, de les rendre délicats à l'excès. Par cela ils sont plus accessibles à l'irritation violente comme à la dépression exagérée ». N'est-ce pas admettre que toute une catégorie de motifs ou de circonstances individuelles très importantes, les troubles mentaux et tous les états qui leur ressemblent, varient par l'effet d'influences sociales et de changements de la société ? Mais comment en serait-il autrement ? Nous avons montré que les maladies mentales ont un double aspect. Ce sont des troubles organiques qui relèvent de la psychiatrie. Mais, en même temps, tout malade mental est un homme qui n'est plus adapté à son

1. Durkheim, *op. cit.*, p. 363 sq.

milieu. Une maladie mentale est un élément de déséquilibre social et relève, à ce titre, de la science des sociétés. C'est un fait social, qui doit s'expliquer par des causes sociales. Sans même admettre que la société fasse violence à l'organisme, comment ne pas tenir compte du fait que certains milieux sont plus favorables que d'autres à la conservation et à l'exercice des qualités et aptitudes qui sont liées à un développement et à une sensibilité plus grande du système nerveux ? Il se peut que, parmi tous les hommes qui auraient des raisons de se suicider, ceux-là seuls se tuent qui sont irritables, susceptibles, peu capables de se maîtriser. Mais ce n'est point par hasard qu'ils se rencontrent en plus grand nombre dans les professions libérales, industrielles et commerciales, et dans les groupes urbains, que dans les autres.

Considérons-nous les autres motifs : perte d'emploi, revers de fortune, misère, chagrins de famille, amour contrarié, etc. ? Ils ne diffèrent pas des précédents. S'ils conduisent au suicide, c'est que chacun de ces événements a pour effet d'isoler et retrancher moralement un individu du groupe auquel il se rattachait, si bien que l'homme ne se trouve plus adapté à son milieu habituel. Pris d'ensemble, ces motifs mesurent exactement la quantité de déséquilibre que comporte chaque type de société. Comment leur nombre ou leur fréquence résulterait-elle du hasard ? Les lois du hasard ne s'appliquent qu'à des événements indépendants, ou qui résultent de causes indépendantes. Or, bien que les suicides soient le plus souvent dispersés dans le temps et dans l'espace, et qu'ils ne s'expliquent qu'exceptionnellement par l'imitation, les motifs individuels du suicide n'en sont pas moins en rapport avec des causes générales, et font partie du même système. Si l'on ne s'en aperçoit pas, c'est qu'on sépare arbitrairement les grands courants de la vie collective et ces accidents particuliers, comme s'il n'y avait entre les uns et les autres aucun contact. Mais les sentiments de famille, les pratiques religieuses, l'activité économique ne sont pas des entités. Ils prennent corps dans les croyances et les coutumes qui rattachent et lient l'une à l'autre les existences individuelles. Replacées dans le milieu social, les circonstances ne sont plus qu'un aspect de l'évolution générale. Nous irions donc, en réalité, plus loin que Durkheim dans la voie où il s'est engagé, puisque nous expliquerions par des causes sociales non seulement les grandes forces qui détournent du suicide, mais encore les événements particuliers qui en sont non pas les prétextes, mais les motifs.

Un tel point de vue pourrait se réclamer du sens commun, qui rattache l'acte d'un homme qui se tue aux circonstances spéciales où il s'est trouvé. Mais le sens commun ne considère que l'aspect sensible des faits, et il ne retient que ce qu'il voit. Les influences sociales lui échappent. Il ne comprend pas, d'ailleurs, que la forme individuelle sous laquelle se présentent ces faits n'est qu'une apparence, et que leur nombre et leur distribution résultent de la structure et du genre de vie de la société. Nous nous réclamons plutôt de l'expérience statistique, puisque c'est dans le cadre de la région, c'est-à-dire à condition de ne négliger ni les grands courants collectifs, ni les circonstances particulières, et de les envisager comme un tout complexe et indécomposable, que nous avons pu parvenir aux résultats les plus importants de notre étude.

BIBLIOGRAPHIE

Nous n'indiquons ici qu'un certain nombre d'ouvrages (non compris les annuaires et publications statistiques officielles) parus depuis 1897, c'est-à-dire depuis la publication du livre de Durkheim, qui ont été utilisés dans ce travail. On trouvera plusieurs listes des travaux antérieurs les plus importants sur le suicide dans le livre de Durkheim, p. 16, 19, 54, 82, 107, 233, etc., et des bibliographies plus à jour dans les ouvrages de von Mayr et de John Rice Miner. Voir aussi la *Bibliographie des Selbstmords,* de Rost, mentionnée ci-dessous.

ANGIOLELLA, Sulle tendenze suicide negli alienati e sulla psicologia del suicidio, *Rivista sperimentale di Frenatria,* 1900.

BACHI (Mario), La micidialità dei tentativi di suicidio, *Giornale degli economisti e Rivista di statistica,* Maggio, 1924.

BAYET (Albert), *Le suicide et la morale,* in-8°, 823 p., Paris, 1922.

BLONDEL (Dr Charles), *La conscience morbide,* in-8°, 336 p., Paris, 1914.

BODIO, *Confronti Internazionali,* Parte II : *Statistica delle morti negli anni 1874-1894,* Roma, 1897.

BONSEGNA (Mario), *Il suicidio in Italia dal 1864 al 1918, studio statistico,* Ostuni, 1924.

BROSCH, *Die Selbstmörder,* mit besonderer Berückischtigung der militärischen Selbstmörder, Leipzig et Vienne, 1909.

DE FLEURY, *L'angoisse humaine,* Paris, 1926.

DUMAS (Georges), Compte rendu du livre du Dr de Fleury, *Journal de Psychologie,* 15 décembre 1926.

DURKHEIM, Compte rendu du livre de Krose : *Die Ursachen,* etc., *Année sociologique,* XI, 1906-1909, p. 513, Paris, 1910.

FERRI (Enrico), *Un secolo di omicidii e di suicidii in Europa,* Rome, 1925.

FROBERGER, *Moralstatistik und Konfession,* Halle, 1911.

FULLKRUG (Gerhard), Der Selbstmord in der Kriegs- und Nachkriegszeit, *Eine moralstatistische Untersuchung,* Schwerin i. Meckl., 1927.

HELLER, *Zur Lehre vom Selbstword nach 300 Sektionen,* Münchner medic. Wochenschrift, n. 48, 1900.

ICHOK (D[r]), Peut-on parler en France d'une épidémie de suicides ?, *Journal de la société de statistique de Paris,* juillet-septembre 1926, p. 278-291.

JACQUART (Camille), *Essais de statistique morale,* I : *Le suicide,* Bruxelles, 1908.

JANET (Pierre), *De l'angoisse à l'extase,* t. II : *Les sentiments fondamentaux,* Paris, 1928.

KROSE (S. J.), *Der Selbstmord im 19 Jahrhundert nach seiner Verteilung auf Staaten und Verwaltungsbezirke,* Freiburg i. B., 1906.

KROSE, *Die Ursachen der Selbstmordhäufigkeit, ibid.,* 1906.

KROSE, *Die Selbstmorde 1893-1908,* Vierteljahrhefte zur Statistik des deutschen Reichs, I, p. 108, 1910.

KÜRTEN, *Statistik des Selbstmordes im Königreich Sachsen,* Leipzig, 1913.

LEONCINI, Considerazioni sopra alcuni dati statistici sul suicidio, *Rivista sperimentale di Frenatria,* XLVIII, 3-4, 1924.

MASSAROTTI (Vito), *Il suicidio nella vita e nella società moderna,* Rome, 1913.

RICE MINER (John), Suicide and its relation to climatic and other factors, *The American Journal of Hygiene,* Baltimore, 1922.

ROST (Hans), *Bibliographie des Selbstmords,* mit textlichen Einführungen zu jedem Kapitel, Augsburg, XVI-392 p., mit 34 Bildern, 1927.

ROST, *Der Selbstmord als sozialstatistische Erscheinung,* Cologne, 1905.

ROST, *Der Selbstmord in den Städten,* Allgemeine statistische Archiv, VI, 2, 1904.

SCHNAPPER-ARNDT, *Sozialstatistik,* p. 577 sq., Leipzig, 1908.

SERIN (Dr Suzanne), Une enquête médico-sociale sur le suicide à Paris. Communication à la société médico-psychologique, *Annales médico-psychologiques,* novembre 1926, p. 356-363.

Suicides en URSS, 1922-1925, URSS ; *Statistique,* vol. XXXV, livraison 1re, Section de la statistique morale, Moscou, 1927.

VON MAYR (Georg), *Statistik und Gesellschaftslehre,* 3er Band, *Moralstatistik,* p. 258 à 404 *(Selbstmordstatistik),* Tubingen, 1917.

ZAHN (Friedrich), *Selbstmordstatistik.* Handwörterbuch der Staatswissenschaften, 4e Auflage, 69 und 70 Lieferung, 1926.

LE LIEN SOCIAL

Collection dirigée
par Serge Paugam

Louis CHAUVEL, *Le destin des générations. Structure sociale et cohortes en France au XXe siècle.*
Julien DAMON, *La question SDF. Critique d'une action publique.*
Jean-Hugues DÉCHAUX, *Le souvenir des morts. Essai sur le lien de filiation.*
Claude DUBAR, *La crise des identités. L'interprétation d'une mutation.*
Gøsta ESPING-ANDERSEN, *Les trois mondes de l'État-providence. Essai sur le capitalisme moderne.*
Anne GOTMAN, *Le sens de l'hospitalité. Essai sur les fondements sociaux de l'accueil de l'autre.*
Maurice HALBWACHS, *Les causes du suicide.*
Clara LÉVY, *Écritures de l'identité. Les écrivains juifs depuis la Shoah.*
Sylvie MOREL, *Les logiques de la réciprocité. Les transformations de la relation d'assistance aux États-Unis et en France.*
Bruno PALIER, *Gouverner la Sécurité sociale.*
Françoise PIOTET, *La révolution des métiers.*
Corinne ROSTAING, *La relation carcérale. Identités et rapports sociaux dans les prisons de femmes.*
Dominique SCHNAPPER, *La compréhension sociologique. Démarche de l'analyse typologique.*
Agnès VAN ZANTEN, *L'école de la périphérie. Scolarité et ségrégation en banlieue.*

SÉRIE « DOCUMENTS D'ENQUÊTE »

Serge PAUGAM, *Le salarié de la précarité. Les nouvelles formes de l'intégration professionnelle.*

Achevé d'imprimer chez SoBook le 11-09-2025
Linselles - France

Nos papiers sont issus de forêts gérées durablement

RSE imprifrance

N° impression : 988 527